아도르노 강의록 005

도덕철학의 문제

Probleme der Moralphilosophie

아도르노 강의록 005

도덕철학의 문제들

초판 1쇄 인쇄 2019년 8월 20일
초판 1쇄 발행 2019년 8월 30일

–

지은이 테오도르 W. 아도르노
옮긴이 정진범
펴낸이 이방원
편　집 이미선 · 김명희 · 안효희 · 윤원진 · 정조연 · 정우경 · 송원빈
디자인 손경화 · 박혜옥　**영　업** 최성수

–

펴낸곳 세창출판사
신고번호 제300-1990-63호
주소 120-050 서울시 서대문구 경기대로 88 냉천빌딩 4층
전화 02-723-8660　**팩스** 02-720-4579
이메일 edit@sechangpub.co.kr　**홈페이지** http://www.sechangpub.co.kr

–

ISBN 978-89-8411-842-3 94160
978-89-8411-369-5 (세트)

이 도서의 국립중앙도서관 출판예정도서목록(CIP)은 서지정보유통지원시스템 홈페이지(http://seoji.nl.go.kr)와 국가자료종합목록 구축시스템(http://kolis-net.nl.go.kr)에서 이용하실 수 있습니다.
(CIP제어번호: CIPCIP2019029969)

아도르노 강의록 005

도덕철학의 문제

Probleme der Moralphilosophie

테오도르 W. 아도르노

정진범 옮김

세창출판사

Inhalt **차 례**

Abkürzungen 줄임말

아도르노의 저술들은 전집(롤프 티데만Rolf Tiedemann이 그레텔 아도르노Gretel Adorno, 수전 벅-모스Susan Buck-Morss 그리고 클라우스 슐츠Klaus Schultz의 도움을 받아 편집한 것으로 1970년 이후 프랑크푸르트 암 마인Frankfurt am Main에서 출간되었음)과 유고(테오도르 W. 아도르노 문서보관소)에서 인용하였다. 줄임말은 아래와 같다.

GS 3 *Max Horkheimer und Theodor W. Adorno*, Dialektik der Aufklärung. Philosophische Fragmente. 2. Aufl., 1984.
계몽의 변증법

GS 4 Minima Moralia. Reflexionen aus dem beschädigten Leben. 1980.
미니마 모랄리아

GS 5 Zur Metakritik der Erkenntnistheorie/ Drei Studien zu Hegel. 3. Aufl., 1990.
인식론 메타 비판/ 헤겔에 대한 세 연구

GS 6 Negative Dialektik/ Jargon der Eigentlichkeit. 4. Aufl., 1990.
부정 변증법/ 본래성이라는 은어

GS 8 Soziologische Schriften Ⅰ. 3. Aufl., 1990.
사회학 논문집 Ⅰ

GS 10.2 Kulturkritik und Gesellschaft II: *Eingriffe/ Stichworte/ Anhang*. 1977.
문화 비판과 사회 II

GS 11 Noten zur Literatur. 3. Aufl., 1990.
문학론

GS 15 *Theodor W. Adorno und Hanns Eisler*, Komposition für den Film/ *Theodor W. Adorno*, Der getreue Korrepetitor. 1976.
영화를 위한 작곡/ 충실한 연습 지휘자

NaS IV/ 4 Kants »Kritik der reinen Vernunft« (1959). 1995.
칸트의 『순수이성비판』 강의

NaS IV/ 15 Einleitung in die Soziologie (1968). 1993.
사회학 강의

출간되지 않은 타이핑 원고와 강의로부터 이루어진 인용은 각각 아도르노 문서보관소가 붙인 숫자에 Ts와 Vo라는 기호를 붙여 표시했으며, 서신으로부터의 인용은 수신자와 날짜를 제시했다.

칸트 저작으로부터의 인용은 "W"라는 표시와 함께 이하의 판본에 따라 이루어진다:

Immanuel Kant, Werke in zwölf Bänden, hrsg. von Wilhelm Weischedel, Frankfurt a. M. 1968.(이 판본은 처음 여섯 권으로 출간되었던 Kant, Werke, Frankfurt a. M. 1956 ff. (동시에 Darmstadt 1956 ff.)과 그 페이지가 동일하다.)

Vorbemerkungen 일러두기

1 이 책은 독일 주어캄프Suhrkamp출판사가 출간한 아도르노 강의록 시리즈 중 *Probleme der Moralphilosophie* (1963) (hrsg. v. Thomas Schröder/ Theodor W. Adorno Archiv. Abteilung IV: Vorlesungen Band 10, 1996)를 옮긴 것이다.

2 원서의 본문에서 빈번히 사용되고 있는 맞줄표는 경우에 따라 소괄호( )로 전환하여 가독성을 높이고자 하였다.

3 본문의 대괄호[ ]에 삽입된 내용은 문법적 성분을 보완하거나 의미의 정확도를 높이기 위한 옮긴이의 부연 설명이다. 또한, 본문 아래 별표*와 함께 삽입된 각주는 옮긴이가 단 것이다.

4 원서에서 이탤릭체로 강조된 표현들은 고딕체로 표시했다.

도덕철학의 문제

제1강

1963년 5월 7일

여러분 안녕하십니까.

젊은 사람들에게 그다지 매력적이지 않은 주제가 다뤄질 이 강의를 듣기 위해 이렇게 많이들 모였습니다. 이것을 보니, 여러분에게 약간의 해명과 사과를 하면서 잘못된 기대를 하지 않도록 일러 둬야겠다는 생각이 듭니다. 추측건대 올바른 혹은 잘못된 삶에 관한 책을 쓴 적 있는[1] 누군가의 도덕철학 강의에 들어올 때 여러분은, 아니면 적어도 여러분 중 다수는 이제 올바른 삶에 관해 알게 되리라고 기대할 것입니다. 여러분은 사적인 것이든 여러분이 추구하는 정치적 실존같이 공적인 것이든 간에, 하여간 자신의 삶을 위한 어떤 것을 이 강의에서 직접적으로 얻을 수 있으리라고 기대할 것입니다. 도덕적인[2] 삶에 대한 물음 자체는 이 강의가 진행되는 중에 제기될 것이며, 또 그렇게 되기를 바랍니다. 그 질문은 그런 올바른 삶이 오늘날 도대체 가능한가, 아니면 내가 저 책에서 "잘못된 삶 속에 올바른 삶은 없다"[3]라는 문장으로 표현한 바에 그쳐야만 하는가와 같은 형식으로 제기될 것입니다. 나중에 발견한 사실이지만 이것과 매우 유사한 문장이 니체에게서 이미 나타납니다.[4] 그러나 나는 이 강의에서 여러분에게 올바른 삶을 위한 직접적인 지침 같은 것은 줄 수 없습니다. 또한 여러분은 사적인 것이든 정치적인 것이든 ―정치적인 것은 도덕적인 것의 영역과 매우 깊이 연관되어 있는데—여러분 자신의 구체적인 문제들에 대해서 직접적으로 도움을 받게 되리라고 기대해서도 안 될 것입니다. 도덕철학은 하나의 이론적 학문 분과이며, 그렇기 때문에 언제나 도덕적 삶의 직접성으로부터 구별됩니다. 칸트는 건전하거나, 선하거나 혹은 정의로운 인간이기 위해서 꼭 도덕철학을 공부해야 하는 것은 아니라고 말했는데, 이때 그가 생각한 것이 그런 것입니다.[5] 아니면 보다 이후 시기에 나온 것 하나가 방금 떠올랐는데, 이를 인용해 보겠습니다. 칸트에 정면으로 반대되는 막스 셸러의 책『윤리학에서의 형식주의와 실질적 가치윤리학』에서는 격언과 금언, 속담같이 문자로 표현되는 직접적인 (혹은 셸러가 말하듯 '살아있는 gelebt') 세계관으로서의 윤리와, 그것과 직접적으로 아무 상관 없는 도덕철학이 구별됩니다.[6] 내가 여기서 다룰 문제들이자 여러분의 철학 교육의 범위에 속하는 문제들은 단연코 이론적 학문 분과로서의 도덕철학이 갖는 문제들입니다. 그러니까 내가 여러분의 머리에 돌을 던질 요량이라면, 여러분에게 빵을 나눠 주리란 착각을 하게 해놓고 그러는 것보다는 돌을 던질 거라고 미리 말해 두고서 그러는 편이 나을 것입니다. 그리고 기대했던 빵이 나오지 않는다는 것은, 던져진 돌이 여러분에게 맞지 않거나 혹은 (나는 원래 이것을 바라는데) 돌이 아주 그렇게 딱딱하지는 않다는 뜻이겠지요. 여러분이 배우게 될 정리들Theoreme은 어쨌거나 엄격주의적인 것은 아니기 때문입니다.

여러분을 맞히지 못하거나 그렇게까지 딱딱하지는 않은 돌, 이 돌로 내가 뜻하는 바는 여러분 자신의 삶의 관심사에 대한 관계를 재수립시켜 줄 그 어떤 무엇입니다. 왜냐하면 나는 그런 도덕 이론 강의가 여러분에게 실존적으로 직접 도움이 될 수 없다는 사실을 분명히 알고 있긴 하지만, 다른 한편으로 여러분이 올바른 삶에 관한 어떤 것을 배우려는 정당한 관심을 갖고 있다는 것도 잘 알고 있기 때문입니다. 단지 나는, 여러분에게 올바른 삶에 관해 어떤 직접적인 것을 말할 권한이 없다고 생각할 뿐입니다. 그리고 여러분 중 대다수가 나에게 큰 신뢰를 가지고 있다는 것도 알고 있습니다. 바로 그 때문에 이 신뢰를 오용하여 마치 종교 지도자나 현자처럼 은근슬쩍 거짓된 위세를 부리고 싶은 생각은 추호도 없습니다. 여러분을 위해서나 나를 위해서나 그런 부정직한 태도는 피하고 싶습니다. 그럼에도 이 강의가 여러분과 여러분의 삶과 무관하지 않을 것이라고 내가 말한다면, 내가 여러분에게 주지 않을 계기는 무엇인지를 언급하고자 합니다. 도덕철학 강의에서 자신의 삶을 위해 어떤 것을 취하려는 여러분의 관심도 정당하긴 하지만, 오늘날 실천에 대한 성급함Kurzschluss zur Praxis이라고 표현할 수 있는 위험이 워낙 크기 때문입니다. 그리고 시작부터 못 박아 두자면 도덕철학은 실천과 어떤 본질적인 관계를 갖습니다. 철학 분과 영역들의 체계 속에서 도덕철학은 실천철학이라고 불리기도 합니다. 도덕철학에 헌정된 칸트의 대표작은 『실천이성비판』이라는 이름을 달고 있습니다. 말이 나온 김에 언급해 두자면, 여기서 실천적인 것의 개념은 오늘날 사람들이 이를테면 실천적praktisch 인간에 관해 말할 때, 즉 사물을 노련하게 다루고 영리하게 사는 방법을 아는 사람에 관해 말할 때의 그 타락한 실천 개념과 혼동되어서는 안 됩니다. 용어법적-철학적인 의미로 여기서의 실천praxis과 실천함prattein은 행함Tun, 행위함Handeln이라는 뜻의 고대 그리스어로 소급됩니다. 마찬가지로 『순수이성비판』의 제2부 「초월론적 방법론」에 언급되어 있듯이 칸트 실천철학의 주제도 여러분 모두에게 잘 알려져 있을 것이 분명한 저 유명한 질문, "우리는 무엇을 해야 하는가"[7]와 같은 질문으로 정식화되어 있습니다. 칸트는 그런 문제를 어떻게 이해해야 할지에 대한 훌륭한 안내자였는데, 그런 그가 우리는 무엇을 해야 하는가라는 물음을 도덕철학의 가장 본질적인 물음이자 심지어는 철학 일반의 결정적인 물음으로 고찰한 것입니다. 칸트에게는 이론이성에 대한 실천이성의 명백한 우위가 있기 때문입니다.[8] 그리고 이 점에서 피히테는 스스로 믿었던 바와 달리[9]

칸트에 비해 전혀 새로운 철학자가 아니었습니다. 칸트의 이 물음은 오늘날 희한하게도 뒤로 밀려났습니다. 사람들이 이론적 분석을 할 때 (이론적 분석은 본질적으로 비판적인 분석입니다만) "좋아, 그렇지만 이제 우리는 무엇을 해야 하지?" 하고 묻는다는 것, 특히 조급해 하며 강한 어조로 "그래, 도대체 이 이론이 전부 뭐란 말인가. 시간은 그렇게나 오래 걸리고, 우리는 정말로 우리가 무엇을 해야 할지 모르니 말이다. 우리는 즉시 뭔가를 해야 한단 말이다!"라고 말하는 것을 나는 자주 경험합니다. 이런 태도가 어디서 왔는지는, 나치 시대에 범해졌던 그 터무니없는 일을 떠올려 보면 아주 잘 알 수 있습니다. 또 오늘날 직접적이고 지배적인 정치적 실천이 갖는 폐쇄성을 떠올려 봐도 그렇습니다. 이 정치적 실천은 다음과 같은 질문을 하도록 사람들을 강압적으로 몰아갑니다. "그래, 도처에는 장벽이 세워져 있고 전체의 올바른 건립을 위한 시도가 우리에게 불가능하다면, 우리는 도대체 무엇을 해야 하는가?" 그러나 실천이 불확실해질수록, 무엇을 해야 할지 우리가 더 모르게 될수록, 우리에게 올바른 삶이 점점 덜 보장될수록(그것이 도대체 보장되어 있기는 하다면 말입니다), 우리는 점점 더 성급하게 실천을 붙잡으려 합니다. 그렇게 되면 그것은 아주 쉽게 사유 일반에 대한 일종의 적개심, 이론에 대한 일종의 비방과 결합하게 되는데, 지성적인 것에 대한 비방은 여기서 결코 멀리 떨어져 있지 않습니다. 예를 들면 골로 만Golo Mann*은 일련의 출판물에서 (그 중 하나는 나를 직접 겨냥하고 있습니다) 지성인으로서의 이론가를 비난한 바 있습니다. 그는 「얼치기 교양에 대한 이론Theorie der Halbbildung」[10]을 끌어들이며, 즉 "얼치기 교양Halbbildung이란 무엇인가?" 하는 물음을 끌어들이며, 우리

* 골로 만(1904-1994)의 본명은 앙겔루스 고트프리트 토마스 만으로, 소설 『마의 산』의 저자인 토마스 만의 아들이자 그 자신도 역사가이자 저널리스트, 작가로 활동하였다. 대표작으로는 『19-20세기의 독일사』가 있다.

가 이론에서는 소위 "아무것도 시작할 수 없다"고 말했습니다.[11] "거기서는-아무것도-시작할 수-없다"는 이의 제기, 실천으로 즉시 나아가려는 조급함, 이론을 잘라 내어 버리는 이 조급함 안에는 잘못된 실천에 대한 관계, 곧 억압적이고 맹목적이며 폭력적인 실천에 대한 관계가 목적론적으로 이미 싹트고 있습니다.

내가 여러분에게 이론과 실천의 관계에 관련해서 약간의 인내를 요청한다면, 그것은 다음과 같은 이유에서 정당할 것입니다. 현재와 같은 상황에서 (나는 이 상황에 대해서 아주 조금의 망상도 품지 않고 있고 여러분에게도 그런 망상을 불러일으키고 싶지 않습니다) 사람들이 언젠가 다시 올바른 실천을 할 수 있을지의 문제에서 관건이 되는 것은, 가차없이 온 힘을 다하여 [성급한 실천의 요구에 대해] 저항하면서 사유와 사유의 귀결에 자신을 내맡겨 보고, 그로부터 무엇이 나오는지를 보는 일이기 때문입니다. 각각의 사유에 대해서, 그 사유로부터 사람들이 무엇을 시작할 수 있을지 보여 달라고 요구하는 대신에 말입니다. 심지어 이렇게까지 말할 수 있습니다. 이런저런 목적들을 위해 즉각적으로 사용될 수 있다는 의미에서의 조작이 불가능한 사상에는 이런 가차없음, 저항의 힘이 숨겨져 있다고 말입니다. 역설적으로 말하자면 이 이론적인 가차없음의 태도 자체가 사실은 이미 실천적인 계기를 그 안에 담고 있습니다. 오늘날 실천은 (거리낌없이 극단적으로 말하겠습니다) 상당 정도 이론 영역 속으로, 즉 올바른 태도의 가능성에 대한 새롭고도 철저한 사유의 영역 속으로 빨려 들어가 있습니다. 이렇게 말하면 역설적이고도 당혹스럽게 들리겠지만, 사실 그렇지도 않습니다. 왜냐하면 사유 자체가 결국에는 행동Verhalten의 한 형식이기 때문입니다. 기원적으로 사유란, 환경을 마음대로 다루려는 우리의 시도가 갖는 형식 외에 다른 것이 아니었습니다(정신분석학은 자아와 사유의 이런 기능을 현실 검증이라고 명명한 바 있습니다). 그리고 어떤 특정 상황에서는 실천이 다른 시대 및 상황에서보다 더욱 이론에 속해 있다는 것은 매우 가능한 일입니다. 하여간 우리가 이런 질문을 던져 보면 좋겠습니다. 마르크스의 이론이 함축했고 특히 레닌에 의해 이론적으로 발전된 이론과 실천 사이의 저 유명한 통일은 그 사이 변증법적 유물론에서 이론적 요소 일체를 잘라 버리기 위한 일종의 맹목적 독단으로 되어 버렸는데, 이는 우연이 아닙니다. 우리는 거기서 실천주의가 비합리주의로 전도되고, 그로써 실천주의가 억압적 실천으로 전도되는 것을 직접 목격할 수 있습니다. 우리가 여기서 망설일 필요가 있고 이론과 실천의 통일이 보증된 것이자 매 시대에 존재했던 양 믿어서는 안 된다는 점에 관해서는, 이 사실만으로 충분한 근거가 될 것입니다. 그렇지 않다면 사람들은 미국식 영어로 a joiner[오지랖 넓은 사람][12]라고 부르는 자의 상황에 빠지게 되는데, 이 사람은 항상 어떤 일에든 관계해야만 하는 사람, 자신이 싸울 수 있는 어떤 일을 가져야 하는 사람이자, ―단지 어떤 일이 행해졌다는 사실만으로 열광하면서 그것을 통해 무언가가 변화하게 된다고 망상하다가― 이로써 일종의 정신 적대자가 되어 필연적으로 그 스스로 이론과 실천의 올바른 통일의 반대편으로 가게 되는 그런 사람입니다.

그러니까 여러분, "도덕적인 것은 자명하다"[13]는 피히테의 유명한 문장을 우선 한번 확실히 짚고 넘어가는 것이 중요합니다. 이 문장은 확실히 진리 계기를 가지고 있고 더욱이 여기에는 역사철학적인 계기가 들어가 있기는 하지만, 피히테 자신이 말하는 것처럼 그렇게 마냥 타당한 문장은 아닙니다. 18세기에서 19세기로 넘어가던 전환기의 위대한 부르주아 사상가들에게서 보여지듯 사람들이 스스로를 실현되어야 할 구체적 이상을 지닌 신흥 계급의 대표자로 느끼는 세계 속에서 도덕적인 것은 자기 확신의 외양을 갖고 나타납니다. 그것은 사람들이 사유 속에서 몰두하는 모든 중요한 실천이 그 자체 안에 이미 불길하고 불운한 경향을 지니고 있는 상황, 즉 사람들이 자기 자신 및 자기 고유의 직접적이고 현실적인 관심에 반하여 사유해야만 하는 상황에서의 도덕적인 것과는 전혀 다릅니다. 다시 말해 중요한 것은 도덕철학적 문제들을 반성하는 일이지, 이를테면 내가 여러분에게 어떤 규범, 가치 등 그것이 어떤 꺼림칙한 단어로 불리든 하여간 그런 것들을 직접 얹어 주는 것은 중요한 게 아니라는 뜻입니다. 또 이렇게 말할 수도 있습니다. 오늘날 도덕철학에서 중요한 것은 규범적 행위에 대한 물음이나 행위 속에 들어 있는 보편자와 특수자 사이의 관계에 대한 물음, 선의 실현 가능성에 대한 물음 등, 이 모든 물음을 직접적으로 취하면 안 된다는 것, 즉 이런 물음을 나타나는 대로, 혹은 느껴지는 대로 단순 소박하게 취하면 안 된다는 것입니다. 그런 느낌은 종종 아주 형편없는 조타수이기 때문입니다. 우리는 이 모든 것들을 의식 속으로 고양시켜야만 합니다. 이런 의미에서 도덕철학이란 도덕적 범주들의 문제, 올바른 삶과 앞서 말한 고차적 의미의 실천에 관계되는 물음들을—대담하게 그리고 서슴없이—정말로 한번 의식해 보는 것입니다. 이 전체 영역이 실천적인 영역이고 이론적 사유로부터는 면제되어 있다고 믿어 버리는 대신에 말입니다. 사람들이 만약 이런 태도를 취하게 된다면 이론에 비해 더 고차적이고 순수한 것으로 간주되는 실천은, 그 민족 고유의 전통이든 아니면 남들에 의해 규정된 세계관이든 하여간 어떤 권위적인 힘으로부터 이미 완성된 어떤 것을 넘겨 받게 됩니다. 그렇게 되면 그것은 칸트가 올바른 행위의 장소라 칭한 자유의 계기로 도저히 나아갈 수 없게 됩니다. 이 자유가 없다면 올바른 삶은 생각조차 불가능한데 말입니다. 나는 방금 파편적인 형태로나마 도덕철학적 사유가 갖는 과제를 제시했는데, 그렇게 정식화된 과제는 덧붙이자면 현대의 진보한 심리학적(정신분석학적) 인식 상태와도 합치합니다. 이 인식은 본질적으로 "그것Es이 있는 곳" 즉 무의식, 어두운 것이 지배하는 곳에 "자아Ich가 존재해야 한다"는 것, 즉 의식이 존재해야 한다는 것입니다. 이는 오직 의식을 통해서만, 오직 이론을 통해서만 올바른 실천이 가능하다는 것을

뜻합니다.[14]

여기서 말하고 싶은 것이 더 있습니다. 아니, 이 순간 여러분 스스로가 아마 말하고 싶을 어떤 것을 내가 말하고 싶다고 하는 게 낫겠습니다. 그것은 올바른 실천으로 나아가기 위해서 올바른 이론만 있으면 된다고, 그렇게 단순하게 말할 수는 없다는 것입니다. 그리고 여러분 중에서 내 말을 정확하게 경청했던 학생들은 내가 그런 말을 한 적 없다는 것을 알아챘을 것입니다. 오히려 나는 다만 현재 상황에서는 이론적 계기의 개입이 더 많이, 특별히 더 요구된다고 말했을 뿐입니다. 그러나 다른 한편으로 (이는 앞서 내가 이론적 계기를 강조했던 바로 그만큼 단호하게 이야기되어야 할 텐데) 이론과 실천은 서로를 향해 완전히 흡수될 수 있는 관계가 아니라는 것도 사실입니다. 이론과 실천은 곧바로 동일한 것이 아니라, 내가 제시하는 진부한 이미지를 여러분이 나쁘게 생각하지 않길 바라는데, 양자 사이에는 일종의 긴장 관계가 있다는 것입니다. 어떤 것이든지 하여간 가능한 실천과 관계하지 않는 이론은 (이 사실은 예술에 대해서도 마찬가지인데, 매개되었든, 간접적이든, 숨겨져 있든 하여간 이 관계는 있어야만 합니다) 공허하고 자만하며 아무래도 상관없어 하는 유희가 되거나, 더 나쁘게는 한갓 교양의 요소, 즉 살아 있는 정신이자 살아 움직이는 [illegible]서의 우리에게 완전히 상관없는 죽은 지식의 재료가 될 것입니다. 반대로 내가 이미 암시했듯이 실천이 이론에 대해 위세를 부리며 스스로 자립해서는 사유를 쫓아내게 되면, 그것은 한갓 기계적인 분주함Betriebsamkeit으로 타락합니다. 그런 실천은 기존 세계의 한복판에서 굳어져 버립니다. 그런 실천은 항상 무언가를 조직하기 좋아하는 사람과 같은 현상을 낳게 됩니다. 이런 사람은 자신이 조직하는 일이 정말 현실에 개입할 가능성을 갖고 있는지에 대한 반성 없이, 무언가를 조직하고 실천적인 시위를 벌이는 것만으로 벌써 자신이 어떤 중요한 일을 행했다고 믿는 사람입니다.[15] 이로써 나는 도덕철학의 근본 주제를 이미 건드렸습니다. 칸트가 가르쳐 준 것과 같은 그런 순수의지에만 관계하는 규범들에 대한 물음과, 칸트에 반대하면서 헤겔이 주장한 것처럼 도덕적인 것에 관해 숙고함으로써 그 실현의 객관적 가능성을 포함하는 규범들에 관한 물음 말입니다. 이것은 사람들이 용어법적으로 신념윤리와 책임윤리의 대립이라고 표현하는 문제인데, 우리는 주어진 시간 동안 그에 관해서도 몇 가지 이야기해야 할 것입니다.[16]

그러나 그것이 어떻든 간에, 그리고 이론과 실천이라는 분리된 두 분야들도 결국에는 삶의 통일성 속에서 발생한 것이기 때문에 양자는 서로가 없이는 존재할 수 없다고 할지라도, 한 가지는 밝혀 두고 싶습니다. 그것이 도덕적인 것의 규정에서 근본적이라고 여겨지는 까닭입니다. 그것은, 실천이 이루어지려면 이론 안에서 용해되지 않는 추가적인 계기가 필요하다는 사실입니다. 이 계기는 매우 표현하기 어렵긴 한데, 주어진 상황에 대해서 직접적으로 이루어지는 반응을 뜻하는 자발성Spontaneität이란 말로 그나마 가장 잘 표현할 수 있을 것입니다. 이 계기가 존재하지 않는 곳, 다시 말해 이론이 궁극적으로 어떤 것을 의욕하지 않는 곳에서는 올바른 실천이 가능하지 않습니다. 그리고 이론 자체의 범위에 한계를 긋는 것도 도덕 이론의 본질적 과제입니다. 도덕적 행위의 영역 안에는 사유 속에서 완전히 해명될 수 없지만 또한 절대화되어서도 안 되는 요소가 있음을 보이는 것도 도덕 이론의 과제라는 것입니다. 우리는 이 요소를 직접적으로 절대적인 것인 양 다루어서는 안 되며, 한갓 어리석음으로 타락하지 않으려면 이론적 통찰에 대한 관계 속에서 다루어야 합니다. — 여러분, 여기서 언급되는 이 계기를 표현하기란 정말로 어렵습니다. 이것은 우연이 아닌데, 왜냐하면 여기서 언급되는 것은 정말로 도덕적인 것 안에 있는 계기, 본질적으로 이론적이지 않으면서도 이론적으로 포착되어야 할 계기이기 때문입니다. 따라서 그것을 이론 속에서 표현하려는 시도는 시작부터 이미 부조리합니다. 그러나 내가 이 시간에 저항의 개념에 관해 말할 때 이미 이를 위한 표어가 떠오른 것 같습니다. 그때 나는 저항 개념은 오늘날엔 더더욱 이론을 향한 힘 속에서 발견될 수 있다고 말했습니다. 우리가 무엇을 해야 하는지에 관해서는 오늘날 모든 사람들의 의견이 일치하지만, 누군가 일단 아무것도 하지 않고 실천의 지배적 연관으로부터 뒤로 물러나 본질적인 것에 관해 한번 숙고해 보려고 하면 그때 심상치 않은 것이 나타나기 때문입니다. 저항의 계기, 지배적 재앙과 함께하지 않으려 함이라는 계기는 언제나 자신보다 더 강력한 어떤 것에 대한 저항이고, 따라서 매 순간 희망 없음의 계기를 그 안에 갖고 있습니다. 내가 도덕적인 것의 영역은 이론 영역 안에서 용해되지 않으며 바로 그것이 실천 영역이 갖는 철학적 근본 규정이라고 말할 때 의도하는 바를 여러분은 아마 이런 저항 개념 속에서 가장 먼저 인식할 수 있을 것입니다.

이것을 내 경험을 통해 설명할 수도 있을 것입니다. 그것은 아주 단순한 경험으로, 14년 전 내가 미국에 망명했다가 독일로 돌아온 지 몇 달 되지 않았을 때의 일입니다. 그때 나는 7월 20일[히틀러 암살 기도 사건]의 몇 안 되는 주역들 중 한 사람을 알게 되었고 그에게 물었습니다. "그런데 당신은 그 반란이 성공할 가능성은 극히 적다는 사실을 정확히 알고 있었습니다. 그리고 만약 발각될 경우 당신에게 죽음보다 훨씬 끔찍한 일, 상상도 못할 끔찍한 일이 기다리고 있다는 것도 분명히 알았을 겁니다. 그런데도 어떻게 그렇게 할 수 있었습니까?" 그 사람은 대답했습니다. —그 사람의 이름을 여러분 모두 알고 있겠지만 지금은 말하지 않겠습니다[17]— "그렇지만 그저 더 이상 함께하고 싶지 않을 만큼 견딜 수 없는 상황이란 것이 있습니다. [그 상황과] 함께하지 않는다면 어떤 일이 생길지, 어떻게 될지는 전혀 상관없이 말입니다." 그는 담담하게 그리고 어떤 이론적 요구도 없이 그렇게 말했습니다. 그는 그저, 무엇이 그를 저 부조리해 보이는 7월 20일의 암살 기도를 향해 움직였는지 설명하고 싶었던 것입니다. 자기 자신과 경우에 따라 타인들에게 어떤 결과가 초래될지를 이론적으로 예측할 수 있을 텐데도 그것과 완전히 상관없이 바꾸지 않고는 도저히 견딜 수 없는 그런 것이 있을 수 있다는 것, 이런 것이 저항의 계기입니다. 그리고 나는 이 저항의 계기가 바로 비합리성, 도덕적 행위가 갖는 비합리적 계기가 놓여 있는 지점이라고 생각합니다. 그러나 여러분은 동시에 이 비합리성이 단지 하나의 계기일 뿐임을 알 수 있습니다. 왜냐하면 이 장교는 동시에 제3의 제국이 얼마나 나쁘고 잔인한지 매우 정확히 알고 있었고, 그가 관련되어 있던 기만과 범죄에 대한 비판적이고 이론적인 통찰에 근거해서 행위하게 되었기 때문입니다. 그가 이런 통찰을 하지 못했더라면, 즉 당시 독일을 지배하던 나쁜 것, 수치스러운 것에 대한 인식을 갖고 있지 않았더라면 저 저항은 이루어질 수 없었을 것이 매우 확실합니다. 그렇지만 이제 여기에 또 다른 계기가 덧붙여집니다. 그것은 이런 계기입니다. "이대로 계속 가서는 안 된다, 나는 그것을 더 이상 용납해서는 안 된다, 그렇게 되면 나와 다른 사람들에게 무슨 일이 일어나게 될지는 아무런 상관없이 말이다." 이것이 여러분에게 도덕철학이라고 불리는 것에 관한 첫 번째 표상을 줍니다. 내가 방금 말한 이 계기를 통해서 도덕철학 개념 안으로 어떤 부적합한 것, 그에 딱 상응하지 않는 어떤 것이 들어오게 됩니다. [부적합한 이유는] 그것이 이론으로서의 도덕철학이 무시하는 것이기 때문입니다. 편안히 강단에 서서, 혹은 여러분처럼 그 자리에 안락하게 앉아서 7월 20일의 주역들이 처했던 그런 유의 상황(그것이 오늘날 도덕적 변증법의 무대였는데)에 대해서 사변하는 것은 좀 부끄러운 일입니다. 여기에서 정말로 실천이라고 칭해지는 것에 비하면—고통스럽다면, 끔찍하게 고통스럽다면 그것이야말로 실천입니다—그렇게 사변하는 데에는 어떤 냉소적인 면이 있고, 우리가 이를 피하기란 어려운 일입니다. 그리고 내가 강의를 시작할 때 말한 이론적 학문 분과로서의 도덕철학이라는 개념에는 물론 이런 냉소주의도 속합니다. 필연적으로 도덕철학은 내가 방금 묘사하고자 했던 저 계기, 이론으로 완전히 설명될 수 없는 저 계기를 거의 어쩔 수 없이 무시하기 때문입니다. 그런 한에서 우리는 이렇게 말할 수 있습니다. 도덕철학적 관조, 도덕적 물음에 관한 사유는, 도덕적인 것이 하나의 행위함이고 언제나 또한 사유함 이상인 한에서, 그 사유 대상에 대한 모순의 관계에 빠지게 된다는 것입니다. 그리고 도대체 무엇이 행해져야 할지에 관해 숙고한다는 이런 모순이 특히 분명해지는 상황들이 있습니다. 나는 오늘날 우리가 여전히 그런 상황 속에서 살아가고 있다고 생각합니다. 그러나 다른 한편으로 우리는 이 모순을 소홀히 할 수는 없습니다. 의식하는 것이 중요하다고 내가 말했는데 (오늘날 도덕철학의 과제는 그 어떤 것보다도 우선, 의식을 만들어 내는 것입니다) 거기서 뜻하는 바는 이런 것입니다. 모순들이 유효할 때, 즉 이론적인 조작과 개념 형성을 통해서는 제거될 수 없는 모순들이 사태 안에 놓여 있을 때, 이 모순들을 의식하는 것이 중요하다는 것입니다. 우리는 그것을 논리 바깥으로 밀어냄으로써 세계로부터 쫓아내어 버리는 대신에, 그것을 정면으로 직시할 힘을 얻어야 합니다.

내가 말한 이 부적합한 것은 도덕 및 도덕철학이라는 표현 안에 특별히 강력하게 포함되어 있습니다. 여러분 모두 알고 있듯이, 이 표현은 니체에 의해 가장 파괴적으로 비판된 바 있습니다. 그러나 니체에 따르면 도덕이라는 단어가 주는 불만은 이미 먼 과거로 소급해 갑니다. 나는 바로 며칠 전 폄하적 의미에서의 '도덕주의적moralistisch'이라는 표현이 놀랍게도 이미 횔덜린에게서 발견된다는 사실을 알게 되었습니다.[18] 이 문제도 이렇게 소위 고전적인 독일 관념론의 시대로 소급됩니다. 도덕Moral은 라틴어의 모레스mores에서 나왔고, 이 모레스는, 여러분 모두 알고 있길 바라는데, 윤리Sitte*입니다. 그 때문에 사람들은 도덕철학을 또한 '윤리이론Sittenlehre' 또는 '윤리성Sittlichkeit'**에 관한 이론이라고 합니다. 이 윤리Sitte라는 개념을 가지고 더 이상 아무것도 생각할 수 없도록 시작부터 이 개념을 공허하게 만들지 않으려면, 우리는 주어진 공동체, 즉 특정 민족들 내부에서 지배적인 관습윤리에 대해서 생각해야 합니다. 오늘날 도덕철학의 문제 제기가 왜 그토록 급진적으로 문제적인 것이 되어 버렸는지 그 까닭을 말해 보자면, 저 관습윤리의 실체성이 완전히 허약해져 버렸기 때문입니다. 관습윤리의 실체성이란 공동체의 형식들 안에서 올바른 삶의 가능성이 미리 주어져 있고 현존한다는 것을 의미하는데, 그런 것은 존재하지 않으며, 오늘날 우리는 그에 관해 더 이상 신뢰할 수가 없다는 것입니다. 그런 것이 존재하는 양, 그것이 마치 이미 올바른 삶 혹은 좋은 삶의 보증이라도 되는 양 아직도 그렇게 행동하는 사람이 있다면 그는 시골스러운 삶을 살아가게 될 것입니다. 그런 삶에는 옛 질서가 아직 약간은 남아 있는 듯이 보일 것입니다. 도덕주의적이라는 표현에서 드러나듯 여러분 모두가 분명 느끼고 있을 도덕이란 단어에 대한 거부감은 바로 이 지점에서 생겨납니다. 그 거부감은, 통용되는 표상들과 매 상황에 관련하여 나타나는 협소함과 제약성이, 스스로가 마치 어떤 의미에서든 이미 올바른 삶인 것처럼 위장하고 있음을 우리 모두가 느끼고 있다는 사실에 근거합니다.

그래서 사람들은 오래 전부터 도덕 개념을 대신하여 윤리Ethik 개념을 사용했던 것입니다. 나는 언젠가 윤리 개념은 원래 도덕에 대한 양심의 가책이라고, 혹은 윤리는 자신의 도덕주의를 부끄러워하기 때문

* "Sitte", "Moral", "Ethik" 간의 미묘한 개념 구별이 이루어지는 제1-제2강에 한해서는 독일어 Sitte를 맥락에 따라 자연스럽게 관습윤리 혹은 윤리로 번역하되, 윤리로 번역시에는 비슷한 단어인 Ethik(윤리, 윤리학)과 구별할 수 있도록 원어를 병기함. 보다 상세한 설명은 옮긴이 후기(특히 290쪽의 각주 7번)를 참고할 것.

** "das Sittliche", Sittlichkeit"는 명백히 헤겔에 관련된 맥락에서만 인륜적인 것, 인륜성으로 번역하였음.

에 도덕주의적이지 않은 척하는 도덕의 일종이라고 말한 바 있습니다.[19] 그렇다면 솔직히 말해 윤리 개념 안에 놓여 있는 부정직함이, 도덕이라는 단어와 우리의 경험 사이의 현격한 불일치보다 더 나쁘고 우려할 만한 것으로 보입니다. 도덕과 경험 사이의 불일치는 적어도 사람들로 하여금 칸트나 피히테에서 이야기된 도덕적인 것의 개념이 가진 내용을 더 밀고 나가서 생각함으로써 더 구속력 있고 단단한 통찰에 이르게 해 줍니다. 반면에 윤리 개념은 그 본질에 따라 소위 인격성Persönlichkeit 개념, 에토스Ethos에 관계함으로써 여러 가지 측면에서 퇴색하고 있습니다. 여기서 에토스는 그리스어 에토스ēthos로서 윤리라는 단어가 여기서 파생되었는데, 번역하기 매우 어려운 표현입니다. 매우 타당하게도 사람들은 보통 이것을, 그가 어떤 사람이고 어떤 특성을 지닌 사람인지와 같은 품성Wesensart이라는 의미로 사용합니다. 보다 이후의 개념인 성격Charakter은 에토스ēthos 개념에 매우 가깝고, 그 연장선 상에 "에토스가 다이몬이다" 혹은 "성격이 운명이다"라는 의미를 가진 그리스 속담 ēthos anthrōpō daimōn[20]이 있습니다. 다른 말로, 도덕의 문제를 윤리로 평준화시켜 버리면 도덕철학의 결정적인 문제인 보편자에 대한 각 개인의 관계가 시작부터 요술처럼 사라져 버리게 되는 것입니다. 거기에는, 사람들이 단지 자신의 고유한 에토스와 특성에 따라서 살기만 하면, 혹은 흔히 아름답게 표현하듯 자기 자신을 실현하기만 하면 벌써 올바른 삶이 나타나게 된다는 생각이 숨겨져 있습니다. 이것은 순전한 망상이자 이데올로기입니다. 이 이데올로기는 문화 및 문화에 대한 순응을 통해 개인은 고상해지고 세련화된다고 하는 또 다른 이데올로기와 한 쌍을 이룹니다. 문화 자체가 도덕철학에 마주하여 토론되고 비판되어야 하는 것일 텐데 말입니다. 이 모든 이유들 때문에 나는 비판적으로나마 도덕 개념을 고수하는 것이, 도덕을 윤리라는 감상적인 문화 개념을 통해 대체해 버림으로써 미리부터 문제를 지워 버리고 무르게 만드는 것보다

났다고 생각합니다. 이것이 무엇을 의미하는지를 여러분 모두가 알 수 있도록 다음 시간에 더 정확하게 설명하겠습니다.

주

1) 『미니마 모랄리아. 훼손된 삶으로부터 나온 성찰들』을 의미함. 막스 호르크하이머에게 바치는 이 책의 헌사에서 아도르노는 다음과 같이 쓰고 있다: "내가 내 친구에게 그에 관해 몇 가지 보여 주고자 하는 이 슬픈 학문은, 오랫동안 진정한 철학으로 간주되었지만 철학이 방법으로 변질된 이래, 지성에 대한 경시이자 격언조의 자의로, 그리고 종국에는 망각되어 버린 한 영역, 즉 올바른 삶에 관한 이론에 관련된다. 언젠가 철학자들에게 삶이라고 불렸던 것은 사적인 것의 영역이 되었고, 그리고 나서는 자율성도 고유한 실체도 없이 물질적 생산 과정의 부속물로서 함께 질질 끌려가는 한갓 소비의 영역이 되어 버리고 말았다"(GS 4, S. 13).

2) "가능한" 도덕적 삶으로 추측됨.

3) Vgl. GS 4, S. 43.

4) 니체에게서 이 문장과 유사한 문장은 발견될 수 없었다. 1963년 7월 25일 제17강에서 아도르노는 또 다시 이를 언급하지만, 그것이 니체에게서 완전히 다르게 표현되어 있다고 첨언한다(이 책의 제17강 262쪽 참고). 추측건대 아도르노는 『인간적인, 너무나 인간적인』의 제1장, 33쪽 이하를 생각하고 있었던 듯하다(vgl. Friedrich Nietzsche, Sämtliche Werke. Kritische Studienausgabe, hrsg. von Giorgio Colli und Mazzino Montinari, München 1988, Bd. 2, S. 52-54).

5) 『도덕 형이상학 정초』 참고. "그것[=평범한 인간 이성의 도덕적 인식]이 이 나침반을 손에 들고서 발생하는 모든 경우들에서 무엇이 선하고 악한지, 무엇이 의무에 맞거나 반하는지를 어떻게 아주 잘 구별하는지를 여기서 보여 주기란 참 쉬운 일일 것이다. 평범한 인간 이성에게 어떤 최소한의 새로운 것도 가르침 없이 다만 소크라테스가 했던 것처럼, 자기 자신의 원칙에 주목하게 만들면 된다. 또한 무엇을 해야 할지를 알기 위해서는, 그리고 정직하고 선하기 위해, 심지어 현명하고 덕스럽기 위해서는 어떤 학문이나 철학도 필요 없다는 것을 보여 주는 일도 매우 쉬울 것이다"(W VII, S. 31).

6) 셸러가 말하는 것은 이렇다: "윤리학의 이 전체 영역 안에서는 … 다음과 같이 항상 날카롭게 구별되어야 한다: 윤리적sittlich 주체들 자신에 의해 '적용 및 사용'되는 윤리…와, 저 '응용 윤리'를 소재로 하는 방법적인 논리적 과정을 통해서 비로소 얻어지는 윤리학적 명제들의 그룹들. 즉, 자연적 언어에서 표현되는 자연적-실천적인 세계관의 윤리학(예를 들면 격언으로 표현되는 모든 시대의 지혜나 모든 전승된 준칙들 같은 것들이 이에 속한다)과, 저 응용 윤리를 '정당화하

고' 최상의 원칙들로부터 '근거 짓곤' 하는 다소간 학문적이고 철학적이며 신학적인 윤리학. 여기서 이 원칙들은 응용 윤리의 주체들에 의해 철저히 의식되어 있어야 할 필요는 없다"(Max Scheler, Der Formalismus in der Ethik und die materiale Wertethik. Neuer Versuch der Grundlegung eines ethischen Personalismus, jetzt: Gesammelte Werke, Bd.2, 4. Aufl., Bern 1954, S. 321).

7 Vgl. W IV, S. 677, B 833/ A 805. 다만 이 질문은 단수로 쓰여져 있다: "나는 무엇을 해야 하는가Was soll ich tun?"

8) 이론이성과 실천이성의 관계에 대해 아도르노는 1963년 5월 14일에 있었던 제3강(이 책의 52-55쪽)에서 보다 자세히 언급한다.

9) 피히테의 도덕철학 논문에 대한 아도르노의 설명은 매번 다르다. 1956-1957년에 있었던 "도덕철학의 문제"에 관한 이전의 강의에서 그는 (칸트의) "이론이성과 실천이성의 경계를 허물고자" 하는 피히테의 시도에서 출발한다. 여기서 실천이성은 우위를 얻는다. "오늘날에서야 비로소 인식될 수 있는 바는, 피히테를 통해 계속 발전된 칸트 사유 속에 진리의 한 본질적 요소가 포함되어 있다는 사실입니다. 오늘날 인간이 갖춰야 할 태도는 외부적인 것에 맹목적으로 의존하지 않는 태도, 구체주의적이지 않은 태도, 즉 사물들에 의해 자신의 실존이 충족되기를 바라지 않는 태도, 압도적인 사물 세계 속에서조차 인간적인 것의 의식을 품고 있는 태도입니다"(1956년 11월 20일의 강의, Vo 1310; 1963년 7월 4일의 제11강 184쪽도 참고).

10) 1959년 5월 독일 사회학회의 베를린 행사에서 있었던 아도르노의 발표. GS 8, 93-121쪽에 실려 있음.

11) 아도르노가 말하는 것은 골로 만Golo Mann의 텍스트 「의문스러운 인식Fragwürdige Erkenntnis」으로서, 이는 1960년 "Zur Soziologie der zwanziger Jahre"라는 제목으로 뮌헨에서 행해진 르네 쾨니히René König의 발표에 대한 응답이다. "한갓 인식함, 단지 인식하기만을 추구하는 것은 나를 결코 만족시키지 못할 것입니다. 우리는 오늘날 쾨니히가 유령이라 부른 자들에게서 여전히 이것을 발견합니다. 교육에 대한 그들의 생각은 이 시대에서 유리하기 때문입니다. 테오도르 W. 아도르노를 생각해 봅시다. 그는 얼치기 교양Halbbildung이 무엇이냐, 오늘날 얼치기 교양의 이론이 무엇이냐 해 가며 단지 묻기만 하는 분석을 시행합니다. 나의 대답은 이렇습니다: 그것을 갖고는 아무것도 시작할 수 없습니다. 나는 우리가 어떻게 스스로를 극복하고 사람들을 도울 수 있는지를 알고 싶습니다"(Golo Mann, "Fragwürdige Erkenntnis", in: Wissen und Leben. Hauszeitschrift des W. Kohlhammer

Verlages, Stuttgart 1960, Heft 15, S. 13). 아도르노는 1963년 7월 15일에 프란츠 뵘Franz Böhm에게 보내는 서신에서도 골로 만의 논문 「반유대주의에 관하여Über Antisemitismus」(in: Geschichte und Geschichten, Frankfurt a. M. 1961, S. 169-201)에서 발췌한 것을 첨부하면서 그에 관해 언급한다. "여기 약속한 대로 골로 만의 저작에서 발췌한 해당 구절들을 보냅니다. 문제가 되는 것은 자명하게도 나를 겨냥한 험담, 이론가가 이론가라는 비난을 내용으로 하는 험담보다는, 유대인 없는 본 공화국에 관한 구절들입니다. 제가 강조하고 싶은 것은, 이것들이 나의 개인적인 느낌에 관한 문제가 아니라 그 안에서 드러나는 이루 말할 수 없는 반지성주의에 관한 문제란 사실입니다."

12) 이 개념에 관해 아도르노는 다음과 같이 손수 메모해 둔다: "실천이 점점 불확실해질수록, 사람들은 점점 더 격렬하게 실천을 붙잡는다. '그래서 우리는 뭘 해야 하는가' 하는 불평이 항상 되돌아온다. Der Joiner with a cause"(Vo 8799).

13) 피히테에게서 이 구절은 발견되지 않았지만, "도덕적인 것은 언제나 자명하다"라는 프리드리히 테오도르 피셔Friedrich Theodor Vischer의 문장(in: Auch Einer. Eine Reisebekanntschaft, Stuttgart 1879, jetzt mit einem Nachwort von Otto Borst, Frankfurt a. M. 1987, S. 25)을 가지고 피히테의 도덕철학적 입장을 축약한 것일 수는 있다.

14) 아도르노는 여기서 프로이트의 정식을 넌지시 암시하고 있다. "그것Es이 있던 곳에 자아Ich가 있어야 한다Wo Es war, soll Ich werden"(Sigmund Freud, Neue Vorlesungen zur Einführung in die Psychoanalyse, in: Studienausgabe, hrsg. von Alexander Mitscherlich, Angela Richards und James Strachey, Frankfurt a. M. 1982, Bd. Ⅰ, S. 516). 도덕의 개념에 관해서는 또한 『Das Ich und das Es』을 참고: "충동 제약의 관점, 즉 도덕성의 관점에서 보면 이렇게 말할 수 있다. 그것Es은 완전히 비도덕적이고, 자아Ich는 도덕적이고자 노력한다. 초자아는 과잉도덕적hypermoralisch이고 그것Es처럼 잔인해질 수 있다"(a.a.O., Bd. Ⅲ, S. 320).

15) 이러한 생각이 이후 아도르노의 학생운동 비판에 각인되어 있다. Vgl. "Marginalien zu Theorie und Praxis", in: GS 10.2, S. 759-782; "Resignation", a.a.O., S. 794-799.

16) 1963년 7월 18일의 제15강과 7월 23일의 제16강을 참고할 것.

17) 1956-1957년 겨울 학기의 도덕철학 강의에서 아도르노는 같은 맥락에서 이름을 댄 적 있으며(Vo 1307 참고), 1963년 5월 7일의 제1강을 위해 손으로 쓴 메모에도 그 이름을 표시한다(Vo 8799 참고). 그 인물은 변호사이자 이후 독일 연방

헌법재판소의 판사가 된 파비안 폰 슐라브렌도르프Fabian von Schlabrendorff(1907-1980)이다. 그는 제2군단 참모장의 전령 장교였으며 7월 20일의 암살 기도에 속했다는 이유로 1944년 8월에 구속되었으나 1945년 5월에 석방되었다.

18) 아도르노는 여기서 구스타프 슈밥Gustav Schwab에 의해 전해진 횔덜린의 라코닉을 말하는 것일 확률이 높다. 이 문장은 Große Stuttgarter Hölderlin-Ausgabe, hrsg. von Friedrich Beißner, Stuttgart 1961의 Bd. 4.1에서 발견된다. "세계 안에서 인간이 더 높은 도덕적 소명을 갖는다는 사실은 도덕성에 대한 주장들을 통해 인정될 수 있으며 많은 것에서 드러난다"(a.a.O., S. 293). 횔덜린의 도덕 비판 발전에 관해서는 무엇보다 1799년 1월 1일에 그의 이복형제 카를 고크Karl Gock에게 보내진 서신(Bd. 6.1, a.a.O., S. 326-332) 및 Entwürfe zur Poetik. Frankfurter Hölderlin-Ausgabe Bd. 14, hrsg. von Wolfram Groddeck und Dietrich E. Sattler, Frankfurt a. M. 1979, S. 48을 참고할 것.

19) 1956-1957년의 도덕철학 강의에서는 다음과 같이 말했다: "윤리학 개념은 도덕철학보다 훨씬 더 선호됩니다. 그것은 그렇게 엄격주의적으로 들리지 않고, 더 고차적이며 인간적인 의미를 가진 것처럼 보이기 때문입니다. 윤리학 개념은 단순히 인간 행위들을 우연성에 내맡기지 않고 인간의 태도를 그에 견줄 수 있는 그런 보편성의 특정 영역 같은 것을 약속한다는 것입니다. 윤리학은 양심의 가책, 자기 자신에 대한 양심입니다. 그것은 양심에 관해서, 그 강압에 호소하지 않고 이야기하려는 시도인 것입니다"(1956년 11월 8일의 강의, Vo 1295).

20) Vgl. Heraklit, Fragment 119.

제2강

1963년 5월 9일

여러분 안녕하십니까.

지난 시간 나는 마지막 몇 분 동안 도덕과 윤리 개념에 관해 매우 서둘러 이야기하면서, 이를 보다 자세히 설명하기로 약속했습니다. 우리가 고찰해야 할 영역에 대해 서로 먼저 합의하면 전체적인 의도도 약간은 쉽게 이해될 수 있을 것이기 때문입니다. 도덕 개념이 모레스mores에서 유래하기 때문에 특히 문제적이란 사실을 여러분은 기억할 것입니다. 다시 말해 이 개념은 한 국가의 공적인 관습윤리Sitte가 도덕적인 행위 양식, 윤리적으로 올바른sittlich richtig 행위 양식과 일치할 것을, 곧 개인의 올바른 삶과 일치할 것을 요청한다는 것입니다. 헤겔이라면 '인륜적인 것의 실체성die Substantialität des Sittlichen'이라고 불렀을 이런 일치, 다시 말해 선das Gute의 규범들이 주어진 공동체의 삶 속에 직접적으로 그리고 확실히 보증된 채로 현존한다는 생각은 오늘날 더 이상 받아들여질 수 없다는 것도 나는 말했습니다. 그런 생각이 받아들여질 수 없는 이유는 무엇보다 공동체가 개별자들에 비해 압도적인 힘을 갖고 있기 때문입니다. 무수한 과정들을 거쳐 우리는 순응을 너무도 강요당한 나머지, 우리 자신의 개별적 규정이 객관적 상황에 의해 우리에게 부과된 것과 전혀 일치할 수 없게 되어 버린 것입니다. 그렇지만 지난 시간에 도덕의 이런 개념에 대한 비판과 관련해서 말했던 바를 생각해 보면, 이는 도덕에 대한 저 불만을 초래한 것이 무엇인지를 제대로 제시하지 못했다는 점에서 아직 만족스럽지 못합니다. 그 원인을 파악하기 위해 중요한 것은 관습윤리와 개인적인 윤리성Sittlichkeit 사이에 있는 문자 그대로의 관계, 즉 언어사적으로나 문헌학적으로 확인되는 관계가 아닙니다. 문제는 그보다는 짐멜이라면 도덕이란 단어의 '인장Cachet'이라고 불렀을 무언가에 관련됩니다. 도덕 같은 철학 개념은 그렇게 간단히 순수한 의미로 전부 해명되는 것이 아닙니다. 그것은 더 나아가 사람들이 그 단어의 의미에 일부러 부여하지 않아도 스스로 알려지게 되는 어떤 아우라나 층위를 갖습니다. 도덕적인 것의 개념은 엄격주의, 관습적 편협함 그리고 순응이라는 특정 표상을 통해서, 미리 주어져 있는 것이자 오늘날에 와서는 문제적으로 되어 버린 일련의 생각들과 연결되어 있습니다. 이미 오래전 정신분석학과 심리학 일반을 통해서 낡은 것이라고 판명되었음에도, 반성되지 않은 일반적 언어 사용에서는 여전히 '도덕적' 혹은 '비도덕적'이란 용어들이 성애적 삶에 관한 표상과 연결되어 있습니다. 이를 한번 생각해 보면 여러분은 벌써 도덕적인 것의 개념이 갖는 저 제약성이 어디에 놓여 있는지에 대한 힌트를 얻게 될 것입니다. 게오르크 뷔히너는 이 점을 『보이첵Woyzeck』의 매우 심오하고도 흥미로운 구절에서 표현한 바 있습니다. 여기서 대위는 보이첵처럼 매우 행실 바른 사람을 두고 그가 혼외 자녀를 가지고 있다고 비난하면서, '그는 부도덕하다'라는 단언과 '그는 좋은 사람이다'라는 단언 사이에서 끊임없이 왔다 갔다 합니다. 도대체 왜 보이첵이 부도덕한지를 설명해야 할 때 대위는 "도덕을 갖고 있지 않으므로 그는 부도덕하다"는 동어반복밖에는 말하지 못합니다. 이 대위에게 도덕은 여전히 아주 생생한 관습윤리적 선das sittlich Gute의 표상으로부터 완전히 분리된 채로 존재하기 때문입니다. 그는 보이첵이 좋은 사람이라면서 동시에 부도덕하다고 말하는 데에서 전혀 모순을 보지 못합니다.[21] 사람들이 도덕이라고 부르는 바에 대한 니체의 항변은 이런 유의 사고방식을 향합니다. 니체식으로 말하자면 이렇습니다. 도덕 개념은 의식적으로든 무의식적으로든 '금욕적 이상들'을 수반하지만, 그 이상들이 갖는 이성적 권리 근거가 의식 속에서 전혀 발견되지 않을 뿐 아니라 오히려 그 이면에는 어느 정도 뿌옇게 되어 버린 이해 관심들이 숨어 있으며, 이런 사실을 통해서 도덕 개념은 웃음거리가 되고 말았다는 것입니다.[22] 아마도 내가 지난번 출발점으로 삼았고 오늘 다시 그에 관해 몇 가지 것들을 추가하고자 하는 관습윤리에 대한 관계보다도, 바로 이것이야말로 우리가 도덕이란 단어에 대해 느끼는 저항감을 더 참되게 표현하고 있을 것입니다.

윤리적인 것das Sittliche을 제약되고 협소하며 불필요한 것이 되어 버린 금욕적 이상과 등치시키는 것에 대한 이런 저항감으로부터, 도덕 개념을 윤리Ethik 개념으로 대체하려는 노력들이 나왔습니다. 내가 여러분에게 이미 언급했듯이 이 윤리 개념 안에는 사람들이 소위 자신의 본성에 따라 살아야 한다는 생각이 숨어 있으며, 그런 한에서 윤리 개념은 외부로부터 정립된 것, 강압적인 것에 대한 일종의 치유를 약속해 주는 것처럼 보입니다. 그러나 또 나는, 윤리란 단어는 자신이 주기로 약속한 해독제와 더불어 어떤 문제적인 사태를 품고 있다고도 말했습니다. 무엇보다 이런 윤리 개념 안에는 이미, 오늘날 실존주의 개념(실존주의는 부정적 의미로나마 스스로를 본질적으로 하나의 윤리-도덕적 운동으로 이해하는데)에서야 비로소 표면화된 사실이 들어 있습니다. 그것은 올바른 삶, 올바른 행위를 자신의 본성대로 행위하는 것으로 환원하는 것입니다. 다시 말해 인간은 자신의 에토스, 본질적 특성에 따라 행위해야 한다고 말함으로써 그의 '한갓 그렇게-있음das bloße So-Sein', 즉 그가 다른 기질이 아닌 바로 이런 기질을 지녔다는 사실이 그가 어떤 태도를 가져야 하는지의 척도가 되어 버렸다는 것입니다.[23] 이런 생각의 뿌리는 희한하게도 칸트로 거슬러 올라갑니다. 그에게서 인격성Persönlichkeit 개념이 (그러나 이 개념은 칸트에게는 좀 다른 것을 의미하는데, 이에 관해 나중에 자세히 이야기할 것입니다) 최초로 결정적인 윤리학적 범주로 등장한 것입니다. 여기에 내가 덧붙이고 싶은 바는, 칸트에게 인격성은 개인Person[인격]의 추상적이고 보편적인 개념적 통일성을 의미한다는 사실입니다. 혹은 인격성이란 행위하는 개인의 모든 규정이라고 말할 수도 있을 텐데, 이때 이 규정들은 한갓 경험적이고 단순히 거기 있는 자연적 존재로서의 개인과 관련되는 것이 아니라 칸트 이론에 따르자면 그것을 넘어서는 것이어야 합니다. 따라서 인격성이란 개인에게 있어 초경험적überempirisch인 것이자 동시에 각 개인에 대해, 혹은 칸트가 표현하듯이 이성적 소질을 가진 존재 일반에 대해 구속력을 갖는 보편성입니다.[24] 이로부터 흥미로운 발전 과정을 거치면서 인격성 개념은 강한 인간, 자기 자신과 동일한 통합적 인간의 개념이 되었으며, 그러고 나서 윤리적인 것의 개념에서는 규범의 역할을 대신하게 되었습니다. 인격성 개념이 규범의 자리에 밀고 들어선 것입니다. 심각한 문제는 그러니까 이것입니다. 애초에 긴장 관계 및 모순이 중요한 영역, 어떻게 개개인의 관심과 행복에의 요구를 인류에 대해 구속력 있는 객관적 규범들과 합치시킬 수 있는가의 물음이 중요한 영역 안에서 정작 이 긴장 관계가 사라져 버리게 되어, 마치 우리가 올바른 삶을 영위하기 위해서는 단지 일정 정도 자기 자신이기만 하면 되고 자기 자신과 동일하기만 하면 되는 것처럼 보인다는 것입니다. 그리고 개별 인간이 갖는 이런 단순한 자기 동일성만으로는 [올바른 삶을 설명하기에] 충분치 않기 때문에, 완전히 유비적인 의미에서 주어져 있는 것, 비판적으로 평가되지 않은 것으로서의 문화 개념이 [윤리에 대한] 하나의 상관항으로 취해집니다. 그렇다면 이런 윤리 표상 속에서 생각된 '인간'이란 (우리가 지금 여기서 실제로 상투어의 영역 속에서 움직이고 있기 때문에 나는 의도적으로 상투적으로 표현하고 있습니다) 자신과의 동일성, 자기 고유의 본질과의 합치 속에서 어떤 것이든 간에 하여간 문화적 가치들을 실현시키는 인간입니다. 이런 윤리 개념을 통해서 도덕적 혹은 윤리적 물음에 대해 깊이 숙고할 때 주제화되어야 할 물음들, 즉 문화 및 문화가 실현하고자 하는 바가 과연 올바른 삶을 허용하는지 아니면 그것은 올바른 삶을 점점 더 방해하는 방향으로 나아가는 제도들의 연관인지와 같은 물음들이 잘려 나가게 됩니다. 이 윤리 개념을 통해서는 이를테면 장 자크 루소의 저작들을 통해서 세상에 나왔고 피히테에 의해서도 각고의 노력 속에서 옹호되었던 전체 문제 설정[25]이 아예 제거되어 버리고, 조화로운 표상들을 위해 감춰지는 것입니다.

이런 윤리 개념과 관련해서 내가 말한 바를 좀 철학적으로 표현해 보자면, (저번에 이 표현을 사용했는데) 윤리라는 말은 양심에 대한 양심의 가책das schlechte Gewissen des Gewissens이라고 말할 수 있겠습니다. 이 문장을 해석해 보자면,—도덕은 무엇보다 니체가 설명했듯이 퇴색한 신학적 표상들을 먹고 자란 것이기에—사람들은 신학적 범주들이 퇴색한 이후 그와 비슷한 것을 만들어 내려 했고, 그 결과로 한갓 내재성 범주들, 자연 범주들, 단순한 현존재의 범주들 (우리가 초월, 즉 우리 고유의 자연생장성Naturwüchsigkeit 과 자연규정성Naturbestimmtheit을 넘어서는 어떤 것도 없는 채로 그저 존재하는 영역) 속에서 윤리적인 것das Sittliche을 파악하게 되었다는 것입니다. 그렇게 해서 윤리적인 것das Sittliche은 그 스스로 하나의 자연 규정이 되는 것입니다. 그러나 바로 이것, 자연적인 그렇게-있음So-Sein과 좋음 사이의 직접적인 원초적 동일성은 타당하지 않습니다. — 인간성이란 것이 도대체 의미를 갖는다면 그 의미란, 인간이 자신의 행위 안으로, 자신의 직접적으로 자연생장적인 규정성 안으로 완전히 흡수되지 않는다는 사실의 발견에 있을 것입니다. 내가 분석해 보인 바에 따라 여러분은 여기서 하려는 고찰들이 어째서 윤리 개념보다는 도덕 개념에 의해 훨씬 더 적절히 기술된다는 것인지를 잘 이해할 수 있을 것입니다. 나는 전승된 도덕을 어떤 식으로든 정당화하거나 다시 만들어 내려는 것이 아닙니다. 내가 출간한 저작들 덕에 나는 그런 혐의로부터 어느 정도 안전하다고 생각합니다. 그러나 특히 칸트 철학에서 가장 첨예하게 정식화된 바 있듯이 도덕적인 것의 개념 안에는 보편적인 것과 특수한 것, 경험적 실존과 좋음 사이의 긴장 관계가 들어 있습니다. 그 개념에는 인간으로 규정되는 우리가 우리의 직접적인 그렇게-있음So-Sein으로 완전히 환원되지 않는다는 사실이 들어 있습니다. 간단히 말해 올바른 삶, 올바른 행위의 범위에 관계되는 모든 현실적인 문제와 어려움이 윤리 개념 안에서보다 도덕의 개념 안에서 훨씬 솔직하고 엄격하며 순수하게 표현되고 있다는 것입니다. 그리고 내가 하려는 것은 여러분에게 일련의 진정한 도덕철학적 문제들, 진정한 어려움들을 펼쳐 보여 주는 것입니다 —어려움을 만들어내지 않는 것에 관해 이야기하는 것은 철학에서는 아무 의미 없기 때문입니다—. 그것이 그토록 어려운 까닭은 그것이 정말로 모순에 관한 것이기 때문입니다. 내가 이런 것을 하려고 하기 때문에, 우리가 다루는 것들이 조화로운 윤리 개념보다는 도덕이라는 제목에 더 잘 속한다고 생각됩니다. 여기에 또 하나를 추가하자면, 올바른 삶에 대한 물음에서 도덕의 개념은 위대한, 무시할 수 없는, 결코 사소하지도 소시민적이지도 않은 전통과 붙어 있다는 것인데, 프랑스 모랄리스트들의 도덕 개념이 바로 그것입니다. 프랑스 모랄리스트들은 몽테뉴 같은 작가까지 거슬러 올라가지만 그 가장 유명한 대표자는 라 로슈푸코La Rochefoucauld입니다. 그는 모레스mores, 즉 인간의 행위 양식과 관습윤리를 비판적으로 분석했다는 의미에서 도덕주의자지만, 도덕 설교자라는 나쁜 의미 —니체의 표현으로는 "재킹엔의 도덕 나팔수"[26]— 에서 도덕주의자였던 것은 분명 아닙니다. 여기 우리의 논의와 관련된 전문용어들의 문제에 대해서는 일단 이 정도로 해 둡시다.

이미 말했듯이 도덕의 문제는 결국 법칙과 자유의 문제이며, 이것을 정말로 문제로서 포착하기 위해 중요한 것은 이것을 어떤 방식으로 평평하게 만들지 않고 오히려 평평한 것이 없어지고 불편해지도록 그 모순들을 의식하는 일입니다. 이 점에서 내 생각은 도덕에 대한 역사적 문제제기와 다르지 않습니다. 도덕적인 문제 일반은, 행위가 따라야 할 윤리적 sittlich 규범들이 공동체의 삶 안에 더 이상 자명하게 주어져 있지 않을 때면 언제나 발생하는 것이라고 말할 수 있습니다. 다시 말해 이론적 분과로서의 도덕은 (우리가 이론적인 것들에 관해 숙고하기로 했음을 상기해 보기 바랍니다) 한 민족의 삶 안에서 통용되고 다듬어진 관습윤리(이로써 나는 다시금 관습윤리Sitte 개념으로 돌아갑니다)가 더 이상 직접적인 타당성을 갖지 못하는 바로 그 순간에 발생하게 됩니다. "미네르바의 부엉이는 황혼녘에야 날기 시작한다"[27]는 헤겔의 문장은 다른 어느 것보다 도덕적 물음에 관한 숙고에 대해서 가장 타당합니다. 또한 플라톤 철학은 우리가 말하는 의미에서의 도덕적 문제들이 그 전체 철학적 관심을 지배하는 최초의 철학이라고 할 수 있는데, 이 철학이 역사적으로 보면 바로 아테네 폴리스의 붕괴와 함께 발생했다는 것도 우연은 아닙니다. 더 나아가 사람들이 플라톤 철학은 복고적 성격을 갖는다고 말한다면, 즉 그의 철학이 공동체의 전승된 덕들이기도 했던 저 삶의 태도가 가져야 할 질서들과 이상들을 반성을 통해 일정 정도까지 다시 한 번 만들어 내려는 시도를 보여 주는 것이라고 말한다면, 이는 딱히 부당한 게 아닙니다. 이 질서들은 더 이상 현존하지 않고, 질서의 부재가 플라톤 철학을 논쟁적인 것으로—플라톤이 일생 동안 소피스트들과 싸웠다는 것을 생각해 보십시오—만들었던 것입니다.[28] 지난 시간에도 언급했듯이 막스 셸러의 책 [『윤리학에서의 형식주의와 실질적 가치윤리학』]에서는 실체적이고 현존하는 준칙들의 총체이지만 그에 관해 반성되지는 않은 채로 존재하는 윤리 Ethik와, 철학적 분과로서의 윤리[학]Ethik 사이의 구별이 이미 나타납니다. 그리고 셸러는 아주 강력하게 말합니다. "전자의 의미에서의 윤리가"—즉 그런 준칙들의 실체성이라는 의미에서 윤리가—"모든 에토스의 지속적인 부수 현상으로 나타나곤 하는 반면"—어떻게 그렇다는 것인지에 대해서 곧 설명하겠습니다—"후자의 의미에서 윤리는 상당히 드물게 나타나는 현상이다." 나는 "드물게"라는 말 대신에 '매번 역사적 진행 과정에서 비교적 나중에 나타나는'이라고 표현하겠습니다. 셸러는 "그것의 기원은 어디에서나 기존 에토스의 해체 과정에 연결되어 있다"고 말하면서 슈타인탈Steinthal의 윤리학에서 이미 이런 생각이 상세히 전개되고 있음에 주목합니다.[29] 그러나 여기서 보충되어야 할 것은, 이 말을 너무 단순하게 이해한 나머지 마치 옛것, 좋은 것이 사라져서 더 이상 실체적으로 현존하지 않고, 철학의 과제는 그것을 간청하는 일이라고 생각해서는 안 된다는 것입니다. 다른 많은 측면에서도 그렇듯이 이 지점에서도 셸러 자신의 이론은 아주 복고적이고 충분히 반성되어 있지 않습니다. 자유로워지고 자립화한 반성에 맞서 한 민족의 관습윤리가 그 생명을 부지하고 있다면 (나치가 관습에 대해서 말했던 것의 형태로, 그러니까 모레스가 개별자들의 의식 그리고 개념의 비판적 작업과 더 이상 하나가 아닌데도 여전히 존속하고 있을 때) 그것은 이제 더 이상 옛것, 좋은 것 그리고 참된 것의 한갓 잔해에 불과한 게 아니라는 사실을 여기서 덧붙여야겠습니다. 그것은 이제 그 자체로 독성 있는 것, 악한 것을 함유하게 된다는 것입니다. 앞서 인용된 구절에서 셸러는 윤리적 표상의 '해체Zersetzung'에 관해 말하고 이를 철학 속에서 주제화하는데, 이 해체란 표현에는 별로 공감 가지 않습니다만 (그리고 이런 언급 방식은 매우 빈번하여, 여러분은 윤리학적 고찰에서 그것을 계속해서 발견하게 될 것입니다) 여기에는 다음과 같은 사실이 숨겨져 있습니다. 헤겔식으로 매우 간략히 표현하자면, 세계 정신이 거기서 사라진 뒤에도 집단적 표상의 형태로 존속하는 윤리나 도덕보다 '더 파괴적인 것zersetzter'은 아마도 없으리라는 것입니다. 인간 의식의 상태와 사회적 생산력의 상태가 이 집단적 표상으로부터 멀리 떨어지게 되었을 때 이 표상은 폭력적이고 억압적인 성격을 띠게 됩니다. 그리고 관습윤리가 발휘하게 되는 이 강압, 관습윤리 안에 들어 있는 이 폭력적이고 악한 것은, 관습윤리를 그 자체로 윤리성에 반대되는 것으로 만들어 버립니다—데카당스 이론가들이 한탄하듯 이는 단순히 윤리Sitte의 몰락이 아닙니다—. 그러나 그렇게 되면 그것은, 철학으로 하여금 우리가 이제 여기서 하려는 그런 숙고를 하도록 만듭니다.

독일에는 거의 알려져 있지 않지만 19세기 후반경에 베블런과 거의 동시에 활동한 섬너Sumner라는 중요한 미국 사회학자가 있는데, 이 사람이 자신의 책 『습속론Folkways』에서 처음으로 이런 억압적 성격에 대해 언급했습니다.[30] 이런 억압적 성격을 도덕철학자들보다는 사회학자들이 더 잘 인식했습니다. 도덕적인 것을 사회적인 것과 바로 등치시켰던 뒤르켐은 사회적인 것은 그것이 '고통을 준다'는 사실, 즉 어떤 집단적인 규범들이 개인들의 관심과 요구에 대립한다는 사실에 의해 인식된다고 말하는데, 이것도 전혀 다른 말이 아닙니다.[31] 소위 하버펠트트라이벤Haberfeldtreiben*처럼 아웃사이더나 일반적 관습에 따르지 않는 사람들을 비난하고 공격하거나 괴롭히는 시골의 풍습 같은 민족적 관습이 오늘날에도 여전히 존재한다면, 그게 바로 여기에 해당됩니다. 이런 관습윤리는 정복당한 나라에서 적군과 관계 맺은 여성들을 삭발해 버리는 식의 조치를 거쳐 소위 '인종적 수치Rassenschande'**라는 이유로 사람들을 박해하는 식의 모든 폭력 행위에까지 곧바로 나아가는 길입니다. 사실 파시즘이 행한 잔혹함은 이성으로부터 분리됨으로써 반이성적이고 폭력적인 성격을 갖게 된 민족적 관습윤리의 연장이나 다름없다고 말할 수 있습니다. 바로 이것이 이론적으로 숙고되어야 합니다.

이 예에서 이미 여러분은 도덕철학의 중심 문제를 형성하는 게 무엇

* 독일 바이에른주에 존재했던 관습으로, 풍습을 해친 것으로 간주된 사람을 공적으로 비난하기 위해 집단적으로 그의 집에 찾아가서 일종의 인민재판을 하고 처벌하던 행위.

** 나치는 유대인과 독일인 사이의 혼혈을 이것으로 규정하고 금지함.

인지를—두드러지고 노골적인 방식으로— 알아차릴 수 있을 것입니다. 그것은 바로 특수자, 특수한 관심들, 각 특수한 인간의 행위 양식과, 그에 마주 서 있는 보편자 사이의 관계입니다. 오해가 없도록 첨언해 두자면, 만약 사람들이 보편자와 인간의 행위 양식 안에 있는 특수자 사이의 이런 갈등에 있어 미리부터 보편자에게는 나쁜 것을 뒤집어씌우고 개인에게는 좋은 것을 부가한다면 그것은 매우 조악한 생각일 것입니다. 물론 사회적 갈등 속에서는 거의 언제나 억압적인 것, 무자비한 것은 보편적인 법칙이고, 반면 인간적인 것은 개인의 주장과 규범 속에서 표현됩니다. 그러나 우리는 다른 한편으로 보편자 안에도 언제나 강압과 폭력 없는 올바른 사회의 실현에 대한 주장이 함께 포함되어 있음을 보게 될 것입니다. 우리는 특수자, 즉 개인이 하는 주장들과 자기-자신을-정립하는Sich-selbst-Setzen 개인의 태도 안에도 마찬가지로 폭력적이고 억압적인 계기들이 작동하고 있음을 보게 될 것입니다. 사회에 대한 관계 속에서 개인이 부딪히곤 하는 그 계기들 말입니다. 그러나 어쨌든 이 문제, 전체의 관심과 특수한 관심이 인간의 태도 안에서 어떻게 서로 관계해야 하는지의 문제는 원래 윤리학의 근본 문제이자, 또한 칸트 윤리학의 근본 문제이기도 합니다. 비록 칸트는 내가 방금 표현한 그런 말들로 이를 표현하지는 않았지만, 이것은 칸트 윤리학의 근본 문제입니다. 그 까닭은(내가 자꾸 윤리와 도덕이라는 표현들 사이에서 왔다 갔다 하는 것을 부디 양해해 주기 바랍니다. 이는 단순히 도덕이라는 단어를 끊임없이 반복하는 것이 거슬려서 그런 것일 뿐입니다. 그러나 내가 여러분에게 이미 설명한 뒤인 만큼, 오해를 피할 수 있으리라 믿습니다), 칸트에게 도덕적 문제들은 언제나 경험적이고 자연적인 개별 인간이 예지적 인간에 대해 갖는 관계에 대한 물음을 둘러싸고 있기 때문입니다. 여기서 예지적 인간이란 자유를 본질적인 특성으로 갖는 그 자신의 이성에 의해서만 규정됩니다. 그렇다면 경험적 인간과 예지적 인간의 관계에 대한 물음의 한가운데에는 바로 보편자와 특수자의 관계가 숨겨져 있는 것입니다. 윤리적 태도 혹은 도덕적이거나 비도덕적인 태도는 언제나 사회적 현상이기 때문에—그 이유는 인간 서로 간의 관계를 보지 않은 채로 윤리적이고 도덕적인 태도에 관해 말하는 것은 아무 의미도 없기 때문이며 또한 순전히 그 자신과만 관계하며 존재하는 개인이란 완전히 공허한 추상이기 때문입니다—, 거기에는 전체의 관심과 특수한 관심 즉 각 개인들의 관심이 서로로부터 떨어져 나왔다는 사회적 문제가 동시에 윤리학적 문제라는 사실, 그리고 우리는 양자를 서로 분리할 수 없다는 사실이 숨겨져 있습니다. 이 윤리학적 문제가 어떻게 발생하게 되는지에 대한 물음은 사람들이 생각하는 것만큼 전혀 그렇게 결정적이지 않습니다. 특수자는 보편자 안에서 일단은 반성되지 않은 것으로 드러납니다. 다시 말해 윤리학적 고찰에서 특수자는 우연적이고 우발적인 것, 심리학적인 것으로 나타나는데, 이것은 자연 존재로서의 인간이 갖는 특수성을 완고하게 고집한다는 바로 그 이유로 규범적 성격을 붕괴시키고 용해시키는 경향을 갖습니다. 반대로 보편자는 특수자와 합치되지 않는 한 추상적인 것, 즉 특수자를 자신 안으로 받아들이지 않는 것이 되며, 이로써 (특수자에 불의를 가하면서) 인간에 대해서 그 어떤 실체성도 갖지 못하는 폭력적이고 외면적인 것으로 드러납니다. 다시 말해 한편에는 단지 심리학적으로 개별화되었을 뿐인 인간의 우연성이 있고, 그는 자유 같은 것을 거의 경험할 수 없을 정도로 자신의 영혼을 통해 제약되어 있습니다. 다른 한편에는 추상적 규범이 있고, 이 규범은 살아 있는 인간들에 맞서 자립화하여, 인간들은 그것을 더 이상 생생하게 전유할 수 없게 되었습니다. 이 두 가지 불가능성들 사이의 관계가 어떤 것이며 어떻게 생각되어야 할지, 그리고 양 측면으로부터 어떤 해법들이 가능한 것으로 제시되고 있는지, 이것이야말로 이론적 분과로서의 윤리 혹은 도덕 개념이 관계하는 문제 영역을 형성합니다.

우리가 다루려는 문제에 대한 일반적인 소개는 이 정도로만 하겠습니다. 이제 나는 이 영역에 관한 목록이나 개괄 같은 것을 제시할 수도 있을 것입니다. 그리고 훌륭한 학문적 관습에 따라 분류하면서 진행하고, 가장 일반적인 개념에서 출발하여 체계적으로 개별 범주들을 발전시킬 수도 있을 것입니다. 그러나 그렇게 하지 않을 것입니다. 그 까닭을 정당화하는 것은 내가 이 강의에서 다룰 범위를 넘어서는 일일 것입니다. 그리고 그렇게 되면 그것은 정말로 인식비판적이고 형이상학적인 강의가 될 텐데, 솔직히 그러고 싶은 유혹을 느낍니다만, 만약 그럴 경우 우리는 이미 약속된 도덕철학의 문제로는 전혀 나아갈 수 없을 것입니다. 따라서 속류적으로 표현하자면 여러분에게 작업가설을 제시해야겠습니다. 나는 도덕철학의 문제에 대한 소위 개괄을 하기보다는, 도덕적인 것의 영역을 형성하는 핵심들, 내가 문제들이자 필연적 모순들이라고 표현한 바 있는 그 핵심들에 관해 이야기하겠습니다. 어쩌면 여러분 중 적지 않은 수는 즉각적인 지적 반응으로, 영역에 대한 그런 개괄, 도덕적 명제들의 논리적 위계에 관한 개괄이 현재 상황에서 좀 이상하다고 생각할 수도 있습니다. 그러나 나는 그렇다고 해서 우리가 하려는 일에서 단순히 우연에 따르고 싶지는 않습니다. 내가 선호하는 것은 칸트가 '랩소디적'이라고 표현할 그런 방식으로 문제들의 계열을 뽑아내는 게 아닙니다. 여러분 모두 느끼겠지만 조직화의 욕구란 게 있는 법입니다. 이상하게 들리겠지만 오늘날의 젊은이들이 이러한 조직화의 욕구, 특정 방식으로 체계화하려는 욕구를 강하게 갖는다는 것을 나는 압니다. 철학적 체계라는 개념에 대한 치열한 대립 속에서 성장했으며 이 대립이 그 전체 사유 형식을 각인한 세대에 속하는 나 자신에 비할 때 그렇습니다. 여러분에게는 질서와 안전에 대한 의식이야말로 곧 문제적인 것인 반면, 우리 세대는 과한 질서와 안전에 대립하고 거리를 두어야 했습니다. 내가 착각하는 게 아니라면 여러분은 내가 느끼는 것보다 일반적으로 더 큰 질서 욕구를 (잘은 모르겠지만 어쩌면 단순히 안전에 대한 욕구이기도 할 것입니다) 갖고 있습니다. 나는 여러분을 존중하여 최소한 이런 욕구를 도외시하지 않아야 한다고 생각합니다. 그러나 지금 윤리학의 체계를 강의할 수 없고 하려 하지도 않는 까닭에 (아마 할 수야 있겠지만 확실히 하고 싶지는 않습니다) 일정 정도에 이르기까지는 어떤 사상가의 문제 제기들에 집중하는 것이 최선일 것입니다. 이 사상가에게 도덕은 삶의 다른 영역들과 첨예한 대립 관계에 서 있는 영역으로 가장 날카롭게 다듬어져 있기 때문에 내가 여러분에게 말한 이율배반과 모순들이 가장 강렬하게 대두됩니다. 그러니까 나는 이 강의에서 특히 칸트 그리고 내가 앞으로 설명하게 될 칸트의 몇몇 규정들에 현저히 큰 비중을 두면서 집중할 것입니다. 우리는 우선 도덕철학에 관한 일련의 칸트적 범주들에 관해 말한 뒤, 강의 후반부에 가서는 오늘날 규범의 성격에 관한 물음이라든가, 오늘날 올바른 삶의 가능성, 또는 소위 상대주의와 니힐리즘의 문제와 같이 언뜻 보기에 더 직접적인 문제들에 관해 이야기할 것입니다. 그러고 나서 비로소, 칸트에 대한 연구 속에서 먼저 제시되었던 범주들을 비판적으로 반성하게 될 것입니다.

이런 의미에서 여러분은 가능하면 칸트 도덕철학의 두 주요 저작들을 읽어 두면 좋겠습니다. 이것이 무리한 요구일지도 모르겠습니다만 『순수이성비판』에 비하자면 이 저작들을 읽으라는 요구는 그리 엄청난 요구도 아닙니다. 여기서 말하는 두 저작들은 『도덕 형이상학 정초』와 『실천이성비판』입니다. 깊이 들어가서 보면 이 두 저작의 차이를 표현하기란 쉽지 않습니다. 칸트 자신은 마치 『도덕 형이상학 정초』가 비판적 입장에 비로소 도달해 가는 저작인 반면 『실천이성비판』은 이 반성적이고 비판적인 관점에 도달한 뒤에야 이루어지는 체계적인 상술인 양 표현합니다.[32] 그러나 우리는 두 저작이 서로 중첩됨을 알 수 있습니다. 그런데 철학에서 소위 단순한 텍스트들에서 벌어지는 매우 흔한 일이 여기서도 벌어집니다. 즉 단순한 텍스트들은 단지 겉보기에만 단순하다는 것입니다. 왜냐하면 그것은 정작 문제가 되는 것들을 도외시한 채 무수히 많은 대목들을 설명 없이 지나가 버리기 때문입니다. 시험을 보는 사람들은 『도덕 형이상학 정초』가 칸트 도덕철학에 접근하는 보다 쉬운 길이라고 생각하는 습관이 있지만, 여러분에게 진심으로 조언합니다. 가능하다면 『도덕 형이상학 정초』에만 국한되지 않고 『실천이성비판』도 읽기 바랍니다. 여러분이 만약 하나만을 읽을 수 있다면, 비교할 수 없을 정도로 훨씬 깊고도 풍부한 저작인 『실천이성비판』을 일단 읽으라고 조언하겠습니다. 그 외에도 내가 『도덕 형이상학 정초』에 나오는 일련의 정식들을 사용하는 것을 여러분은 보게 될 것입니다. 다음 시간에는 칸트가 도덕적인 것을 어떻게 규정하면서 출발하는지에 관해 공부하겠습니다. 그것은 "나는 무엇을 해야 하는가"라는 정식을 말하는 것이자, 『순수이성비판』의 「초월론적 방법론」에도 등장하는, 이 정식과 연결된 문제들을 의미합니다. 우리는 소위 실천철학 자체의 문제 제기로 나아가기 전에 이 문제들에 관해 먼저 숙고해 두어야 할 것입니다. 감사합니다.

21) 여기서 아도르노가 인용한, 대위가 대변하는 도덕성의 동어반복적 성격에 관한 테제를 그대로 보여 주는 뷔히너의 텍스트는 없다. 보이첵에 대한 대위의 도덕적 질책은 보이첵이 자신의 두발을 정리할 때 보이는 성급함에서 시작된다. "그의 머리는 여전히 뒤엉켜 있군! 좋은 사람은 그렇게 하질 않지." 대위가 보이첵에게 바람이 "남-북"쪽으로부터 온다는 것이냐고 묻는 것은 "그는 멍청해, 정말 끔찍하게도 멍청해!"라는 두 번째 비난의 동기이자, 다음과 같은 모순적인 생각의 동기가 된다. "보이첵은 좋은 사람이야, 그러나 그는 도덕이 없어! 도덕이란, 도덕적인 사람이라면 이해하게 되는 그런 것이지. 그것은 좋은 단어야. 보이첵은 교회의 은총을 받지 못한 자식을 갖고 있어. … "(Georg Büchner, Woyzeck, hrsg. v. Otto C. A. zur Nedden, Stuttgart 1993, S. 4).

22) 니체의 『도덕의 계보학』 제3부에서 철학의 "금욕적 이상"이 주제화된다(vgl. Sämtliche Werke Bd. 5, a.a.O., S. 339 ff.).

23) 아도르노는 『본래성이라는 은어Jargon der Eigentlichkeit』에서 "존재"와 "인격성"을 이렇게 동일시하는 것이 하이데거 철학의 핵심이라고 비판하고 있다(vgl. GS 6, S. 488-490).

24) Vgl. W VII, S. 209 f. 『이성의 한계 내에서의 종교』는 "인격성"을 "인간 규정의 요소", 즉 "이성적이면서 동시에 책임질 능력 있는 존재의"(W VII, S. 673) 요소로 정의한다.

25) 이에 관련해서 참고할 것은 Fichte, Einige Vorlesungen über die Bestimmung des Gelehrten, Fünfte Vorlesung. Prüfung der Rousseauschen Behauptungen über den Einfluss der Künste und Wissenschaften auf das Wohl der Menschheit, in: Johann Gottlieb Fichte, Sämtliche Werke, hrsg. von I. H. Fichte, Werke Bd. 6: Dritte Abtheilung. Populärphilosophische Schriften, Erster Band: Zur Politik und Moral, Leipzig o.J., S. 335-346.

26) 그래서 니체는 『우상의 황혼』 중 「반시대적 인간의 탐험」에서 실러를 두고 "얼토당토 않은 자" 중 한 사람이라고 불렀다(vgl. Sämtliche Werke Bd. 6, a.a.O., S. 117).

27) Georg Wilhelm Friedrich Hegel, Werke. Auf der Grundlage der Werke von 1832-1845 neu editierte Ausgabe, Redaktion Eva Moldenhauer und Karl Markus Michel, Bd. 7: Grundlinien der Philosophie des Rechts, Frankfurt a. M. 1969, S. 28.

28) 1956-1957년의 겨울 학기에 있었던 이 강의에서는 1956년 12월 11일부터 1957년 1월 10일 사이 소크라테스와 플라톤의 도덕철학이 상세히 다뤄진다. 헤겔과 니체에 이어 아도르노에게도 소피스트 이래 그리스적 사유는 "근본적으로 실천적인 방향 및 주체에 대한 반성"을 통해 특징으로 한다(vgl. Vo 1345). 플라톤의 도덕철학이 그렇듯 "모든 도덕적 이념론은 … 본래, 주관적 이성의 관점에서 보면—그것이 아무리 넓은 의미에서 유類에 연계된 것일지라도, 각 개인의 욕망과 욕구에 대한 충족의 관점에서 보면—당장의 체념과 미래의 충족 사이의 등치가 이루어지지 않는다는 사실에서 유래한다. 이 점에서 도덕의 객관적 이성은 아포리적 개념이다. 플라톤의 도덕철학은 따라서 이후에 오는 모든 도덕철학의 도식이다(Vo 1373 f.)." "복고적 성격"과 소피스트와의 논쟁에 관련해서는 1957년 1월 10일의 강의를 참고할 것: "예지계와 경험계 사이의 경직된 대립 관계 … 속에는 언제나 체념과 타협주의가 숨어 있습니다. 우리는 신이 마치 존재하는 선한 사람이도록 하거나 이념들이 이념들의 하늘에 떠 있도록 합니다. 그런 사유에 대해서는 또한 언제나 이념이—단순하게 표현하자면—어떻게 현실화될 수 있는가 하는 물음이 항상 존재하기 때문입니다"(Vo 1389 f.).

29) Scheler, a.a.O., S. 321. Vgl. zu Steinthal ebd., Anm. 2.

30) William Graham Sumner, Folkways. A Study on the Sociological Importance of Usages, Manners, Customs, Mores and Morals, Boston 1906. 또한 아도르노의 『사회학 입문Einleitung in die Soziologie』(NaS IV/15, S. 65)도 참고할 것.

31) Vgl. ebd. f.; 도덕적인 것의 이론에 관한 에밀 뒤르켐의 논문은 『사회학과 철학Soziologie und Philosophie』(Frankfurt a. M. 1967)이라는 논문 모음집에 들어 있으며 아도르노는 그에 관해 서문을 쓴 바 있다(jetzt: GS 8, S. 245-279).

32) Vgl. W VII, S. 80.

제3강

1963년 5월 14일

여러분 안녕하십니까.

지난 시간에 약속했듯이 오늘 살펴볼 내용을 칸트가 도덕철학을 다루는 방식과 연결시켜 해부해 보겠습니다. 그런데 이와 관련해서 방법에 대해 몇 마디 첨언하겠습니다. 여기서 방법이란 방법 일반을 말하는 게 아니고 사람에 따른ad homines 방법인데, 사람이란 말이 뜻하는 것은 여러분과 나 자신입니다. 내가 말하려는 것은 강의 내용과 관련해서 발생하는 어떤 어려움에 관한 것입니다. 아주 표면적으로 이 어려움은 (나는 이 말을 여러 번 들었고 심지어 최근에는 공공연하게 어떤 소설에서 이 사실이 언급된 바 있습니다[33]) 보통의 다른 강의에서와 달리 내 강의에서는 받아 적을 수가 없다는 점, 그래서 사람들은 여기서 알게 된 것을 집으로 가져갈 수 없다는 점에서 잘 드러납니다. 이에 대해 잠깐 언급하겠습니다. 한편으로 나는 여러분이 어떤 확고한 것을 손에 움켜쥐려는 욕구를 갖고 있으며, 특히 여러분이 학업을 시작한 이래 단순히 배우는 것과 철학을 배우는 것(이것은 칸트에 따르면 철학함을 배우는 것과 다르지 않습니다[34])의 차이에 대해 깊이 생각해 본 적이 별로 없다는 점을 잘 이해합니다. 그러나 다른 한편으로 여러분은 여기 이 자리에 정말로 심각하고 큰 어려움이 존재한다는 사실을 분명히 알고 있어야 합니다. 또 내가 여기서 사용하는 진행 절차가 랩소디적이거나 우연적인 것이 아니라는 사실 자체(나는 여기서 '첫째', '둘째', '셋째' 하면서 진행하지 않고 이것 혹은 저것을 여러분의 손에 확실하게 쥐어 주지 않습니다)가 내가 철학적으로 대변하려는 내용과 본질적인 관계에 있다는 것을 여러분이 믿어주기 바랍니다. 내 강의에서 배우는 것 말고도 나의 소소한 글들에 익숙한 학생들도 마찬가지로 그것이 왜 그런지, 어째서 다르게 하는 것은 불가능한지를 금방 이해하게 될 것입니다. 그러나 여기서 나는 두 가지 점을, 아니 차라리 사태 전체를 지적하고자 합니다. 이것들을 우리 사이에서 명확히 이야기하며 직시하는 게, 잡담과 매혹 사이의 불투명한 영역 속에서 이 강의가 진행되도록 하는 것보다 좋을 것 같습니다.[35] 내가 말하려는 것은 그러니까 이런 것입니다. 우선 철학의 본질은 앎의 반성에 있지, 지식의 내용을 날것 그대로 전달하는 데에 있지 않습니다. 또 진지하게 철학을 하려는 사람은 (나는 여러분이 그렇다고 전제합니다) 본질적으로 반성에, 즉 자유롭고 조종되지 않은nicht gegängelt 반성에 스스로를 내맡겨야 하며, 다른 데에서와 달리 철학에서는 확고한 내용을 기대해서는 안 될 것입니다. 이런 사실은 소위 체계 개념이 심각하게 문제적이게 되어 버린 현대 철학의 상황에서 특히 더 유효합니다. 나는 여기서 체계의 문제점이 무엇인지 설명할 수는 없습니다. 그렇게 한다면 이 강의에서 그 외에 다른 것은 이야기할 수 없을 것이기 때문입니다. 그렇지만 이미 니체에게서 "체계의 부정직성" 혹은 "체계를 향한 부정직성Unredlichkeit *zum* System"[36]이라는 정식으로 매우 단호하게 이야기된 바 있는 이 문제를 여러분 모두가 어떻게든 의식하고 있으리라고 믿겠습니다. 그러나 하여간 그런 상황에서, 더군다나 자신의 사상이 체계 개념을 특히 비판적으로 마주하고 있을 때, 실제로는 존재하지도 않는 체계를 모방한 것에 불과한 형식을 바깥으로부터 가져와서 그 사상에 부여하는 것은 적절치 못한 일일 것입니다. 나는 철학적 서술에 있어서도 다음과 같은 것이 과제라고 생각합니다. 철학적 서술도 하나의 서술인 한 그 안에서 이야기되어야 할 내용을 특정 방식으로, 즉 특정한 재현 양태 속에서 표현하고자 한다는 것입니다. 개별 학문들에서와 달리 철학에서는 그 형식과 내용을 서로 분리할 수 없다는 사실이 본질적이라는 것입니다. 비록 자신의 글에 '대충in etwa'이란 표현을 쓰는 독문학자가 있다면 나는 그를 두고, 잡담이나 늘어놓으며 관용구와 일반적인 사실들만으로 만족하는 소위 철학자만큼이나 자격이 없다고 하겠지만 말입니다. 이미 말했듯이 나는 '첫째', '둘째', '셋째' 하는 형식에 따라 서술하는 것을 경멸합니다. 그런 서술은 사태 자체에는 속하지도 않는 체계적 성격을 꾸며 댈 것입니다. 그 대신 나는 어려움을 극복하면서 여러분과 함께 반성을, 운동을 완수하고자 합니다. 그런 운동이야말로 철학적 정신의 운동일 것입니다.

여기에 더해 끝으로 철학 강의, 아니 강의 일반의 형식과 관련되는 사항이 있습니다. 나는 형식을 엄밀하게 취하는 일에 익숙하며 강의 형식에 대해서도 또한 그렇습니다. 오래 전 인쇄술이 발명되었던 시절에 생겨난 강의는 (호르크하이머가 언젠가 아주 잘 표현했듯이) 하나의 '태곳적 형식'[37] 이며, 그것은 어떤 의미에서 보면 인쇄물로 인해 불필요해졌습니다. 그러나 우리가 강의라는 형식을 고수한다면, 인쇄된 글, 무엇보다 소위 권위 있는 철학 텍스트 안에서는 발견되지 않는 방식으로 강의할 경우에만 그것은 의미를 갖습니다. 그저 책 안에 쓰여 있는 것을 반추하는 일을 나는 거부합니다. 그런 일은 꺼려집니다. 게다가 그것은 어리석은 일이기도 할 텐데, 만약 단지 공리들에 관한 지식, 철학사적으로 전승되어 온 이론적 견해들에 관한 지식만이 중요하다면 여러분은 그냥 책을 읽는 것만으로도 그 지식을 더 쉽게 얻을 수 있을 것이기 때문입니다. 직접 읽으면, 어려운 구절들 (보통의 경우 철학은 전혀 단순하지 않습니다) 앞에서 원할 때마다 멈춰서 이를 곱씹을 수 있고, 이는 내가 어쩔 수 없이 일방적으로 여러분에게 줄줄이 강의하는 것보다 더 낫습니다. 이 또한 내가 왜 여러분 중 대다수에게 낯선 이런 형식을 선택했는지를 설명해 줍니다. 그러나 우리에게 낯설게 느껴지는 형식들에서 종종 그렇듯이 어려움은 흔히, 사람들이 자기가 마주한 현상들에 대해 잘못된 기대를 갖고 다가간다는 사실에 기인하곤 합니다. 여러분은 내가 윤리학이나 철학의 체계 혹은 그와 유사한 어떤 것을 가르치리라는 기대를 갖고 있고, 실제 진행되는 바를 이 기대에 견주어 본 뒤 실망하게 된다는 사실에서 어려움이 생겨나는 것입니다. 이런 당혹감은 현대 음악에서의 그것과 아주 유사합니다. 많은 사람들이 현대 음악을 이해하지 못하는데, 그 이유는 단순히 그들이 이 음악에 마치 민속 동요 「꼬마 한스는 혼자서 가 버렸네Hänschen klein ging allein」에서처럼 어떤 대칭을 기대하고는, 이 대칭이 나타나지 않을 경우 '그건 음악도 아니야'[38]라고 말하기 때문입니다. 그래서 여러분에게만큼이나 나에게도 물론 매우 중요한 우리 서로 간의 합의를 위해서 조언을 하나 해 본다면, 그것은 여러분이 다른 철학 강의를 들으면서 품게 되었을 어떤 확고한 기대를 갖고서 이 강의에 들어오지 말라는 것입니다. 그러지 말고 단순히 사태 자체에, 그리고 잘 되었든 못 되었든 간에 내가 여러분에게 하고 있는 강의에 스스로를 내맡기고, 함께 가고, 그리고 즉흥적으로 함께 생각하는 일을 시도해 보십시오. '그럼 이제 여기서 내가 확실하게 얻을 수 있는 바가 뭐지?' 하는 마음으로 애타게 기다리는 대신에 말입니다. 그렇게 하더라도 여러분에게 충분히 많은 내용들이 주어질 거라고 약속할 수 있습니다. 왜냐하면 나는 내용에 대한 갈증을 과소평가하거나 가치 절하하는 사람은 아니기 때문입니다. 오히려 항상 모든 정신적인 것 안에서 단순히 내용적인 계기들(즉 그 자체 아직 반성되지 않은 것)은 일종의 비타민 같은 것으로서, 사유를 비로소 점화시킬 수 있는 어떤 요소를 가지고 있습니다. 그러나 내가 찾는 타협책은—"작은 것을 큰 것에 비교해도 된다면si parva licet componere magnis"[39]—칸트 자신도 고른 바 있던 그 타협책입니다. 칸트는 강의에서 자신의 철학을 직접 발표한 적은 한 번도 없고, 저 전통적인 라이프니츠-볼프 철학의 학설들만 강의했습니다. 이 학설들에 대한 비판은 바로 『순수이성비판』이라는 제목을 통해서 나타납니다. 이와 유사하게 나는 칸트를 수단으로 사용할 것입니다. 이는 한편으로 그의 문제와 물음 제기에 기대어 여러분을 도덕철학적 문제 제기로 인도하기 위함이면서, 그러나 또 다른 한편으로 칸트 텍스트에 연결되어 있는 비판적인 반성들을 통해 여러분을 그 너머로 이끌기 위함입니다. 이것이 내가 강의의 1부에 대해 갖고 있는 의도이며, 반면에 이미 공지했듯이 2부에서는 최소한 오늘날 도덕철학이 갖는 특별히 절박하고 시의적인 문제들을 여러분과 함께 다루어 보고자 합니다.

이제 칸트의 도덕철학에 집중해 보면, 여기서 우리는 정말 놀라운 사실에 먼저 부딪히게 됩니다. 칸트 도덕철학의 단초는 이론철학, 『순수이성비판』 안에서 발견된다는 사실이 그것입니다. 이는 이론적 체계를 지향하는 칸트적 특징과 연관되어 있는데, 이 특징이란 확고하고 논박 불가능하다는 어떤 기초적 인식들, 소위 초월론적 철학transzendentale Philosophie의 근본 통찰들로부터 출발해서, 철학이라는 이름 아래에서 진행되어야 하는 다른 모든 것들을 도출하는 것을 말합니다. 이로 인해 칸트의 도덕철학은 어떻게 보면 인식 안에 그 토대를 갖습니다. 그리고 이를 통해 칸트적 단초는 앞시간의 고찰에서 내가 약간이나마 암시했던 바에 대립한다고 말할 수도 있습니다. 앞서 나는 실천의 영역, 즉 도덕철학에 의해 다루어지는 행위함의 영역은 이론적 반성 안에서 완전하게 이해되는 것이 아니라는 점에서 특수하다고 말했습니다. 이 두 번째 계기는 칸트에게서도 간접적으로나마 다음과 같은 테제 속에서 (칸트처럼 이성의 우위를 그토록 강력하게 고수한 철학자가 이론철학에 비해 도덕철학에 우위를 부여한다는 점에서 놀랍고도 역설적인 방식으로) 드러납니다. 그 테제는 이론적 분과로서의 형이상학이 제기하는 소위 최상위의 물음들, 전통적 목록에 따르면 신, 자유, 불멸성과 관계되는 물음들은 본래 실천의 물음으로서만 중요하며, 이에 반해 이론이성은 이 물음들에 별로 관심을 두지 않는다는 것입니다.[40] 칸트의 도덕철학 전체를 이해하는 열쇠이기도 한바, 이론이성과 실천이성을 통일하는 계기는 이성개념 자체 안에 놓여 있습니다. 이론과 실천의 개념이 칸트에게서 어떻게 제시되고 있는지를 이해하기 위해서는 먼저 이 사실을 분명히 해 두는 게 좋을 것입니다. 칸트에게 올바른 사유능력, 즉 개념을 올바르게 형성하고 옳게 판단하며 전통 논리학에서 말해지듯 정확하게 추론하는 능력인 이성은 이론과 실천 모두에 대해서 동시적으로 구성적입니다. 이성이 이론에 대해 구성적이라는 것은 분명한데, 그것은 이 이성 자체가 본래 이론에 관해 결정하는 심급이기 때문입니다. 칸트는 그와 관련해서 세세히 많은 생각을 해 두지는 않았지만 이 이성이 자기 자신 및 자기 고유의 효력 범위를 숙고하고 또 제한할 능력을 갖고 있다고 믿었습니다. 그러나 다른 한편으로 이 이성은 칸트 철학의 모든 부분에서, 그 부분들 서로 간의 상이성에도 불구하고 언제나 같은 이성입니다. 때로는 판단력, 때로는 지성이라 일컬어지는 이성이라는 기관, 간단히 말해 올바른 사유의 기관인 이성은 칸트에게 어디서나 동일합니다. 그리고 우리가 여기서 관계하는 실천이성의 영역 안에서 그것은 특별한 우위의 입장을 갖습니다. 도덕적 반성의 대상인 한 실천적 행위는 오직 이성에서만 발생하고, 이성의 순수 합법칙성에 근거해서만 구성되기 때문입니다. —어떤 직관이나 경험적 질료, 외부로부터 이성에 부가되는 어떤 것 등으로부터 독립적인 채로 말입니다.[41] 도덕적 행위란 이런 의미에서 문자 그대로 순수한 행위입니다. 여기서 '순수'라는 표현은 칸트에게 심오한 이중적 의미를 갖습니다. 이 행위가 순수하게 이성에 합치된다는 의미와 그것이 어떤 감각적 질료에 의해서도 왜곡되지 않아야 한다는 것이 그것입니다. 감각적 질료에 의해 왜곡되지 않아야 하는 이유는, 이 행위는 바로 이성법칙에 순수하게 따르는 행위로서, 여러분도 알다시피 사람들이 칸트 윤리학에 대해 항상 비난하는 그 형식적이고 추상적인 성격을 필연적으로 갖고 있기 때문입니다. 여느 계몽주의 사상가와 마찬가지로 칸트에게도 이성의 우위가 그토록 강력하게 지배적이지만, 그런데도 그에게서 실천철학의 우위가 주장되는 이유를 이제 여러분은 이해할 수 있을 것입니다. 이 실천철학은 자신의 합법칙적 규정으로 인해 인식하고 행위하는 주체에게 외부로부터 부가되는 질료에 대해서는 고려하지 않은 채 순수하게 이성에 합치되는 철학입니다. 이성법칙에 대한 이 순수한 적합성에 비하자면 이 질료, 따라서 내 행위 결과는 칸트에게 도덕적으로 아무래도 상관없습니다. 칸트에게 도덕은 한편으로 아주 정확한 의미에서의 인식론 안에 그 토대를 갖고 있지만—이것이 어떤 의미인지를 여러분은 곧 알게 될 것입니다—다른 한편으로 도덕은 이성의 인식 관심에 비해 우위를 갖는다고 말할 수 있는데, 그렇다면 그 안에는 내가 방금 약간이나마 언급했던 칸트 사유의 완전히 이중적인 성격이 침전되어 있습니다. 아마 칸트 철학의 전반적인 특성에 대해서 이렇게 말할 수도 있을 것입니다. 칸트 철학은 인식론적으로 계몽적인 동기와 형이상학적 구제 시도 사이에 놓인 계곡길이라고 말입니다. 여기서 형이상학적 구제 시도란 인식만이 아니라 이념, 그리고 본질적으로 도덕법칙이 갖는 최상의 보편성에 집중되는 형이상학적 의미를 복원하는 일을 뜻합니다. 아마 이것이 이론과 실천 사이에서 칸트의 입장이 동요하는 이유를 설명해 줄 것입니다. 물론 사람들은 이런 동요를 제거해 버리면서, 이론이 기초를 놓긴 하지만 그럼에도 도덕은 인식에 비해 더 고차적이고 인간적인 것이라는 식으로 말할 수도 있을 것입니다. 그렇지만 칸트 체계와 같은 매우 복잡한 사상물에서는 그 균열들을 발화하고 표현하면서 그 필연성과 의미를 이해하려고 시도하는 것이, 다소간 우아한 방식으로 가능한 한 조화로운 표면적 연관에 대해서만 관심 가지면서 이 균열과 적대 관계를 아무것도 아닌 것으로 설명하여 사라지게 하는 것보다 더욱 생산적이라고 생각합니다. 그리고 이 점에서 나는 아주 적절한 칸트적 토대 위에 서 있는 셈입니다. 칸트에게 도덕철학의 정초 작업은 필연적이고 불가피한 모순에 대한 의식, 소위 이율배반으로부터 이루어지기 때문입니다.

칸트 도덕철학의 문제는 일반적으로 자유의 문제, 의지의 자유 문제이며, 이는 여러분이 유념해야 할 첫 번째 문제이기도 합니다. 그리고 이것은 (칸트와 그의 자유 개념을 다룰 때 여러분이 과장된 생각을 가진 채로 사태에 접근하는 일이 없도록 부연하자면) 자연 인과성으로 떨어지지 않는 행위와 다르지 않습니다. 자유의 문제가 도덕철학 고유의 근본 물음이라는 점은 즉각적으로 이해됩니다. 그러나 이 자유 규정과 인과성의 규정을, 그리고 그것들 서로 간의 관계를 어떻게 이해해야 하는지는 그렇게 분명하지 않습니다. 이 문제를 다루기 전에 먼저 우리는 여기 등장하는 가장 단순한 범주들에 관해서 서로 대략적으로 의견 일치를 보아야 할 것입니다. 칸트에게 도덕의 문제는 자유라는 것이 명확하다고 나는 말했습니다. 이것이 명확한 이유는 아주 간단합니다. 내가 (여기서 나는 '내가'라는 표현을 무심코 사용하고 있는데, 이는 같은 맥락에서 칸트에게서 나타나는 특징이기도 합니다. 그는 이 '나'라는 말의 의미를 너무 오래 곱씹지 않고 그저 철학 이전적 언어 사용 방식에 따랐던 것입니다) 자유롭게 행동할 수 있을 때에만—내가 여기 이 책을 떨어뜨리면 책상 위로 떨어지게 되고 이 책은 낡았기 때문에 자칫하면 망가질 수도 있는데, 내가 이 책처럼 인과성에 맹목적으로 종속되어 있지 않을 때에만—도덕적 행위, 선한 행위, 정의로운 행위, 올바른 행위 혹은 윤리적인 행위에 관해 이야기할 수 있을 것이기 때문입니다. 이것들 각각의 규정이야 어찌 되었든 말입니다. 내가 단지 인과성이라는 의미에서 행위한다면 그 행위에 관해 결정해야 하는 자로서의 나는 전혀 등장하지 않지만, 윤리성 혹은 도덕에 관한 모든 표상은 행위하는 나와 관계합니다. 이것은 곧바로 이해되는 이야기입니다. 여기서 형법 시행에서 관철되는 것에 대해 한번 떠올려 봅시다. 예를 들어 어떤 사람이 정신질환을 앓고 있으며 이 상태에서 어떤 불행한 일을 야기한다면, 그리고 그렇게 된 것이 단지 그의 이성으로부터 떨어져 있는 맹목적 메커니즘, 자유 이념이 전혀 도달할 수 없는 메커니즘에 그 사람이 종속되어 있기 때문이라면, 이때 우리는 그 사람이 자기 행위에 책임이 없다고 말합니다. 그는 선악의 전체적인 문제 설정 저편*에 있는 것입니다. 이런 자유의 문제는 이제 칸트의 이율배반론, 더 정확히 세 번째 이율배반에서 첨예화됩니다. 부연하자면 네 번째 이율배반에서도 이 문제가 등장하기는 하지만 정확히 보면 이 네 번째 이율배반은 세 번째 이율배반과 동시에 발생하며 본질적으로 서로 전혀 다르지 않다는 것을 알 수 있습니다. 그래서 자유와 인과성의 이율배반을 고찰할 때에는 세 번째 이율배반을 다루는 것으로 제한하는 것이 좋겠습니다.

칸트 철학의 이중적 성격에 관해서 설명했으니 이제 여러분은 우리가 곧 들어가게 될 칸트의 이율배반론을 그것이 본래 책 속에서 나타난 것보다 더 넓은 맥락에서 이해할 수 있을 것입니다. 이 이율배반론의 본질은 앞서 말했던 저 계몽주의적인 이성 비판의 의도와 형이상학을 구제하려는 의도 사이의 갈등을 드러내고 있다는 데에 있습니다. 칸트에 따르면 이 두 의도는 (그는 명시적으로 말하지는 않지만 그의 철학 안에서 이 의도들은 뚜렷합니다) 이성 안에서 같은 정도로 효력을 발휘하기 때문에 똑같이 강력합니다. 이 때문에 두 의도 사이의 애매성은 해소되지 않는 모순으로 이어지게 됩니다. 이 이율배반론 전체에 대한 아주 훌륭한 요약, 아주 우아하고도 간단하게 이율배반론을 정식화한 것을 나의 옛 스승인 코르넬리우스Cornelius의 칸트 주석에서 발견할 수 있습니다. 내가 몇몇 해당 문장을 읽어 줄 텐데, 이 문장들은 이율배반론이 본래 무엇에 관한 것인지를 아주 명확하게 보여 줄 것입니다. 이는 『순수이성비판』 안의 텍스트, 즉 「초월론적 변증론」 제2권의 제2장 「순수이성의 이율배반」에 관

* 아도르노의 강의에서는 이편diesseits이라고 말하지만 맥락상 저편이 자연스러움.

한 것입니다. 코르넬리우스의 문장들을 인용해보겠습니다. "경험 가능한 세계의 요소가 우리 편에서 볼 때 끝없이 이어지는 조건 계열들을 통해서 조건 지어진 것으로 입증될 때면 언제나 우리 사유는 곧바로 해소 불가능한 모순에 얽혀 든다. 이는 이 계열이" ―우리 자신의 의식에 의해 비로소 생산된 것이 아니라― "즉자대자적으로 존재하는 것이라고 전제되자마자 일어나는 일이다." 우리가 이 문제에서 무한한 원인들의 계열이 즉자대자적으로 존재한다고 전제하는 것은 ―칸트에서 '초월론적 실재론'이라 칭해지는― "일상적 세계 이해를 전제할 때면 불가피하게 나타나는 일이기 때문에, 이런 세계 이해는 자신이 연루되어 있는 모순들로부터 탈출할 길을 찾을 수 없다."[42] 이를 아주 간단히 설명해 보면 이렇습니다. 여러분이 철학 이전적 방식, 비판 이전적 방식으로 사유한다면, 그러니까 인과성을 우리 이성의 기능이 아니라 단순히 사물 그 자체에 객관적으로 놓여 있는 경향으로 받아들인다면, 여러분은 언제나 상태의 한 원인에서 다른 원인으로 나아가게 되며 이는 무한히 이어지게 됩니다. 그리고 이 무한 퇴행은 바로 칸트가 이율배반론에서 다루는 그 모순들로 귀결됩니다. 칸트는 『순수이성비판』에서 이 모순들의 이론 전체를 '초월론적 반정립론transzendentale Antithetik'이라고 칭하는데, 이는 이성이 소박 실재주의적으로 사용될 때, 즉 이성이 단지 의식에 의해 만들어졌을 뿐인 무한한 것을 긍정적으로 정립할 때 얽혀 들게 되는 반정립에 대한 이론입니다. 여러분이 갈피를 잡을 수 있도록 이 부분을 읽어 보겠습니다. "반정립론은" ―「순수이성의 이율배반」 제2절입니다― "일방적 주장들을 다루는 것이 아니라, 이성의 보편적 인식들을 단지 그 인식들 상호간의 충돌과 그 충돌 원인의 측면에서 고찰한다." "초월론적 반정립론은" ―우리가 다루게 될― "이율배반론에 대한 탐구이다." ―즉 필연적 모순에 대한 탐구라는 것입니다― 이 이율배반은 "순수이성의 이율배반이자, 원인들 및 그 결과에 대한 탐구이다. 우리가 지성 원칙들을 사용할 때 우리 이성을 단지 경험의 대상들에만 적용하지 않고 그것을"—지성 원칙들을—"후자의"—경험 대상들의—"한계 너머로까지 확장하고자 하면, 경험 중에서는 확증을 기대할 수도 없고 반박을 두려워할 필요도 없는 궤변적인 정리들이 생겨난다. 이런 정리들 각각은 모두 그 자체로는 모순이 없을 뿐만 아니라, 그것의 필연성의 조건들을 이성의 본성 안에서 발견하기까지 한다. 다만 불행한 것은 반대편 역시 자신의 측면에서 볼 때 타당하고 필연적인 주장 근거들을 갖고 있다는 점이다."[43]

여러분, 나는 여기서 이성으로부터 발전되는 모순들의 필연성이라는 계기를 강조하고 싶습니다. 칸트 자신은 이 지점에서 전혀 그렇게 분명한 태도는 아니었습니다. 『순수이성비판』 안에는 이성이 연루되는 모순들의 필연성에 관한 사유와 제대로 통일될 수 없는 아주 강력한 동기들도 존재합니다. 왜냐하면 정말로 아주 엄밀한 의미에서 필연성이라면, 칸트가 시도했고 나도 여러분에게 그 근본 사상을 설명해 준 것처럼, 이율배반들을 그렇게 해소Auflösung하는 일은 전혀 가능하지 않을 것이기 때문입니다. 이 두 번째 생각, 모순이 본래 제거 가능한 것이라는 생각으로 인해, 칸트에게 변증법(달리 말해 필연적 모순에 관한 이론 혹은 원칙들의 모순에 관한 일반 이론)이라는 이름은 부정적 단어이자 모욕적인 언사가 됩니다. 칸트에게 변증법은 언제나 그리고 필연적으로 잘못된 것입니다. 그래서 칸트는 다른 곳에서 변증법을 "가상의 논리Logik des Scheins"[44]라고 칭하면서, 이율배반을 제거하는 일을 자임하는 것입니다. 물론 이 전체 고찰은 우리가 빠져들게 되는 모순의 필연성을 통해서만 그 깊이를 얻을 수 있습니다. 이 말은, 이 모순 자체를 필연성으로 이해할 때에만 우리는 도덕철학의 진정한 문제이자 근본 문제인 자유 혹은 부자유의 문제를 하나의 실제적 문제로 보게 된다는 것입니다. 그 문제는 사태 자체에서 발생하는 문제이지, 그런 식으로 없앨 수 있는 느슨한 속임수가 아닙니다. 부연하자면 칸트의 경우 모순의 필연성이라는 이 동기는 한편으로 이성과 그 본성으로부터 도출되지만, 이 모순이 다루어지는 과정에서는 엄격하게 유지되지 않습니다. 결코 하찮은 것이 아닌 이 동기에 철학적 변증법 일반의 개념이 갖는 단초가 놓여 있는데도 말입니다. 이 말은 이성이 모순을 단번에 마치 한낱 사고의 오류처럼 제거해 버리는 대신에 필연적으로 모순에 빠져들게 되며, 이성이 이 모순을 다루면서 전진해 나갈 때, 오직 그 때에만 사유의 매개이자 객관적 진리 자체의 매개인 변증법적 사상이 충분히 동기 지어진다는 말입니다. 그렇기 때문에 나는 이 계기에 그토록 큰 가치를 두고 싶은 것입니다. 그 밖에 한편으로는 필연적인 것이자 다른 한편으로 단지 오류적인 것이라는 칸트 변증론의 이 고유한 양 갈래적 성격을 전개하여 철학적 변증법의 이론에 관련시키는 것은 매우 매력적인 (내가 알기로 아직 전혀 제대로 시도된 바 없는) 과제입니다.[45] 이 문제는 강의의 현 단계에서 아직 본격적으로 다룰 수 없으니 여기서는 단지 이 정도로 그치도록 하겠습니다.

칸트가 이 변증론, 반정립론에서 사용하는 방법은 "회의적 방법"이라고 불리는데, 이것은 회의주의와는 완전히 대립됩니다. 칸트는 회의적 방법, 즉 단순한 도그마적 정립에 대한 회의, 단순히 도그마적이고 무반성적인 개념 사용에 대한 회의는 확실성을 향하고 있다고 주장함으로써 그 차이에 근거를 댑니다. 이와 관계되는 매우 흥미로운 문장이 있습니다. "회의적 방법은 양쪽이 성실하게 사고하며 지성을 가지고 하는 싸움에서 오해의 지점을 발견하려 함으로써 확실성을 지향한다. 그것은 현명한 입법가들이 소송 사건에서 판사들의 당혹스러움으로부터 그들 법률의 결함과 부정확한 규정들에 대한 교훈을 얻는 것과 마찬가지다."[46] 여러분은 여기 이 도덕철학의 단초에서 전체 칸트 철학의 시선이 객관적이라는 것을 알 수 있습니다. 초월론적 철학이 주관주의라는 생각은, 칸트 철학이 최고이자 최상의 법칙 및 명제들을 주체로 환원시켜 그 객관 타당성을 구제하려는 시도를 표현하고 있는 한, 단견이라는 것입니다. 이 사실은 무엇보다 이성 자체를 순수 주관적 원칙으로 환원함으로써 도덕법칙의 절대적이고도 불가침적인 객관성을 구해 내려는 칸트 도덕철학의 의도와 아주 정확하게 일치합니다. 이런 의미에서 우리는 이렇게 말할 수 있습니다. 도덕의 최상 원칙, 정언명령은 본래 단적으로 타당한 것, 객관 타당한 것으로서의 주관적 이성 자체 이외의 그 무엇도 아닙니다. 이에 완전히 대립되는 것이 그런 객관 타당한 것을 논박하는 회의적 고찰입니다. 여러분은 이미 (칸트 스스로가 지지하는) 회의적 방법이 철학적 회의로서의 회의에 대해 갖는 이 차이로부터 칸트의 도덕적 입장도 감지했을 것입니다. 그의 입장은 소피스트적 궤변술이나 회의처럼 주체와 인간에 대한 관계를 통해 도덕법칙의 보편 필연성과 구속성을 논박하려는 것이 아니라 그와 정반대로, 그것을 다시 만들어 내려는 것입니다. 이에 따르면 이성을 잘못 사용할 때 발생하는 오해의 근거를 찾아내는 것이 과제입니다. 우리가 이 근거들을 발견하고 나면, 즉 정립과 반정립의 부정성을 규정함으로써, 칸트 식으로 말하자면 정립과 반정립에 공통되는 오해를 밝혀냄으로써, 이 오해의 제거를 통해 (이것은 정말로 변증법적 철학의 과정을 떠올리게 합니다) 긍정적으로 변화하여 더 고차적 진리, 이 경우 그러니까 이성 자체 안에 있는 저 모순의 근거가 공공연히 드러나게 되고, 이로써 이성을 통해 저 모순을 제거할 가능성도 나타나게 된다는 것입니다. 비록 내가 이미 말했듯이 칸트는 『순수이성비판』에서 변증법에 대해 우호적으로 이야기하지 않았지만, 바로 이 '회의적 방법'이라고 칭해지는 것 덕분에 그는 변증법에 대한 그의 이해에 따라 본래 전제되어야 하는 수준보다 훨씬 더 긍정적으로 변증법을 사용하고 있다는 사실을 여러분은 여기서 볼 수 있을 것입니다. 이를 전제하고서 우리는 다음 시간에 곧바로 세 번째 이율배반으로 넘어가도록 하겠습니다. 감사합니다.

33) 의사였던 파울 뤼트Paul Lüth(1921-1986)는 『알렉산드리아의 밤. 이집트 여행에 대한 소설Nächte in Alexandria. Roman der Ägyptenreise』(Düsseldorf, Köln 1963, S. 215-218)에서 1962-1963년 겨울 학기에 있었던 아도르노의 철학적 용어법Philosophische Terminologie 강의를 방문했던 일에 관해 묘사한다. 그는 또한 1963년 5월 13일에 아도르노에게 보내는 서신에서 쓰기를, 이 소설은 "오늘날 공부하는 젊은이들의 사유와 느낌을 '묘사하고자abbilden'" 했다고 한다. 아도르노는 1963년 5월 20일에 이렇게 답장한다. "제 연구와 직접적으로 연결되어 있던 그 강의에서 저는 당신이 말한 바를 언급하면서 받아 적을 수 없는 문제 등에 관해 학생들에게 말할 기회가 있었습니다. 저는 그것이 청중들에게 아주 좋은 효과를 발휘했다고 봅니다. 그러니까 당신의 경험에서 나온 바가 다시 경험으로 돌아간 셈이지요."

34) Vgl. Kant, Nachricht von der Einrichtung seiner Vorlesungen in dem Winterhalbenjahre von 1765-1766, in: W II, S. 908 sowie W IV, S. 699, B 865/ A 837.

35) 아도르노는 다시금 뤼트의 소설(미주 33)을 언급한다. 이 소설은 학생들이 강의 중에 하는 잡담에 관해 설명하면서(vgl. a.a.O., S. 215 f.) 거기에 변증법의 '불투명'한 규정을 대립시킨다. "시작의 어두움과 폐쇄성, 이로부터의 유출과 반사, 대립들의 변증법, 밤마다 모순들을 받아들이고 다시 시작하는 새로운 심연 속에서 모순들이 마침내 해소되는 것"(S. 217). 뤼트는 철학적 용어법Philosophische Terminologie 강의에 대해 『시골의원으로부터의 서신Brief aus einer Landpraxis』(in: Theodor W. Adorno zum Gedächtnis. Eine Sammlung, hrsg. von Hermann Schweppenhäuser, Frankfurt a. M. 1971, S. 116-123)에서 완결적으로 언급한다.

36) 정확히 상응하는 구절은 발견되지 않음. 아도르노는 『우상의 황혼』에 있는 다음과 같은 표현을 생각했을 것이다. "나는 모든 체계적 사상가를 불신하며 꺼린다. 체계에의 의지는 올바름의 결핍이다"(Nietzsche, Sämtliche Werke Bd.6, a.a.O., S. 63).

37) Vgl. Max Horkheimer, Fragen des Hochschulunterrichtes, in: Gesammelte Schriften Bd.8: Vorträge und Aufzeichnungen 1949 bis 1973, hrsg. von Gunzelin Schmid Noerr, Frankfurt a. M. 1985, S. 393.

38) Vgl. Der getreue Korrepetitor, Lehrschriften zur musikalischen Praxis, in: GS 15, S. 192 f.

39) Vergil, Georgica IV, 176.

40) 「순수이성의 규준」의 제1절(W IV, S. 671-676, B 825-832/ A 797-804)을 참고할 것.

41) 같은 곳 및 1959년 5월 14일에 있었던 칸트『순수이성비판』에 대한 강의 (NaS IV/4, S. 27-29)를 참고할 것.

42) Hans Cornelius, Kommentar zu Kants Kritik der reinen Vernunft, Erlangen 1926, S. 125.

43) W IV, S. 410, B 448 f./ A 421[이하에서 칸트 저작의 한글 번역은 최재희 및 백종현의 번역을 모두 참고함].

44) W III, S. 104, B 86/ A 61. 변증법이 갖는 필연적 가상의 성격을 주제화하는 대목은 '자연적이고 불가피한 착각Illusion'에 관해 이야기하는「초월론적 변증론」의 서론이다(W III, S. 311, B 354/ A 298). 1963년 5월 28일에 있었던 제5강과 미주 74도 참고할 것.

45) 칸트가 가진 변증법적 개념에 대한 아도르노의 평가는 상이하다. 1957년 2월 12일의 강의에서 아도르노는 이율배반론을 변증법적 논리의 모델로 본다. "변증법은 여기서 철학적으로 대상을 다루는 도식으로 전제되어 있는 것이 아니라, 현상학적으로 사태 안에 직접 흡수됩니다. 칸트의 분석은, 개념이 자기 고유의 일관성 속에서 유효할 수 있기 위해서는 자신의 반대를 필요로 한다는 사실로 귀결되기 때문입니다"(Vo 1471). 『부정 변증법』의「사이비 문제Scheinproblem」 절은 칸트에게서 나타나는 변증법에 대한 모순된 이해들을 비판한다. "이야기되는 대상들에 관해서 그것을 존재하는 것 혹은 존재하지 않는 것으로 판단하는 식으로 반성해서는 안 되고, 그것을 사유해야 한다는 강제만큼이나 그것을 사물처럼 확고하게 만드는 것이 불가능하다는 것을 대상의 고유한 규정으로 취하는 식으로 반성해야 한다. 『순수이성비판』의 이율배반론과『실천이성비판』의 많은 부분들에서는 명시적 의도가 있든 없든 이런 일이 시도되고 있다"(GS 6, S. 211 f.).

46) W IV, S. 412, B 451 f./ A 424.

제4강

1963년 5월 16일

여러분 안녕하십니까.

오늘은 칸트의 세 번째 이율배반을 다루도록 하겠습니다. 내가 강의 초반부에 일종의 기초 놓기 작업으로서 여러분에게 해석해 줄 이 텍스트는 그다지 간단하지 않기 때문에 집중해 주면 좋겠습니다. 이는 또한 칸트의 텍스트가 요구하는 바이기도 합니다. 우선 칸트가 이율배반론 전체에서 따르고 있는 방법에 관해 이야기하겠습니다. 이 방법은 전통 수사학에서 불리듯 반대 추론argumentatio e contrario입니다. 이 방법은 서로 모순되면서 같은 정도로 자명하거나 자명하지 않은 정립These과 반정립Antithese을, 그것들 각각에 대한 반대는 불합리하다는 것을 보여 줌으로써 증명하는 것입니다. 정립과 반정립은 그들 각각의 반대편으로부터, 즉 그들에게 모순적kontradiktorisch으로 대립하는 명제의 부정을 통해 증명된다는 것입니다.[47] 아마 여러분에게 일단은 문자 그대로의 의미에서 좀 부적절해 보일 칸트의 이 과정은 (흔히 훌륭한 철학에서의 소위 형식적인 특징들과 마찬가지로) 다음의 사실에 내용적 동기를 갖습니다. 반정립론의 한 구절에서 표현된 칸트의 이해에 따르면, 정립과 반정립 모두 그 적극적positiv[긍정적] 증명이 불가능한데, 그 이유는 그것들이 (수학적 의미에서가 아니라 수학 이전의 인간 이성의 의미에서) 무한한 것에 관한 진술로서, 적극적 진술이 불가능한 무한자를 향해 나아가기 때문입니다. 그러나 칸트에 따르면 거꾸로, 그것의 대립 명제가 불합리함을 보여 주는 것은 가능합니다. 이를 통해 간접적으로 발생되는 명제[본래 증명 대상이지만 적극적 증명은 불가능한 명제] 또한 확실한 것으로 간주되어야 한다는 함축이 생겨납니다.[48] 말이 나온 김에 언급해 두자면 논의되는 명제 자체의 타당성이 그 대립 명제의 부적절함에 대한 증명으로부터 따라 나온다는 이런 결론은 논리적으로 결코 그렇게 직접 도출되지는 않습니다. 그러나 이에 관해서는 나중에 다시 이야기해야 할 것입니다.

더 말해야 할 것은 (이제 우리는 아주 상세히 이를 다뤄야만 할 것이고 특히 일단 사전 합의를 위해서라도 그래야 할 텐데) 칸트의 이율배반론에서 인과성 개념이 이야기될 때, 거기서의 인과성 개념은 일단은 (여러분이 가장 간단히 생각해 볼 수 있는 것으로) 일반적으로 자연과학에서 작동되는 인과성과 다른 것을 의미하지 않는다는 사실입니다. 여기서 여러분에게 상기시키고 싶은 바는 (사실 우리는 이를 다루지 않고 있기 때문에 상기시킬 수도 없습니다만) 다음과 같은 『순수이성비판』의 고유성에 관한 것입니다. 여기서 수학적 자연과학은 그 자신이 도출되는 것이 아니라 어떤 특정한 의미에서 타당하다고 전제되고 있으며, 그러고 나서 그 타당성의 조건들이 물어지고 있다는 것, 그리고 그 때문에 자연과학적 인과성 개념이 일단은 결정적인 개념이 된다는 것입니다. 그런데 이 사실은 이제 인과성 개념에서는 전혀 그렇게 본질적이지 않습니다. 인과성 개념에 맞세워져 있는 자유 개념, 그리고 학술적이지 않게 표현해 본다면 서로 뒤엉켜 있는 문제들의 덩어리를 그 안에 포함하고 있는 자유 개념에서 그렇듯이 말입니다. 이 자유 개념은 (일단 이것을 붙잡아 두기를 바랍니다. 우리는 이후에 이를 많이 수정해야겠지만, 일단은 비교적 단순하고 확실한 방식으로 무엇이 화두인지를 여러분이 알고 있어야 하기 때문입니다. 이 개념의 까다로운 분화에 대해서는 곧 다루게 될 것입니다) 여기서는 우선 다만 소극적으로만 규정됩니다. 즉 자유는 서로 잇따르는 상태들의 연쇄로부터의 독립성, 연쇄 안의 규칙성으로부터의 독립성입니다. 자유의 적극적 개념인 (이후 독일 관념론에서 칭해지듯이) '기원적인 절대적 산출'이란 의미에서의 자유는 아직 나타나지 않습니다. 비록 칸트의 텍스트에서 곧 나타날 특정 개념, 곧 자발성Spontaneität 개념을 통해서 적극적 자유 개념으로의 이행이 상당히 일찍부터 이루어졌음을 여러분은 발견하게 되겠지만 말입니다. 그 밖에 적극적 자유 개념은 여기서 언급되는 구절에서 특별한 어려움을 유발하는데, 그 이유는 이 자유 개념이 앞서 칸트에 의해 사용된 자발성 개념, 주체로부터의 표상의 산출을 의미하는 자발성 개념에 간단히 적용 가능한 것이 전혀 아니기 때문입니다.[49] 그러나 이 점은 일단 무시하기로 합시다. 다만 여러분은 여기서, 이율배반 자체를 다루기에 앞서 최소한 문제 지평을 미리 어느 정도 내다볼 수 있도록 한 가지 문제에 주목해 주기 바랍니다. 왜냐하면 내가 여러분에게 도덕철학의 문제를 가르치기로 약속했고, 이것은 단순히 칸트적 사유 과정의 기초에 관해 이야기하고 가능한 한 잘 설명하는 것만을 뜻하지는 않기 때문입니다. 그것은 오히려, 분명하게 이해될 수도 있고 아닐 수도 있는 칸트의 논변 과정들 배후에는 서로서로 맞물려 있고 종종 매우 까다로우며 서로 불일치하는 동기들이 있다는 것을 보여 주는 일을 뜻합니다. 내가 생각하는 철학적 이해의 주요 과제는 (모든 강의는 어쨌거나 철학적 이해를 목표로 해야 합니다) 겉보기에 논리적으로 설득력 있고 서로 조화되는 공리들 밑에 존재하는 힘들의 평형 관계를 알아차리는 것입니다. 이 평형 관계가 그때그때 제시되는 학문적 통설에 대해 갖는 관계는 물리학에서 힘들의 평형관계가 힘들의 합성력에 대해 갖는 관계와 유사합니다. 그렇기 때문에 칸트가 이미 이율배반론에서 도입한 자유로부터의 인과성[자유로부터 시작되는 인과성]이라는 개념, 이율배반의 한편에 서 있는 이 개념은 본래 비판주의의 원칙, 이성비판의 일반 원칙에 모순된다는 사실에 여러분이 주목해 주었으면 합니다. 모순되는 까닭은 그 원칙에 따르면 인과성은 물자체Ding an sich, 예지계에 속하는 범주가 아니기 때문입니다. 자유로부터의 인과성은 현상 영역의 저편에서나 유효한 개념일 텐데, 인과성은 본래 현상계 영역에 귀속되는 개념인 것입니다. 이 점을 이해한다는 것, 다른 말로 하자면 어떻게 이 너무나도 기이한 싱커페이션Synkopierung, 즉 합법칙성과 자유의 동기가 서로 뒤엉키는 데까지 이르게 되었으며 무엇이 칸트로 하여금 그렇게 하도록 만들었는지를 이해하는 것, 이것이야말로 칸트 윤리학을 이해하기 위한 핵심일 뿐 아니라 칸트 철학 전체 구조를 이해하는 데 있어서의 요체이며, 심지어 우리가 윤리학적 문제라고 표시하곤 하는 바를 비로소 밝혀 주는 포인트입니다. 자유와 필연성의 이런 뒤얽힘과 그 안에 놓인 모순들의 해소는 비단 인식론적 물음이기만 한 것이 아니라, 소위 도덕에 대한 철학적 근거 짓기 작업이 언제고 관계해야만 하는 극도의 현실적인 물음이기도 하기 때문입니다.

이 점을 먼저 언급해 두겠습니다. [강의 진행을 위해] 가장 간단한 길이 있다면 그것은, 칸트에게서 제시되고 증명되는 것처럼 나도 여러분에게 일단 정립These과 반정립Antithese을 읽어 주고서 단순히 각각의 명제들에 대해 필요한 만큼 설명해 주되, 비판적 문제 제기는 일단 논외로 해 두는 것입니다. 그리고 칸트의 생각이 충분히 밝혀졌다고 여겨지면 그제서야 이 문제 속으로 들어가겠습니다. 그때에야 비로소 우리는 칸트의 반성 자체를 반성하려는 것입니다. 소위 「초월론적 이념들의 세 번째 상충」의 정립These은 (자유와 총체적으로 결정되어 있는 상태Determiniertheit가 이념인 까닭은 이 각각의 주장들이 경험 가능성의 한계를 넘어 무한으로 나아가기 때문이며, 따라서 그것들은 이성 비판의 건축술에 따르자면 이념들에, 따라서 「초월론적 이념들의 상충」에 속하는 것입니다) 다음과 같습니다. "자연법칙에 따른 인과성은, 그로부터 세계 전체의 현상들이 도출될 수 있는 유일한 인과성이 아니다. 현상들의 설명을 위해서는 자유를 통한 인과성도 필연적으로 받아들여야만 한다."[50] 나는 작은 핵심에 대해서만 주목할 텐데, 이것은 이 주장을 주의

깊게 읽는다면 아마 여러분의 눈에도 띌 만한 것입니다. 그것은 바로, 자유 원칙의 도입을 위해서 몰래 '필연적으로'라는 표현이 도입되었는데 이것 자체가 인과성의 영역에서 빌려 온 표현이란 사실입니다. 이는 칸트의 인과성 개념이 무척 넓어서, 그것이 상이한 해석들을 허용하며 칸트 자신이 명시적으로 다루고 있는 자연과학적 인과성을 넘어서고 있다는 사실을 암시합니다. 그러나 다른 한편으로 이는 또한, 우리가 여기서 다루려는 모순의 근절 불가능성을 보여 주는 징후입니다. 증명되어야 할 것, 즉 필연성의 원칙 자체가 어떤 의미에서는 이미 전제되어 버림으로써, 증명되어야 할 것을 증명하는 일이 칸트에게 불가능하다는 것입니다. 덧붙이자면 이 구조는 칸트 철학에서 아주 일반적인 구조입니다. 나는 여러분에게 『실천이성비판』을 읽으라고 권했는데, 『순수이성비판』도 함께 읽어 두면 좋겠습니다. 그렇게 하면 『실천이성비판』을 이해하는 데에 아마 확실히 도움이 될 것입니다. 스피노자나 피히테 같은 유형의 사상가와는 완전히 반대로, 모든 것이 논리적으로 도출될 수 있다는 생각을 신뢰하지 않을 때에만 여러분은 비로소 칸트를 이해할 수 있을 것입니다. 칸트에게 주어진 것das Gegebene*의 개념은, 감각적으로 주어진 것을 훨씬 넘어서는 의미를 갖습니다(온갖 종류의 것들이 칸트에게는 주어진 것으로 전제되고, 그래서 도출되거나 증명되거나 설명되지 않습니다). 우리 인식에 대한 해당 개념의 타당성에 관한 한 그렇습니다. 이는 칸트의 뒤를 잇는 관념론자들, 특히 피히테와 헤겔이 갖는 상당한 세련됨에 비하자면 좀 원시적이고 조야한 처리 방식입니다만, 그 안에는 그래도 칸트 철학의 본질, 그 가장 내적인 주장과 매우 밀접한 어떤 것이 숨겨져 있습니다. 칸트에게 주체는 모든 존재자, 모든 정신적인 것의 총체성을 자신으로부터 발전시킬 수 있다

* 이하에서 "das Gegebene"는 문맥에 따라 자연스럽게 주어진 것/소여로, "die Gegebenheit"는 주어져 있음/소여성으로 번역함.

고 감히 참칭하는 그런 원칙이 아직 아니란 것입니다. 오히려 칸트 철학의 내용은 그 부정적인 측면에서 보자면 주체의 절대성 주장에 한계 긋는 것이며, 이러한 한계 긋기는 이 철학 자신의 연역적 주장이 갖는 제약성에서도 표현되고 있습니다. 비록 칸트 철학은 그와 동시에 하나의 연역적 체계로서 등장하고 있긴 하지만 말입니다. 덧붙여 말해 두고 싶은 칸트의 독특성은 다음과 같은 것입니다. 순수하게 개념이나 최상위에 정립되어 있는 공리로부터 도출될 수 없는 계기들에 대한 이러한 기이한 수용은, 사람들이 언뜻 생각하기 쉽듯이 단순히 우리 인식의 소위 질료에만 국한되는 게 아니라는 것입니다. 그것은 또한 의식 자체의 형식들에까지 뻗쳐 있습니다. 칸트에게 이 의식 형식들은 특정 방식으로 연역되어 있음에도 불구하고 그렇게 [주어진 것으로서] 수용되고 존중되어야만 하는 것이며, 그래서 칸트는 필연성—그에 따르면 필연성은 하나의 범주적 사태입니다—을 두고 마치 그것이 일종의 주어진 것인 양 말하는 것입니다. 나는 그것이 정말 그렇다는 것을 일일이 전거를 제시해 가며 증명하지는 않겠습니다. 그것은 너무 멀리 나가는 일일 것입니다. 소위 칸트의 「순수 지성 개념의 연역」에서는, 본래 주어져 있는 게 아니라 기원적 산출이라는 순수 기능, 순수 활동성이라고 하는 것조차 소여적 성격을 갖는다는 사실을 명시적으로 확인시켜 주는 일련의 표현들이 발견된다는 사실에 대해서만 언급해 두고자 합니다.

그럼 이제 대립 명제의 증명으로 넘어가 보겠습니다. 다시 말해 반대를 가정해 보자는 것입니다. "자연법칙에 따른 인과성 이외에 다른 인과성은 없다고 가정해 보자. 그러면 발생하는 모든 일은 이전 상태를 전제하며, 이 상태로부터 불가피하게 규칙대로 잇따른다."[51] 여러분은 여기 이 문장에서 인과성에 대한 칸트의 유명한 정의를 마주하고 있는데, 아마 여러분은 이 정의를 칸트의 자유 이론과 간단명료한 대립 관계에 놓인 것으로 볼지도 모르겠습니다. 여기서 다뤄지는 인과성은 규칙에 따른 상태들의 연속입니다. 여러분도 간파했겠지만 이런 인과 개념은 아주 광의적이기 때문에 매우 다양한 해석들이 이루어질 수 있으며, 자연과학, 특히 양자역학에서 이루어지는 인과성에 대한 최근의 비판조차 이 가장 일반적인 인과성 개념 속에서는 여지를 갖지 못하는 게 아닌지에 관해 생각해 볼 수도 있을 것입니다—여러분 중 자연과학도에게 이를 맡기겠습니다—. 또한 여기 칸트와 현대 자연과학 사이에 있는 이른바 모순이란 것도 이미 인과성에 대한 칸트적 이해를 지나치게 물질적으로, 너무 내용적으로만 해석한 데에서 기인한 것이 아닌지도 생각해 볼 수 있습니다. 그러나 이것은 인과성에 관해 특별히 생각하는 바가 있는 사람들에 한해서 하는 말입니다. "그러나 이제"—칸트는 계속 나갑니다—"이전 상태란 것 자체도 발생한 것(시간 속에서 생성된 것, 왜냐하면 그것이 이전에는 없었던 것이므로)이어야만 하는데, 그 이유는 그 상태가 언제나 있었던 것이라면 그것의 결과 또한 처음 생겨난 것이 아니라 항상 있어 왔던 것일 터이기 때문이다."[52] 칸트는 여기서 아주 날카롭게 논변합니다. 쓸데없이 세세하게 보일 수도 있겠지만 이는 굉장한 엄밀성이라고 보아야 합니다. 현재 상태를 잇따르게 한 선행 상태는 (A라는 형식의 상태가 있을 경우 언제나 B라는 형식을 가진 상태가 그에 뒤따라야 한다는 명제에 따라) 칸트에 의하면 그 나름으로 하나의 생성된 상태, 발생된 상태입니다. 그렇지 않고 선행 상태가 시작부터 거기 존재했더라면, 그 상태로부터 설명되는 현재의 현상도 마찬가지로 기원적이고 단적으로 존재하는 것이 될 것이고, 달리 말해 선행 상태로부터의 인과적 도출이 전혀 필요 없을 것입니다. 그러나 이는 분명 생각할 수도 없는 일입니다. 왜냐하면 그렇게 되면 지금 그리고 여기에 주어져 있는 것으로서의 현상에 대한 고찰은 취소될 것이기 때문입니다. "따라서 어떤 일이 일어나게 한 원인의 인과성은 그 자체가 발생한 것이며, 이는 자연법칙에 따라 다시금 그 이전 상태와 그것의 인과성을 전제하며 이전 상태 또한 마찬가지로 그보다 더 이전 상태를 전제한다."[53]

여기서 다뤄지고 있는 것은 여러분에게 인과 연쇄라는 이름으로 친숙한 사태입니다. "그러니까 모든 것이 단지 자연법칙에 따라 일어난다면, 항상 하위의subaltern 시작만이 존재할 뿐, 가장 최초의 시작은 결코 없을 것이다. 따라서 서로 이어지는 원인들의 측면에서 계열의 완전성이란 것은 결코 존재하지 않는 것이다."[54] '하위'란 표현은 어느 정도 질적인 가치 평가처럼 들리는데, 그 말을 확장해서 보면 여기서 이차적이거나 파생적이라는 의미와 다르지 않습니다. 그러니까 칸트의 말은, 이차적이고 파생적인 원인들만이 존재하는데, 이 원인들은 자기 고유의 의미에 따라 필연적으로 최초의 원인, 일차적인 원인으로 소급된다는 것입니다. 그리고 그는 이에 대해 다음과 같은 근거를 제시하는데, 아주 그렇게 설득력 있어 보이지는 않습니다. "그러나 자연법칙은 바로, 충분히 선험적으로a priori 규정된 원인 없이는 아무것도 발생하지 않는다는 데에서 성립한다."[55] 이 말의 뜻은 분명 (이것이야말로 논변의 핵심입니다) 이 하위의 원인은 그 자신의 편에서 볼 때 다시금 인과적 설명을 필요로 하기에 (즉 불완전하기에) 하나의 충분히 규정된 원인이 아니라는 것입니다. 하위의 원인은 그것의 원인을 계속 더 물을 필요 없이 멈출 수 있게 되어 그것의 조건에 대한 물음이 침묵하게 될 때에야 비로소 충분히 규정된 원인일 것입니다. 이어 그는 말합니다. "그러나 자연법칙은 바로"—칸트는 이를 범주론에서 도출했다고 생각합니다[56]—"충분히 선험적으로 규정된 원인 없이는"—칸트는 '원인이 완전히 규정되어 있지 않은 채로는'이라고 말할 것입니다—"아무것도 발생하지 않는다."[57] 그렇지 않으면 자연에 대한 설명은 소위 진공 상태에서 끝나거나, 칸트가 의심 없이 주어져 있는 것으로 간주했던 바인 전체 자연의 필연성에 대한 설명은 한갓 우연성이라는 계기로 소급될 것입니다. 칸트는 이렇게 논변합니다. "그러니까 모든 인과성이 오직 자연법칙에 따라서만 가능하다는 명제는, 그것의 무제한적 보편성 안에서는 자기 모순적이며, 따라서 이런 인과성은 유일한 인과성으로 받아들여질 수 없다."[58] 여기서 언급된 명제를 말해진 그대로 취해 보자면, 이 명제 자신에 의해 도입된 인과 규정의 완전성에 대한 요청은 필연적으로 충족되지 못한 채로 남아 있게 되며, 이로써 그 명제는 자기 모순적이게 된다는 것입니다. 그리고 이어서 다음과 같은 결론이 도출됩니다. "이에 따라, 어떤 것을 발생시키면서도 그 발생시키는 원인 자신은 더 이전의 원인을 통해 필연적 법칙에 따라 규정되지 않는 그런 인과성이 받아들여져야 한다. 다시 말해 자연법칙에 따라 진행되는 현상들의 계열을 자기 자신으로부터 시작하는 원인의 절대적 자발성, 따라서 초월론적 자유 말이다." — 여기서 칸트가 초월론적 자유를 바로 자연 인과성으로부터 근거 짓고 있다는 것, 왜냐하면 그렇지 않을 경우 그 자유는 불합리하기 때문에 그렇게 하고 있다는 것에 주목해 주기 바랍니다— "자연의 과정 자체 안에 이 자유가 없다면" — 그리고 전체를 다시 한번 요약하고 있습니다— "현상들의 연속 계열은 원인의 측면에서 볼 때 결코 완전하지 않다."[59] 여러분은 여기서 벌써 자유도 하나의 인과성, 독특한 종류의 인과성이라는, 인과성 개념의 놀라운 확장을 보고 있습니다.

이 아주 기이하고도 놀라운 언어 사용은 칸트가 여기서 선택하고 있는 한정적 표현을 생각해 보면 아마 가장 잘 이해될 수 있을 것입니다. 이 표현에 따르면 그 자신으로부터 다시 새롭게 시작하는 현상들의 계열이 존재하는데, 그 계열은 자연 인과성의 무한한 조건들에 대한 인식을 요구하지 않는다는 것입니다. 여기서 칸트가 무엇을 생각했는지에 관해 말하는 게 좋을 듯 합니다. 내가 방금 설명한 것처럼 겉보기에 매우 형식적인 도출 과정들은 본래 단순히 그 결론으로 이어지는 사유 과정을 좇아가기만 하는 것이 아니라, 거기서 넌지시 암시되는 사태, 모델이라 칭해져야 할 사태를 떠올려 볼 수 있을 때에야 비로소 정말로 이해되기 때문이며(이는 덧붙여 말하자면 이후의 관념론자들, 특히 헤겔에 있어 유효한 규칙입니다), 이러한 사실은 철학적 이해의 원칙에 속합니다. 이 사태란 물을 필요도 없이 개인의 자기 경험입니다. 그것은 아주 단순히 이런 것입니다. 보편적 결정론 내부에서 보면 어떻든지 상관없이 설령 내가 객관적으로는 자연 인과성과 연관되어 있다 해도 일단은 자연 인과성에 대해서 (칸트가 여기서 표현하듯이) 자립성의 계기를 갖는 하나의 행위를 통해서 서로 합법칙적으로 잇따르는 상태들의 특정 계열을 새로이 만들어 낼 수 있다는 것, 내가 그렇게 한다는 것을 나는 경험할 수 있습니다. 내가 이 불쌍한 책을 다시 높이 들어 올려서 떨어뜨리면 그 책이 떨어진다는 사태는 자연 인과성의 사태이며, 이 사태는 거대 영역에서 진행되기 때문에 오랜 인과성 규칙에 따라 완수되는 일임이 분명합니다. 그러나 우둔한 결심이긴 하나 내가 이 책을 들어 올렸다가 떨어뜨리기로 함으로써 [현상들의 인과 계열에] 개입하게 된다면, 이와 더불어 이 결정성Determination[자연 인과성에 따라 결정되어 있는 계열]에는 하나의 자립적인 어떤 요소가 들어오게 됩니다. 따라서 이 결심과 함께 새로운 인과 계열이 시작된다고 말할 수 있을 것입니다. 그리고 이렇게 새로 시작된 계열이 자신의 편에서 볼 때 다시 어떻게 인과 조건들의 총체성에 얽혀 있는지에 관해 칸트는 이렇게 말할 것입니다. 아니 그는 그것을 말하지 않고, 실제로는 이렇게 말하고 있습니다: '그것은 후순위의 일cura posterior이다. 그것은 전부 인간 존재 이론에 속하는 것이다. 그 일의 성격들이 마찬가지로 경험 세계에 속하는 한에 있어서 그렇다.'[60] 그러니 지금 일단 자기 경험에서 볼 때 이 계기는 인과 계열과 관련하여 이차적 결정인 계열을 정립하는 것이자 시작하는 것이며, 이 계열은 어쨌든 자기 경험에서 보면 일반적인 인과 연쇄와의 동일성이나 그에 대한 의존 속에서 그렇게 철저하게 경험적으로 규정되어 있지는 않습니다.[61] 이것이 칸트가 위의 구절에서 염두에 두고 있던 바입니다. 그리고 이제 그는 여기서 '원인의 절대적 자발성'에 관해 말하고 있습니다. 막상 자발성 개념은 설명하지 않은 채로 말입니다. 여기서 자발성이란 기원적 활동성, 즉 그 조건들이 긍정적으로는 전혀 제시될 수 없는 하나의 자립적 활동성을 의미합니다. 이는 『순수이성비판』에서 자발성이 표상의 산출 능력을, 그리고 의식 및 인간 정신의 생산적 능력을 표시하는 것과 마찬가지입니다. 여러분이 「초월론적 방법론」을 읽어 보면 알겠지만 칸트는 다른 훌륭한 철학자들과 마찬가지로 언어적 정의를 전혀 나쁘게 생각하지 않았는데,[62] 그런 그가 이 자발성 개념을 우선은 비교적 좁은 의미로, 표상에 관계된 것으로 도입합니다. 그러고 나서 그는—여기서 주관성의 근본 계기 중의 하나, 주관성의 근본 동기*das* Grundmotiv가 다루어지고 있으므로—정당하게도 이 좁은 개념을 넘어서 자유, 즉 정신의 자유로운 활동에도 적용하기 위하여 자발성 개념을 취합니다.[63] 이것이 칸트가 보편적 인과성에 반대하면서 자유로부터의 인과성 그리고 윤리학의 근본 개념인 자유 개념을 위해 사용하는 논변들입니다.

반정립Antithese은 이렇습니다. "자유는 없고, 세계 안의 모든 것은 오직 자연법칙에 따라서만 발생한다."[64] 보시다시피 여기 반정립에서 칸트는 자유에 대립하는 인과성을 명시적으로 자연 인과성과 등치시키고 있습니다. 그 증명은 이렇습니다. "초월론적 지성에 자유가 있다고 가정해 보자."—달리 말해서 정립These의 증명으로부터 추론되는 그것입니다—"이 자유는, 그에 따라 세계의 사건들이 일어날 수 있을 특정 종류의 인과성으로서, 다시 말해 하나의 상태를, 따라서 그 상태의 결과들의 계열도 또한 단적으로 시작하게 만드는 능력이다. 그렇다면 이 자발성을 통해 만들어지는 계열뿐 아니라 그 계열을 만들어 내는 자발성 자체의 규정도 ⋯."[65] 이제 내가 설명하려는 것은, 초월론적 지성의 자유는 칸트가 지금 비판하고 있는 이 가정하에서 보면 인과성과 마찬가지로 하나의 범주라는 것입니다. 법칙으로부터 독립되어 있는 행위이자 사물들의 흐름인 자유가 그 자체로 인식 및 현상 세계의 구조 일반을 조직하는 근본 규정이 되어 버린다는 것입니다. 그리고 초월론적이라는 단어에 대한 이런 설명에 연결해서 말해 보자면 그 사유 과정은 단순히 이렇습니다. 범주들,

그러니까 내가 질서 지어진 경험 일반과 같은 것을 할 수 있게 해 주는 내 정신의 근본 개념들은, 본디 내가 세계를 법칙에 따라 조직하게 해 주고 그 세계를 그에 상응하여 하나의 합법칙적 세계로 경험하게 해 주는 조건들과 다르지 않습니다. 자유가 (이것이 결정적인 증명 근거입니다) 자신의 편에서 볼 때 하나의 범주, 하나의 초월론적인 것, 즉 대상들에 대한 나의 인식 일반이 갖는 근본 조건으로 된다면, 이는 합법칙성의 반대가 그 자체로 범주들 중의 하나가 되어 합법칙성을 근거 짓는다는 뜻이자, 자유가 합법칙성의 총괄 개념이라는 뜻입니다. 그런데 이런 말은 불합리하다는 것입니다. 이것이 칸트의 기본적인 생각입니다. 이를 기억해 둔다면 여러분은 그 다음 논변을 비교적 쉽게 이해할 수 있을 것입니다. — 이미 말한 것처럼 반성의 두 번째 단계에 우리는 금방 도달할 것입니다. 계속해서 칸트는 말합니다. 만약 내가 초월론적 지성의 자유, 범주로서의 자유를 가정하게 된다면 그 결과로 '인과성은 단적으로 시작하게 될 것이며', "따라서 발생하는 행위가 기존 법칙에 따라 규정되도록 하는 그 어떤 것도 선행하지 않는다."[66] 여기서는 어떤 원칙이 가정되고 있는데, 그것은 합법칙적 인식 및 자연을 지배하는 합법칙성과는 더 이상 상관없는 원칙입니다. "그러나 활동의 매 시작은 아직 활동하지 않는 원인의 상태를 전제한다. 그리고 활동의 역학적인 최초 시작은 바로 그 원인의 선행하는 상태와 아무런 인과적 연관을 갖지 않는 상태, 즉 어떤 방식으로도 그 원인의 선행하는 상태로부터 나오지 않은 상태를 전제한다." 그러니까 칸트에 따라 자유의 원칙으로부터 나오거나 혹은 자유의 원칙과 더불어 도입되어야 하는 이 합법칙성은, 합법칙성의 개념에 모순될 것입니다. 칸트는 말합니다. "따라서 초월론적 자유는"—즉 행위의 절대적 시작이란 의미의 자유는—"인과법칙에 어긋난다. 그것은 작용하는 원인들의 연속적 상태들의 결합인데, 이런 결합에 따르면 경험의 통일은 불가능하고, 다시 말해 그런 결합은 어떤 경험에서도 발견되지 않는다. 따라서 그것은 공허한 생각이다."[68] 물론 여기서 그는 최종적이면서 기원적인 창조의 원칙이라는, 스콜라 학파와 아리스토텔레스로부터 이어져 내려온 옛 표상을 염두에 두고 있습니다. 이 뿌리의 끝은 아리스토텔레스의 만물을 움직이는 부동자akineton panta kinoun 이론인데,[69] 이것이 받아들여지게 되면 인과성을 근거 짓기 위하여 인과 계열로부터 떨어져 나오게 되고, 결국 합법칙성의 원칙에 대립하게 된다는 것입니다. 다시 말해 칸트는 여기 이 논변에서 스콜라적 표상, 결국에는 아리스토텔레스적인 존재론적 표상의 잔재마저 철학에서 근절시키려는 철저하고 엄격한 계몽가로서 반정립Antithese을 말하고 있는 것입니다. 그런 반면에 정립These을 위한 논변은 자신의 편에서 다시금 형이상학적 원칙의 구제를 향하고 있습니다. 나는 일전에 칸트에게 이 두 계기가 끊임없는 갈등 관계 속에 있다고 말한 바 있는데, 이 갈등은 이율배반론에서 주제화되어 있습니다. 이 갈등은 바로 여기서 말 그대로 정립과 반정립의 관계로 첨예화되고 있다는 것입니다. 칸트는 이런 계몽가적 의미에서 다시 계속 나아갑니다. "우리는 자연 이외에 아무것도 갖고 있지 않으며, 그 속에서 세계의 사건들이 갖는 연관과 질서가 찾아져야만 한다. 자유(독립성)는"—매우 흥미로운 이야기인데, 바로 이 부분에 주의를 기울여 주기 바랍니다. 다음 시간에 이를 상세히 해석해야 할 것입니다—"자연법칙으로부터의 자유는 비록 강압으로부터의 해방이지만 또한 모든 규칙들의 실마리로부터의 해방이기도 하다."[70] 달리 말하면, 내가 자유 원칙을 긍정적으로 도입하게 되는 순간, 내가 인과성의 범주적 체계가 만들어 낸 강압으로부터 벗어나는 그 순간에, 그 배후에 서 있는 것은 자연 자체가 카오스적이라는 사실입니다. 그리고『순수이성비판』의 전체 주장은 그 반대를 향하고 있습니다. "왜냐하면 자연법칙 대신에 자유의 법칙이 세계 진행의 인과성으로 들어서게 된다고 우리는 말할 수 없기 때문이다. 자유가 법칙에 따라 규정된다면 자유가 아닐 것이요, 그 자체 자연 이외에 다른 것이 아닐 것이기 때문이다. 그래서 자연과 초월론적 자유는"—이제 칸트는 매우 극단적으로 말합니다—"합법칙성과 무법칙성처럼 서로 구별된다. 이 중 전자는"—즉 합법칙성은—"비록 원인들의 계열 안에서 사건들의 기원을 계속 더 찾아 나가도록 하는 어려움을 지성에게 부담시키기는 한다."—다른 말로, 더 이전의 원인으로 나아간다는 뜻입니다—"사건들에서의 인과성은 매 순간 조건 지어져 있기 때문이다." "그러나 합법칙성은 그 보상으로 경험의 철저하고도 합법칙적인 통일을 약속한다. 그에 반해"—계몽가이자 결정론자로서 칸트는 다시 말합니다—"자유라는 환영은 원인들의 사슬을 탐구해 나아가는 지성에게 휴식을 약속하기는 한다."—형이상학처럼, 우리가 절대적인 것 자체를 의식할 수 있으며 그 안에서 휴식을 찾을 수 있다고 하는 것입니다—"자유는 지성을, 스스로 활동하기 시작하는 무조건적 인과성으로 이끌어 감으로써 그렇게 한다. 그러나 그런 인과성은 자체로 맹목적이어서"—맹목적이라는 것은 그것 자체가 합법칙적인 인식 연관에 속하지 않는다는 뜻입니다—"일관적으로 서로 연관된 경험을 가능케 하는 유일한 것인 규칙의 실마리를 끊어 버린다."[71]—다른 말로, 경험을 우연에 내맡긴다는 것입니다—이제 여러분이 내 설명에 따라 모든 것을 이해했고, 다음 시간에는 이 텍스트에 놓여 있는 어려운 문제들을 다룰 수 있을 것이라고 생각합니다.

47) Vgl. W III, S. 340, B 398/ A 340.
48) 1963년 5월 14일의 제3강과 미주 43을 참고할 것.
49) "자발성" 개념은 칸트에 의해 "감각 인상들의 수용성"을 개념적으로 대상화하는 "능력"으로 도입되었다(W III, S. 97, B 74/ A 50). 제2판에서 칸트는 이하와 같이 정확하게 규정한다. "사유에 앞서 주어져 있을 수 있는 표상을 직관이라고 한다. 따라서 직관의 모든 잡다는, 그것을 마주친 주체 안에 있는 것, 즉 **나는 생각한다***Ich denke*에 대해서 필연적 관계를 갖는다. 그러나 이 표상은 **자발성**의 작용이다. 다시 말해 그것은 감성에 속하는 것으로 보아질 수 없다. 나는 그것을 **경험적 통각**으로부터 구별하기 위해서 **순수한 통각** 혹은 **기원적 통각**이라고 칭한다. 왜냐하면 그것은 다른 모든 것들에 수반되어야만 하는 **나는 생각한다**라는 표상을 산출하는 자기의식이자, 어떤 다른 것에 의해서도 수반될 수 없는, 모든 의식 속에서도 하나의 동일한 것으로 존재하는 것인 까닭이다. 나는 이것의 통일을 자기의식의 **초월론적** 통일이라 칭하는데, 이는 그로부터 선험적 인식의 가능성이 나온다는 것을 표시하기 위해서이다"(W III, S. 136, B 132). 여기서 아도르노에게 중요한 세 번째 이율배반의 정립은 "법칙에 따라 진행되는 현상들의 계열을 스스로로부터 시작하는 원인들의 **절대적 자발성**"인 "초월론적 자유"를 표현한다(W IV, S. 428, B 474/ A 446).
50) W IV, S. 426/ 428, B 472/ A 444.
51) W IV, S. 428, B 472/ A 444.
52) 같은 곳.
53) 같은 곳.
54) 같은 책, B 472-474/ A 444-446.
55) 같은 책, B 474/ A 446.
56) 「경험의 두 번째 유추」(W III, S. 226-242, B 232-256/ A 189-211)를 참고할 것.
57) W IV, S. 428, B 474/ A 446.
58) 같은 곳.
59) 같은 곳.
60) 칸트 저작에서 뒤에 나오는 구절을 보면 이것은 다음의 문제에 관련된다. "이 행위 주체는 자신의 예지적 성격에서 볼 때 아무런 시간 조건 아래에 서 있지 않다 …. 달리 말해 이 주체의 인과성은 그것이 예지적인 한 감성계 안에서의 사건

들을 필연적이게 만드는 경험적 조건들의 계열에 전혀 속하지 않는다. 이 예지적 성격은 결코 직접적으로 알려질 수 없는데, 우리는 현상하는 것 외에는 지각할 수 없기 때문이다. 그러나 예지적 성격은 경험적 성격에 맞춰 생각될 수밖에 없을 것이다. … "(W IV, S. 493, B 567 f./ A 539 f.).

61) '철저히 경험적으로 규정durchgängig empirisch bestimmt'은 "-gängig empirisch bestimmt"에서 추측됨. 원고에서는 'durch…ist'가 생략되었다는 것이 표시되어 있음.

62) Vgl. W IV, S. 623-626, B 755-760/ A 727-732.

63) 미주 49를 보라.

64) W IV, S. 427, B 473/ A 445.

65) W IV, S. 429, B 473/ A 445.

66) 같은 곳.

67) 같은 곳.

68) 같은 책, B 473-475/ A 445-447.

69) Vgl. Aristoteles, Metaphysica, X II, 8. 1073a; De Anima, III, 10. 433b; Physica, VIII, 5. 256b, 13-25.

70) W IV, S. 429, B 475/ A 447.

71) W IV, S. 429/ 431, B 475/ A 447.

제5강

1963년 5월 28일

여러분 안녕하십니까.

내가 아직 회복기에 있긴 하지만[72] 그래도 오늘과 목요일에 휴강 하고 싶지는 않았습니다. 학기가 너무 짧기도 하거니와 여러 번의 휴강이 껴 있기 때문입니다. 표현의 정확성, 특히 발음의 정확성에 관련해서 양해를 바랍니다. 후두 질환으로 여전히 말하기가 좀 어렵습니다.

세 번째 이율배반을 다시 다뤄 보겠습니다. 일단 지난 시간에 중단한 지점에서부터 다시 이야기를 이어 가겠습니다. 나는 이 장의 주요 사상이 매우 설득력 있고, 심지어 비교적 간단하다고까지 말하고 싶습니다. 그 내용이란, 우리가 만약 절대적인 제1원인을 가정한다면 인과성 개념 자체 안에 놓여 있는 보편성에 대한 요구를 거스르게 된다는 것입니다. 이 말은 곧 우리가 계속 찾아 나가야 하는 원인들의 계열을 자의적으로 중단시킴으로써 인과성 원칙 자체를 거스르게 된다는 뜻입니다. 인과성 원칙이란 주어져 있는 모든 것에는 그것보다 더 이전의 원인이 제시되어야 한다는 것인데, 주어져 있는 것은 오직 인과 관계의 보편성 덕분에 경험의 합법칙적 연관에 속하게 되기 때문입니다. 그렇지 않고 만약 어떤 것이 이 보편적이고 합법칙적인 연관으로부터 떨어져 나오게 된다면, 그것은 칸트에 의해 거의 신적이거나 혹은 오히려 인간적인 세계 질서라고 선언된 합법칙성에 대한 교란이자, 질서 지어진 경험이라는 표상 자체를 근본적으로 와해시키는 것입니다. 보통은 전혀 잘 강조되지 않지만 『순수이성비판』의 동기들 중 하나로 여러분이 고수하고 있어야 할 것이—이것은 칸트 도덕철학 전체를 근거 짓는 데 있어서도 매우 중요한 동기인데—바로 '카오스에 대한 두려움'입니다.[73] 그러니까 어느 것도 저 바깥에 있어서는 안 된다, 어느 것도 합법칙적인 총체적 연관을 방해해서는 안 된다, 이런 말입니다. 그러나 반대로, 우리가 그런 제1원인을 가정하지 않는다면 그 경우에는 완전한 인과성이 아니라 (여러분도 아직 그 구절을 기억하고 있을 텐데 칸트 자신이 표현하듯이) 언제나 다만 '하위의', 이차적인 인과성만이 존재하게 됩니다. 그렇게 되면 우리는 충분한 근거 없이는 아무것도 발생하지 않는다는 생각을 거스르게 되며, 다시 말해 제1원인에 대해 계속해서 묻기를 그만둠으로써 어떤 의미에서는 중단하게 된다는 것입니다. 두 경우 모두 오류는 인과 원칙의 의미가 충족되지 못한다는 데에 있습니다. 첫 번째[제1원인을 가정하는 경우]는 인과 원칙 속에 한편으로는 보편성의 요구가 들어 있는 한 오류입니다. 그 보편성의 요구란 우리는 절대적 제1원인을 발견할 수 없다는 것입니다. 제1원인을 가정하면 보편성은 파괴될 것이기 때문입니다. 다른 한편으로 우리가 그런 원인을 받아들이지 않는다면[두 번째 경우] 현실적으로 충분한 원인 설명이란 없고 언제나 다만 이차적인 설명만이 존재하게 되어, 인과성 개념이 그 자체로 충족되지 않은 채로 남아 있게 됩니다. 그러니까 중요한 것은 (여러분은 이를 형식주의적 고찰로 여겨 대충 흘려들을 수도 있겠지만 내가 이렇게 반복할 만한 합당한 이유를 갖고 있음을 믿어 주기 바랍니다) 여기서 다루어지는 모순은 칸트가 해소라고 표현한 것처럼 단순히 인과성 개념을 불충분하게 사용해서 야기되는 모순이 아니고, 오히려 사태 자체가 자기 고유의 의미에 따라 필연적으로 이 모순에 뒤엉켜 있다는 사실을 여러분이 미리부터 보고 있어야 한다는 것입니다.[74] 그렇기 때문에 나는 양측으로 이루어지는 칸트의 증명 과정을 다시 한 번 요약하여 이율배반적 관계에 있는 정립These과 반정립Antithese 모두에서 인과 원칙의 의미가 위반됨을 보여 주고자 한 것입니다. 내가 이렇게 말한다고 해서 칸트를 잘못 설명하는 것은 아닌데, 왜냐하면 그 자신이 다만 말만 안 했다뿐이지 내가 방금 상술한 것처럼 그렇게 진행했기 때문입니다. 그 방법이란, 두 경우 모두에서 진행 과정을 인과성의 의미 자체 안에 놓여 있는 바와 대면시킨 뒤, 두 경우 모두 이 개념의 의미에 위반됨을 보여 주는 것입니다. 우리가 무한 속으로 들어가게 됨으로써 궁극적이고도 설득력 있는 원인 유발자를 포기하게 되는지, 아니면 우리가 이를 행하지 않음으로써 자의적으로 중단하게 되는지와 상관없이 그렇게 된다는 것입니다. 절대적 원인을 실체화하는 것과 마찬가지로 인과 작용 자체를 절대화하여 실체화하는 일도 모두 그런 모순으로 귀결됩니다.

칸트는 이것이 사실은 [개념의] 잘못된 사용 문제라고 믿었습니다. 인과성을 경험 가능성의 한계 너머까지 적용한 것이 문제이며, 우리가 겸손한 태도를 갖고 과도한 요구를 하지 않을 때에만 이 이율배반에 빨려 들어가지 않는다는 것입니다. 덧붙여 말하자면 칸트가 여기서 보여 주는 이 사고 습관은 그 이후 실증주의에 고유한 것이 되었는데, 실증주의는 이렇게 말합니다. "인식에 대해 그렇게 과도한 요구를 하게 되면 너희들은 도처에서 어려움에 빠지게 될 것이다. 그러니까 처음부터 겸손하게 소위 일상의 양식에 만족하고 있어라. 정신적인 것에는 언제나 자신의 소관에 할당된 일 외에는 하지 않는 직장인 같은 태도를 취해라. 그러면 나쁜 일은 일어나지 않을 것이다." 그러나 방금 보여 준 것이 맞다면, 그리고 내가 믿고 있듯이 이 이율배반이 우리가 인과 범주의 가능한 적용 방식을 그것의 의미에 대면시키는 데에서 유래한다는 게 정말 칸트의 생각이라면, 이는 칸트가 사태에 제시하고 있는 이 다소 안이한 해석, 통용되는 노동 분업의 틀 안에 있으면서 "땅에 머무는 동안 그의 성실로 먹을거리를 삼을지어다!"[구약성경 시편 37: 3절]라고 말하고 있는 이 해석이 그 스스로가 여기서 얻은 깊이 있는 통찰에 모순되고 있음을 보여 줍니다.[75] 칸트 텍스트 자체 안에 들어 있는 이런 해석을 가장 강력히 지지해 주는 것은 그가 소위 진리에 의해서 자신의 체계에 적합한 정도보다 더 멀리 나아간 채, 이성이 필연적으로 이 모순에 빨려 들어간다고 반복적으로 말하고 있다는 사실입니다. 그리고 그보다 뒤에 전체 실천철학, 『실천이성비판』 전체가 의존해 있는 구절이 있는데, 거기서 칸트는 무한한 것, 예지계 안으로 들어가게 하는 이런 강압을 실천적인 것의 영역과 곧바로 등치시키고 있습니다.[76] 칸트는 내가 오늘 여러분에게 말한 이런 문제의식의 한계에 혹독하게 부딪혔습니다. 다만 그는 소위 이론이성과 실천이성의 두 영역을 서로로부터 조심스럽게 분리한 채로 유지하려는 건축술적 필요로 인해, 그로부터 나오는 전체 결론을 도출하지 않은 것일 뿐입니다. 칸트는 이 모순 자체를 반성하면서 계속 전진하는 대신에 서로 원칙적으로 독립되어 있는 두 영역 사이에 존재하는 이 모순에 멈춰 섰습니다. 덧붙여 말하면 이런 차이, 즉 모순들을 상이한 두 영역에 할당하는 방식과 이 모순들을 떠안은 채 사태 속으로 밀고 들어가고자 하는 방식 사이의 차이는 전통적 사유(혹은 헤겔이 빌린 대로 반성적 사유)와 변증법적 사유 사이의 차이입니다. 지금 말한 이 문제를 여러분이 검토해 보면, 여러분도 곧바로 그 차이에 부딪히게 될 것입니다. 그러니까 칸트에게 중요한 것은 개념의 정확한 내용 혹은 인과성 개념 자체 안에 놓여 있는 요구를 그 결과에 대면시키는 일이었습니다. 그러면 양자는 필연적으로 서로 갈등에 빠지게 되는데, 거기에 변증법이 존재하는 것입니다. 칸트는 여기서 "이 변증법은 본질적으로 오류다"[77]라고 말합니다. 이에 반해 헤겔은 이렇게 말할 것입니다. "이 변증법, 이 충돌이 칸트의 증명 과정에서처럼 불가피한 것으로서 생겨난다면, 그것은 오류의 문제가 아니라 필연성을 내포하는 모순에 관한 문제이다."[78] 현실에서의 모순이든 우리 앎의 과정 속의 모순이든, 헤겔은 모순 자체에 칸트와는 전혀 다른 지위를 부여하고 있다는 뜻입니다. 칸트는 전통 논리학의 의미에서 천진난만하고 안일한 태도로 이렇게 말합니다. '모순이 있다면 그것은 분명 잘못된 것이다.'[79] ― 우리는 아주 혼란스럽고 복잡한 이 세계를 학문으로 지배하기 위하여 이 세계에 외연 논리학을 덮어씌우는데 그 외연 논리학의 체계가 전제하는 바와 마찬가지로, 이 세계가 선험적으로 무모순적으로 조직되어 있다는 사실이 문서로 확증되어 있기라도 한 양, 그 사실이 우리 가방 안에 들어 있기라도 한 양, 그렇게 칸트는 말합니다.

여러분, 여기서 잠시 주목해 주기 바랍니다. 칸트는 여기서 또 다른 문제로 넘어가는 문턱에 서게 되는데, 이 문제를 아마 제1철학의 문제 혹은 단적인 제1원인의 문제라고 표현해 볼 수 있을 것입니다. 칸트는 절대적인 제1원인에 대한 가정이 모순으로 이어진다는 것, 또 반대로 그런 가정이 없더라도 문제는 사라지지 않는다는 것도 보여 준 바 있는데, 이미 이 속에는 그런 절대적 제1원인의 개념이 그 자체로 매우 큰 어려움을 낳게 된다는 사실이 놓여 있습니다. 그러나 다른 한편으로 칸트는 그 점에서 완전히 데카르트주의자였습니다. 데카르트와 마찬가지로 칸트는 절대적 양심의 잔재, 즉 제2의 ―자유로운― 양심을 찾았던 것입니다.[80] 그것은 사람들이 확고하게 손에 쥘 수 있는 것이면서 또한 칸트가 이율배반론 자체 안에 본래 숨겨져 있어 이끌어 냈을 법한 결론, 절대적 제1원인에 대한 그런 물음 자체가 기만적일 수 있다는 결론과는 전혀 다른 어떤 것을 낳습니다.[81] 여러분은 여기서 다시금 칸트 철학, 더 정확히는 그의 실천철학의 기원에 놓여 있는 야누스적 성격을 보고 있습니다. 한편으로 칸트는 자신이 수행한 분석을 통해서 제1원인의 절대화가 (그것이 인과성 범주의 절대화든지 아니면 인과성에 선행한다는 자유의 절대화든지 간에) 필연적으로 모순으로 이어지고 이 모순은 해소될 수 없다는 사실을 보게 됩니다. 그런데도 그는 [다른 한편] 절대적인 것, 일차적인 것의 이념을 고수하고 있습니다.[82] 이 사실이 칸트로 하여금 억지로 자유를 독특한 종류의 법칙으로, 곧 실천이성의 우위라는 의미에서 단적으로 시작점에 서 있다고 말해지는 그런 법칙으로 확립하게 했으며, 이 때문에 저 야누스적 성격이 실천철학에서 그토록 중요하다는 것입니다. 여러분도 곧 알게 되겠지만, 피히테에 가면 이론 인식에 비해 실천이성, 활동Tat에 매우 현저하게 절대적 우위가 부여되는데, 이 사실은 칸트 체계 안에서 이미 지배적입니다. 말하자면 칸트는 (헤겔과 완전히 비슷하게) 어려운 상황에 처해 있습니다. 한편으로 그가 엄청난 일관성을 갖고 기원철학을 계속 밀고 나가다 자신의 한계에 부딪힌다는 점, 다시 말해 단적인 제1원인이라는 개념이 이율배반적이라는 사실에 부딪힌다는 점, 그러나 다른 한편으로는 그 개념을 고수하느라 이율배반을 정말로 감당하기를 거부한다는 점에서 그렇습니다. 여러분 중 헤겔을 공부할 학생들은 헤겔에게서 이 모순이 극복되지 않은 채로, 있는 그대로 취해진 모순으로 멈춰 있음을 발견하게 될 것입니다. 모든 변증법에도 불구하고 결국에는 (칸트와 아주 유사하게) 절대적 제1원인처럼 무한한 주체, 바로 절대 정신이 지배한다고 말하는 헤겔에게서 말입니다.[83] 이를 더 일반적으로 표현하여, 직접적인 것의 계기로서 제1원인이 존재하긴 하지만 이는 사실 단지 하나의 계기일 뿐이라고 말할 수도 있을 것입니다. 왜냐하면 어떤 원인으로부터 초래된 것, 생성된 것은 그것이 생성되었다는 사실을 통해 언제나 이미 매개되어 있으며, 마찬가지로 원인도 또한 매개되어 있는데, 그것은 단적으로 어떤 것의 원인이 아니라 항상 자신이 초래한 결과의 원인이기 때문입니다. 그러나 이러한 직접성의 계기, 혹은 주어진 것의 제1원인은 절대적이고 긍정적인 직접성으로 정립될 수는 없습니다. 여러분은 이런 변증법적 귀결도 칸트의 이율배반론으로부터 끄집어낼 수 있을 것입니다.

그러나 내가 이율배반론에서 추출해 낸 이런 이론들을 일단 도외시하면, 크나큰 어려움이 남아 있습니다. 우선 이 어려움은 칸트의 논의 속에서 짜임 관계를 형성하게 된 개념들인 인과성, 법칙 그리고 자유의 관계와 관련됩니다. 내가 여기서 생각하고 있는 어려움을 여러분은 벌써 특수한 인과성, 자유로부터의 인과성에 관해 말하는 칸트의 독특한 언어 사용에서 간단히나마 제대로 파악했을 것입니다. [독특한 이유는] 우리가 보통 이 개념들과 관련해서 떠올리는 표상에 따르면 인과성이란 원인을 통해 엄격하게 합법칙적으로 결정된 상태를 의미하고, 이는 바로 일반적으로 자유가 뜻하는 바와 대립되기 때문입니다. 사실 핵심은 (칸트 철학만이 아니라 모든 도덕철학의 개념에서 핵심은) 법칙과 자유라는 개념들이 어떻게 서로 관련 맺는가 하는 것입니다. 우선 — 자유, 법칙, 인과성이라는 개념들이 매우 특이하게 연결되고 있는 이 칸트 이론 안에서 순전한 자의가 판을 친다고 오해하지 않도록 — 상기되어야 할 사실은 칸트에게서는 인과성 개념이 이례적으로 넓게 파악되고 있다는 것입니다. 이를 현대 자연과학에서의 결정론 문제와 관련해서 한번 생각해 보는 것도 중요합니다. 칸트와 연결되는 자연과학적 논의들, 예를 들면 아인슈타인의 상대성이론이라든가 양자역학과 관련된 논의에서 사람들은 칸트적 인과성 개념을 항상 너무 좁게 파악했습니다. 칸트에게 인과성 개념은 매우 넓고도 형식적이어서, 이런 형식적 성격에 근거하여 카시러Cassirer는 상대성이론에 대한 자신의 유명한 고찰에서 칸트 철학이 상대성이론을 위한 여지를 만들어 주고 있다고 말합니다. 그것이 아주 틀린 말은 아닐 것입니다.[84] 여러분은 내가 읽어 준 문장을 아마 기억하고 있을 것입니다. "발생하는 모든 일은 이전 상태를 전제하며, 이 상태로부터 불가피하게 규칙대로 잇따른다."[85] 이 "불가피하게 규칙대로 잇따른다"는 말은 일반적 법칙이 우리에게 제시하는 바, 곧 A라는 형식을 가진 한 상태나 사건이 존재할 때면 언제나 거기에 B라는 형식의 사건이 잇따라야 한다는 것을 의미합니다.

그리고 칸트는 (우리가 완전히 엄밀하게 칸트적 토대에 서 있기 위해 보태자면) 거기에 다음의 말을 추가한 최초의 사람일 것입니다. '그렇게 되지 않는다면, 즉 어떤 다른 일이 일어난다면, 우리는 왜 그런지를 설명해 주는 또 다른, 더 상위의 규칙을 찾아야 한다.'

이 인과성 개념에서는 우선 (여기서 나는 여러분의 순수한, 철학으로 오염되지 않은 의식에 호소합니다) 특정 종류의 외면성이 눈에 띕니다. 내가 칸트를 비판하거나 논박하려는 뜻에서 외면성의 계기를 말하는 것은 아닙니다. 오히려 이 외면성은 『순수이성비판』에 들어 있는 매우 강한 의도이자, 칸트 철학 일반을 이해하고자 한다면 우리가 이해해야만 하는 의도입니다. 칸트는 내적 인과 작용의 원칙das Prinzip der inneren Verursachung(즉 물자체Ding an sich나 대상 자체에 의한 인과 작용이자, 그것들에 비로소 인과성이라는 합법칙성을 부여하는 주체로부터 독립적으로 일어나는 인과 작용)에 특히 비판적이었다는 점에서 라이프니츠 및 볼프적 강박을 띤 합리주의에 비판적이었습니다. 칸트는 특히 「반성 개념의 모호성」 장의 아주 중요한 주해에서 우리가 대상의 내부와 그 내적인 결정 상태를 인식할 수 있다고 보는 반성 개념을 통렬하게 논박합니다.[86] 물자체는 우리에게 인식 가능하지 않고 어둠 속에 머물러 있다는 것, 그 대신 우리는 오직 우리의 범주적 수단과 감각 자료 덕분에 대상 인식을 형성할 수 있고 이는 다시 말해 우리가 대상을 외부로부터 그리고 우리 자신의 의식의 도움으로 구성하는 것이지 그 대상 안으로 침투해 들어가는 것은 아니라는 사실은 역학적 범주들을 생각하지 않아도 여러분 모두에게 떠오르는 칸트 철학의 일반 테제임을 상기해 보기 바랍니다. 그러면 사물의 인과 작용이나 그 역학을 물자체 안에서 지각할 수 있으리라는 생각도 칸트가 마찬가지로 비판했음이 금방 명백해질 것입니다. 이전의 합리주의 철학에서 그런 것처럼 우리 자신의 산물이지만 그 내면에 대해서 우리가 전혀 알지 못하는 대상에 그런 내면을 귀속시키는 일을 막으려면, 대상이 비로소 우리에 의해 구성되었다는 이 칸트적 규정에 대한 반성만으로 이미 충분할 것입니다. 그러나 이런 외면성은 불만족스러운 요소를 갖고 있습니다. 규칙성의 아주 형식적인 연관하에서는, 사람들이 인과성이란 말로 일단 생각하게 되는 것과 완전히 모순되는 모든 것이 포섭될 수 있기 때문입니다. 또한 사람들이 사용하는 개념에, 한 언어 속에서 그 개념이 가지고 있는 의미이자 사람들이 그에 기대하는 의미와는 완전히 다른 의미를, 즉 어떤 고유한 체계로부터 정의된 의미를 함부로 부여해서는 안 된다는 것은 철학적 사유가 따를 만한 규칙입니다. 그러므로 규칙에 따른 연관이란 의미에서 볼 때 (규칙에 따른 시간적 연속 대신에) 오늘날 양자역학에서 주장되는 통계적 합법칙성은 모든 것과 마찬가지로 칸트의 인과성에도 잘 맞아떨어집니다.[87] 그러나 이를 통해서는 물론 우리가 인과성이란 말로 떠올리는 바가 사라지게 될 것입니다. 이에 대해 진보한 학문이 주는 대답은 바로 우리 의식이 이 지점에서 신화적이라는 것입니다. 우리가 일상적 의식 속에서 학문적 비판의 발전을 쫓아가지 못한 채 사물의 내면에 영혼이 깃들어 있고 사물이 내적으로 결정되어 있다고 하는, 근본적으로 애니미즘적인 표상에 따라 사고한다는 것입니다. 그리고 이 표상은 인식비판에서 이루어진 대로 인식 개념들을 한번 걸러 내고 난 뒤에는 더 이상 고수될 수 없다는 것입니다. 인과성이 갖는 이러한 외면성을 이후 실증적 학문 전체, 특히 실증주의가 칸트와 공유하며, 칸트와는 비교할 수도 없을 정도로 훨씬 멀리 밀고 나아간 바 있습니다. 이 외면성은 인과성이 물자체를 지배하는 것이 아니라 주체가 서로 잇따르는 상태들을 상호간에 연결하게 해 주는 질서 원칙이라는 데에서 유래합니다.[88] 그러므로 인과성은 서로 잇따르는 상태들을 내면에서, 우리 내감에 근거하여 밝혀내는 임무를 떠맡고 있는 동기화Motivation에 대한 설명과는 거의 무관합니다. [이 설명에 따르면] 내감 속에서는 주체와 객체, 우리의 자기 경험과 우리가 경험하는 것으로서의 우리 자신이 서로 일치하기 때문에 내부와 외부의 대립 문제가 존재하지 않습니다. 그래서 사람들은 (이것은 특히 쇼펜하우어가 칸트에 반대하면서 유효하게 만든 동기인데[89]) 칸트가 전혀 염두에 두지 않았던 특별한 종류의 인과성, 즉 내부로부터 가능하다고 말해지는 인과성을 동기화라고 표현했던 것입니다.[90] 그러나 단순히 규칙에 따른 두 상태의 잇따름을 의미하는 칸트적인 인과성의 구상 안에는 (바로 이 때문에 나는 인과성 개념이 갖는 기이한 광의성에 큰 의미를 부여했는데) 비록 자연과학적 합법칙성이란 의미에서 내부와 외부 사이의 일치는 생각되지 않았지만 사람들이 동기화라고 부를 수 있는 것, 다시 말해 어째서 두 상태가 서로 잇따라야 하는지에 대한 확실성이나 직접적인 명백성을 위한 여지도 존재합니다. 이런 사실이 칸트 자신에 의해 반성되는 것은 아니지만, 그래도 그가 다음과 같이 말함으로써 일정 정도까지는 그런 결과가 도출됩니다. 인과성의 특정한 가능성들, (혹은 자연과학의 언어로 말하면) 인과성의 특수한 경우가 존재하는데, 이는 내가 여러분에게 말했던 그런 종류의 외면성이 아니라 우리 스스로가 우리 의식 내부에서 인과 계열을 절대적으로 시작하는 그런 유의 인과성이라고 칸트는 말한 것입니다. 이때 그는 (그가 상술하지는 않지만 이는 의문의 여지없이 확실합니다) 단순히 어떤 결의라는 기초적 사태를 생각하고 있습니다.[91] 내가 종종 이 교탁 위로 떨어뜨리는 이 불쌍한 책을 떠올려 보십시오. 책을 떨어뜨릴 때 나는 무언가를 중간에 행함으로써 새로운 인과 계열을 나 자신으로부터 시작합니다. 이때 이 인과 계열에는 일종의 중간 휴지가 삽입됩니다. ―여기서 나는 아주 조심스러워지는데[92] 이 아주 어렵고도 어두운 영역에서 칸트 자신이 합당한 이유를 갖고서 아주 불분명하게만 표현했기 때문입니다. 분명하고 명확하게 표현하는 것이 사실상 거의 가능하지 않기 때문입니다. 확실히 칸트는 주체가 개입해서 새로운 인과 계열이 시작되게 만드는 일차적 조건들을 정립하는 지점이 이 일반적인 인과성의 틀 안에 존재한다고 가정했습니다. 그리고 그는 이 실천적 행위 영역 안에서 그런 새로운 인과 계열이 시작되는 지점을 제시할 수 있다고 믿었으며, 따라서 실천, 곧 인간의 동기 지어진 행위 속에는 예외 상황 같은 것이 존재한다고 믿었습니다. 엄청나게 성실하고도 날카로웠던 칸트는 지금 여러분의 입에 맴돌고 있는 그 문제를 결코 간과하지 않았습니다. 내가 특정한 지점에서 자립적으로 개입하는 것과 같은 자유로부터 나오는 행위 양식은 그 자신의 편에서 보자면 또 다른 인과연관에 속한다는 문제가 그것입니다. 다시 한 번 책을 떨어뜨리는 예로 돌아가서 봅시다. 그것은 일단 나에게는 내 자유로운 결단으로 규정되지만, 거기에는 또한 내가 그런 결단에 이르도록 만든 일련의 조건들이 놓여 있습니다. 나는 소위 자유로부터 나온 행위라는 이런 현상을 여러분에게 설명해 줄 필요를 느끼지만 이 못마땅한 책 말고는 다른 것을 손에 가지고 있지 않으므로 또 떨어뜨려 보겠습니다. 그러면 우리는 이[행위의 원인]를 의무 개념의 내면화라든가 또 다른 것까지 연결되는 모든 것들로 계속 소급시킬 수 있습니다. ―내 말은, 크고 작은 것들이 그렇게 어떤 특별한 방식으로 서로 연관되어 있다는 것입니다.

이 모든 것을 칸트는 부정하지 않을 것이며, 소위 자유로운 행위들에도 그런 일반적인 결정Determination이 주어져 있으리라고 칸트가 전적으로 인정하고 있는 구절(우리는 이 구절을 다루게 될 것입니다)이 있습니다.[93] 그러나 칸트는 이 문제라든가 그의 철학의 다른 곳에서 비슷한 일련의 다른 문제들에 대해, 훨씬 이후의 용어로 말하자면 현상학적으로 진행합니다. 다시 말해 칸트에게 중요한 것은 그런 행위의 궁극적이고 절대적인 본질을 말하는 것이 아니라 (그렇게 할 때조차도 그는 특정한 외면성을 추구할 것입니다) 오직 이 순간 내가 그것을 이렇게 경험한다는 것, 지금 내가 그것을 떨어뜨릴 수 있다는 것(그리고 이것은 내가 수도꼭지를 돌려서, 수도꼭지가 열린 한에서만 물이 쏟아져 나오는 것과는 완전히 다른 것입니다)만이 그에게 중요한 것입니다. 그것은 직접적으로 주어진 사태입니다. 총체적 혹은 보편적 인과성 내부에서 이 두 사건이 갖는 절대적 위치가 어떤 것인지와는 무관하게, 직접적 경험이라는 의미에서는 차이가 있다는 것입니다. 칸트에게는 (이것이 칸트 철학의 이해를 위해 어째서 그토록 중요한지를 아마 여기서 볼 수 있을 것이라고 이미 말한 적 있습니다) 결국 특정 단위 계기들로부터 가능한 한 빈틈없는 연관을 구성하려는 체계적 동기만이 있는 것이 아니라, 모든 가능한 행간에는 또한 주어져 있는 것, 그 자체 더 이상 [더 이전의 것으로부터] 도출될 수 없는 것에 대한 존중이 있습니다. 실천철학 안에서 칸트는 자유 혹은 그보다 더 상위 원칙인—내가 순수하게 이성에 맞게 행위하기를 요구할 뿐인—도덕법칙을 그 자체 소여로 다루었으며 어떤 의미에서는 전혀 더 이상 도출될 수 없는 것으로 다루었습니다. 그 이유는 바로, 도덕법칙은 그러한 도출 일반을 비로소 수행할 수 있었던 유일한 것인 이성 원칙 자체와 동일하기 때문입니다. —여러분, 이 복잡한 것들은 도덕철학의 근거 짓기에서 정말로 중요하기 때문에 나는 여기서 이것들을 설명하는 데에 매우 큰 의미를 두고 있습니다. 만약 누군가가 '절대적인 것 안에 설령 어떻게든 자유와 같은 것이 있다고 치자. 그러나 내 경험의 제약된 영역, 유한한 경험 속으로 들어가 보면, 거기에는 다만 인과성만이 지배하고 있을 뿐이고 자유는 전혀 발견할 수 없다'라고 고집스럽게 말한다면, 거기서 자유 원칙은 언급되었지만 실천을 위해서는 아무것도 말해지지 않은 것입니다. 왜냐하면 실천은 언제나 경험적 인간의 실천이자, 경험적 소여들에 관계하는 실천이기 때문입니다. 칸트도 여기서 어떤 모순에 봉착해 있습니다. 그는 한편으로는 예지적인 것과 경험적인 것의 분리를 매우 엄격하게 유지해야 합니다. 당연히 그 이유는, 칸트가 예지적인 것 혹은 절대적인 것 자체를 경험적 조건들에 계류시키게 될 경우 그것은 절대성과 절대적 구속력을 상실하게 될 것이기 때문입니다. 그러나 다른 한편으로 (칸트의 많은 표현들이 그런 인상을 주듯이) 이 두 영역이 완전히 분리되어서 서로 전혀 아무 관련이 없다고 한다면 도덕성이라든가 옳고 그른 행위의 구별 같은 것에 대해 말하는 것은 불가능해질 것입니다. 왜냐하면 실제의 행위에 관련되는 모든 것은 경험적 조건에 둘러싸여 있기 때문입니다. 그래서 칸트는 다음과 같은 하나의 영역을 필사적으로 찾아내야만 합니다. 나는 그 영역이 동시에 저 두 가지[예지적인 것과 경험적인 것]라고 말하진 않겠습니다만, 그것은 적어도 내가 어떤 정당성을 갖고서 그 자체 무한한 것이자 경험 가능성의 한계를 넘어서는 것, 경험 내부에서는 전혀 생각될 수 없는 어떤 소여에 관해 이야기할 수 있을 영역입니다. 그리고 바로 이것이 어떤 의미에서든 하여간 하나의 인과 계열을 긍정적으로 시작할 수 있는 저 가능성입니다. 내가 이것을 여러분에게 말하는 이유, 『순수이성비판』의 해당 장의 맥락에서 이 문제로 들어서는 이유는, 그것이 칸트의 실천철학이 전개되는 과정 속에서 아주 중대한 결과를 낳기 때문입니다. 칸트에게서 아주 특이한 이론(이에 대해 우리는 더 이야기해야 할 것입니다)이 나타나게 하는 이 결과란, 나의 모든 행위들은 내 성격 속에서 조건 지어져 있고 내 성격이 이 행위들을 필연적으로 낳지만, 나는 나에게 이 성격 자체를 자유의 활동을 통해 부여해야 한다는 것입니다.[94] 이런 자유의 활동이 의미하는 바는 다름 아니라 다음과 같은 순수 인식론적 관계입니다. 인간으로서 우리는 어쨌든 인과 계열을 시작할 능력을 갖는데, 이 인과 계열은 보편적 인과성에 곧장 속해 있지 않습니다. 내가 스스로에게 성격을 부여했다고 하는 이론은 우리가 오늘날 경험적으로 성격에 관해 아는 바, 곧 성격은 우리의 유년기적 경험들을 통해 상당한 정도로 규정되고 형성된다고 하는 사실에 비추어 보면 큰 어려움에 봉착하지만, 이는 별개의 문제입니다. 내가 여기서 보여 주고 싶은 것은 첫째, 도대체 왜 칸트가 자유로부터의 인과성이라는 것을 구성하게 되었는지, 그리고 둘째, 그가 어떤 방식으로 곤경에 몰렸으며 어디에 의존하며 해결책을 제시하고 있는지 등입니다.

이제 나는 칸트가 자유로부터의 인과성이라는 것을 어째서 확신했는지를 다시 상기시키면서 마치겠습니다. 사람들은 이렇게 말할 수도 있을 것입니다. '인과성이 말해진 이유는, 범주론에 근거해서 보면 인과성은 모든 것이 그에 종속될 수 있고 어떤 예외도 허용하지 않는 보편법칙이기 때문이고, 자유가 말해지는 이유는 본래 이성이니 인간성이니 하는 것이 자유 없이는 존재할 수 없을 것이기 때문이지.' 그러나 이런 설명은 아직 너무 표면적입니다. 그 배후에 서 있다고 생각되는 진짜 이유는(이는 이율배반론의 한 구절에서 암시되고 있는데, 그 구절에 관해 아마 다음 시간에 좀더 이야기하게 될 것입니다), 어떤 행위가 만약 전혀 어떤 인과성도 갖지 않고, 다시 말해 절대적으로 자유로워서 어떤 규칙도 갖지 않은 행위라면 그것은 단적으로 카오스적인 것이며, 그렇다면 무정형의amorph 자연이 이성 원칙에 대해 승리하게 되리라는 것입니다. 『판단력 비판』의 몇 구절들에서 완전히 분명하게 자연의 카오스적 성격에 저항하는 힘으로 규정된 그 이성 원칙에 대해서 말입니다. 그러나 다른 한편으로 법칙이 보편적이라면, 이를 통해서 자연을 넘어설 가능성도 사라지게 됩니다. 인간은 다시 이 맹목적 자연의 일부에 지나지 않고, 그로부터 빠져나올 수 없다는 것입니다. 그러므로 이성은 그 자체로 보편적 합법칙성을 요구하기도 하고 자유를 요구하기도 합니다. 보편적 합법칙성으로서만 이성은 이 맹목적이고 무정형적인 것에 저항할 수 있고, 오직 자유만이 이 무정형적인 것에 대립할 수 있기 때문입니다. 인간적인 것의 영역은 절대적 법칙성 안에도 존재할 수 없고 절대적 자유 안에도 존재할 수 없다는 이 이중의 어려움이야말로 칸트를 자유로부터의 인과성이라는 이 역설적 구성으로 내몰리게 만든 가장 깊은 근거입니다.[95] 감사합니다.

72) 아도르노가 아팠기 때문에 1963년 5월 21일과 23일에 이 강의는 휴강되었음.

73) 아도르노가 암시하는 것은 다음의 저작임: Joachim Schumacher, Die Ansgt vor dem Chaos. Über die falsche Apokalypse des Bürgertums, Paris 1937, 2. Aufl., Frankfurt a. M. 1978.

74) 칸트의 "우주론적 이념들의 해소"는 이율배반의 필연성을 가상의 필연성으로 보지, 사태 자체의 필연성으로 보지 않는다(vgl. W IV, S. 488-506, B 560-586/A 532-558). 이런 관점에서 아도르노는 『부정 변증법』에서 이렇게 말한다. "칸트는 초월론적 변증법transzendentale Dialektik을 가상의 논리라고 불렀다. 즉 초월적인 것을 긍정적으로 인식 가능한 것으로 다룰 때면 언제나 불가피하게 연루되는 모순들에 관한 이론이라는 것이다. 그의 판결은 가상의 논리를 진리의 논리로 돌려 놓으려는 헤겔의 노력에 의해서도 낡지 않았다. 그러나 가상에 대한 판결과 더불어서 반성이 중단되지는 않는다. 자기 자신에 대해 의식하는 한 가상은 더 이상 낡은 것이 아니다. 유한한 존재에 의해 초월Transzendenz에 대해 말해지는 바는 초월의 가상이지만, 칸트가 잘 알아채고 있듯이 하나의 필연적 가상이다. 그래서 미학의 대상인 가상의 구제는 비할 수 없이 형이상학적으로 중요성을 갖는 것이다"(GS 6, S. 385 f.).

75) 칸트와 실증주의의 구별에 관해서는 아도르노의 『사회과학의 논리Zur Logik der Sozialwissenschaften』를 참고. "그[칸트]가 신, 자유, 불멸성에 관한 학문적 판단에 반대하며 주장한 바는, 이런 이념들의 신학적 구속력이 사라진 뒤 사람들이 합리성을 위해 그것들을 절취Subreption함으로써 구제하려 했던 상태에 대립된다. 저 칸트적 용어, 즉 절취는 사고 오류에서는 변론적 거짓말과 관계된다. 비판주의는 전투적인 계몽이었다. 그러나 현실 앞에서 멈추면서 노동 그 자체에 만족하는 비판적 심성은 계몽의 진보된 형식이기는 어려울 것이다"(GS 8, S. 557). 이에 관해 『부정 변증법』에서는 이렇게 쓰여 있다. "칸트는 이율배반을 이성으로써 해소하긴 하지만, 이성이 필연적으로 저 이율배반에 연루된다는 그의 고백은 반실증주의적이었다. 그러나 그는, 이성 능력의 비판이 이성에 남겨 준 좁은 영역 속에서 우리가 발 아래 확고한 바닥에 만족하면서 바로 설 수 있다는 실증주의적 위로를 거부하지 않는다. 협소함에 대한 극히 부르주아적인 긍정에 동의하는 것이다"(GS 6, S. 375).

76) 아도르노는 자신이 1963년 5월 30일에 상세히 다루었던 「방법론」(W IV, S. 671-

676, B 825-832/ A 797-804) 중에서 「우리 이성의 순수한 사용의 최종 목적에 관하여」 장을 염두에 두고 있다.

77) 칸트는 말 그대로 이렇게 쓰고 있다. "이성 형식에 대한 한갓 모방 속에 있는 논리적 가상(기만적 결론의 가상)은 단지 논리적 규칙에 대한 주의 깊음이 부재한 데에서 나온다"(W III, S. 310, B 353/ A 296).

78) 칸트의 이율배반론에 대한 헤겔의 해석은 『논리학Wissenschaft der Logik』(Werke Bd. 5, a.a.O., S. 217 및 275 f.)을 참고할 것.

79) 모순 명제에 대한 칸트의 평가는 W III, S. 196, B 190/ A 151을 참고하고 칸트와 헤겔의 대립적 입장에 대해서는 아도르노의 『헤겔에 대한 세 연구Drei Studien zu Hegel』를 참고할 것. "이 사람[칸트]에게서 철학은 이성 비판을 전개한다. 상당히 소박한 학문적 의식, 논리 규칙에 따른 진술 등 오늘날의 언어로 "현상학"은 인식 조건으로서의 의식에 적용되었다. 철학적이고 비판적인 의식과 비판되는 의식, 곧 직접적 대상들을 인식하는 의식 사이의 관계가 칸트에게서는 생각되지 않았는데, 이 관계는 이제 헤겔에게서 주제화되면서 반성된다. 그때 객체로서의 의식, 즉 철학적으로 파악해야 할 객체로서의 의식은 유한하고 제한된 것, 불충분한 것이 된다. 이는 경향적으로 칸트에게서 이미 생각되었는데, 그는 그런 유한성을 위해서 의식이 예지계 안으로 이탈해 들어가지 못하게 했다"(GS 5, S. 310).

80) 원고에는 "두 번째로 자유로운 것을 찾았다"고 쓰여 있다.

81) 『부정 변증법』에서 아도르노는 이렇게 쓰고 있다. "세 번째 이율배반의 주장은 원인의 절대적 자발성, 자유로운 신적 창조 활동의 세속화에 관한 것인데, 이 주장은 데카르트적 방식으로 근거 지어진다. 방법이 충족되려면 이 주장이 타당해야 한다는 것이다. 인식의 완전성은 인식론의 기준으로 확립된다. 자유 없이는 "자연의 전개 자체 안에서 현상들이 연속하는 순서가 원인의 편에서 볼 때 결코 완전하지 못하다"는 것이다"(GS 6, S. 247; 칸트 인용은 W IV, S. 428, B 474/ A 446).

82) 칸트를 참고할 것. "자연 원인들의 계열 안에서 자유에 의해 이루어지는 최초의 시작에 근거하고자 하는 이성의 필요는 다음의 사실에서 아주 분명하게 확인된다. (에피쿠로스학파를 제외하고) 고대의 모든 철학자들은 세계의 운동을 설명하기 위해 최초의 운동자를 가정하지 않을 수 없다고 본 것이다 …"(W IV, S. 432, B 478/ A 450).

83) 『헤겔에 대한 세 연구Drei Studien zu Hegel』에서 아도르노는 이 동기에 관련하여 헤겔 변증법 안에서 모순의 해소되지 않은 상태를 강조한다. "올바르게 이해할

경우 출발점의 선택은 헤겔 철학에서 중요치 않다. 헤겔 철학은 그런 최초의 것이 확고한 원칙, 사유 진행 과정 중에 변화 없이 자기 동일적으로 머무르는 원칙이라고 인정하지 않기 때문이다. … 그러나 관념론을 떠나지는 않는다. 그[헤겔]가 피히테와 더불어 칸트에 반대하여 얻고자 힘썼던 바, 즉 사유 진행의 절대적 일관성 및 폐쇄성이 이미 정신의 우위를 확립한다. 비록 각 단계에서 주체는 스스로를 객체로, 반대로 객체도 스스로를 주체로 규정할지라도 그렇다"(GS 5, S. 261).

84) 에른스트 카시러Ernst Cassirer(Zur Einstein'schen Relativitätstheorie. Erkenntnistheoretische Betrachtungen, Berlin 1920)는 헤르만 코엔Hermann Cohen과 달리 칸트의 철학을 "뉴턴 자연과학의 철학적 체계학"(S. 12)으로 보지 않고, 그 철학의 방법적 성격, 그 철학이 사물에 대해 갖는 비판적인 '기준개념Maßbegriff'을 강조하는데, 이는 상대성이론의 근저에 놓여 있다는 것이다(S. 7-25 참고). 카시러의 『현대 물리학에서 결정론과 비결정론. 인과 문제에 대한 역사적이고 체계적인 연구Determinismus und Indeterminismus in der modernen Physik. Historische und systematische Studien zum Kausalproblem』(Göteborg 1937)는 칸트 이율배반론의 관점에서 볼 때 인과성 개념이 도덕철학적 문제 제기에 대해서 갖는 비판적 의미를 명백히 제시한다. "우리가 '결정론'을 비판적 의미로가 아니라 형이상학적 의미로 이해한다면, … 인과성은 물리적 인식의 원칙이기를 그친다. … 인과성은 하나의 형이상학적 운명이 되는 것이다"(S. 260). 이 두 저작은 모두 카시러의 『현대 물리학Zur modernen Physik』(Darmstadt 1957)에 있음.

85) 1963년 5월 16일의 제4강 및 미주 50을 참고할 것.

86) Vgl. W III, S. 291-299, B 324-336/ A 268-280.

87) Vgl. GS 6, S. 262 f.

88) 흄에게 인식 주체는 "그렇게 [인과적으로] 연결된 것으로밖에는 생각할 수 없으며" 또한 "우리의 모든 통찰은, 우리 판단이 객관 타당성을 갖는다는 잘못된 생각으로 인해 발생한 순전한 가상에 불과할 뿐"이다. 그런 흄과 달리 칸트는 인과적 연결의 필연성을 고수한다(vgl. W III, S. 159, B 168). 이런 의미에서 아도르노는 나중에 칸트를 흄의 경험주의 및 실증주의로부터 분명하게 구별한다. 1963년 7월 2일의 제10강을 보라.

89) Vgl. Arthur Schopenhauer, Preisschrift über die Grundlage der Moral, in: Zürcher Ausgabe. Werke in zehn Bänden, Text nach der historisch-kritischen Ausgabe von Arthur Hübscher. Editorische Materialien von Angelika Hübscher, Redaktion: Claudia

Schmölders, Fritz Seen und Gerd Haffmans, Zürich 1977, Bd. 6: Kleinere Schriften II, §16 (S. 244-251).

90) "인과성을 동기화Motivation에 대한 직접적 자기 경험을 통해 근거 짓는 것"에 대한 아도르노의 비판은 GS 6, S. 266을 참고할 것.

91) 세 번째 이율배반의 주장에 대한 주해를 참고. "우리는 지금 여기서 시간이 아니라 인과성에 따른 절대적 최초의 시작에 관해서 말하는 것이다. 내가 지금 (예를 들어) 완전히 자유롭게 그리고 자연 인과의 필연적인 규정적 영향력 없이 내 의자로부터 일어선다면, 그렇게 해서 이 사건 속에서 … 새로운 계열이 단적으로 생겨나는 것이다"(W IV, S. 432, B 478/ A 450).

92) 아도르노는 이 문장을 "그리고 칸트에게서 자유의 문제 전체는 이제"라고 시작해 놓고 문법적으로 여기 연결하지 않은 채로 말하고 있다.

93) 칸트를 참고할 것. "그래서 현상 속에서 인간의 모든 행위는 경험적 성격과 자연 질서에 따라 그에 함께 작용하는 다른 원인으로부터 규정되며, 우리가 인간의 자의의 모든 현상을 근거에 이르기까지 탐구해 나아갈 수 있다면, 우리가 확신을 갖고 예견할 수 없을 인간 행위, 그 선행하는 조건들로부터 필연적으로 인식될 수 없을 인간 행위란 하나도 없을 것이다"(W IV, S. 500, B 577 f./ A 549 f.).

94) "경험적 성격"과 "예지적 성격"에 관한 칸트의 구별을 참고할 것(W IV, S. 493, B 567/ A 539).

95) 이런 의미에서 『부정 변증법』의 「자유」 장의 원래 제목은 결정론이었다(Ts 15136). "인과성을—비록 주관적으로 매개되기는 했을지라도—사태 자체의 규정으로서 찾는다면, 그런 특수화 과정에서는 순수 주관성의 구별 없는 일자에 맞서 자유의 전망이 열릴 것이다. 인과성은 강압으로부터 구별되는 것과 관계할 것이다. 그리고 그렇게 되면 강압은 더 이상 주체의 활동 행위로 찬양되지 않을 것이며 주체의 총체성으로 긍정되지 않을 것이다. 강압은 실제 강압으로부터 추출된 선험적 힘을 상실할 것이다. 인과성이 객관화 될수록 자유의 가능성도 더 커진다. 자유를 원하는 자는 그래서 결국 필연성을 고수해야만 한다"(GS 6, S. 247).

제6강

1963년 5월 30일

여러분 안녕하십니까.

먼저 공지할 것이 있습니다. 빈에서 열리는 유럽 대담Europa-Gespräch에 참석해야 하는 관계로 이 강의는 앞으로 2주 동안 휴강합니다.[96] 그 뒤에 오는 목요일은 성체 축일이기에 휴강합니다. 그러니까 우리는 3주가 지난 뒤 목요일에야 다시 보는 것입니다.[97]

일단 지난 시간 마지막에 좀 서둘러 설명했던 것들을 다시 한 번 정리하겠습니다. 그러고 나서 오늘 수업은 칸트 텍스트에 비교적 밀착된 해석들에 의거하여 그의 이론철학과 실천철학이 갖는 관계를 설명하는 데 할애하도록 하겠습니다. 먼저, 우리가 칸트의 이율배반론에서 마주하게 되는 어려움은 칸트 철학 자체가 이중성을 갖는다는 사실로 소급된다는 것을 떠올려 보기 바랍니다. [칸트 철학에는 한편으로는] 비판적 계기, 즉 칸트가 단순히 넘겨받은 뒤 구성적 주관성에 대한 언급을 통해 극복하고자 했던 독단적 표상들의 해소라는 측면이 있습니다. —그러나 그는 여기에 한계를 규정하는데, 이 한계는 소박한 의식이 경향적으로 물자체에 대한 것으로 오인하는 그 인식이 사실은 한갓 주관성 자체 안에서 발생한 것이라서 존재에 직접 귀속될 수 없다는 사실을 통해 정립됩니다.—이런 하나의 의도에, 최소한 같은 정도로 강한 또 다른 의도가 마주 세워져 있습니다. 그 의도란, 칸트는 단순히 주체에 대한 분석을 통해 인식의 객관적 성격을 구제하려는 것만이 아니라, 사람들이 칸트 이전에 존재론이라고 불렀던 것이자 오늘날 다시 또 그렇게 불리는 경향이 있는 그것을 예지계의 영역(칸트에게서 이는 도덕적인 것 혹은 자유의 영역이라 칭해지는데) 안에서 구제하고자 했다는 것입니다. 이러한 이중성이 칸트로 하여금 자유 문제에 대해서 독특한 입장을 갖게 만듭니다. 만약 사람들이 『순수이성비판』에서 인과성과 자유의 이론이 이율배반적인 것으로 서술되고 있다고 말한다면 그것은 전체 사태를 제대로 표현하는 말이 아닙니다. 세 번째 이율배반 분석의 결과로 남게 되는 것은 단순히 '그것은 이럴 수도 있고 또 저럴 수도 있다'는 것이 아니기 때문입니다. 『순수이성비판』 분석의 의미를 고려할 때 그 분석의 결과는 오히려, 자유와 조건성Bedingtheit에 대한 물음 자체가 차단된다는 데에 있습니다. 내가 그런 물음을 묻는다면 그로써 벌써 나는 빠져나올 수 없는 오류를 범하는 셈이라는 것입니다. 결과적으로 말해서 만약 내가 그 물음을 물어서는 안 된다면, 나는 인과성이 지배하는 경험적 영역 안에 머물러 있는 것입니다. 또 나는 인과성이 물 자체의 영역에서 절대적으로 타당한 것이라고 주장해서는 안 됩니다. 그러나 『순수이성비판』, 적어도 이율배반론에서 이론이성의 사용이란 의미에서의 결정은 (다만 우리가 다루었던 한계와 더불어서) 인과성 쪽으로 내려집니다.[98] 그와 반대로 이제 또 다른 측면(존재론적인 혹은 칸트의 구제하려는 측면, 아니면 일관적인 유명론이 갖는 보편적 회의에 대립하는 측면)이 어떤 하나의 이론 안에서 표현됩니다. 이 이론은, 이율배반론 안에서 전혀 이런 방식으로 나타나지 않는 것으로서, 원칙적으로 인식 영역으로부터 구별되는 도덕적인 것의 영역이 긍정적으로는 자유의 영역이라고 주장하는 이론이자, 혹은 칸트의 매우 유명한 구절에서 말해지듯 '도덕적인 영역에서 자유는 경험의 사태이다'[99]라고 주장하는 이론입니다. 자유의 경험이라는 이 기묘한 테제에 어떤 의미를 부여해야 할지에 대해서 나는 지난 시간 동기화의 개념과 법칙의 이중성에 관해 말할 때 상세히 설명하고자 했습니다. 그런데 우리는 세 번째 이율배반론, 즉 인과성과 자유의 이율배반이 갖는 의미를 이렇게 다시 한 번 정리할 수 있을 것입니다. 인과성이 절대적으로 지배하여 인과법칙 이외에 다른 어떤 것도 존재하지 않는다면, 사실 인간들이 스스로 전혀 알지도 못하는 물자체에 부과해 놓은 합법칙적 질서를, 다시 말해 그들이 자기 외부 및 내부의 자연을 지배하는 데 필요한 것을, 절대적인 것으로 만들게 되는 셈이라고 말입니다. 그렇게 되면 사람들은 절대적인 것 자체에 맹목성과 외면성을 부여하게 될 것입니다. 내가 지난 시간 칸트와 연관해서 설명한 것처럼 칸트 자신의 의미에서도 자연 인과성과 범주에 따른 인식 일반에 귀속되는 그 성격 말입니다. 그렇다면 자연 지배는—이는 맹목적 지배로서 한갓 자연에 불과하다고 할 수 있는데—절대적인 것이 될 것입니다.[100] 그러나 다른 한편으로 자유 외에 다른 것은 없다면, 칸트가 표현했듯이 '실마리 없는 자유Freiheit ohne einen Leitfaden', 곧 현상들의 연관을 구성하는 법칙 없이 자유만이 존재한다면, 그것은 합법칙성의 계기를 전혀 갖지 못하는 자유일 것이며 또 한갓 자연 관계 안으로의 회귀이자 임의성에 불과할 뿐인 자연의 카오스적 상태로의 회귀일 것입니다. 흥미로운 것은, 절대적 자유의 이론이 가질 귀결에 대해 비판하면서 칸트는 이런 가능성을 두고 '맹목적blind'[101]이라는 표현을 사용하는데, 이는 그가 인과성만이 홀로 지배하는 경우 사용할 법한 표현이라는 사실입니다. 칸트 철학은 전체적으로 양자 모두에, 즉 기계적 원칙의 절대화와—이 원칙의 절대화에 대한 비판이 본질적으로 『판단력 비판』의 내용입니다—무정형적인 것, 우연적인 것 그리고 임의적인 것에 대해 모두 반대하고 있습니다. 후자에 관련해 칸트는, 물자체가 정말로 카오스적이지 않으려면, 즉 완전히 맹목적이고 조직되지 않은 것으로의 회귀가 아니려면, 우리 이성 안에서 발견되는 통일성이 물자체에도 귀속되어야 한다는 생각을 한시도 그치지 않았습니다. 세계의 이성적 질서가 행하는 조직화에 의해 강요된 통일성은 필연적으로 세계 자체의 규정이기도 해야 한다는 이 생각에 관해 지금은 더 이상 말하지 않겠습니다. 그러나 나에게는 바로 이 대목에 칸트 철학 자체가 갖는 어떤 결정적인 오류 추론이 숨겨져 있어 그것이 칸트 이후에 오는 철학 전체에 숙명적으로 관철되는 것처럼 보입니다. 그 오류란 절대적 통일성 범주가 실체화되어 절대적인 것에 귀속되는 것을 말합니다. 그리고 이에 대해 바로 독일 관념론자들 중 가장 중요하고도 가장 자유로운 사상가들이 (나는 여기서 무엇보다 횔덜린의 철학적 사상을 생각하고 있습니다) 아주 가차없이 반발하면서, 일자 및 통일성의 절대화에 대한 이러한 사상을 두고 참된 통일이란 본래 다자간의 화해이지 동일성이 아니며, 동일성은 그것이 생산될 때 이미 자신이 동일화하는 것들에 폭력을 가하고 있다고 해석하였습니다.[102] 이것은 물론 도덕철학에 대해서도 정말 중요한 의미를 갖는 사상적 전환입니다. 이 전환은, 현실적인 것이 단지 인간 이성의 통일성을 실현하기 위한 소재에 불과하다는 칸트적이고 피히테적인 동기를 넘어서기 때문입니다. 그러나 이는 매우 많이 나아간 도덕철학적 계기이므로 지금은 다만 언급만 해 두겠습니다.

이제 여러분도 아마 알 수 있겠지만, 칸트의 구성은 목표terminus ad quem로부터 이루어진 구성입니다. 다시 말해 전체 이율배반론은 한편에 있는 합법칙성 및 통일성의 계기와 [다른 한편에 있는] 자유의 계기를 서로 연결시키는 것을 목표로 합니다. 근본적으로 그 자체 모순적인 이런 테제가 먼저 입증되고 나서, 인과성과 자유의 이론이 모순을 향한다는 것이 설명됩니다. 그러나 다른 한편에서 볼 때 칸트가 갖는 정말로 위대한 점은 그가 이 모순을 완전히 제약 없이 폭로하고 있다는 점입니다. 이 변증법이 사실은 단순히 우리의 잘못된 이성 사용에서 기인하는 게 아니라 사태 자체 안에 숨겨져 있다는 사실이 이제 『순수이성비판』의 더 뒷부분에서 보여집니다. 이 장은 칸트가 도덕철학을 근거 짓는 데에 매우 중요한 의미를 지니는데도 일반적으로는 과소평가되고 있기 때문에 이 장을 좀 더 상세히 살펴보겠습니다. 그 장은 『순수이성비판』의 「방법론」 중 「순수이성의 규준」인데, 아무튼 『순수이성비판』의 이 2부 전체가 별로 주목되지 않고 있습니다. 내가 말하는 것은 특히 그중 「우리 이성의 순수한 사용이 갖는 최종 목적에 관하여」입니다. 순수이성의 최종 목적에 관한 이 이론은 우리가 지난 시간에 다룬 바 있는 모순 및 모순의 인식에 관한 이론과 관련해 매우 결정적인 내용을 담고 있습니다. 그 이유는, 우리 이성의 순수한 사용이 갖는 최종 목적으로서 실천이 등장하기 때문입니다. 순수이성의 최종 목적은 실천, 행위함이지, 이론적 인식 혹은 칸트가 이 절에서 지속적으로 말하는 '사변'이 아니라는 것입니다.[103] 이를 통해서 기이하고도 정말로 모순적인 것, 이율배반론을 넘어서는 모순적인 것이 등장합니다. 그것은 바로, 우리가 경험 영역 안에서는 다만 인과적으로만 사유할 수 있기 때문에—우리가 경험 영역 너머로 나아간다면, 거기서 인과성을 인정하든 부정하든 상관없이 우리는 바로 해소 불가능한 이율배반에 떨어지기 때문에— 이율배반론의 의미에서 보면 인과성이 승리하지만, 실천의 우위라는 이 관점에서는 아주 명백하게 (좀 전략적인 방식으로 말해도 된다면) 자유의 승리가 기대된다는 사실입니다. 그러니까 칸트는 비록 순수이성의 이율배반을 비판하지만, 경험 영역 안에서는 본래 인과성만이, 그리고 실천 영역 안에서는 다만 자유만이 유효하다고 말함으로써 이 이율배반의 필연성이 그의 이론 자체 속에서 대두되는 것입니다. 그리고 이 모순은 칸트에 의해 막연한 추정이 아닌 다른 방식으로는 해소되지 않은 채로 남아 있습니다. 겉보기에 단지 우리 이성의 잘못된 사용에 의해 발생한 것처럼 보이는, 그 운 좋게 해소된 이율배반은, 철학 일반의 양대 영역인 이론철학과 실천철학 안에서 이율배반의 이 측면과 저 측면이 각각 나타남으로써 관철된다는 것입니다.

이 점을 미리 말해 두고서, 이제 「방법론」의 이 장을 살펴보겠습니다. 여기서는 우선 '우리의 이성 사용이 갖는 최종 목적'에 관해 이야기됩니다. 칸트는 이렇게 말합니다. "이성은 그 본성Natur이 갖는 경향을 통해 경험적 사용을 넘어가고 순수한 사용 그리고 한갓 이념을 거쳐 모든 인식의 경계 끝까지 감히 나아가 그 인식이 만드는 영역이 완성될 때, 독자적으로 존재하는 체계적 전체 안에서야 비로소 휴식을 찾도록 내몰린다."[104] 여기서 우리가 '이성의 본성Natur이 갖는 경향'이란 표현을 읽을 때, 본성 개념을 칸트가 18세기로부터 그리고 특히 루소에게서 넘겨 받았다고 옳게 이해한다면, 그 본성이란 말이 단지 심리학적인 것을 (즉 우리가 우리 이성을 절대적인 것 자체에 이를 때까지 끌고 나가도록 그렇게 특징지어져 있다는 것을) 의미한다고 보아서는 안 됩니다. 여기서 우리는 '본성'을 엄밀하게 이해해야 합니다. 그 말은 이성이 그 고유한 본질로 인해 경험 가능성의 한계 너머로 나아가도록 내몰린다는 것을 뜻합니다. 여러분, 이 사상은 사실 극히 설득력 있고 명료합니다. 세 번째 이율배반을 상기해 보십시오. 그것은 결국 무한한 것을 향한 전진을 가로막고자 합니다. 칸트 자신이 이런 문제와 관련하여 종종 그렇게 하듯이 우리도 좀 대중적인 방식으로 표현해 보자면, 마치 그는 여기서 (부르주아적 검소함을 가지고) 이성에게 이렇게 말하려는 것처럼 보입니다. '땅에 머무는 동안 그의 성실로 먹을거리를 삼을지어다!' 그리고 '너무 큰 소비를 하지 말아라, 그렇지 않으면 상환할 수 없는 빚을 지게 될 것이고 결국에는 파산할 것이다.' 그러나 이런 제한 자체는 객관적으로 불만족스러운 요소를 갖고 있는데, 그 이유는 그것이 이성에게 일정 정도 폭력적으로 가해지는 제한이기 때문입니다. 다시 말해 이성의 중단은, 멈춰서는 안 되며 자신에게 외면적인 것에 의해 스스로를 중단시키지 말아야 한다는 이성의 요구에 모순된다는 것입니다. —이성은 진리의 이념을 자신의 상대개념으로 갖습니다. 이성은 바로 진리를 향한 의식의 총괄 개념입니다—우리는 진정한 의미에서의 이성을 아마 이렇게 정의할 수 있을 것입니다. 그리고 만약 이성을 가로막아 멈춰 세우고서는 '너는 너의 고유한 이념, 진리를 포기해야 한다'고 말한다면, 이성은 합리적이고 분별력 있게 존재하려는 이성성에 의해, 자기 고유의 개념이 자신에게 요구하는 바를 실행하지 못하도록 가로막히게 되는 셈입니다. 이것이 바로 이율배반론에서 일어나는 일입니다. 만약 이율배반론이 충분히 만족스럽지 못하다면, 그리고 칸트가 지금 우리가 하고 있는 숙고로 이행해 간다면 그것은 바로 다음의 사실이 떠올랐기 때문입니다. 진리를 규정해 나감에 있어 장벽을 세우는[105] 자의적 중단은 그 자체로 절대적인 것으로서의 진리 이념을 뜻하는 이성개념에 적합지 않다는 사실 말입니다. 그렇기 때문에 우리는 '이성의 본성이 갖는 경향' 혹은 '이성이 연루되는 모순들'이라는 (칸트가 반복적으로 사용하는) 표현들을 각별히 중시해야 합니다. 칸트가 전진하는 이성에게 요구하는 중단은, 그가 다른 한편에서 보여 준 것처럼 모순을 향하는 이성의 무한한 전진만큼이나 이성과 좀처럼 합치하지 않습니다. 전체 이율배반 문제가 갖는 이런 측면들을 함께 생각할 때에만 우리는 거기서 정말로 문제되는 바를 올바르게 이해할 수 있을 것입니다.

칸트는 이론적 관심이 다뤄지는 곳에서 암묵적으로 이성의 '사변적 관심'에 대해 이야기합니다. 전문용어로 말하자면 칸트에게서는 이론이성이 [경험] 가능성의 한계를 넘어 나아갈 때, 즉 이성이 초월적transzendent으로 사용될 때면 언제나 사변적이라고 불립니다. 그런데 그에게 사변적이라는 개념은 전적으로 가치 절하적이고 폄하적인 성격을 갖습니다. 반면 이 개념은 그의 후예들에 의해 명예를 회복하게 되는데(여러분도 아마 여기서 그 이유를 이해할 수 있을 것입니다), 피히테와 헤겔은 칸트가 이성에게 부당하게 요구한 저 겸손함이 이성의 고유한 개념과 전혀 합치될 수 없음을 보았기 때문입니다. 칸트는 다음과 같이 말하면서 나아갑니다. 그는 "사변적 의도를 가진 순수이성", 초월적 이념들에 대한 의도를 가진 순수이성이 도달했을 바를 "옆으로 제쳐 놓는다"고 말하면서, 그 대신에 다만 신, 자유 그리고 불멸성이라고 하는 최종적 규정이 이론적 관심에 의한 것인지 아닌지의 여부만을 묻고자 합니다. 칸트는 이제 여기서 다음과 같이 말하는데, 이는 내가 앞서 칸트에서의 통일성의 실체화라는 개념하에서 특징짓고자 했던 바를 보여 줍니다. "나는 순수이성이 사변적 의도 속에서 갖는 행복을 지금 옆으로 제쳐 놓고자 하며, 이성이 자기의 최후 목적에 도달하든 안 하든 간에 나는 단지 그것의 해결이 순수이성의 최후 목적이 되는 과제들만을 문제 삼고 있다. 그리고 그렇게 보면 다른 모든 것들은 단지 수단으로서의 가치만을 지닌다."[106] 그리고 여기서 칸트는 놀라운 말을 하는데, 이에 대해 그는 이후 더 이상 신경 쓰지 않습니다. "이 최종 목적들은 이성의 본성에 따라 다시금 통일을 이루어야만 하며, 이는 인류가 갖는 최상의 관심을 통일적으로 촉진하기 위함이다."[107] 여기서 우리는 칸트가 이성 안에, 따라서 주체의 측면에 놓여 있는 통일성 원칙을 요청의 형태로 절대적인 것, 물자체에 옮겨 놓고 있음을 볼 수 있습니다. 그 [절대적인 것, 물자체] 안에는 창조주의 의지로 소급되는 통일적 세계질서와 같은 어떤 것이 숨겨져 있다는 것입니다. 이것이 칸트 철학과 기독교 신학이 연결되는 지점이며, 실제로 칸트의 『실천이성비판』은 결론부에 가서 신학으로 넘어갑니다. 칸트는 사변의 최종 의도가 "의지의 자유, 영혼의 불멸성 그리고 신의 존재라는 세 대상"을 향한다고 말하면서 거기에 매우 기이한 결론을 덧붙이는데, 이것을 여러분에게 읽어 주겠습니다. "이 세 가지를 염두에 둘 때 이성의 한갓 사변적 관심은 매우 하찮을 뿐이다. 또한 사변적 관심에서 보면, 수고스럽고도 부단한 장애와 싸워야 하는 초월론적 탐구의 작업을 넘겨받기란 힘들 것이다. 왜냐하면 우리는 초월론적 탐구에서 있을 수 있는 모든 발견들을 구체적인, 다시 말해 자연탐구에서 유용한 방식으로는 사용할 수 없기 때문이다."[108]

이 부분은 이론철학인 칸트 철학에 아주 독특하게 실용적인 톤을 부여하고 있다는 점에서 특이합니다. 여러분은 칸트에게서 이 실용적인 톤을 좀처럼 예상하지 못할 것이고 내가 방금 읽어 준 그런 문장들을 베이컨Bacon에게서 훨씬 먼저 기대할 텐데, 『순수이성비판』이 바로 베이컨의 모토를 갖고 있다는 사실을 통해서 이 톤이 설명될 수 있습니다.* 약간 역설적인 사실은 이것입니다. 칸트에 의해 이론으로 규정된 영역, 『순수이성비판』에서 이론 물리학과 수학, 즉 수학적 자연과학 일반을 통해 정의된 영역이, 협소하고 제한적인 의미에서의 실천, '그게 나에게 어떤 의미지? 내가 그것으로 뭘 할 수 있지? 내가 거기서 어떻게 하면 더 나은 자연지배의 기술을 가질 수 있지?' 등을 묻는 속물 부르주아적 의미에서의 실천과 같은 의미를 갖는다는 것 말입니다. —이는 베이컨의 『신기관Novum Organum』 안에서 경험과학과 자연 지배의 가능성이 규정되는 방식과 아주 유사합니다. 이런 맥락에서 여러분이 『신기관』에 대해 관심 갖기를 부탁합니다. 실천주의와 자연 지배의 이 두 표상이 서로 교차함으로써 (역설을 보여 주기 위해 말하자면) 칸트에게 이론이성은 오직 자연 인식과만 관련되는 한에서 특정 의미의 실천의 척도에 결부됩니다. 다시 말해 "내가 거기서 뭘 시작할 수 있지? 그것을 내가 계속 어떻게 끌고 나가지? 그러니까 내가 거기서 뭘 얻을 수 있지?"와 같은 의미가 그것입니다. 우리는 칸트에 맞서 그런 귀결을 분명하게 파악할 수 있어야 할 것입니다. 이 귀결은 아주 독특한 테제로 이어지는데, 사람들이 건성으로 읽어 넘기곤 하지만 사실은 엄청난 함축을 갖고 있습니다. 칸트는 이런 식으로 말하게 된다는

* 칸트는 『순수이성비판』의 B판을 출간할 때 이 책의 서문보다 앞에서 베이컨의 『대혁신Instauratio magna』의 서문을 인용하고 있다. 베이컨의 이 저작은 그가 생전 출간했던 다른 저작들(『학문의 진보De Agmentis Scientiarum』 및 『신기관Novum Organum』)을 포함하는 대저작으로 구상되었으나 이 작업은 완결되지 못했다.

것입니다. '그러니까 신의 실존, 불멸 가능성 그리고 자유, 이것들을 가지고는 경험 세계에서 아무것도 할 수 없기 때문에 나와는 아무 상관이 없다.' 이런 견해는 만약 죽음이 끝이고 우리가 가진 것이 이 유한한 삶 말고는 없으며 우리가 맹목적 원리나 무원칙, 맹목적인 것에 완전히 내맡겨져 있다면, 이로써 우리의 전체 실존은 무의미에 종속되어 있게 된다는 점을 간단히 무시하는 것입니다. 현대 철학이 덜 엄격한 버전으로 너무 남발하며 대중적으로 사용하고 있는 그 무의미 말입니다. 우리는 신, 자유, 불멸성으로는 아무것도 할 수 없지만, 그렇다 해도 우리 삶 전체, 우리가 살고 있는 매 순간은 그것이 정말 전부인지 아니면 그 이상이 있는지 여부에 따라 완전히 다른 관점에서 보여질 수 있다는 것을 부정할 수는 없습니다. 칸트처럼 형이상학적으로 천부의 소질을 가진 사상가가 이토록 너무나 중요한 사실을 무시하고 있다는 것은 정말 이해하기 어려운 일입니다. 반면에 저 사악한, 반도덕적이고 반기독교적인 니체만이 "모든 쾌락은 영원함을 의지한다"[109]는 문장을 통해 세계 속에서 움직이는 것들이 얼마나 불멸성에 결정적으로 의존해 있는지를, 뒤집어 말하면 이런 [불멸성과 같은] 이념들의 이론조차도 우리가 여기서 경험하는 바와 확고히 결합되어 있음을 암시한 바 있습니다. 그런데 우리가 그런 이념들을 가지고는 자연 인식과 자연 지배라는 의미에서의 어떤 일도 할 수 없기 때문에 그 이념들은 우리에게 아무래도 상관없다는 것이 전체 칸트 논변의 핵심인 것입니다. 그러니까 칸트의 경우 한편에는 "내가 그걸로 무엇을 할 수 있지?"라고 묻는 거침없는 실용주의적 의미의 자연 인식 영역이 존재하고, 또 다른 한편에는 이성법칙들의 절대적 타당성의 영역인 도덕 영역이 존재합니다. 그러나 이 두 영역은 서로 완전히 갈라져 있어, 내가 여러분에게 방금 말한 매우 단순하고도 스스로 떠오르는 물음들은 이 단절을 통해 무덤 안으로 침잠하듯 가라앉아 버려 더 이상 볼 수 없게 되어 버리고 맙니다.

아마 여러분 중 다수가 이미 '이게 전부란 것인가?' 혹은 '그래서 어떻게 되는 거지?'와 같은 물음들(즉, 여기서 칸트에 의해 이론적으로 중요하지 않은 것으로 치부된 물음들)에 대한 대답을 듣기 바라면서 철학에 접근했을 것이고, 실망하고 있을 것입니다. 여기서 내가 감히 여러분에게 뭔가 더 나은 것을 주겠다는 것은 아니지만, 최소한 여러분을 실망하게 만드는 메커니즘을 보여 줄 수는 있습니다. 칸트는 여러분이 대단한 것을 기대하게 만드는 사상가 중 한 사람이며 그런 기대는 정당한데, 그런 칸트 자신에게서 순수실천과 순수 자연 지배로서의 자연과학이라는 특이한 분할을 통해서 이 본질적 관심이 사라져 버리게 하는 메커니즘을 보여 줄 수 있다는 것입니다. 그는 그 본질적인 것을 전혀 보지 않고 심지어 이렇게 말합니다. '우리가 순수하게 이론적으로만 관심 갖는 한에서 신은 우리에게 전혀 상관없지만, 실천적 태도에 있어서 우리는 소위 작업가설로서 신을 필요로 한다. 그러나 실천적 태도를 취하는 한, 거기서 중요한 것은 인식이 아니라 다만'—그가 이후에 말하고 있듯이—'우리가 무엇을 해야 하는가 하는 물음이다.' 이렇게 해서 이성이 갖는 가장 결정적인 관심이 놓여 있는 바로 이 지점에서 우리는 그런 철학의 구성에 의해 실망하게 되고, 없는 것을 부질없이 갈구하게 됩니다. 여러분은 이미 정당하게도 철학에 대해 불평하고 있을 텐데, 아마 여기서 최소한 철학 내의 어떤 동기와 어떤 메커니즘에 의해—여기서 철학이라고 말하는 것은, 칸트와 헤겔의 철학이 결국은 철학 자체die Philosophie이기 때문입니다—그리고 어떤 이유로 저런 실망이 유발되는지를 인식할 수 있을 것입니다. 그리고 내가 이 문제로 특히 더 깊이 들어가는 이유는, 이런 것들에 대해 단순히 나이브하게 실망하고 말지, 아니면 이 실망에 대해 더 반성하여 철학이 어째서 우리에게 빵 대신 돌을 주고 있는지를 비판적으로 인식할지는 전혀 다른 문제이기 때문입니다. 칸트는 완전히 자연과학자처럼 결정론적으로 계속 말합니다. "의지가 자유로울 수도 있지만"—즉, 설령 의지가 자유로울지라도—"그렇다 해도 그것은 우리 의지의 예지적 원인과만 관계할 수 있다."[110] 여기서 "우리 의지의 예지적 원인"은, 이미 자세히 이야기한 것처럼, 자유 개념과 조화될 수 없습니다. "왜냐하면 의지가 겉으로 드러난 현상인 행위와 관련된 것은, 이성을 경험적으로 사용할 수 있게 해 주는 불가침의 근본 준칙에 따라 설명되어야 하기 때문이다. 즉 자연의 불변적 법칙에 의해 행위는 여타의 모든 자연 현상과 다름없는 것으로 설명되어야 하기 때문이다."[111] 나는 여기에 덧붙이고 싶습니다. 칸트가 여기서 우리에게 제시하는 설명의 구조에는 기계주의적인 계기가 포함되어 있는 것처럼 보인다는 것입니다. 그는 이런 식으로 말하고 있습니다. '그러니까 예지적 성격의 기원적으로 자유로운 행위에서든 신의 기원적으로 자유로운 정립에서든 하여간 어디에서든 내가 자유의 계기를 끄집어낸다 하더라도, 경험의 전체 영역에 대해서 인과성 원칙은 빈틈없이 훼손되지 않은 채 그대로 남아 있다.' 그러나 우리는 여기서 이렇게 물어볼 수 있습니다. 만약 정말로 인과성 원칙이 칸트가 말한 대로 보편성을 주장한다면, 우리가 만들어 내도록 강요된 가장 작은 틈, 가장 사소한 예외도 전체를 와해시키게 되지 않을까 하고 말입니다. 단지 아주 약간의 자유라도 존재한다면 그것은 인과 연쇄로 이어진 전체 역사가 하나의 구멍을 가지고 있음을 의미하는 것이며, 그런 인과 연쇄에 대해 우리는 더 이상 보편성을 말할 수 없습니다. 그렇다면 어째서 다른 수많은 순간들에도 마찬가지로 자유가 삽입될 수 없다는 것인지 전혀 이해할 수 없습니다. 이 물음은 우선은 정말 인식의 물음이자, 혹은 칸트가 말하듯 사변의 물음인데, 그는 이렇게 말함으로써 그것을 책상 아래로 쓸어 버립니다. '그러나 인과성은 현상의 영역 안에서 유효하다. 설령 절대적인 것의 영역 어디에서—가령 백성들이 서로 치고 박고 싸우는 먼 터키에서[112]—자유의 계기가 발견된다 할지라도 그렇다.' 현대 자연과학은 바로 이 지점에서 칸트에게 반박하는 것으로 보입니다. 진보하는 자연 인식의 영역, 인과성이 단적으로 타당하다고 칸트가 가정했던 바로 그곳에서 이 보편 인과성이란 개념이 흔한 방식으로는 더 이상 타당하지 않음이 보여진 것입니다.

사변적 관심은 [실용주의적 의도와 관련해서는] 아무래도 상관없다는 칸트의 주장에 관해서는 이미 몇 가지를 이야기했습니다. 그리고 그에 덧붙여 우리가 어떻게 행위하는지와 완전히 무관하게, 단지 우리 행위를 위해서만 중요하다고 칸트가 주장한 적 있는 저 이념들보다 우리에게 더 중요한 것은 없다고 나는 말했습니다. 상황에 따라 그 이념들은 예를 들어 우리가 전혀 더 이상 행위를 하지 않는다는 결과를 가져올 수도 있습니다. 여러 상이한 종파의 수사들이나 정적주의자들, 그리고 쇼펜하우어 철학에서 그런 것처럼 행위 개념이 우리에게 더 이상 관심을 자아내지 못하게 될 수도 있다는 것입니다. 그래서 그런 생각은 더 이상 고수될 수 없습니다. 칸트는 계속해서 말합니다. "둘째로 영혼의 정신적 본성 또한 … 통찰될 수 있을지도 모른다."—그런데 칸트는 『순수이성비판』의 오류 추리 장에서 그 가능성을 매우 의심스러워 했습니다—"그러나 그로부터는, … 이 삶의 현상들의 측면에서 볼 때",[113] 어떤 특정한 추론이 이루어질 수 없다는 것입니다. 영혼은 우리 인식의 대상인 한 그 자체 시공간적 세계의 일부이자 이 세계에 연루되어 있고, 따라서 절대적인 것으로는 생각될 수 없기 때문입니다. 그러나 아마 우리는 이렇게 말할 수 있을 것입니다. 영혼이라는 표상은 단지 일종의 가설에 불과하며 현상의 한갓 개념적 통일체를 우리가 절대적인 것으로 정립하고 있다는 사실을 깨닫게 되는지, 아니면 그런 통일이 그 자신의 측면에서 볼 때 영적인 것이 갖는 다양성의 필연적 조건 자체라고 생각하게 되는지의 여부가 영혼 불멸의 가능성에 대한 이론적 주장에서도 아주 막대한 차이를 만들어 낸다고 말입니다. 다른 말로, 이런 소위 형이상학적 물음들은 영혼이 무엇인지에 관한 이론적 규정에 결정적으로 의존해 있으며, 칸트가 이념들과 이론 사이에 상정하는 저 무관계성은 여기서 전혀 중요하지 않다는 것입니다.

끝으로 칸트는 신에 대해서 이렇게 말합니다. 우리가 "최고 지성"과 같은 이념으로부터 '세계의 건립과 질서 일반에서의 합목적적인 것을 개념화할 수는 있겠지만, 결코 그로부터 하나의 특수한 조직과 질서를 도출하거나, 그것이 지각되지 않는데도 그에 관해 대담하게 추론할 수는 없을 것'[114]이라고 말입니다. 이 세 번째의 가정은 여기서는 고찰될 수 없지만 매우 정당한 비판입니다. 그것은 소위 볼프 철학이나 라이프니츠적 합리주의 원칙에 따르는 체계에서 나타나는 매우 제약된 형식의 합리주의에 대한 반대를 함축하기 때문입니다. 이런 유의 합리주의에서는 중심적 모나드와 최고 지성에 대한 가정으로부터 자연의 모든 가능한 조직이 인간에 대해 갖는 합목적성이 완전히 직접적이고 나이브하게, 그리고 제한적으로 도출되고 있습니다. 그래서 실제로 볼프에게서는 이런 문장이 발견되기도 합니다. "달이 뜨는 것은 밤이 인간에게 너무 어둡지 않도록 하기 위함이다."[115] 이런 종류의 것들이 배제된다면 그것은 매우 명백하고도 설득력 있는 이야기겠지만, 이론이성에게 신의 실존이 정말 아무 상관없느냐는 물음에 있어서 그것은 물론 충분치 않습니다.

여기서 일어나는 일을 여러분은 다시 목표terminus ad quem로부터 이해해야 합니다. 칸트의 아주 별나고도, 참된 심연 위로 유희하며 진행하는 이 전체 서술은 오직 그가 우리 인식을 위해서는 이론적으로 신의 존재, 자유 및 불멸이라고 하는 세 가지 중요한 명제가 반드시 필요하지 않다고 말하기 위함이라는 사실로부터만 설명될 수 있기 때문입니다. 다시 말해 우리는 이론적으로 이 주요 명제들에 전혀 관심을 가질 필요가 없지만, 동시에 그 명제들은 "그 중요성이 본래 다만 실천적인 것과 관련되어야만 할 것"[116]이라면서 우리 이성을 통해 즉시 권유되고 있다는 것입니다. 여기서 여러분은 칸트 철학의 가장 결정적인 지점에 와 있습니다. 칸트는 소위 형이상학적 이념들이 이론을 위해 구제될 수도 없고, 그것들은 이론에 대해 구성적 의미를 갖지도 않는다고 믿었지만, 단지 실천이성의 요청이라는 이유만으로 그 이념들을 도입하고 있다는 것입니다. 이것이 의미하는 바는, 도덕법칙은 칸트 이론에 따르면 나에게 주어져 있는 것, 즉 사실Faktum이라는 것입니다. 그리고 나는 내가 도덕적으로 행위해야 한다는 사실을 경험합니다. 그러나 불합리성을 피하기 위해 말하자면, 이 경험 자체 안에는 내가 저 형이상학적 실체들의 존재 위에 놓여 있다는 사실이 포함되어 있습니다. 그래서 나는 신의 존재를 위하여 자유롭게 행위하는 게 아니라, 단지 내가 자유롭게 행위할 수 있기 위하여 신이 존재한다는 것입니다. 이 주장은 칸트 철학의 거대한 역설 중 하나이기도 합니다.[117] 이렇게 해서 관계는 완전히 역전되었고, 실천은 이를 통해 절대적 우위를 얻게 됩니다. 이로써 내가 발전시키고자 한 테제, 칸트 철학에서 이론에 대한 실천의 우위가 지배적이라는 저 테제가 정당화됩니다. ─ 다음 시간에 계속 더 나아가 보겠습니다. 주목해 줘서 고맙습니다. 즐거운 휴가 보내기 바랍니다.

96) 유럽 대담Europa-Gespräch은 "유럽의 대도시 — 빛과 도깨비불Licht und Irricht" 이라는 주제하에서 1963년 6월 11일에서 15일까지 빈에서 열렸다. 아도르노는 6월 11일 좌담회에 참석했으며 6월 12일에는 "아마추어 예술 — 잘 조직된 속물성인가?"를 주제로 발표하여, 그에 토론이 이어졌다. 이 행사에 관련해서는 다음을 참고할 것. Wiener Schriften, hrsg. vom Amt für Kultur, Volksbildung und Schulverwaltung der Stadt Wien, Heft 20: Europa-Gespräch 1963. Die Europäische Gross-Stadt. Licht und Irrlicht, Wien 1964, S. 39-71 und S. 88-99.

97) 1963년 6월 6일과 8일은 성령 강림제 연휴 기간이었다.

98) 아도르노는 지성에 따른 자연 인과성의 지배와 관련하여 '수학적 종합'과 '역학적 종합'에 대한 칸트의 구별(W IV, S. 486, B 557/ A 529)을 너무 약한 것으로 간주한다. 이 종합에 따르면 "역학적 계열들 중 철저히 제약된 것은 현상으로서의 계열들과 불가분적인데, 경험적으로 제약되지는 않았으면서 비감성적인 조건과 연결되어 있어, 한편으로는 지성, 또 다른 한편으로는 이성을 만족시킬 수 있다. … 이성의 명제들은 양편에서 다 참일 수 있다…"(W IV, S. 487 f., B 559 f./ A 531 f.).

99) Vgl. W IV, S. 675, B 830/ A 802. "실천적 자유는 경험을 통해 입증될 수 있다." 『실천이성비판』(W VII, S. 108)과 『판단력비판』의 §91도 참고. "이상한 것은, 이성이념(그 자체로 직관 안에서 재현될 수도 없고, 따라서 그 가능성에 대한 어떤 이론적 증명도 할 수 없는 이념)이 사태들 안에서 발견된다는 것이다. 그리고 이것이 자유의 이념으로서, 그것의 실재성은 인과성의 특정한 종류로 … 순수이성의 실천법칙들을 통해서, 그리고 그에 걸맞게 현실의 행위들에서, 따라서 경험 안에서 설명될 수 있다"(W X, S. 599).

100) 여기서 아도르노는 『계몽의 변증법』의 두 번째 보론에 등장하는 근본 사상을 되풀이하고 있다. 이 근본 사상에 관해 서문에서 이렇게 언급된다. "그[칸트]는 자기 지배적 주체하에서의 모든 자연적인 것의 복종이 결국 맹목적으로 객관적인 것, 자연적인 것에 의한 지배에 이르게 됨을 보여 준다"(GS 3, S. 16).

101) 1963년 5월 16일에 있었던 제4강 및 미주 71을 보라.

102) 아도르노는 "구별된 것 속의 일자"에 관한 횔덜린의 생각을 염두고 두고 있다 (vgl. Hyperion, I. Band, 2. Buch, Große Stuttgarter Hölderlin-Ausgabe Bd. 3, a.a.O. 1957, S. 81). 이 생각은 「만약의 근원」 행에 녹아 있다. "합일적인 것은 신적이

고 선하다. 그런데 대체 인간들 사이에서/ 오직 유일자만 존재하고 유일한 것만이 존재한다는 집착은 어디에서 생겨났는가?"(a.a.O., Bd. I, S. 302). 1963년 6월 7일, 이 강의와 비슷한 시기에 베를린에서 이루어진 횔덜린에 대한 발표 "파라탁시스Parataxis"에서 아도르노는 이렇게 말하고 있다. "종합에 대한 병렬적 저항die parataktische Auflehnung은 언어의 종합하는 기능 일반에 그 한계를 갖는다. 다른 종류의 종합, 언어 비판적 자기반성을 노린다는 것이다. 언어는 종합을 고수한다. 언어의 통일성을 깨는 것은 통일을 이루어 내는 것과 마찬가지의 폭력 행위일 것이다. 그러나 통일의 형태는 횔덜린에 의해 변화되어, 단지 잡다들이 통일 속에 반영될 뿐만 아니라…, 통일 자체가, 완결될 수 없는 것으로 드러난다. 통일이 없으면 언어 안에는 혼란스러운 자연만이 존재할 것이다. 절대적 통일은 그것의 반사이다"(GS 11, S. 476 f.).

103) Vgl. W IV, S. 671 f., B 825 f./ A 797 f. 인용된 사변의 개념은 W IV, S. 558, B 662/ A 634.

104) W IV, S. 671, B 825/ A 797.

105) 이러한 '칸트적 장벽' 개념에 대해서는 아도르노의 『부정 변증법』에서 「형이상학에 대한 명상. 구제의 욕망과 장벽」(GS 6, S. 377-382)을 참고.

106) W IV, S. 672, B 825/ A 797.

107) 같은 책, B 825 f./ A 797 f.

108) 같은 책, B 826/ A 798.

109) 『차라투스트라는 이렇게 말했다』에 나오는 니체의 문장(Sämtliche Werke, a.a.O., Bd. 4, S. 286)을 아도르노는 『부정 변증법』에서도 현대 철학의 대중적 경향에 대한 비판의 맥락에서 인용한다. "니체의 명료한 말에 따르면 영원성을 의지한다는 그 쾌락만이 일시성을 거스르는 것은 아니다. 만약 죽음이 철학이 헛되이 긍정적으로 불러낸 절대자라면, 모든 것은 전혀 아무것도 아니며, 모든 사상 또한 공허를 향하여 생각되어 있고, 누구도 참되게 사유할 수 없다"(GS 6, S. 364).

110) W IV, S. 672, B 826/ A 798.

111) 같은 곳.

112) 괴테, 『파우스트 1부』, 제1막, 「문 앞에서」, 860-864행 참고. "일요일과 축제일에는 전쟁과 전쟁의 함성에 관해 이야기하는 것보다 더 좋은 것은 없지요. 저 멀리 터키에서 백성들이 서로 치고 박고 싸우고 있으니 말입니다."

113) W IV, S. 672, B 826/ A 798. 아도르노는 인용을 중단하고, 칸트 텍스트에 나

와 있는 대로 말하지 않고 있다. 칸트의 원문에 따르면 "그 위에서는darauf [통찰된 영혼의 정신적 본성에 근거해서는] 이 생의 현상에 관한 설명 근거를 기대할 수도 없고weder, 또 내세 상태의 특수성에 관해서도 기대할 수도 없다"(vgl. 같은 책, B 826 f./A 798 f.)인데, 아도르노는 ["그 위에서는"을] "그로부터는daraus"이라고 바꾸고, weder를 빼놓은 채 말하고 있다.

114) Vgl. W IV, S. 673, B 827/ A 799.

115) 문자 그대로 상응하는 구절은 발견되지 않음. 그러나 내용상으로는 다음을 참고할 것. Christian Wolff, Gesammelte Werke, Ⅰ. Abteilung: Deutsche Schriften Band 7: Vernünftige Gedanken (Deutsche Teleologie), hrsg. von Hans Werner Arndt, Hildesheim, New York 1980, §33 (S. 50), §70 (S. 106), §98 (S. 161).

116) W IV, S. 673, B 827 f./ A 799 f.

117) Vgl. W IV, S. 694, B 857/ A 829. "신과 내세에 대한 신앙은 나의 도덕적 신념Gesinnung과 서로 밀접하게 연결되어 있어서, 내가 나의 도덕적 신념을 잃을 것을 좀처럼 걱정하지 않는 것과 마찬가지로, 신앙을 상실할 위험도 나에게는 별로 없다."

제7강

1963년 6월 18일

친애하는 학생 여러분!

이번 학기가 중단되는 일 없이 집중도 높은 작업 속에서 끝났으면 합니다. 내 편에서는 반드시 그럴 것입니다. 내 생각에는—그 사이 성령 강림제 주간이 있었고, 오래 전부터 계획되었던 어떤 일 때문에[118] 유감스럽게도 한 시간을 휴강했어야만 했으니—이렇게 하는 것이 최선인 것 같습니다. 나는 이 시간을 이전 시간과 연결은 되지만 단순히 다시 되풀이하지는 않기 위해 칸트 도덕철학의 구성을 다시 (단순히 다시 한 번이 아니라 원칙적으로) 명확히 밝히는 데 쓰겠습니다. 여기서 명확히 밝힌다는 것은 칸트의 도덕철학을 해석하겠다는 뜻이며, 그와 동시에 우리가 해석에 착수하긴 했지만 아직 마치지는 못한 「방법론」을 다시 다루겠습니다. 그러니까 이것은 소위 콜럼버스의 달걀을 만들어 내되, 동시에 그것을 우리가 제시했던 또 다른 관점에서 해명해 나아가는 일입니다. 우선 칸트가 윤리학 고유의 핵심 명제라고 언급했던 소위 세 가지의 명제가 의지의 자유, 영혼 불멸성 그리고 신의 현존에 대한 주장들이라는 점을 여러분에게 상기시키고 싶습니다. 이 세 가지 명제는 칸트에 따르면 그 결정적인 의미를 이론철학, 존재하는 것에 대한 인식에서 갖는 게 아니라 실천철학에서 갖습니다. 말인즉슨, 이 명제들은 칸트 이론에 따르자면 '우리는 무엇을 해야 하는가' 하는 물음에 논리적이고 필연적으로 연결되어 있으며, 오직 우리가 무엇을 해야 하는가의 영역에서만 정말로 근거 지어질 수 있고 이해될 수 있다는 것입니다. 지난 시간에 이 질문이 상당히 폭력적인 방식으로 이론적 통찰로부터 분리되고 있음을 상세히 설명한 바 있습니다. 어떤 이론적 관심도 이 명제들을 향하지 않는다는 칸트의 주장은 그다지 설득력이 없다는 것입니다. 왜냐하면 한 인간의 고유한 실존에 있어 그가 무엇을 하는지와는 전혀 상관없이 그에게 중요한 무언가가 있다면, 그것은 바로 죽음과 함께 모든 것이 끝나느냐 아니냐의 물음일 것이기 때문입니다. 그러나 나는 이 전체를 지금 다시 반복하고 싶지는 않고, 단지 지난 시간에 내가 이 구별을 비판했음을 상기할 것만 여러분에게 부탁하고 싶습니다. 칸트는 이 명제들에 대한 이론적 관심은 극히 미미하다고 말합니다. 그의 이런 주장을 지난 시간에 했던 것보다 좀더 충실하게 해석해 보겠습니다. 이 세 가지 명제에 대한 이론적 혹은 사변적 관심이 적다는 칸트의 주장을 이 명제들과 학문적 경험 그리고 학문적 경험의 토대 사이에는 아무 관련이 없다는 뜻으로 해석해 볼 수 있을 것입니다. 여기서 관심이란 단순히, 이 명제들이 이론 인식의 연관에서 벗어나 있으며, 그런 것들이 정말 어떤지를 아는 일은 실제로 우리에게는 상관없다는 사실과 관련됩니다. 칸트의 말이 어디로 오도하는지를 우리는 그의 철학이 갖는 대의, 즉 어떤 결과로도 이어지지 않는 인식을 공허하다고 보는 실천의 우위 입장과 연결시킬 수 있기는 합니다. 그러나 그는 내가 지난 시간에 약간 부각시켜서 설명한 것처럼 그렇게 아주 엄격하게 이 문제에 관해 이야기하지는 않았을 것이고 단순히 이론이성은 이 명제들을 해명할 수 있으리라는 희망을 갖지 못하기 때문에 상대적으로 무관심하다고 말했을 것입니다. 이런 칸트적 구조에는 또한, 우리는 헛된 물음에 신경 쓰지 말아야 한다는 생각이 숨겨져 있습니다. 즉 물음이 제기되는 영역 속에서 이미 시작부터 해결될 수 없는 것으로 나타나는 경우, 그런 물음들에 대해서는 관심을 가져서는 안 된다는 것입니다. 나는 이런 사고 진행이 근본적으로 아주 문제적이라고 생각합니다. 최근 철학의 발전과정에서 그런 사고 진행은 인간적 물음들을 철학에서 잘라 내도록 만들었는데, 이 물음들이야말로 본래 우리가 철학을 하는 목적이기 때문입니다. 이런 식으로 철학의 과학화가 진전되는 동안, 철학은 칸트의 표현을 빌리자면 '관심' 자체를 점점 더 상실하게 됩니다. 사람들은 철학이 사물들에 관해 무언가 말하기를 기대하지만, 철학은 그에 관해 말하고 판단하는 일을 점차 더 거부하게 된다는 것입니다. 이제 저 세 가지 결정적인 명제에 대한 이러한 거부는 경험 자체만이 아니라 경험을 조직화하는 구성적 형식들에 대해서도 관계합니다. 달리 말해 칸트에 따르면 우리 경험은 이런 물음들에 대해 답을 주지 못할 뿐만 아니라, 경험 가능성의 조건인 우리의 범주적 도구 안에서 이 물음들은 전혀 나타나지 않는다는 것입니다.

그러나 그것은 재차 어떤 어려움을 내포합니다. 실천철학도 경험적 소재와 관계하는 우리의 실제 행위에 대한 것이기에, 경험으로부터 절대적으로 분리될 수는 없다는 것이 그 어려움입니다. 여러분은 여기서 바로 이렇게 반박할 것입니다. '만약 어떤 것이 도대체 경험과 상관있다면, 나 자신의 행위와 관계하는 것이야말로 바로 그것이다'라고 말입니다. 그리고 여러분 모두 알고 있겠지만, 사람들은 실천적 행위 영역 안에서도 좋고 나쁜 것의 구별을 한다는 의미에서 경험에 관해 말합니다. 이 말은, 경험 없는unerfahren[미숙한] 사람들은 우려할 만한 모든 일들을 저지를 수 있다는 것입니다. 반면에 경험 있고 사태를 통합적으로 내다보는 사람들은 (고차적 의미에서조차) 더 올바르게 행위할 수 있다는 것은 최소한 널리 인정될 만한 사실입니다. 나는 이 대중적인 지혜에 무언가 유의미한 것이 들어 있는지 어떤지에 대해서 더 이상 논의하지 않겠고, 다만 다른 많은 곳에서와 마찬가지로 여기서도 칸트 도덕철학의 근거 짓기가 우리에게 힘든 것을 요구한다는 사실만을 상기시키고자 합니다. 칸트는 이런 논변에 반대할 것입니다. 그렇지만 칸트도 구별하듯 인식의 형식과 내용이 존재하는 것과 마찬가지로, 실천적 행위에서도 형식과 내용이 존재한다고 생각해 볼 수 있을 것입니다. 이 말인즉슨, 사물이든 사람이든 간에 경험적으로 실존하는 것에 대해 어떤 방식으로든 관계하지 않는 행위란 것은 도대체가 생각할 수조차 없다는 것입니다. 가장 고귀하고 숭고한 행위조차도 그렇습니다. 가령 그것이 만약 그 수행자의 희생 행위라면, 그것은 그 자가 갖는 경험적 인격의 희생을 전제해야만 가능한 행위입니다. 최악의 행위도 마찬가지로 경험적인 것을 포함합니다. 만약 누군가 살인을 저지르고자 할 경우 그는 우선 죽일 수 있는 객체를 필요로 하고, 그 다음 망치나 여타 그 일을 수행하는 데 사용할 도구를 필요로 합니다. 칸트에 따르면 인식의 형식들은 그것이 내용, 즉 생생한 감각 같은 경험적 소재와 관련되는 만큼만 유효한데, 그런 이론 영역에서와 마찬가지로 실천 영역에서도 형식과 내용의 절대적 분리란 매우 불충분해 보입니다. (내가 방금 한 것보다 좀 덜 자유롭고 덜 무책임하게, 덜 대중적으로 표현하자면) 행위에도 형식과 내용이 있습니다. 우리는 훨씬 더 진지한 의미에서 도덕적 행위의 형식과 내용에 관해서도 말할 수 있습니다. 보편적 법칙성, 설령 문제적일지라도 우리가 행위시 따르게 되는 보편적 규범들과, 하나의 특수한 행위로 실현된다는 사실을 통해서 필연적으로 또한 개체화 원리이기도 한 행위, 즉 어떤 것이든 구체적 경험 소재를 그 안에 포함하는 행위 사이의 구별이 존재한다는 것입니다. 만약 이런 생각이 타당하다면, 칸트에 의해 만들어진 사변적 혹은 이론적 관심과 실천적 관심 사이의 구별은 전혀 근본적이지 않을 것입니다. 그리고 이런 연관에서 볼 때, 칸트가 실제로는 저 명제들에 대한 이론적 관심을 단적으로 부정함으로써만 이런 근본적 구별로 나아갈 수 있었다는 사실을 기억해 두면 좋겠습니다. 그런 아포리적 상황을 일단 구성해 보는 일, 즉 어떤 어려움이 존재하며 무엇이 논외인지, 칸트가 도대체 여기서 무엇을 밝히고자 하며 무엇을 증명하고자 하는지를 명료하게 파악하는 일은 언제나 도움이 됩니다. 내가 지금 짧게 해석해 준 바에 따라 여러분은 양 측면을 다 잘 이해했으리라 생각합니다.

이제 칸트가 이 전체 짜임 관계에서 어떻게 빠져나오는지를 이해하는 것이 중요합니다. 이를 위한 보조적 구조는 실천이성이 칸트에게는 실천적인 순수이성, 곧 올바름과 틀림, 좋음과 나쁨에 대해 판단하는 선험적 능력을 의미한다는 사실에 있습니다—여기서 여러분이 항상 생각하고 있어야 할 것은 칸트가 실천이성비판에 관해 말할 때 매우 큰 부담을 지고 있는 실천 개념, 실천의 진정한 개념을 갖고 있다는 사실입니다—. 그것은 우리가 실천적 인간praktischer Mensch [노련한, 실용적인 인간] 혹은 그렇지 않은 인간에 관해 말할 때와 같은 그런 의미가 아닙니다. 칸트에게 실천 및 실천적인이라는 단어가 갖고 있는 이 극히 무거운 의미 속에서는, 이런 유의 실천이 경험과 아무 상관이 없어야 한다는 것이 처음부터 요구되고 확정됩니다. 우리는 여기서 경험의 배제에 관해 말했고 그것의 어려움에 대해서 내가 보여 준 바 있는데, 이런 배제는 칸트 철학의 구성에서 다음과 같은 식으로 이루어집니다. 만약 칸트가 이 자리에 있고 답변을 거부하지 않는다면 (그가 이를 거부하지는 않으리라 생각합니다) 그의 답변은 아마 이럴 것입니다. '여러분이 여기서 말하는 실천은 내가 생각하는 것과 전혀 다릅니다. 내가 지금 말하는 실천의 진정한 개념은 그것이 경험으로부터 단적으로 독립되어 있다는 사실을 통해서 정의됩니다.' 우리가 이번 학기에 다루고 있는 이 전체 문제를 이해하기 위해서는 칸트의 이론이성 영역 안에서도 나타나는 바, 경험에 대한 이런 가치 절하가 대체 무엇을 의미하는지, 그것이 칸트 철학의 구조에서 어떤 의미를 갖는지를 한번 간단히 생각해 보는 일이 중요합니다. 질료, 감각, 즉 어떤 식으로든 바깥으로부터 나에게 다가오는 모든 것, 나 자신의 이성이라는 극히 강조된 의미에서의 내가 아닌 이것은 칸트의 직접적 후계자인 피히테에 의해 훨씬 더 두드러지고 급진적으로 표현된 바 있지만, 칸트에게도 이미 근본에 있어 하나의 자극Anstoß에 불과합니다. 행위 자체는 순수하게 나의 표상으로부터 성취되어야 하며, 그것이 묶여 있는 질료로부터 독립적으로 이루어져야 한다는 것입니다. 행위가 그로부터 독립적인 한에서만, 행위가 오직 사유적이고 이성적인 존재로서의 나 자신이 규정한 것에만 묶여 있는 내 고유의 활동인 한에서만, 오직 그런 한에서만 나는 행위를 하나의 실천적 행위로 생각할 수 있다는 것입니다. 사회적으로 말하자면 이것은 (아마 여러분에게 혼란스럽게 들릴 이러한 숙고들을 약간 구체화해 보는 것이 도움 될 것입니다) 부르주아적 개인의 해방이라는 이념—이를 자율이라고 할 수 있습니다—으로부터 최상의 형이상학적 원칙 같은 것을 만들어 낸 일만큼이나 중요합니다. 18세기 후반에 인류는 후견으로부터의 부르주아적 해방을 둘러싸고 투쟁했는데, 이 투쟁을 철학의 방식으로 반성해 보면 마치 생산되어야 할 이 자유는 정말로 단적인 최상의 원칙, 즉 그 안에 철학이 있고 이성과 등치되는 원칙인 듯합니다. 여러분은 칸트에게 자유와 이성이 본래 같은 것임을 명확히 이해할 때에만 그와 그의 실천철학을 올바르게 이해할 수 있습니다. 또 오늘 우리는 이런 연관에서 정언명령의 전체 구성에 대해서도 몇 가지 말하게 될 텐데, 이 구성은 자유가 곧 이성이란 사실, 자유가 자신에게 외면적이고 낯설며 비이성적인 것에 의해 제한받지 않는 순수이성과 동일하다는 사실을 통해서 정언명령 안에 숨겨진 자유와 법칙성의 기이한 결합이 도출될 때에만 이해될 수 있습니다. 여기서 칸트 사유의 핵심은 이것입니다. 내가 순수한 이성적 존재라고 인식하지 않는 모든 것과 내가 나의 고유한 이성으로부터 만들어 내지 않은 모든 법칙성은 나를 진정한 의미에서 나 자신이 아닌 것, 타율적인 것에 묶어 놓기 때문에 자유 원칙을 방해한다는 것입니다. 소위 칸트의 엄격주의, 칸트의 엄청나고도 거의 비인간적인 가혹함과 엄격성은 그로 하여금 행복과 더불어 칸트 이후의 철학에서는 실천의 본질적 요소로 인정되었던 모든 것들을 자신의 도덕철학에서 배제시키도록 만들었는데, 사실 이것은 단지 자유를 위해서 일어난 일입니다. 자유의 이념과 억압의 이념, 특히 성향이나 공감과 같은 자연적 충동에 대한 억압의 이념은 어떤 의미에서는 칸트 도덕철학의 모순적인 두 계기인데, 이 아주 희한하고도 역설적인 구성이 단지 자유를 위해 일어나는 것임을 여러분은 여기서 보고 있습니다. 충동과 관심의 전체 영역, 이 모든 것은 이론적으로 매우 무자비하고 가혹하게 억압됩니다. 나 자신의 자유, 나 자신의 이성 원칙과 합일되지 않는 것에 내가 의존해 있어서는 안 된다는 오직 그 이유 때문입니다. 이런 구성에는 이미 어떤 전제가 숨겨져 있습니다. 그 전제란, 우리는 자신의 자연적 충동의 충족이나 행복 및 성향 등에 대한 욕구의 충족이 보편 원칙인 이성과 합일할 수 없는 세계에 살고 있다는 것입니다. ―이성의 절대적 실현이 사실은 억압되는 모든 것의 충족을 의미하는 것은 아닌지의 물음을 칸트는 제대로 묻지 않습니다. 그에게 이 문제는 세 주요 명제 중 하나인 영혼 불멸성이라는 개념에서 아주 간접적이고도 제한적인 방식으로만 나타납니다.[119] 만약 초월Transzendenz 속에서라도 이성과 이성에 의해 억압된 충동 사이의 통일 같은 것이 존재하지 않는다면, 그러니까 만약 우리가 살고 있는 세계에 대한 적대적이고 이원론적인 구조가 반영되어 있는 이원론이 완전히 사라지지 않는다면, 세계는 지옥일 것이라고[120] 칸트 또한 고백하고 있기 때문입니다. 우리가 행위하는 인간인 우리 자신을 물질에 의존적인 것으로 만들고, 행위가 순수하게 나의 표상, 특히 보편법칙에 대한 나의 표상에 의존해 있는 게 아니라면, 이 경우 행위는 더 이상 전혀 실천적이지 않으며 더 이상 자유롭지 않다는 것입니다. 칸트에게는 이런 구성을 통해서 도덕 영역 일반이 자유의 영역으로 정립되어 있습니다. 그렇지 않으면 도덕 영역은 한갓 자연에 귀속될 것이며, 여러분이 이미 자세히 들었듯이 칸트에 따르면 이 자연에서는 인과성만이 유효하고, 인과성 안에는 자유가 존재하지 않는 탓에 순수한 실천이성이 아니라 단지 이론이성만이 그에 속하게 될 것이기 때문입니다. 이 점을 염두에 둔다면 여러분은 우리가 지금 다루는 절인 「우리 이성의 순수한 사용의 최종 목적에 관하여」, 즉 「순수이성의 규준」의 제1절에 있는 한 문장을 더 잘 이해할 수 있을 것입니다. 이 문장은 내가 지금 설명한 바를 함께 염두에 두지 않으면 느닷없어 보일 테지만, 이제는 아주 쉽게 이해될 것입니다. 그 문장은 이것입니다. "실천적인 것은 자유를 통해 가능한 모든 것이다."[121] 내가 설명한 것들을 함께 고려한다면 이 문장은 바로 칸트 철학 일반의 근본 명제로 이해될 수 있을 것입니다. 물론 여기에도 논리적인 어려움이 있는데, 칸트에게는 이론이성의 질료도, 그것이 한갓 질료인 한 아주 비규정적이기 때문입니다. 질료는 오직 사유하는 존재인 나, 범주라는 수단을 통해서만 규정되는 까닭입니다. 이런 모순 자체는 오직 내가 반복해서 다루었던 긴장, 곧 자연 영역을 가능한 한 확장하려는 칸트의 계몽적 의도와 맹목적 자연 및 자연 지배 외에는 정말 아무것도 갖고 있지 않은 계몽을 저지하려는 복고적 의도 사이의 긴장으로부터만 설명할 수 있습니다.

칸트의 도덕철학이 직면해 있는 모든 문제는 내가 수업 초반에 이야기한 저 세 명제나 원칙을 실천철학에서 입증하는 일입니다. 여기서 역사적으로 하나의 경향이 전개되고 있다는 사실에 주목해 주기 바랍니다. 이미 데카르트에서 그 거대한 서막이 열린 바 있는 이 경향은, 절대적인 것 자체, 신의 현존은 제1철학의 시초에 놓이는 것이 아니라 제1철학으로부터 도출되어야 한다는 것을 말합니다. 신 자신이 증명되어야 한다는 것입니다. 이것은 정말로 최초의 것prōton, 이념의 위계라는 의미에서 가장 최초의 것이 도출된 것, 이차적인 것이 된다는 귀결을 동반하는데 이는 아주 기이하고도, 선입견 없는 눈으로 보면 매우 역설적인 귀결입니다.[122] 내가 이미 해석했던 것처럼 칸트의 이런 이성 개념 배후에 실제로 숨겨져 있는 실제로 행위하는 인간들의 자유에 대해서 여러분이 정말로 한번 반성해 본다면, 이 철학 전체에서는 신성의 실존이 인간적 원칙, 인간 이성의 원칙에 의존해 있다고 말할 수 있습니다. '존재의 유추analogia entis'에 관한 고전적 토미스트의 이론에서 이미 그랬듯이, 철학이 자신의 최상의 형이상학적 원칙을 증명하고 이성에 통약 가능한 것으로 만드는 일에 몰두한 이래로 철학 안에는 경향적으로 이런 사실이 숨겨져 있습니다. 철학은 최초의 것이자 절대적인 것을, 그 개념에 따르면 본래 부차적인 것일 뿐인 어떤 것에 의존적이게 만든다는 것입니다. 왜냐하면 이 이성은 유한한 인간들로부터 추상된 것이자 그들 안에서 체현되는 것으로밖에는 생각될 수 없기 때문입니다. 이제 이런 관점에서 여러분은 칸트가 "이 세 주요 명제를 우리가 전혀 알 필요가 없으면서도 동시에 그것이 우리의 이성을 통해 절실하게 권장된다면, 그것들의 중요성은 사실 실천적인 것과만 관련될 수 있을 뿐인 것이다"[123]라고 말하면서 정립한 프로그램을 이해할 수 있을 것입니다. '그것들의 중요성은 실천적인 것과만 관련될 수 있을 뿐'이라는 이 희한한 문장은, 내가 여기서 하고 있는 것처럼 그렇게 솔직하게 표현되어 있지는 않지만, 그 명제들이 실천이성에 대해서 중요한 것인 탓에 실천이성 자체로부터 따라 나온다거나, 혹은 같은 장에서 이후에 오는 구절에서 언급되듯이 실천이성으로부터 "증명될"[124] 수 있어야 한다는 것을 의미합니다. 그러나 우리가 철학에서 그런 유의 문제들에 골몰하다 보면 늘 그렇게 되듯이, 이제 칸트는 정말로 엄청나게 어렵고 난감한 상황에 처하게 됩니다. 칸트가 이 세 주요 명제 혹은 원칙을 순수 사유로부터 도출해서는 안 된다는 것을 여러분은 기억할 것입니다. —여기서 잠깐 칸트 체계의 구축에 대해 상기해 봐야 합니다. 칸트 체계의 부정적인 부분은 본질적으로 라이프니츠와 볼프 철학에 대한 비판인데, 이들의 철학은 순수한 사유의 원칙들로부터 신, 자유, 불멸성과 같은 실체들의 실존을 곧바로 이끌어 내는 일을 자청해서 떠맡았습니다. 그래서 칸트는 『순수이성비판』의 부정적인 부분에서 그런 일은 불가능하다는 것, 그러다가는 모순에 부딪히게 된다는 것을 지나칠 정도로 상세하게 증명했습니다. 그리고 결정적인 모순, 자유 이념과 관계되는 모순을 나는 『순수이성비판』의 세 번째 이율배반을 통해 여러분에게 설명한 바 있습니다. 그러나 다른 한편으로 이런 원칙들은 (이에 대해 별 말이 필요 없는데) 경험에서 취해져서는 안 됩니다. 여기서 문제가 되는 것은 절대적인 원칙들이기 때문입니다. 절대적이면서 단적으로 타당한 원칙들을 경험에서 도출한다는 것은 지속적이고 영원하며 필연적이고 항상 존재하는 것으로 생각되는 그 원칙들을 우연적이고 그 자체 제한적인 경험들에 의존하는 것으로 만드는 일일 뿐입니다. 그런 것은 칸트 철학이 속하는 전통 전체, 그리고 또한 칸트 철학 자체에 있어 전적으로 역설적인 요구로서, 이런 요구를 칸트는 어떤 경우에도 제기해서는 안 될 것입니다. 칸트의 윤리학이 그 출발 상황에서의 어려움들을 통해 야기된 아포리적 구성물이라는 것을 분명하게 보려면 칸트가 여기서 어떻게 빠져나오는지를 이해해야 합니다. 칸트는 윤리학의 원칙을 (이 원칙이란 도덕법칙, 정언명령과 다르지 않습니다) 합리주의자처럼 이성으로부터 도출하지 않습니다. 또 경험으로부터 취하는 것도 아닙니다. 그는 이렇게 말합니다. '도덕법칙은 하나의 사태이자 소여이다.'[125] 이 표현은 결정적인 핵심입니다. 나는 칸트에게 있는 일련의 그런 핵심들에 관해 이미 말했지만, 이것이야말로 정말 가장 중요한 것, 칸트 도덕철학의 전체 구성에서 결정적인 요체입니다. 칸트가 어째서 도덕법칙을 주어진 것으로 고찰해야 했으며 어떤 권리 근거로 그것을 사실상 주어진 것으로 보았는지를 먼저 명료하게 이해할 수 있어야만 여러분은 『도덕 형이상학 정초』와 『실천이성비판』을 제대로 이해할 수 있습니다. 여기에서 더 진행되는 구성은 이렇습니다. 만약 도덕법칙이 그 자체로 주어져 있다면, 단적으로 거기 있는 것이라면, 그래서 그것의 기원이나 출신에 대한 모든 물음에서 벗어나 있는 것이라면, 그리고 정말로 모든 인식이 의존해 있는 그런 최종적인 것이라면, 그렇다면 도덕법칙이 유효해지기 위해서는 신, 자유, 불멸성이라는 세 원칙이나 실체들이 필요하다는 것입니다. 이것이 바로 내가 여러분에게 데카르트를 상기시켰던 그 지점입니다. [데카르트 철학에서도 마찬가지로] 신은 본질적으로 이성의 논리적 정합성 이념에 의해 증명되는데, 만약 신이 우리를 기만한다면 그것은 이 논리적 정합성에 어긋난다는 것입니다. 그렇기 때문에 신은 존재해야 한다는 것입니다. 이는 물론 데카르트의 신 원칙이 갖고 있는 아주 복잡한 구성의 한 측면일 뿐이며, 칸트는 여기서 또 다른 전통인 존재론적 신 존재 증명을 함께 흡수하고 있습니다.[126] 그러나 어쨌든 이것은 칸트가 철학의 합리주의적 전통으로 곧바로 다시 떨어지는 지점입니다. 만약 정말로 도덕법칙이 주어져 있고, '내 행위의 원리 혹은 최상의 원칙이 동시에 언제나 보편적인 입법의 원칙이 될 수 있도록 행위하라'[127]는 것이 정말로 명백하고 절대적인 강제라면, 거기에는 사실상 (칸트 전통을 한번 신뢰해 볼 경우 이런 것이 정말로 강한 설득력을 갖는다는 사실을 여러분이 보았으면 합니다) 아주 논리 정연한 방식으로 자유에 대한 결론이 놓여 있습니다. 정언명령에 따라 행위하라는 이 저항 불가능한 명령은 주어져 있는 이 도덕법칙, 단적으로 거기 존재하는 도덕법칙이 나에게 요구하는 대로 실제로 행위할 수 있는 가능성을 내가 동시에 갖고 있지 않다면 완전히 무의미할 것이기 때문입니다. 내가 도덕법칙에 따를 가능성을 갖지 않는다면, 그때 이 도덕법칙은 악마적인, 맹목적인 우연성일 것이라고 칸트도 말할 것입니다.

그것이 불가능할지의 문제(이것이 오늘날 우리에게 아주 심각하고도 중요한 문제인데), 그런 법칙, 좋고 올바른 행위의 이념과 그것을 제대로 따를 수 있는 가능성 사이에는 현실적인 모순이 지배한다는 것, 그런 가능성은 경우에 따라서는 없을 수도 있다는 것, 이런 문제 지평은—우리가 카프카를 철학적 시인으로 고찰해 본다면, 그의 창작의 주요 대상들 중 하나는 소위 실존철학에 속할 것입니다—칸트 이론에서는 전혀 나타나지 않습니다. 선의 이념, 선을 행하고 법칙을 충족시키는 의무 등이 존재하지만 동시에 인간들은 그들을 팽팽하게 잡아 끄는 사회적 연관의 총체성으로 인해 그 법칙을 충족시킬 수 없다는 부조리의 가능성은 나타나지 않는다는 것입니다. '도덕법칙이 충족될 수 있기 위해서 나는 자유로워야 한다'라고 칸트가 말할 때 거기에는 오늘날 우리에게는 거의 나이브하게 보일 정도의 굉장한, 신흥 부르주아 계급의 낙관주의가 들어 있습니다. 이러한 낙관주의는 초기 베토벤 음악에서도 발견되는데, 거기에는 '모든 것이 가능하다. 그리고 만약 선이 존재한다면, 그것의 실질적 실현 또한 가능해야만 한다'[128]와 같은 생각이 들어 있습니다. 여기서 여러분은 위대한 것, 매혹적인 것, 혹은 칸트 철학 속에서 사람들의 열광을 이끌어 낼 만한 어떤 것에 부딪히게 되면서, 또한 마찬가지로 저 순진성의 계기, 오늘날 이 철학에서 발견되는 한계도 마주하게 됩니다. 여기서 여러분은 어째서 가장 진지한 철학이 역사와 심각한 갈등에 빠지게 되는지를 볼 수 있습니다. 이 갈등은 이런 원칙들의 상대화와 상관 있는 게 아니라 오히려—자유 원칙과 합법칙성 원칙과 같은 원칙들 사이에서처럼—이 원칙들 사이에 존재하는 모순이 점차 강화되고 재생산된다는 사실과 상관 있습니다. 칸트는 이성개념 안에서 자유와 필연성을 결합시킴으로써 이 모순이 단번에 제거될 수 있다고 믿었습니다. 그는 올바른 삶에 대한 요구가 우리를 그치지 않는 모순으로 이끌어 갈 수 있다는 가능성을 애초부터 배제한 것입니다.

이러한 도덕법칙의 소여성과 함께 이제 기이한 일이 벌어집니다. 여러분이 철학 그리고 더 정확히는 인식론을 이미 약간은 배웠다면, 아마 여기서 이런 반론을 하고 싶을 것입니다. '당신은 우리에게 이제껏 칸트를 이렇게 설명 또는 해석'—내가 그를 충실히 해석했음을 믿어 주기 바랍니다—'했습니다. 실천적인 것은 순수한 자유의 행위라고, 모든 경험으로부터 단적으로 독립되어 있어야 하는 그런 행위라고요. 네, 소여성 개념은 경험 개념과는 완전히 다르지요. 그런데 모든 경험주의 철학은 자신이 주어져 있는 사태들로부터 출발한다고, 직접적으로 감각적인 경험의 자료에서 출발한다고 끊임없이 반복해 주장해 오지 않던가요? 그리고 경험주의 철학은 이 경험의 자료에서 멈추려 하고, 그에 비해 주어진 게 아니라 주체에 의해 만들어진 것, 비로소 생산된 것은 일종의 부가물 같은 것이라고 말하지 않던가요?' 이런 반론이 여러분 모두에게 떠오를 것입니다. 그러니까 '칸트는 먼저 경험 전체를 바깥으로 내던진 뒤, 경험의 건너편에 있는 단적으로 초월적인 도덕법칙이 단지 주어진 것이라고 말함으로써, 경험을 뒷문으로 은밀히 다시 들여오는 것이다'라고 여러분은 말하게 되리라는 것입니다. 여러분이 악의를 갖고 있다면 이렇게 말할 것입니다. '그런 유의 이야기를 우리 앞에 제시하고서 걸핏하면 우리를 속이다니, 이 철학자들 퍽이나 좋은 사람들이네.' 여러분, 이에 관해 할 말은 참 많습니다. 오늘날까지도 아직 칸트의 소여 개념에 관한 충분한 작업이 이루어지지 않았습니다. 내 동료 슈투름펠스Sturmfels[129]가 그런 작업을 시작했던 것으로 압니다. 내가 제대로 알고 있다면 이 작업은 완결되지 않았습니다. 이 소여성 개념을 추적하는 작업은 (한갓 문헌학을 넘어서는 진정한 칸트 해석이란 것이 존재한다면) 막대한 중요성을 가지리라고 여기서 말해 두고 싶습니다. 주어진 것이 단지 감각 자료만이 아니라고, 그 속에는 또한 나에게 무엇을 준 신성이 항상 숨어 있다고 쇼펜하우어도 이미 말했습니다.[130] 그러니까 그런 한에서는 소여성 개념 자체가 단지 경험주의적인 것이기만 한 것이 아니라 또한 완전히 다른 뿌리를 갖고 있는 것입니다. 그리고 이 개념은 물론 단순히 직접성이란 의미의 감각적 소여성 개념은 아니라는 사실, 여기에서는 완전히 다른 질서에 속하는 소여성이 문제가 된다는 사실을 여러분이 주목하기 바란다는 말로 마치고자 합니다. 목요일에는 소여성 개념을 더 상세히 설명하도록 하겠습니다. 감사합니다.

118) 1963년 5월 30일에 있었던 제6강과 미주 96을 참고.

119) "도덕성은 그 자체로 체계를 형성하지만 행복은 그렇지 않다. 행복이 도덕성에 적절히 배분되어 있는 한에서가 아니라면 말이다. 그러나 이는 [행복과 도덕의 합치는] 단지 예지계 안에서만, 즉 전지적 창조자이자 통치자 아래에서만 가능한 일이다. 이성은 우리가 미래의 세계로 보아야 할 이 세계 안에서의 삶까지를 포함하여 이러한 통치자를 가정할 필요가 있거나, 혹은 도덕법칙을 공허한 환영으로 볼 필요가 있음을 안다. 왜냐하면 이 이성이 도덕법칙과 연결시키고 있는, 도덕법칙의 필연적 성취는 저런 전제 [통치자가 있다는 전제] 없이는 무너질 것이기 때문이다"(W IV, S. 681, B 839/ A 811).

120) 이런 표현에 관련해서는 1963년 7월 18일에 있었던 제15강 및 미주 221을 보라.

121) W IV, S. 673, B 828/ A 800.

122) 미주 81을 보라.

123) W IV, S. 673, B 827 f./ A 799. 칸트는 "관련되어야 할"이라고 표현하고 있음.

124) Vgl. W IV, S. 675, B 830/ A 802.

125) 도덕법칙의 소여성에 관해서는 『도덕 형이상학 정초』의 제2절을 참고할 것. W VII, S. 33 ff.

126) 데카르트의 『성찰』 중 네 번째 성찰(「참과 거짓에 관하여」)과 다섯 번째 성찰(「물질적 사물들의 본질과 다시 신의 현존에 관하여」)을 참고 (René Descartes, Meditation über die Grundlagen der Philosophie, Auf Grund der Ausgabe von Artur Buchenau neu herausgegeben von Lüder Gäbe, durchgesehen von Hans Günter Zekl, Hamburg 1976, S. 48-64).

127) 『도덕 형이상학 정초』 및 『실천이성비판』의 정언명령 정식들을 참고(W VII, S. 51 u. S. 140).

128) 아도르노는 『부정 변증법』에서 이렇게 쓰고 있다. "청년 베토벤의 음악에서 모든 것이 좋아지리라는 가능성의 표현은 불가항력적이다. 비록 깨어지기 쉬울지라도 객관과의 화해된 상태는 항상 동일한 것을 초월한다. 특수자가 자신의 특수성을 통해 다른 것을 다시 제약하지 않은 채로 스스로 해방되는 순간들은, 제약되지 않은 것에 대한 선취이다. 그런 위안의 빛이 초기 부르주아 계급으로부터 그 후기에 이르기까지 퍼져 나간다"(GS 6, S. 301).

129) 빌헬름 슈투름펠스Wilhelm Sturmfels(1887-1967)는 『법과 윤리의 대립적 관계

Recht und Ethik in ihrem gegenseitigen Verhältnis』라는 박사학위 논문을 쓴 뒤에 1921년에서 1933년까지 프랑크푸르트대학교와 연계되어 있는 노동자교육을 위한 학교에서 가르쳤으며, 1932년에는 철학과 교수 자격을 취득했다. 1933년까지 가르친 뒤 그는 1946년에 철학과로 돌아와서, 1967년에 이르기까지 철학, 사회학 그리고 성인교육을 위한 명예교수로, 그리고 비정규 교수로 활동을 마쳤다.

130) Schopenhauer, Preisschrift über die Grundlage der Moral, a.a.O., §4 "Von der imperativen Form der Kantischen Ethik" (S. 160-166)을 참고할 것.

제8강

1963년 6월 20일

여러분 안녕하십니까.

지난 시간 우리가 칸트의 소여성 개념과 그것의 다의성에 대해 논의하기 시작했음을 여러분도 기억할 것입니다. 그리고 무엇보다 우리는 칸트에게서 가장 일반적인 형식으로 표현되어 있는 도덕법칙이 하나의 소여처럼 들린다는 사실에서 초래되는 문제에 관해서도 이야기했습니다. 칸트 도덕철학에서 '주어져 있다'고 일컬어지는 바가 사실은 이성 자체와 다르지 않고 그런 한에서 경험의 반대라는 것, 설령 내가 그것을 오직 경험을 통해서만 알게 된다 할지라도 그렇다는 것을 여러분은 기억할 것입니다. 바로 이것이 고찰되어야 할 이성과 고찰하는 이성 사이의 분열이라는 유명한 (칸트 철학에서 계속 다시 나타나는 그) 문제입니다. 이것은 칸트 이후에야 비로소 본격적으로 주제화되는 문제이기도 합니다. 칸트에게 도덕적으로 행위한다는 것은 순수이성으로부터 행위한다는 것을 의미합니다. 도덕법칙 그리고 결국에는 이성의 소여성이라는 이 영역 안에서 생각되는 바는 그 체계 구조를 선험과 경험 간의 무차별성Indifferenz zwischen dem Apriori und der Erfahrung으로 규정할 때 가장 잘 표현될 수 있을 것입니다. 한편으로 이것은 이성이 주어져 있음을 뜻합니다. 다시 말해 더 이상 추적해 나아갈 수 없다는 의미, 환원 불가능하다는 의미에서 이성 자체의 소여성인 것입니다. 그러나 다른 한편으로 그것은 내가 다른 경험에서와 마찬가지로 이성과 그 합법칙성을 직접 획득할 수 있다는 사실을 통해 이성[의 소여성]을 정당화하려는 시도를 뜻하기도 합니다. 그러니까 이로써 선험Apriori과 후험Aposteriori 사이에 존재하는 소위 일종의 무인도가 표시되어 있는 것입니다.[131] 그리고 그 안에 칸트 이후에 오는 모든 관념론 철학의 주제가 이미 놓여 있습니다. 이들은 선험과 후험을 통일시키고자 하였으며, 칸트에게는 서로 분리되어 있던 이론이성과 실천이성의 두 영역을 마찬가지로 그 공통의 뿌리에 힘입어 정신 안에서 통일시키려 했던 것입니다. 칸트의 경우, 그 뒤에는 하나의 심오한 문제가 놓여 있습니다. 선험성 자체를 증명하는 문제, 내가 선험성에 관해서 어떻게 아느냐 하는 문제가 그것입니다. 이것이 그토록 어려운 문제인 까닭은, 나는 오직 경험을 통해서, 즉 어떤 형식의 지각함을 통해서만 선험적인 것에 관해서 알 수 있는 반면에, 이 선험적인 것의 권리 원천인 경험은 바로 선험적인 것 자체에 모순된다는 데에 있습니다. 이미 칸트 철학 안에는 변증법적 사유로 발전되어 나갈 수많은 필연적 요소들이 존재하는데 그중에서도 이 문제는 상당히 중요한 요소라고 볼 수 있습니다. 선험적 인식이란 모든 경험으로부터 단적으로 독립되어 있는 인식이므로 선험의 개념은 한편으로는 경험을 배제하지만, 그러나 또 다른 한편으로 나는 오직 일종의 경험, 즉 지각함을 통해서만 이 선험적인 것을 포착할 수 있다는 것입니다. 그리고 이것은 통상적인 전통 논리의 처리 방식을 통해서는 전혀 해소될 수 없는 모순이기에, 철학은 이 모순 자체를 주제화하는 것 말고는 다른 어떤 길도 갖지 못했던 것입니다. 이런 측면에서 규정해 보자면, 변증법적 사유란 바로 모순(모순이 필연적으로 나타나는 것이라면)을 부인하거나 제거하는 것에 만족하지 않고 그 대신 그것을 철학적 반성의 대상이자 본격적인 주제로 고양시키는 것입니다. 그리고 여러분은 사실상 그 필요성이 얼마나 강력한지를 여기서 볼 수 있습니다.

칸트가 볼 때 도덕적으로 행위한다는 것은 순수이성으로부터 행위하는 것과 같습니다. 그리고 순수이성이 갖는 최상의 규정은 선험적인 것, 선험적 종합 판단입니다. 선험적 종합 판단, 더 나아가 선험적인 것 일반이 취하는 형태는 칸트에 의해 ―여기서 잠시 『순수이성비판』의 기초적인 규정으로 돌아가는 것을 양해해 주기 바랍니다. 그러나 이것이 실천이성과 매우 필연적인 연관을 갖는다는 사실을 여러분도 곧 보게 될 것입니다― 필연성과 보편성이라는 두 가지 특징을 통해 표현됩니다.[132] 필연성과 보편성이라는 이 두 원칙을 실천이성으로 옮겨 놓고 보면, 여러분은 칸트의 실천철학에서 정언명령으로 도입되었던 바에 닿게 될 것입니다. 이런 관점에서 볼 때 정언명령이란 행위 준칙, 곧 각각의 실천적 행위가 갖는 보편성과 필연성이라는 두 계기를 서로 통일시키는 최상의 원칙 이외에 다른 게 아닙니다. 정언명령과 선험적인 것이 보편적인 이유는 그것이 어떤 개별적인 것을 통해서도 제약되어서는 안 되기 때문입니다. 여기서 우리는 어떤 것이 오직 시공간 안에서 개체화individuiert됨으로써만 규정된 개별성Einzelheit이 된다는 것을 상기하면 될 것입니다. 개체적인 것은 질료나 감각을 이미 자신 안에 담고 있는 것으로서, 의식의 순수 형식인 나와는 구별되는 어떤 질료적인 것이 내게 주어져 있다는 사실을 놓고 보면 그것은 순수성 원칙에 이미 모순되는 것이기도 합니다. 필연성 개념은 입법 개념 안에 숨겨져 있습니다. 즉 이성은 모든 규정이 논리 원칙에 따라 자신으로부터 도출되어야 한다는 연역적 필연성을 수반하면서 등장합니다. 그리고 필연성이라는 이 계기는 이미 그 자체로 인과성에 대한 독특한 친화성Affinität을 지니고 있습니다. 본래 현상 영역 안에서나 지배적이라고 하는 저 인과성 말입니다. 칸트는 필연성 원칙을 규칙에 따른 추론으로서의 이성 자체로 옮겨 놓는데, 이를 통해 그가 원래 『순수이성비판』에서 현상에만 국한시켰던 인과성 원칙은 어떤 의미에서 보면 경험에서 독립된 영역인 예지계 안에서 찾아지는 것입니다. 이 점을 참고하는 것은 칸트에게서 나타나는 매우 난해한 모순의 문제, 곧 칸트가 자유의 영역으로 정의한 도덕 안에서 항상 합법칙성이 이야기되는 이유를 이해하는 데 도움이 될 것입니다. 또한 여러분은 이 점을 통하여 칸트의 전체 도덕철학이 본래 자율 개념에서 확고히 형성되어 있음을 잘 이해할 수 있을 것입니다. 자율 개념이란, 이후의 개념을 갖고 말하자면 자유와 필연성이 구별되지 않는 상태를 의미합니다. 도덕법칙은 비록 자유의 법칙이지만(왜냐하면 이성적 존재자로서 내가 어떤 외적인 것에 의존하지 않은 채 그 법칙을 나 자신에게 부여하기 때문에), 이성적으로 행위하고 이성에 따라 추론하는 것은 합법칙적으로 규칙에 따라 추론하고 행위하는 것으로밖에는 이해될 수 없기에 도덕법칙은 또한 합법칙성의 성격도 갖기 때문입니다. 이 점이 도덕법칙의 소여적 성격에 대한 해석으로 우선 말해질 수 있는 바입니다. 다시 말해 도덕법칙의 소여란 이차적 단계의 소여로서, 이성의 경험 내용이 아니라 이성이 그렇게 거기 있다는 뜻에서 이성의 현존이라고 이해할 수 있을 것입니다. 그리고 이성의 현존은 필연성과 보편성을 자신의 두 계기로 갖고 있으며, 필연성 개념 안에는 즉시 자유의 반대 또한 함축되어 있습니다. 바로 저러한 이성이 자유의 기관Organon이라고 칸트에 의해 규정되고 있기 때문입니다.

그러나 칸트에게서 이 모든 것은 (그리고 이는 자유든 도덕법칙이든 현존하는 것이라는 칸트의 주장과 연관됩니다) 또 다른 측면을 갖습니다. 현존한다는 이 개념이 전체를 변화시킨다는 것입니다. 여러분은 이 개념의 두 번째 의미가 첫 번째 의미와 연관되어 있음을 곧 보게 될 것입니다. 그러나 이 개념은 내가 방금 여러분에게 설명하려고 했던, 무척이나 비현실적이고 그만큼 공격하기 어려운 선험적인 것의 구성보다 본질적으로 더 문제적입니다. 실천철학에서 칸트는 소여를 강제Nötigung, 즉 도덕 원칙에서 나오는 강압Zwang에 기대어 설명하고 있습니다. 그리고 그는 우리가 지금 아직 다루고 있는 『순수이성비판』의 결정적인 이행부에서 '우리는 자유라는 사태 혹은 실천철학의 근본 원칙을 일종의 주어진 것으로 가지고 있다'와 같은 식의 문장을 계속 사용하는데, 이때 그 밑바탕에는 비단 이차적 단계의 소여성, 우리가 이성과 같은 어떤 것을 가지고 있다는 사실에 대한 상기만이 깔려 있는 것이 아닙니다. 거기에는 더 특별하고 더 객관적인 근거가 놓여 있습니다. 칸트는 거기서 (그는 이를 부정하겠지만 만약 텍스트를 읽어 본다면 여러분도 이를 피하기란 어려울 것입니다) 도덕 원칙에 의해 가해지는 강압적 성격을 생각하고 있는 것입니다. 간단히 말해 우리는 경험적 존재자로서 특정 행위들을 하지 않고 그와 다른 행위를 하게 하는 강제를 먼저 경험한다는 것입니다. 칸트는 우리가 경험적-심리학적으로 양심의 사태 Tatsache des Gewissens라고 표현할 만한 것을 생각하고 있습니다. 우리가 도덕법칙이라는 사실Faktum des Sittengesetzes에 관해 말할 때면 언제나 다음과 같은 현상학적인, 혹은 기술적 발견이 매우 중요한 역할을 합니다. 인간들은 특정 도덕 표상이나 질서에 대해 대립할 수는 있겠지만 무엇이 되었든 간에 어쨌든 모종의 강제들을 지향하고 있다는 것, 그들은 무언가에 대해 존경Achtung하고 있다는 사실에 대한 발견 말입니다. 여기서 잠시 속물적 만족과 더불어 지겹도록 곱씹어지는 사실 하나를 떠올려 봅시다. 소위 암흑가에도 특정 행동 규약이 존재하며 심각한 범죄자라 할지라도 (책에서 알 수 있듯이) 그의 규약에 따르면 결코 해서는 안 되는 특정한 행동 방식들이 있다는 것입니다. 이로부터 도덕주의자들은 단적으로 비도덕적인 자들도 도덕을 가지고 있다며 자기 고유의 도덕주의를 정당화할 근거를 끄집어냅니다. 그러나 이런 것은 주변적인 이야기일 뿐입니다.

우리가 실제로 경험적인 것의 영역 안에 있으니 하는 말인데, 『실천이성비판』에서 그렇듯[133] 우리가 도덕법칙을 인정하고 있으며 양심 같은 것이 실제로 존재한다는 주장을 위한 가장 강력한 논변이기도 한 강제성 Nötigung에 칸트가 의존할 때 그는 경험적으로 옳습니다. 다만 양심의 사실성Faktizität 및 (여기서 칸트는 스스로 덫에 걸려드는데) 양심 개념에 의해 꼭 꼭 감춰지는 강압적 행위 방식의 사실성이 이 심급의 정당성에 관해서는 아직 아무것도 말해 주지 못한다는 사실이 문제입니다. 내가 여기서 칸트 스스로 덫에 걸려들었다고 비난하는 이유는 그가 도덕철학을 근거 짓는 작업에서 모든 경험적인 것을 배제하고자 했다면 (이것이 그의 고유한 구상입니다) 당연히 그는 소위 도덕적 강압이 인간 안에 경험적으로 주어져 있다는 사실에 의존해서는 안 되기 때문입니다. 왜냐하면 이 강압 자체가 하나의 경험적 사태이며 칸트 식으로 말하면 한갓 심리학적 사태이기 때문에, 칸트가 강압에 부여해야만 하는 신성함을 이 강압은 갖지 못하기 때문입니다. 내가 '부여해야만 하는geben muß'이라고 말하는 이유는, 도덕적 강제와 같은 어떤 것이 존재한다는 바로 그 사실이 내가 존경해야만 하는 어떤 것이 여기 존재한다는 주장에 대한 가장 강력한 논거로 취해지고 있기 때문입니다. 경험 과학이 칸트를 누르고 명백히 앞서 나가고 있는 몇 가지 지점들이 있는데, 이것이 그중 한 지점입니다. 그리고 칸트는 실제 그랬던 것처럼 계몽가로서, 확실히 이런 진보를 부정하지 않을 것입니다. 엄밀한 의미의 정신분석학은—내가 정신분석학이라고 할 때에는 언제나 그것의 엄밀한 형태인 프로이트만을 의미하지, 융이나 아들러 등을 통해 희석되고 깊이를 상실한 형태를 말하는 게 아닙니다—우리를 지배하는 이런 강압 기제들이 계통 발생적임을, 실제 권력의 내면화이자 그때그때 지배적인 사회 규범들의 내면화임을 증명해 보였습니다. 이런 규범들은 가족을 통해서 우리에게 전달되며 우리는 보통 아버지의 형상과의 동일시를 통해 그것들을 자기화하게 됩니다. 그런데 정신분석학은 더 나아가 칸트로서는 불만스러워할 어떤 것도 보여 줍니다. 그것은 바로, 질병을 유발할 수 있는pathogen 것인 한에서 (정신분석학이 강압적이라고 표현하는 그리고 후기 프로이트에서는 초자아라고 불리는) 이 심급이 비합리적이라는 사실입니다. 강제성은 이성과는 합치될 수 없는 사물들로 전파되는 경향을 갖는다는 것입니다. 쿠션을 쓰다듬는 식의 특정 의식을 완수하고서야 잘 수 있는 사람들이나, 아니면 유난히 옹졸하고 가학적이며 인색한 사람들이 질서정연한 삶이라는 이름으로 부단히 수행하는 강박행위Zwangshandlung 같은 경우가 그것입니다.[134] 이 강제를 추적해 보면, 칸트에 의해 확고해진 도덕적 강제와 이성의 통일은 문제적이지 않은 것이 전혀 아니라 반대로 아주 의문스러운 것으로 드러납니다. 자명하게도 칸트는 이 지점에서 이렇게 말하며 논변하려 할 것입니다. '경험에 관한 것인 한, 그리고 도덕법칙의 단적으로 타당한 형식적 형태에 대한 것은 아닌 한에 있어 나도 그 모든 것을 인정할 수 있다.' 그러나 도덕법칙의 형식적이고 추상적인 형태는 그것 자체가 다시 이 실제적 강제들로부터 추출된 것입니다. 그리고 그 형식적 형태가 칸트의 『실천이성비판』에서 의무라는 이름 뒤에서 구체화된다면, 우리는 거기에 이런 유래를 아주 명확하게 표시해 줄 수 있습니다. 의무라는 이상을 통해 표현되는 실제 행위 방식에 대한 관계가 더 이상 고려되지 않는다면, 칸트가 강제라는 개념으로 생각했던 바도 더 이상 고려되지 않게 될 것입니다. 다른 한편으로 칸트가 형식적 원칙으로서 절대적으로 정립한 강제는 그 자신이 설명한 것처럼 무조건적인 것이 아니라 오히려 조건 지어져 있는 것임을 부정할 수 없습니다. 따라서 이 강제는 칸트가 말하듯 도덕적인 것의 절대적 권리원천을 제시해 줄 수 없습니다. 덧붙이자면 이것은 결코 최근에야 나온, 심리학에 빚지고 있는 통찰이 아닙니다. 이것을 대단한 급진성을 갖고 순수철학적으로 분석하고 표현한 것은 프리드리히 니체의 결코 작지 않은 기여로서, 그는 바로 이 의무를 제약하는 계기를 도입하였고 소위 칸트적 자율의 한가운데에서 타율적인 것의 계기를 포착하는, 이루 말할 수 없이 탁월한 감각을 가졌던 것입니다.[135]

이 점을 말해 두면서 이제 우리가 멈추었던 텍스트를 끝까지 이야기해보겠습니다. 이 텍스트는 이제 훨씬 더 잘 이해될 것입니다. 여기서 특히 중요한 구절들을 읽어 보겠습니다. 그리고 나면 이제까지 해 온 분석을 곧장 이어 나갈 수 있을 것입니다. 우선 여러분은 이제 이 문장이 무슨 의미인지 이해할 것입니다. "실천적인 것은 자유를 통해 가능한 모든 것이다."[136] 왜냐하면 자유란 다른 게 아니라 바로 순수이성을 향하는 태도이며, 강한 의미에서 행위란 바로 이를 통해서만 성격 규정되는 것이기 때문입니다. 반면에 완전히 주관적인 것, 오직 주관성에 의해서만 규정된 것이란 의미에서 행위는 이 행위가 주관성이 아닌 다른 것에 의존하게 되는 순간 더 이상 존재하지 않게 됩니다. 칸트는 계속 말합니다. "우리의 자유로운 자의Willkür가 행사되는 조건들이 경험적이라면, 그때 이성은 오직 규제적인 사용만을 가지며, 오직 경험 법칙들을 통일시키는 데에 봉사할 뿐이다. 예를 들면 영리함의 이론에서 우리가 갖는 성향들에 의해 우리에게 주어져 있는 모든 목적들의 통일…."[137] 이 구절을 이해하기란 쉽지 않은데, (여러 가지 의미를 담고 있는) 이 구절이 '우리의 자유로운 자의가 행사되는 조건들 일반은 경험적'이란 것을 의미한다고 생각하기가 쉽기 때문입니다. 왜냐하면 실제로 (이것이 칸트와 헤겔 사이의 커다란 도덕철학적 논쟁점이기도 합니다) 우리의 자유로운 자의가 행사되는 조건들은 경험적이기 때문입니다. 나의 자유로운 자의가 나로 하여금 어떤 집에 방화하도록 추동할 경우, 이 자의의 실현은 집의 존재, 범죄를 저지를 내 용기의 존재, 가연 물질 및 유사한 경험적 요소들의 존재 등등과 같은 경험적 조건들에 결부되어 있습니다. 그러나 여러분이 칸트를 이렇게 해석하려 한다면 그를 오해하는 것입니다. 도덕적인 것은 경험적 조건들로부터 단적으로 독립되어 있는 것이라는 생각이야말로 바로 도덕 영역 일반에 관한 칸트 사유가 갖는 진정한 핵심이기 때문입니다. 칸트라면 이렇게 말할 것입니다. '도덕적이거나 혹은 비도덕적인 나의 행위가 경험적 조건에 관계맺는 한, 그 사실은 내 자의의 결과에 손상을 입힐 수 있다.' 즉 수영을 하지 못하는 어떤 사람이 자살하려고 할 때 그를 구하기 위해 내가 물에 뛰어든다면 우리 둘 다 익사하는 일이 발생할 수도 있습니다. 그러나 칸트는 이렇게 말할 것입니다. '경험적 조건에 의존해 있는 이러한 결과는 그 자체로 한갓 경험적인 것이고, 도덕적인 것의 사태와는 하등 관련이 없다. 도덕적인 것의 사태는 오직 순수의지의 일이자' —칸트 자신이 명명한 것처럼 내 절대적 자율이든 혹은 무엇이든—'나의 신념Gesinnung의 일이다'. 여기서 여러분은 우리가 지금 탐구하는 칸트 윤리학이 어떤 의미에서 신념윤리라는 것인지를 이해할 수 있을 것입니다. 이는 사람들이 책임윤리라고 표현하는 바에 대한 반대로서, 책임윤리는 행위 결과가 자유의 도덕적 활동을 함께 규정하는 계기가 된다는 의미에서 경험적 조건들을 포함해야만 합니다. 그러니까 칸트는 이런 의미에서 자유로운 행위의 실용적 법칙들pragmatische Gesetze을, 또는 사람들이 한갓 목적-수단-관계로 표시할 수 있을 모든 것을 고유한 의미의 도덕적 법칙으로부터 구별하고 있는 것입니다. 그리고 설령 가장 고귀한 의도라 할지라도 도덕적 행위가 경험적 조건과 목적에 의존해 있게 되는 것이 실용적인 영역인데, 그런 영역 전체가 칸트에 의해 거부됩니다. 그에게는 도덕법칙이 충족되는 것만이 중요하며, 거기서 생겨나는 행위 결과는 그의 윤리학에서 고찰 대상이 아닙니다. 부연하자면 바로 이것이 왜 사람들이 칸트 도덕철학을 엄격주의적 도덕철학이라고 말하는지를 설명해 주는 가장 핵심적인 근거입니다. "그에 반해 그 목적이 이성을 통해 완전히 선험적으로 주어져 있고 경험적으로 조건 지어진 게 아니라 단적으로 명령하는 것인 순수 실천법칙은 순수이성의 산물이다."[138] 이제 여러분은 별도의 해석 없이 이 결정적인 문장들을 잘 이해할 수 있을 것입니다. "그와 같은 법칙이"—그러한 순수 실천법칙이—"바로 도덕적인 법칙이며, 따라서 이것만이 순수이성의 실천적 사용에 속하고, 규준이 될 것을 허용한다."[139] '그것만이 순수이성의 실천적 사용에 속한다'는 말은 좀 다의적이어서, 사람들은 (우리가 논의했던 더 앞의 구절을 상기하면서) 그것이 이론이성의 반대로 실천이성에만 속한다고 생각할 수도 있을 것입니다. 그러나 이제 우리가 해석한 바에 따르면 이 문장은 그와 다른 것을 뜻합니다. 이 문장의 의미는, 도덕법칙만이 순수이성의 실천적 사용에 대해 유효하며 그 규준이 될 것을 허용한다는 것입니다. 그에 반해 단지 영리함의 법칙이자 타율적일 뿐인 실용적 행위 법칙들은 유효하지 않은데, 이것들은 우리를 외적 조건들과 성공 여부에 결부시킴으로써 우리를 부자유하게 만들고 우리 자신의 이성이 아닌 것에 의존하도록 만들기 때문입니다. 칸트는 계속 말합니다. "그러니까 순수철학이라 불릴 수 있는 작업 안에서 이성의 모든 설비는 세 가지의 문제를"—신, 자유, 불멸의 문제 말입니다—"향하고 있다. 그러나 이 과제들은 다시금 보다 멀리 나아간 의도를 갖는다. 만약 의지가 자유롭다면, 신과 내세가 존재한다면 우리는 무엇을 해야 하는가 하는 의도가 그것이다. 이것은 최상의 목적"—최상의 목적이란 도덕법칙입니다—"에 대한 우리의 태도에 관한 것이다. 그렇기 때문에 우리 이성의 조직에 있어서는, 우리를 신중히 배려하는 자연의 최후 의도는 바로 도덕적인 것을 지향하고 있다."[140] 여러분, 여기서 여러분은 『순수이성비판』, 나아가 칸트 철학 전체에서 실천이성의 우위라고 표시될 수 있는 바가 도출되는 것을 볼 수 있습니다. 우리 이성이 정말 본래 도덕적인 것만을 향해 있고 그게 아닌 다른 모든 것은 기껏해야 이성에 대한 자극만을 야기할 뿐이라면, 이 이론에 따르자면 실천이성은 이론적인 것에 대한 우위를 갖는다는 것입니다.

여기에는 라이프니츠 철학에서도 나타나는 바, 세계가 이성적으로 만들어져 있다는 오래된 목적론적 사상이 특이한 방식으로 내면화되어 있습니다. 이로부터 우리 이성은 우리를 올바른 행위로 인도하도록 만들어져 있고, 이성은 우리에게 무엇을 해야 할지를 말하기에 충분하다는 생각이 나오게 됩니다. 이렇게 해서 급진적으로 내면을 향하는 최초의 주관적 윤리학 안에서 고전적 합리주의의 목적론적 사유는 기능을 변경하게 됩니다. 그런데 여기에는 여러분이 주목해야 할 아주 특이한 불일치점이 존재합니다. 신이 존재한다면, 내가 자유롭다면, 내 영혼이 불멸한다면 무엇을 해야 할지의 물음이 갑작스럽게 제기된다는 것입니다.[141] 이것이 칸트 도덕철학의 원칙에 대해 정말로 모순적이라는 사실을 부정할 수는 없습니다. 이 세 요소는 실천이성에 의해 요청된 것으로서, 혹은 『실천이성비판』의 한 구절에서 일컬어지듯 '도덕법칙의 보증인'[142]으로서 비로소 따라 나오는 것들이기 때문입니다. 그렇기 때문에 우리는 이 요소들을 마치 도덕법칙 자체의 조건인 양 다룰 수는 없습니다. 그것들은 도덕법칙과 비교하면 조건 지어진 것들이고, 내가 이미 여러분에게 주지시켰다시피 칸트는 심지어 신의 존재마저 도덕법칙과 하나인 이성으로부터 도출하지, 무조건적인 것으로 정립하지 않고 있다는 점에서 철저히 근대 합리주의적 사유 전통에 속해 있습니다. 그런데 만약 그렇다면, 대체 어째서 저 세 요소가 내가 무엇을 해야 할지에 관해 어떤 본질적인 것을 말해 준다는 것인지 알 수가 없습니다. 내가 무엇을 해야 할지soll는 무조건적인 것, 즉 도덕법칙에서 유래하는 것이지, 그것의 가능한 대체물 혹은 보증으로서 비로소 대두되는 바에서 유래하는 것은 아니기 때문입니다. 이것은 칸트 윤리학에 독특한 타율적 계기가 몰래 숨어 들어 있음을 보여 주는 여러 지점들 중 하나입니다. 자유 자체가 칸트에 의해 거침없고 절대적인 이성 사용의 자유로 재해석됨과 동시에, 내가 행위할 때 따라야 할 법칙에 권위적 계기가 흘러 들어감으로써 그렇게 되는 것입니다. 마치, 이성과 함께 발생하는 도덕법칙을 관철하기 위해서는 이성을 언급하는 것만으로는 불충분하다는 것처럼 보입니다. 실제로 칸트의 윤리학적 저작들, 특히 『도덕 형이상학 정초』에 보면, 선한 행위를 하기 위해서 철학은 사실 전혀 필요치 않으며 『도덕 형이상학 정초』를 공부하지 않았어도 "항상 성실하고 정직하게immer Treu' und Redlichkeit üben"* 살 수 있다고 말하는 구

* 독일의 민중 시인 루트비히 크리스토프 하인리히 횔티Ludwig Christoph Heinrich Hölty가 쓴 시. 이를 가사로 한 민요가 모차르트의 「마술피리」를 통해 유명해짐.

절들이 없지 않습니다. 사람들이 소위 옛 시골 농경 사회의 성실한 덕성에 의존하고, 이성개념 안에 놓인 합리성이 일정 방식으로 제한되어 있을 때를 말하는 것입니다. 이성개념이 정말로 절대적 심급이고 이성 외에는 도덕적이지 않다면 이성으로부터 나오지 않은 모든 행위는 비도덕적인데(나는 지금 칸트적 의미로, 내재적 비판의 의미에서 말하고 있습니다), 이를 부인하는 그 순간 칸트는 도덕법칙의 권위를 유지하기 위해 스스로 자기 철학 안에 어떤 계기를 끌어들이고 있고, 이 계기는 칸트 고유의 자율 개념과 모순되는 계기인 것입니다. 만약 그렇다면, 도덕법칙만으로는 실제로 사람들이 도덕적인 행위를 하도록 만들기에 불충분하다는 말이 됩니다. 우리가 실용적으로, 즉 도덕적인 경험의 영역 안에서 논변하는 한, 여기서 칸트가 말하는 바는 또다시 심리학적으로 고찰된 바와 합치합니다. 그 사이 우리에게 심리학적 고찰이 가르쳐 준 바에 따르면, 비록 조금 전 설명된 그런 의미에서 양심과 같은 어떤 것, 즉 강제가 존재한다 해도, 동시에 우리에게 강요된 것, 초자아에서 파생되고 이차적인 그 강제에 반하는 충동의 힘도 매우 강하기 때문에 우리들 자신의 마음가짐이란 무척 문제적입니다. 양심에 반하는 충동이 터져 나올 가능성이 상존한다는 것입니다. 순수이성에 대한 호소만으로는 충분치 않기 때문에 인간들에게 도덕법칙을 제대로 주입시키기 위하여 일정 정도 조력을 동원해야만 한다는 점에서 칸트는 부르주아 사회의 그 규율, 특히 부르주아적 노동 분업의(부르주아적 도덕에 관해 이야기될 때 우리는 언제나 우선 노동 분업에 대해 생각해야 합니다) 진정한 대변자입니다. 그렇기 때문에 '신, 자유, 불멸이란 조건하에서 무엇을 해야 할지'와 같은, 칸트적 의미에서 참으로 타율적인 성격을 갖는 이상한 표현이 등장하는 것입니다. 이것은 가난한 농부의 아내에게 자기 것이 아닌 감자를 주워서는 안 된다고 경고하면서 만일 그렇게 할 경우 지옥에 떨어지게 된다고 믿게 만드는 종교의 타율적 형상으로부터 전혀 그렇게 멀리 떨어져 있지 않습니다. 이제 여러분은 이 철학에서 가장 숭고한 동기가, 발생적으로 그렇다는 것은 아니지만 그 고유한 내적 의미에 따라 보자면 편협한 동기와 깊숙한 곳에서 어떻게 서로 교차하고 있는지 알게 되었습니다. "자유는" 본래 "실천적 지성 안에만"[143] 존재한다고 칸트는 말합니다. 그리고 여기서 칸트는 여러분에게 굉장히 역설적으로 들릴 것임에 틀림없는 말을 하는데, 어쩌다 그가 그렇게 말하게 되었는지를 여러분은 내 해석을 통해 충분히 이해했기 바랍니다. "실천적 자유는 경험을 통해 입증될 수 있다." 칸트는 계속 말합니다. "왜냐하면, 단순히 자극하는 것, 감관을 직접 촉발하는 것은 인간의 자의를 규정하지 않기 때문이다. 우리는 오히려 장기적으로 유용하거나 해로운 것에 대한 표상을 통해 우리의 감각적 욕구 능력에 대한 자극들을 … 극복할 능력을 가진다."[144] 여기에도 또 다시 아주 중요한 계기가 적혀 있습니다. 그 계기란 그것Es, 즉 충동이 어떤 식으로든 현실과 모순 관계에 빠질 경우 이를 자아 원칙을 통해 통제할 심리학적 가능성입니다. "우리의 모든 상태에 관련하여 욕구할 가치가 있는 것, 즉 좋고 유용한 것에 관한 이러한 숙고들은 이성에 근거한다."[145] 여러분은 여기서 이성이 현실 검증 능력으로서 우리에게 주어져 있다는 사실을 통해서 자유에 대한 소위 경험적 증명이 이루어지고 있음을 분명히 알게 되었습니다. 여기서 매우 흥미롭고도 칸트의 위대한 정직성을 입증해 주는 것은 다음의 사실입니다. 사력을 다해 전진해 나아가는 이 대목에서 칸트는 결코 텅 빈 공간 안에 있는 어떤 논리적 능력으로서의 이성을 요청하는 게 아니라는 것, 오히려 여기서 그의 숙고는 철저히 능력으로서의 이성의 실제적 사용tatsächlichen Gebrauch에 관한 경험적 숙고라는 것입니다. 그리고 이때 이 이성 능력은 우리가 현실을 검증하게 해 주는 능력이자, 우리 자신의 이해Interesse와 모순된다면 때로는 직접적인 욕구 충족을 보류하게 해 주는 능력입니다. 그러니까 여러분이 보고 있는 사실은, 칸트가 이성의 존재를 증명하기 위해서 논변해야 하는 이 부분에서, 도덕의 실용적 법칙과 고유하게 도덕적인 법칙들 사이의 절대적 대립을 전혀 존중하지 않고 있다는 것입니다. 진리의 순수한 기관으로서의 이성과 우리의 자기보존 기관으로서의 이성은 단적으로 서로 무관한 두 가지의 상이한 것들이 아니며, 자립적이면서 진리를 지향하는 이성은 하나의 변증법적 생산물로서, 곧 저 자기보존적 이성, 통속적 의미의 실천적 이성이 낳은 자식이라는 점을 칸트는 깊이 통찰하고 있기 때문입니다. 후자의 의미에서 실천적 이성을 두고 칸트는 그 앞 절에서 한갓 '실용적' 이성이라며 약간의 거부감을 드러낸 바 있습니다. "이것[이성]은 따라서 명령으로 주어지는, 즉 자유의 객관적 법칙을 준다. 이는 무슨 일이 일어나야 하는지를 말해 주는 법칙이다. 설령 그 일이 전혀 일어나지 않을지라도 말이다." ―여러분은 여기서 결과에 대한 무차별성을 보고 있습니다― "그리고 이 점에서 이 법칙은 무엇이 일어나는가에 관한 것일뿐인 자연법칙으로부터 구별되며, 그 때문에 그 법칙은 또한 실천적 법칙이라고 불리는 것이다."[146] 이제껏 행한 내 해석들을 확인시켜 주기 위해서 어찌 보면 좀 역설적인 칸트의 이 문장들을 낭독해 보았습니다. 이제 여러분 모두에게 실천법칙이 투명해지기 시작했기를, 또 그것이 내가 해석하면서 보여 준 것만큼 많은 의미를 여러분에게도 갖기 시작했기를 바랍니다. 감사합니다.

131) NaS IV/4, S. 40 및 S. 55도 참고할 것.

132) Vgl. W III, S. 54 f., B 13 f./ A 9 f.

133) 칸트를 참고할 것. "법칙에 대한 의지의 자유로운 복종 의식은 오직 자기 자신의 이성을 통해서만 가해지는, 모든 성향에 대한 불가피한 강압과 결합되어 있는 것인데 이를 법칙에 대한 존경이라고 한다. … 이 법칙에 따르는, 곧 성향으로부터 이루어지는 모든 규정을 배제하면서 객관적으로 실천적인 행위가 의무이다. 의무는 이런 배제를 위하여 그 개념상 실천적인 강제를, 즉 어떻게든 마지못해서라도 행위하게 만드는 규정을 포함한다. 이러한 강제에 대한 의식으로부터 발생하는 감정은 감관의 대상들에 의해 작용되는 감정과 같은 정념적인 것이 아니라, 오로지 실천적으로만, 즉 선행하는 (객관적) 의지 규정과 이성의 인과성을 통해서만 가능하다"(W VII, S. 202).

134) Vgl. Freud, "Das Ich und das Es", a.a.O., S. 301 f. u. S. 315-318.

135) Vgl. Nietzsche, Die fröhliche Wissenschaft, Stück 335 "Hoch die Physik!": "벗들이여, 나에게 정언명령에 대해 이제 말하지 말라! — … 나는 늙은 칸트를 떠올리고 있다. 그는 물자체…를 사취했다는 것에 대한 벌로 '정언명령'에 엄습 당하여 그것을 가슴에 품은 채 다시 '신', '영혼', '자유' 그리고 '불멸성'을 향해 가다 길을 잃었다…. 어떻게? 너는 네 마음속의 정언명령을 찬미하고 있는가? 너의 소위 도덕적 판단의 '확고함'을? '내가 하는 것처럼 여기 모두가 판단해야 한다'는 그 '무조건성'의 느낌을? 차라리 그 속에서 너의 아집을 칭송하라! 그리고 너의 그 아집이 갖는 맹목성, 쪼잔함, 그리고 검소함을!"(Sämtliche Werke, a.a.O., Bd.3, S. 562).

136) 1963년 5월 30일에 있었던 제6강 및 미주 121을 보라.

137) W IV, S. 673, B 828/ A 800. 아도르노는 인용을 하다가 "하나의 목적으로, 즉 행복" 이하의 구절을 생략하면서 끊는다. 전문은 다음과 같다. "행복, 그리고 그에 도달하기 위한 수단의 조화가 이성의 모든 과업을 형성한다. 그래서 이성은 우리에게 감관을 통해 권고되는 목적들에 도달하기 위한 자유로운 행위의 실용적 법칙을 줄 뿐이며 완전히 선험적으로 규정된 순수 법칙은 제시할 수 없다."

138) 같은 책, S. 673 f., B 828/ A 800.

139) 같은 책, S. 674, B 828/ A 800.

140) 같은 책, B 828 f./ A 800 f.

141) 아도르노는 여기서 "도덕신학"에 대한 칸트의 개념과 관계하고 있다. "우리가

모든 목적의 체계에 들어맞게 됨으로써 여기 이 세계 안에서 우리의 규정을 충족시키는 내재적 사용 …"(W IV, S. 687, B 847/ A 819)이 그것이다. 이 도덕신학은 "내가 행해야 할 바를 행한다면, 그러고 나면 나는 무엇을 희망해도 되는가?"(W IV, S. 677, B 833/ A 805)라는 물음에서 출발한다.

142) 문자 그대로 상응하는 표현은 발견되지 않았음. W VII, S. 264를 참고할 것.

143) Vgl. W IV, S. 674, B 829/ A 801.

144) 같은 책, S. 675, B 830/ A 802.

145) 같은 곳.

146) 같은 곳.

제9강

1963년 6월 27일

여러분 안녕하십니까.

강의가 한 번 더 취소되어야만 했는데,[147] 그래도 우리가 칸트 도덕철학의 단초가 어떻게 구성되어 있는지에 관해 이야기하다 말았던 것을 아마 여러분은 기억하고 있을 것입니다. 계속 이어서 나아가 보겠습니다. 우선 이성이 "명령으로 주어지는, 즉 자유의 객관적 법칙"[148]인 그런 '법칙들을 준다'는 표현을 기억해 보십시오. 이 정식에는 모순이 압축되어 있는데, 칸트의 규정에 따르면 자유는 바로 법칙에 종속되지 않는 것이기 때문입니다. 변증법의 출발점을 여러분이 이 강의에서도 조금이라도 이해해 두면 좋을 텐데, 그 출발점을 여기서 명확하게 볼 수 있을 것입니다. 변증법이란, 일단 여기서는 하나의 표현 속에 뒤엉킨 채로 압축되어 있는 모순을 풀어 전개하려는 시도임을 나는 계속해서 여러 각도에서 보여 주겠습니다. 그러니까 칸트 철학 앞에서 여러분은 변증법이 그런 모순들을 일종의 싱커페이션 속에서 단순히 드러내는 대신에, 부각된 채로 멈춰 있는 그것을 전개시키려는 시도임을 분명히 알 수 있을 것입니다. 이것이 내가 두드러지게 모순적인 그런 표현들에 그토록 큰 의미를 부여하는 까닭 중 하나입니다. 그리고 이 "자유의 법칙"은 ―여기서 칸트 도덕철학 전체의 집약이 발견됩니다― "무슨 일이 일어나야 하는지를 말해 주는 법칙이다. 설령 그 일이 전혀 일어나지 않을지라도 말이다. 그리고 이 점에서 이 법칙은 무엇이 일어나는가에 관한 것일 뿐인 자연법칙과 구별된다."[149] 칸트의 도덕철학이 갖는 아포리적 단초에서 결정적인 문제이기도 한 법칙과 자유 사이의 이 모순을 그는 여기서 (이것이 그의 도덕철학 전체의 소위 요체이므로 이를 정확히 봐 두기 바랍니다) 다음과 같은 방식으로 해결하고자 합니다. 그는 이 법칙성이 일어나는 일의 법칙성이 아니라 다만 일어나야 하는 일의 법칙성이라고, 그러나 또한 그 법칙성은 절대적인 설득력과 효력을 갖는다고 말함으로써 위 문장에서 서로 마주하는 법칙과 자유의 양대 계기를 해소하려 하는 것입니다. 명령을 수신하는 개별 주체들이 이 명령에 따를지는 열려 있어서 (그리고 바로 이 점이 도덕 명령을 원칙적으로 자연법칙성으로부터 구별시키는데) 매번 경험적으로 이 법칙에 상응하는 어떤 것이 발생할지의 여부가 확실할 필요는 전혀 없습니다. 반면에 자연법칙이라 함은 사실적인 것, 자연의 연관과 관계하는 법칙입니다. 이후의 것들을 이해할 수 있기 위해 이 점을 잘 새겨 두기 바랍니다. 이어서 칸트는 이렇게 구성된 자유 영역을 제한하는데, 이 제한도 여러 가지 이유에서 매우 특이합니다. 그것은 우선, 칸트가 여기서 다뤄지는 문제를 스스로 어떻게 의식하게 되었는지, 그리고 그가 이 제한에 포함되어 있는 몇몇 기이한 다의성 때문에라도 얼마나 이 문제를 완전히 공개적으로 논의했는지를 보여 준다는 점에서 특이합니다. 해당 부분을 읽어 보겠습니다. 이 문제들을 제대로 이해하려면 텍스트에, 더 정확히 말하자면 비교적 짧고 그 자체로 굉장히 간결하며 한정된 텍스트에 직접 합류하여 이를 확대경으로 들여다보듯이 고찰해야 할 것이기 때문입니다. 나는 오직 그런 미시적 처리 방식과 사유의 구성 사이를 오갈 때에만 생산적인 종합이 있다고 생각합니다. 반대로 사상 구성물의 내부에 있는 소위 거대한 연관들에 대한 '중도적인mittlere' 이해는 부차적인 것Subalterntät으로 빠질 위험을 시작부터 안고 있습니다. 칸트는 이렇게 계속 나아갑니다. "이성은 행위를 통해서 법칙을 지정한다. 그런데 이런 행위 속에서 이성 자신은 외부적 영향에 의해서 다시금 규정되지 않을지, 그리고 감각적 충동과 관련해서 자유라고 하는 것이 보다 상위의 원인, 더 먼 데서 작용하는 원인과 관련해서 보면 다시금 자연이지 않을지, 이런 문제는 실천적인 것 안의 우리와는 상관 없는 문제이다. 우리는 이성에게 우선적으로 행위의 지침을 물을 뿐이기 때문이다. 저런 문제는 오히려 우리의 의도가 행할지 말지를 향하는 한에 있어 옆으로 제쳐 놓을 수 있는 한갓 사변적 물음이다."[150] 우선 여기서 주목해야 할 사실은, 칸트가 그 스스로 제안하는 해결책을 더 나아간 물음의 조건하에 종속시키고 있다는 것만이 아닙니다. 우리는 나중에 여기로 되돌아올 것입니다. 또한, 이것은 칸트에게서 나타나는 아주 독특한 점이기도 한데, 우리는 그가 더 묻지 않고 멈춘다는 사실에 주목해야 합니다. 이 칸트 특유의 중단의 경향성에 관해서도 더 언급해야 할 것입니다. 칸트가 외부의 영향이란 말로 규정하는 바, 즉 "보다 상위의 원인, 더 먼 데서 작용하는 원인에 관련해서 보면 다시금 자연이지 않을지"는 서로 모순적으로 대립해 있는 두 가지 해석을 허용합니다. 하나는—[어떤 해석이 옳은지는] 전체 연관으로부터 결정해야지, 문자 그대로만 따라서는 무엇이 옳은지 결정할 수 없다고 생각합니다—칸트의 논변 자체 안에 놓여 있는 해석으로서, 여기서 칸트가 멀리 있는 자연의 의도, 그렇지만 다음과 같은 방식으로 자유의 왕국과 합치 가능하다는 자연의 의도에 대해 생각하고 있다는 것입니다. 자연이 우리에게 완전히 알려져 있다면, 미완의 인식[우리의 불완전한 인식]이 칸트가 절대적인 신적 의식에만 귀속시켰던 그런 인식으로 대체된다면, 이런 종류의 인식에서는 도덕에 의해 표현된다는 목적들의 왕국과 자연 인식 속에서 표현된다는 원인들의 왕국이 서로 일치하게 될 것입니다. 이 두 계기의 분산은 칸트에게 견딜 수 없는 것이기 때문입니다. 칸트의 전체 체계를 염두에 두면서 해석할 경우 아마 이것이 위 인용 구절이 뜻하는 바일 개연성이 큽니다. 그러나 (이것은 종종 있는 일인데) 여러분이 여기에 쓰여 있는 말을 문자 그대로 고수한다면 또 다른 해석도 가능합니다. 그 해석 내용을 우리는 이미 건드렸는데, 이는 칸트에게서 나타나는 자연이라는 단어의 이중성과 연관되어 있습니다. 자유의 법칙도 결정된 연관으로서의 자연 연관 안에 속하게 된다는 것입니다. 달리 말하면, 주어진 것으로서 도덕법칙은 헤겔식으로 말해 생성된 것이자 발생된 것이며, 그것은 그 기원에서는 다시 자연 인과성하에 놓여 있다는 것입니다. 정신분석학에서 사람들이 초자아, 양심의 심급을 충동 역학과 충동 경제, 즉 동일시의 기제에 근거하여 그 자체 자연 영역에 속하는 범주들을 가지고 설명하는 것도 마찬가지입니다. —그러니까 여기서 칸트가 이를 통해 『실천이성비판』을 어떻게 전개하고 있는지, 그가 여기서 유명론적으로 도덕법칙의 보편성을 존재적인, 사실적으로 존재하는 결정 요인으로 설명하고자 하는지 아니면 반대로 자유 영역과 자연 영역 사이에 있는 모순이 더 상위 종류의 자연 개념, 신적이고 그 자체로 선한 자연 안에서 해소될 수 있다고 생각하는 것인지는 열려 있는 것입니다.

여러분은 이렇게 물을 수 있을 것입니다(그리고 이 방법적인 문제에 관해 내가 적어도 몇 마디 정도는 해도 될 것입니다). 칸트의 전체 체계를 아는 사람이 볼 때 저 구절에서 칸트가 생각한 바가 첫 번째 해석일 가능성이 그토록 크다면,[151] 어째서 두 번째 가능성을 끌어들이려고 하는지를 말입니다. 어쨌든 사태가 이쪽으로도 저쪽으로도 쏠릴 수 있음을 떠나, 원칙적으로 내가 말하고 싶은 바는 이것입니다. 나는 문헌학의 견해—이는 분명 여러분 중 대다수가 절대적으로 타당한 것으로 경험하는 것이자 여러분이 그로부터 해방되기 위해서는 상당한 정신적 노력을 기울여야 할 만큼 그렇게 강력한 이론으로 받아들여지는 견해입니다—와는 반대로, 정신적 산물이 그 원작자의 의지와 의도로 소급함으로써 본질적으로 해명된다는 생각을 거부합니다. 나는 거기에 상당한 오류 원천들이 작용하고 있다고 생각합니다. 그중 하나이자 아마도 가장 조잡한 오류 원천은, 입법자의 소위 의지란 것이 법적 해석 속에서 해명될 수 없는 것처럼 의지와 의도란 것은 절대로 해명될 수 없다는 것입니다. 내가 제대로 배웠다면 이것은 법학에서도 여전히 어슬렁거리는 생각입니다. 그러나 그 뒤에는 어떤 심오한 것이 숨겨져 있습니다. 그것은 우리가 칸트와 관련해 말하는 것들처럼 아주 진지하고 심각한 문제에 관한 논변에서는 단순히 그가 의도했는지 여부만이 중요한 게 아니란 사실입니다. 그가 하는 숙고들은 (바로 여기에 칸트와 같은 사상가의 위대함이 있는데) 그가 대변했던 주관적 의견으로 환원되는 것이 아닙니다. 오히려 그 숙고들의 핵심 내용은 개념의 객관적 운동, 주장되는 바의 객관적 설득력 안에 있습니다. 정신적 산물이 위인들, 즉 위대한 사상가, 시인 그리고 작곡가 등의 재산이라는 것도 부르주아적 정신이 살고 있는 거실에서 나온 선입견입니다. 이전에는 그 거실 안에 석고 반신상 같은 형태로 편재해 있었던 이 정신적 산물들을 사람들은 그 거실로부터 멀리 떨어뜨려 놓았지만, 그것들은 보이지 않게 여전히 그 안에 남아 있어, 그럴수록 더욱 치명적인 효과를 갖고 있는 것입니다. 그래서 우리는 차라리 이렇게 말해야 할 것입니다. 탁월한 정신적 산물은 그것을 사유하는 자의 노력과 그때 사유되는 객관적 사태로부터 만들어지는 하나의 결과물입니다. 그것은 말하자면 그 일에 들어가는 일체의 정신적 노력이 추구하는 이상Ideal인 것입니다. 그리고 이것 자체가 하나의 도덕적 사태로서, 나는 이를 거의 하나의 준칙으로 제시하고 싶습니다. 정신적 산물이 갖는 핵심 내용은 각 개별 사상가의 자의가 사태 안으로, 사태의 강압 안으로 사라져 간다는 데에 있습니다. 정신적 산물은 의도의 표현도, 그것을 창조한 자의 표현도 아닙니다. 그것은 사태 자체의 진리 속에서 이루어지는 이 의도의 소멸입니다.[152] 그 때문에 나는 텍스트 안의 이 사태 자체가 무게와 힘을 가지며 이 힘은 많은 경우 각 저자가 그때그때 추구했던 바의 힘보다 더 크다고 생각합니다. 텍스트에 대한 철학적 해석의 과제는 서로 대립하는 힘들이 만들어 낸 결과물에 기반해 사태 자체가 무엇을 말하는지를 제대로 파악하는 데에 있지, 저자가 그때 무엇을 생각했을지를 파악하는 데에 있는 게 아닙니다. 이것은 사태 자체가 말하는 바에 비하자면 단지 부분적이고 주변적인 요소를 드러낼 뿐입니다. 이것이 내가 이 문제를 여기서 상론하는 이유이며, 아마 이것이 내가 전체적으로 따르고 있는 해석적 방법을 여러분에게 설명해 줄 것입니다.

추측건대 칸트는 두 이원론적 원리의 통일을 향하는 자연의 고차적 의도를 생각했다고 나는 말했습니다. 그렇지만 또한 동시에 다르게 생각했을 수도 있다고 말했습니다. 이제 여러분은 이 두 해석 중 무엇을 선택할지는 우리가 자연이라는 단어에 부여하는 의미에 달려 있다고 생각하게 될 것입니다. 그리고 우리가 칸트 철학 안에서 자연 개념이 갖는 상이한 의미를 아주 엄밀하게 탐구해서 자연이 도대체 무엇을 의미하는지를 보여 주게 된다면 그것은 (내가 아는 한 아직 이루어지지 않은, 정말로 문헌학적인 종류의) 아주 중요한 탐구가 될 것입니다. 자연이라는 이 개념은 이중적입니다. 칸트에게서 자연 개념이 갖는 이런 이중적 의미에 대한 실마리는 그의 사물Ding이란 단어가 갖는 이중적 의미일 것입니다. 이 단어는 한편으로는 내 앞에 나타나는 현상의 알려지지 않은 소위 원인, 즉 절대적으로 초월적인 것이자 나에게 결코 주어지지 않는 것으로서의 물자체를 의미하지만, 다른 한편으로는 구성물, 대상을 의미하며 이 대상은 내 감각 혹은 질료가 내 직관 형식 및 사유 형식과 상호작용함으로써 만들어진다고 합니다. 자연이 만약 사물 일반의 왕국에서 나타나는 모든 것의 총괄 개념이라면, 혹은 자연이 계몽에 관한 칸트의 저작에서 일컬어지듯 하나의 세계 개념이라면,[153] 칸트의 물자체 개념에 적용되는 이 동일한 이원론이 자연 개념 자체에까지 뻗치게 될 것입니다. 그렇다면 그의 철학에서 자연은 나에게 결코 주어지지 않는 모든 사물들의 총체성인 세계와 마찬가지로 이중적인 의미를 갖게 될 것입니다. 말하자면 칸트에게 자연은 한편으로는 구성된 것, 조건 지어진 것, 경험의 총괄 개념이자 인간 내면의 원칙 즉 욕구 능력으로서 궁극적으로는 그의 『이성의 한계 내에서의 종교』에서처럼 근본악과 단적으로 동일시될 수 있는 것입니다.[154] 그러나 자연은 다른 한편으로 물자체로서, 잠시 키치적 표현을 사용하자면 존재 근거, 즉 우리 자신 안에서 작용하면서 무엇이 좋고 나쁜 것인지에 관한 암시를 주는 것이자 절대적인 것입니다. 그리고 이런 암시 자체가 좋음과 동일시되는데, 그것은 칸트에 따르자면 인간 존재를 특징짓는 것인 이성으로부터 유래하기 때문입니다. ―이와 관련해서 여러분이 떠올려야 할 것은, 칸트에게는 이성 자체가 좋음의 기관Organon*이라는 점, 그리고 그의 도덕철학에서 이성 이외의 또 다른 기관은 전혀 나타나지 않고 있다는 점입니다. 이상의 의미에 따르면 이성은 자기보존, 인간 욕구의 충족으로부터 전혀 분리할 수 없을 것입니다. 칸트에 따르자면 절대적이고 객관적인 것으로 간주되는 저 법칙을 우리에게 가져다준다는 이성(스피노자와 그의 대척자 홉스 등을 비롯하여 근대 이후 철학의 전 역사가 이를 말해 준 이래, 칸트는 이를 가장 잘 파악한 사람입니다), 그 이성의 본질은 바로 자기보존에 있기 때문입니다. 그리고 '나의 모든 표상들을 수반할 수 있다고 하는 사유적 자아'[155]라는 칸트적 개념은 순수 논리적 동일성 원칙으로 승화되지만, 이 개념에는 자기보존의 이념, 스스로를 동일적으로 유지한다는 이념이 스며들어 있습니다. 그러나 다른 한편으로 칸트에 의해 자기보존은 곧바로 하위 원칙으로 비난받습니다. 『도덕 형이상학 정초』의 한 유명한 구절에서 칸트는 자기 삶을 유지하려는 노력은 비록 영리하고도 이성적인 것이지만 최상의 의미, 절대적 의미에서 도덕적인 것, 순수하게 도덕법칙으로부터 나오는 것은 아니라고 말합니다.[156] 이성은 한편으로 그 자체가 자기보

* 이성은 좋음에 대한 우리의 인식을 규정하고 생산하는 일종의 기관이라는 의미.

존적 주체의 동일성이기 때문에 그 고유한 내용에 따라 보자면 자기보존에 대한 관심으로부터 분리될 수 없고 또 다른 한편으로 자기보존의 관심에 대립할 수 있다고 하는 이 모순을 통해서, 여러분은 왜 칸트가 지금 여기서 다뤄지는 두 자연 개념의 이원론을 유지한 채 버텨 낼 수 없는지, 어째서 그가 이것들을 더 고차적인 개념으로, 이후 사람들의 표현을 빌리자면, 지양시키는 쪽으로 떠밀리고 있는지를 아마 가장 분명하게 이해할 수 있을 것입니다. 그렇게 떠밀려 가는 데 있어 조화라든가 상위 원칙 속에서의 상쇄라든가, 혹은 통일이나 그 외 철학사가 모든 상투적 문구들로 설명해 주곤 하는 그런 것들에 대한 욕구는 거의 어떤 역할도 하지 않습니다. 거기서 중요한 것은 오히려, 이성개념 자체의 이중성이—한편으로 자기보존을 모델로 하여 형성되었으나 다른 한편으로 치명적 결과와 모순으로 나아가는 이 자기보존의 특수성을 제약해야만 하는 이성의 이중성이—이 이원론을 넘어서 나아가도록 만든다는 것, 그래서 정말 명백한 이 모순, 사상이 직접 괴롭게 겪어야만 하는 이 모순이 과연 이로써 사라졌는지를 철저히 생각하도록 만든다는 점입니다. 달리 말해, 화해의 동기로서 중요한 것은 조화나 체계적 통일 등에 대한 욕구가 아니라, 내가 여러분 앞에서 전개해 보인 것과 같은 그런 모순이 견디기 어렵다는 사실, 사유가 모순 곁에 머물러 있는 한 그 모순은 참기 힘든 것이라는 사실입니다. 그러나 칸트는 이런 사변을 내가 여러분에게 보여 준 그 필연성에 따라 진행하고서는, '여기까지만, 더 이상은 아니'라고 말합니다. 그리고 '그것은 실천적인 것에 있어서 우리와 상관이 없기 때문에 그것에 더 이상 신경 쓸 필요가 없다'는 식으로 말합니다. 여기서 여러분은 칸트에게 존재하는 특별히 부르주아적 계기에 근접하게 됩니다.

이제 이 중단에 대해 몇 마디 더 말하겠습니다. 그 이유는 이 중단이 칸트 철학의 일반적 구조 자체이자, 그의 후예들이 대항했던 구조이기 때문입니다. 칸트와 피히테 및 나머지 모든 관념론자들 사이의 차이를 간단히 표현해 본다면, 그것은 바로 이 대립이 될 것입니다. 그들은 '그렇지만 그것은 우리와 상관없다'고 하는 이 중단을 견딜 수 없어 하면서, 오히려 '우리와 상관없다고 당신이 말하는 그것, 바로 그것이 우리에게 정말로 상관 있는 것이다!'라고 말했다는 것입니다. 그러나 이 중단에 대해 내가 말한 그 이유가 중요한 것은 아닙니다. 중요한 것은 도덕철학의 구조 자체가 결정적으로 이 중단에 의존하고 있다는 사실입니다. 도덕철학의 구조는 도덕법칙의 소여성 너머로는 질문되어서는 안 된다는 생각, 나는 이 소여성을 단적으로 존중해야만 한다는 생각에 의존해 있다는 것입니다. ―그리고 이 점에서 도덕법칙은 역설적으로 감각 자료를 상기시킵니다. 예를 들어 어떤 것이 나에게 빨갛게 보일 때, 그것은 단지 거기 그렇게 있는 것이기에 내가 더 이상 그에 관해 토론할 수 없는 것과 마찬가지입니다. 이런 계기가 칸트 도덕철학 전체의 구성에서 그토록 결정적이기 때문에, 우리는 이러한 중단의 태도에 관해 간단하게나마 이야기해야 할 것입니다. 이 태도 또한 복잡한 계기들이 압축된 결과이기 때문입니다. 내가 설명한 것 중에서 우선적으로 여러분의 눈에 띌 사실은, 권위적인 특성입니다. 이 권위적 특성은, 도덕법칙이 여러분에게 의무를 다해야 한다고 명령한다면, [이 법칙의 타당성에 대해] 골똘히 생각하거나 혹은 칸트가 쓰곤 하는 표현으로 '궤변을 해서는vernünfteln' 안 되고, 이 소여성을 다른 모든 소여성들과 마찬가지로 존중해야 한다는 것, '땅에 머무는 동안 그의 성실로 먹을거리를 삼으라'는 것을 의미합니다. 그러니까 단지 도덕법칙에 순종하고 그것이 왜 존재하는지 생각하지 말라는 것만이 아니라, 도덕법칙이 거기 존재한다는 사실이야말로 그것의 유효성에 대한 가장 강력한 증거라는 것입니다. 그에 반해 지시 내용만이 아니라 그것이 옳은지에 대해서까지도 묻는 물음은 물론 매우 정당합니다. 만약 심리학자가 칸트 논변의 이 대목에 접근한다면, 그는 여기에 소위 저항 기제가 존재한다고 근거 있게 말할 수 있을 것입니다. 칸트 스스로도 의무와 양심의 발생에서 심상치 않은 어떤 것을 발견했기에, 즉 그 자신이 여기 이 자율의 한가운데에 어떤 타율적인 것이 존재함을 간파했기에 방어적으로 말한다는 것입니다. '제발 그만 멈추지 않는다면 당위 영역 안에서 보편자를 구제하려는 나의 꽤 괜찮은 이 시도가, 그리고 그토록 위계적으로 잘 구축된 내 철학의 최상층이 망가질 것이다.' 예를 들어 우리는 칸트에게서 타당한 것으로 가정되는 모든 강압 기제에 대해 비판할 수도 있을 것입니다. 실제로 정신분석학이 일종의 심리학적 마사지의 기술로 변질되지 않고 아직 급진적인 사회 비판으로 존재하던 시절, 그것은 도덕 규범들 자체를 투명하게 만들고 이성 앞에서 정당화하는 대신 그것이 단지 거기 있다는 이유로 인정하는 행위를 비판할 정도였습니다. 그런 한에서 심리학자 프로이트는 이때 교황보다도 더 교황다웠고, 추측건대 그는 한 번도 읽지 않았겠지만 칸트보다도 더 일관적인 칸트주의자였다고 말할 수 있을 것입니다. 그러나 이것이 전부는 아닙니다. 이 중단 안에는 또한 어떤 참된 것이 들어 있습니다. 무엇보다 칸트는 (이것이 칸트 도덕철학의 구성에 있어 아주 중요한데) 그의 후예들과 반대로, 비동일성에 대한 의식이라고 내가 압축적으로 명명하고 싶은 바를 가지고 있었습니다. 칸트의 초월론적 철학 체계는 (지금 나는 칸트 철학 전체에 대해 말하고 있습니다) 피히테가 아주 엄밀한 의미에서 최상의 원칙으로서 요구했던 것처럼 그렇게 모든 것을 감이 도출하려고 하지 않습니다. 칸트에 따르면 인식은 도출될 수 없는 것과 도출될 수 있는 것 모두로부터 구성되는 것이기 때문에, 이 계기들의 상호작용도, 그리고 인식 및 행위의 본질도 순수하게 도출될 수 없습니다. 실정적인 것das Positive, 주어진 것 앞에서의 이러한 체념 안에는 타율만이 숨겨져 있는 것이 아니라, 존재하는 모든 것과 각각의 행위가 자신의 산물이라고 주장하려 하는 이성의 절대성 요구 자체에 대한 한계의 감정도 숨겨져 있습니다. 역설적이게도 바로 이를 통해서, 타율적인 것을 그토록 치열하게 비판했던 칸트에게서는 관념론적 철학에서보다 훨씬 더 많이 비자아 및 타율적인 것이 존중되고 유효해지게 됩니다. 관념론적 철학은 칸트보다 훨씬 더 비자아를 인정하지만, 그것을 자아 자체 안으로 흡수하고 해소시킴으로써 이성적인 것으로 만들어 정당화하려고 했던 것입니다.

그런데 이 중단의 계기에는 또 다른, 이보다 더 심오한 어떤 것이 숨겨져 있습니다. 그것은 강의가 시작할 때 여러분에게 주지시켰던 계기이자 여기서 다뤄져야 마땅할 계기이기도 합니다.[157] 내가 너무 일찍 언급한 탓에 여러분이 기억하고 있을지는 모르겠지만, 이 계기는 바로 이론철학과 실천철학의 분리에는 올바른 행위가 이론적 규정으로 완전히 해소될 수 없다는 사실이 숨겨져 있다는 사실입니다. 만약 우리가 절대적인 법칙을 세우고서 왜 이 세계 안에서 고문이 있어서는 안 되는지를 순수한 이성으로부터 연역하려 한다면, 거기서 우리는 온갖 어려움에 부딪히게 될 것입니다. 가령 프랑스인들이 알제리에서 겪었을 것에 틀림없는 어려움들이 있습니다. 이 끔찍한 전쟁에서 그들의 적들은 자신들의 포로를 고문했습니다. 그렇다면 그들도 반대로 자신들의 포로를 고문해야 합니까, 아니면 해서는 안 되는 것입니까? 그런 유의 모든 도덕적 물음 일반을 이성에 대면시키는 순간 우리는 가공할 변증법 속으로 빨려 들어가게 됩니다. 그리고 이런 변증법에 맞서서 '그만 멈춰라!' 하고 명령하는 계기, '너는 그것에 관해 심사 숙고해서는 안 된다!'라고 말하는 계기는 나름의 좋은 의미를 갖습니다. 어떤 피난민이 누군가에게 와서 자신을 숨겨 달라고 간청하는 순간에, 그가 만약 거기에 관련된 일련의 숙고들을 진행한다면 [어떻게 되겠습니까?] '여기에 살해당하게 되거나 아니면 어떤 나라의 어떤 경찰의 손에 떨어지게 될 피난민이 있고, 그는 숨겨져야 하고 보호되어야 한다'라고 생각하면서 바로 그렇게 행위하는 대신에, 즉 그 생각을 다른 모든 것보다 앞세우는 대신에 말입니다. 만약 이 문제에서 이성이 잘못된 자리에 나타나게 된다면 이성은 반이성적인widervernünftig 것으로 됩니다. 그래서 이 계기는 행위가 이론 안으로 순수하게 통합될 수 없음을 의미합니다. 통합될 수 없는 까닭은 올바른 행위에 부조리의 침전물이 섞여 들어가지 않는다면 그 행위 자체가 이루어질 수 없기 때문입니다. 그리고 이 계기가 칸트의 이 원칙 속에서 표현되고 있는 것입니다. 나는 다음의 이중성을 의식할 때에만 도덕철학의 전체 영역에 관해 유의미하게 사유할 수 있다고 믿습니다. 도덕철학의 영역은 이성에 의해 관통되어야 하지만, 그럼에도 불구하고 이성 안으로 완전히 해소되지는 않는다는 사실이 그것입니다. 이는 철학과 대조되는 종교적 계율 같은 것에서 표현되는 그 계기이기도 한데, 이 계기는 도덕 영역 안에서 이성의 한계를 표현하고 있기에 순수철학적 동기에서 나온 것이라고 말할 수 있습니다. 종교 안에 (종교가 내세우는 도덕적 규범에 문제가 있을 수도 있겠지만) 어떤 올바른 것이 있다는 것, 그리고 '그저 따르라'는 이 계기에는, 형식적으로 볼 때 내가 왜 거기에 따라야 하는지 그 이유를 제시할 것을 요구하는 이성만큼이나 도덕적인 것의 이론에 본질적으로 속하는 어떤 것이 숨겨져 있다는 것입니다. 그러나 사유에 대한 자기반성을 통해서 이성의 권위에 대해 물음을 던지면서 그런 권위적 계기들을 비판적으로 해소할 뿐 아니라 동시에 이 계기들을 올바른 행위 자체의 요소로서 구제하여 행위 안으로 수용하는 것이 세속적이고 계몽된 사유에 어울리는 태도일 것입니다.

앞서 내가 읽어 준 대목에서 여러분은 칸트의 『판단력 비판』에서 숭고 개념으로 표시된 계기, 전율Erschütterung의 계기이자 순수 자율성 안에서의 절대적 자기 확실성이라는 계기가, 그에 대립된 부르주아적 제약성 및 편협성의 계기와 어떻게 교차하고 있는지를 분명히 목격할 수 있을 것입니다. 칸트 자신이 속해 있던 초기 부르주아 계급의 제약성은 그 이후 시대에 사람들이 정당하게 혹은 부당하게 취득하게 되는 주권Souveränität의 감정에 대한 제한이기도 한데, 이것이 도덕적 사유의 조건이자 도덕적인 것 자체의 조건입니다. 이런 제한적 계기 없이 도덕철학이라든가 올바른 행위라는 것이 과연 가능할지 우리는 물어야 할 것입니다. 이 제한적 계기가 정신의 운동, 헤겔이 말하듯 "파괴의 광란Furie des Verschwindens"[158]에 의해 이미 해소되어 버렸는데도 역사의 수레바퀴를 되돌려 이 계기를 폭력적으로 소환하여 다시 붙잡지 않고서도 그런 것이 과연 가능할까 하고 말입니다. 이것은 헤겔이 가졌던 경향이기도 합니다. 헤겔은 제한적 계기의 소멸 안에 놓인 재앙을 보았기 때문에 그것을 자유라고 변호하려 했고, 이로써 변증법적 모순으로 구제될 수도 없을 그런 모순에 빠지게 됩니다. 여기서 나는 발레리가 '덕 자체도 낡는가'[159] 하는 물음을 통해 탁월하고 명료하게 잘 표현한 지점에 닿아 있습니다. 덕의 개념이 칸트에게서와 전혀 다르게 우리에게는 이미 어떤 태곳적인 울림을 갖고 있지만 말입니다. 그래서 덕 개념이 사라진 이후 도대체 칸트의 도덕철학은 어떻게 이해될 수 있을까 하는 물음이 생겨납니다. 도덕적인 것의 개념 자체의 바탕에 놓여 있는 이 역사적 변증법이 어디서 생겨났는지를 약간이라도 설명해 주는 것이 나의 의무일 것입니다. 여기서 여러분 스스로가 내다볼 수 있는 자명한 것, 계몽의 진보적 개념은 도외시하도록 하겠습니다. 니체가 영원한 도덕법칙의 개념을 도출하면서 비판했던 것처럼,[160] 소위 영원하고 타당한 범주들은 계몽 개념에 의해 점점 더 용인되지 않는 경향이 있습니다. 나는 무한하고도 경험에 통약 불가능할 정도로 확장된 오늘날의 환경과 반대로, 제한된 환경 속에서만 도덕철학이라든가 덕 같은 것이 가능하다고 생각합니다. 환경이 제약되어 있는 한에서만 저 유명한 칸트적 자유 같은 것이 도대체 존재할 수 있기 때문입니다. 측정 불가능할 정도로 확장된 경험 세계와, 이 경험 세계가 우리에게 뜻하는 바이기도 한 무수히 많은 것들이 뒤엉켜 있는 사회적 관계 속에서 자유의 가능성은 최소치로 축소되어 버려서, 우리는 이제 도덕적인 것의 범주들이 이 가능성과 관련해서 얼마만큼의 의미를 갖고 있는지를 아주 진지하게 물어야 할 지경에 이르렀습니다. 무엇보다, 우리가 한 개인으로서 칸트의 정언명령에 따라 살아간다 할지라도, 그런 올바른 삶조차도 모든 것이 서로 객관적으로 연루되어 있는 오늘날의 상황에 대해 대체 얼마나 의미를 가질 수 있을지 전혀 불확실하기 때문입니다. 이를 미학적 비유를 통해 설명하면서 끝내겠습니다. 음악에서는 미리 제시된 확고한 형식들, 부르주아적 삶의 확고한 형식들에 상응할 그런 형식들이 아직 존재했던 한에 있어서 그 형식들 내부에서 즉흥 연주의 가능성이 존재했습니다. 그렇지 않을수록, 즉 미리 제시된 형식들이 적을수록 예술적 주체가 갖는 자유, 즉흥 연주의 자유 또한 제약되었습니다. 그리고 우리가 이 시대에 상이한 방식으로 경험한 바 있듯이 그런 상황에서 자유를 되살리려는 시도들은 완전히 무력했습니다. 주어진 형식성을 더 이상 용인하지 않는 현대음악은 절대적 자유라는 전제에 기반하고 있으며 객체에 의해 전혀 규정되지 않아, 그 즉흥적 자유는 영점으로 수축되어 버렸습니다. 이와 유사한 일이 도덕적인 것의 영역 안에서도 벌어지고 있다고 생각됩니다. 오늘날 도덕철학을 한다는 것, 이런 문제들에 대해 숙고한다는 것은 동시에 필연적으로 올바른 행위와 올바른 삶에 대한 물음이 오늘날 갖고 있는 역사적 위상에 대해서 해명하는 일이기도 합니다. 그리고 이 위상은 위대한 철학의 시대에 이 물음이 가졌던 그것에 비하자면 무한히 제약되어 있습니다. 감사합니다.

147) 1963년 6월 25일에 왜 휴강이 이루어졌는지는 알아낼 수 없었다.

148) W IV, S. 675, B 830/ A 802.

149) 같은 곳.

150) 같은 책, B 831/ A 803.

151) 아도르노가 말하는 칸트의 첫 번째 논변은 '자연의 의도와 자유가 부합한다'는 것이다. 이 책의 S. 135 및 138을 볼 것.

152) Vgl. Walter Benjamin, Ursprung des deutschen Trauerspiels, in: Gesammelte Schriften I-1, hrsg. von Rolf Tiedemann und Hermann Schweppenhäuser, Frankfurt a. M. 1974, S. 215 f.

153) 칸트는 "모든 인식이 인간 이성의 본질적 목적에 대해서 갖는 관계"를 제시하려는 철학의 의도로서의 "세계 개념Conceptus cosmicus"에 대해 말한다(W IV, S. 700, B 866 f./ A 838 f.). 「계몽이란 무엇인가에 대한 답변」에서 칸트는 학자적 이성의 '공적 사용'을 그런 식으로 규정한다(W XI, S. 57).

154) 본성적으로 악한 인간에 관해서는 『이성의 한계 내에서의 종교』의 제III부를 참고할 것. "만약 인간 본성 안에 이를 향한 성향이 존재한다면, 인간에게는 악에 대한 자연적 성향이 존재한다. 그리고 이 성향은 끝에 가서는 자유로운 자의Willkür 속에서 찾아져야 하고 이로써 책임이 물어질 수 있으므로, 이러한 성향 자체는 도덕적으로 악하다. 이 악은 모든 준칙의 근거를 부패시키기 때문에 급진적radikal이다 …"(W VIII, S. 685 f.). 이 구절에 대한 논의로는 GS 6, S. 217 이하 및 같은 책에 실려 있는 『부정 변증법』의 수고 중 상세화되지 않은 초안의 S. 529 이하를 참고.

155) Vgl. W III, S. 136, B 131. 호르크하이머는 『계몽의 변증법』에서 이성과 자기보존의 동일성 공리를 위한 토대가 되는 서술들 속에서 이 구절을 지적하고 있다. "자기보존은 학문의 구성적 원칙이자 범주표의 영혼이다. 설령 칸트에서처럼 관념론적으로 연역된다 할지라도 그렇다. 자아, 곧 통각의 종합적 통일이자 모든 논리가 그에 달려있는 최고점이라고 칸트가 명명한 심급조차도, 사실은 물질적 실존의 산물이자 조건인 것이다"(GS 3, S. 106). 홉스에 대해서는 같은 곳, 스피노자에 대해서는 S. 105를 참고할 것.

156) 『도덕 형이상학 정초』에서 칸트는 이렇게 서술한다. "이에 반해 자신의 삶을 유지하는 것은 의무이며, 모든 이는 이를 향한 직접적인 성향을 갖는다. 그러

나 그렇기 때문에 인간의 대다수가 갖고 있는, 종종 두려움에 찬 이 신중함은 내적 가치를 갖지 못하며, 그 신중함의 준칙 또한 어떤 도덕적 내용도 갖지 못한다" (W VII, S. 23).

157) 1963년 5월 7일 제1강의 S. 22-24를 보라.

158) Vgl. Hegel, Werke, a.a.O., Bd. 3: Phänomenologie des Geistes, S. 436. [해당 표현은 임석진의 번역(『정신현상학2』, 한길사, 162쪽)을 참고함.]

159) Paul Valéry, Rapport sur les prix de vertu (1934), dt.: Bericht über die Tugend-Preise, übersetzt von Max Looser, in: Werke. Frankfurter Ausgabe Bd. 4: Zur Philosophie und Wissenschaft, hrsg. von Jürgen Schmidt-Radefeldt, Frankfurt a. M. 1989, S. 220.

160) 『우상의 황혼』 1권 9편의 「윤리의 윤리성 개념Begriff der Sittlichkeit der Sitte」에는 이렇게 쓰여 있다. "지난 수천 년 간의 인류의 삶의 방식에 비교할 때 현재 우리는 매우 비윤리적인 시대에 살고 있다. 윤리의 힘은 놀라울 정도로 약화되었고 윤리성의 감정은 섬세화되고 정점에 올라, 좋은 것이자 증발하는 것으로 표현될 수 있다. … 윤리성은 그것이 어떤 종류의 것이든 간에 윤리에 대한 복종과 다른 게 아니다. 그러나 어떤 종류의 것이든 윤리는 전통적 방식으로 행위하고 그것을 평가하는 것이다. 전통이 명령하지 않는 문제에 있어서는 윤리성도 없다. 그리고 삶이 전통을 통해 덜 규정되어 있을수록 윤리성의 범위 또한 작다. 자유로운 인간은 비윤리적이다. 그는 모든 일에 있어서 전통이 아니라 오직 스스로에게만 의존하고자 하기 때문이다 …"(Nietzsche, Sämtliche Werke, a.a.O., Bd. 3, S. 21 f.).

제10강

1963년 7월 2일

칸트가 가상적 자연 인과로서의 자유 경험이라는 역설을 의식하고 있다는 사실은[161] '자유와 필연성 사이에, 자연의 왕국과 실천이성의 영역 사이에는 문제가 하나 있다'[162]는 구절에서 그 자신에 의해 시인되고 있습니다. 달리 말해, 한편으로는 우리가 다뤄 온 저 이원론이 칸트에게 불만족스러운 것이면서, 또 다른 한편으로 그가 보여 준 바에 따르자면 이 이원론의 해소는 불가능합니다. 왜 이원론이 불만족스러운지에 대해서는 약간 설명한 적 있습니다. 여러분은 정당하게도 여기서 이렇게 말할 것입니다. '그런데 도대체 왜 이원론이 불만족스럽다는 것인가? 모든 것이 하나의 공식 안으로 흡수되어야 하나? 모든 것이 하나의 체계에 종속되어야 하나? 서로 상이한 두 영역이란 정말로 존재하지 않는 것인가? 그러니까 한편으로는 존재하는 것에 대한 인식의 영역, 다른 한편으로는 존재해야 하는 것의 영역 같은 식으로. 왜 이것이 꼭 그렇게 통일되어야 하나? 그런 생각 이면에는 체계에 대한 미신 같은 것이 있는 게 아닐까?' 그런데 우리가 여기서 다루고 있고 칸트 자신도 의식하고 있던 문제를 이렇게 이해한다면, 그것은 여기서 이야기되고 있는 바의 심각성과 어려움을 부당하게 다루는 것입니다. 그래서 이런 형식적인 언급을 넘어서, 어째서 칸트가 부딪힌 이 이원론이 불만족스러운 것인지, 이 이원론의 어떤 점을 그의 이론이 감당하기 어려운지에 대해서 내용적으로 설명해 보도록 하겠습니다. 자연의 결정론이 총체적이라고, 자연 안에서는 모든 것이 인과성에 따라 결정된 채로, 합법칙적이고 규칙적으로 이루어지고 있다고 한번 가정해 봅시다. 그러면 도덕법칙이 하나의 주어진 것이자 호소이며 불가항력적으로 우리에게 밀어닥치는 것 자체(내가 좀 극단적으로 표현해도 된다면 말입니다)라는 칸트의 표현은 심각하게 비도덕적인 요소를 갖게 될 것입니다. 왜냐하면 그 경우 인간에게는, 그가 경험적 존재인 탓에 도저히 충족시킬 수 없는 일이 요구될 것이기 때문입니다. 여러분이 잊어서는 안 될 것이 있습니다. 칸트는 영혼론의 오류 추리에 대한 비판에서 영혼의 근본규정들을 경험 외적인 것으로 만들었던 합리적 영혼론을 거부하면서 영혼을, 그것이 실제로 시공간적 세계와 뒤얽힌 채 발견될 수 있는 것인 한에서, 철저히 경험적인 것으로 만들었다는 사실이 그것입니다. 플라톤과 달리 그는 영혼에는 그것의 전체 영역이 갖는 자연적 성격과는 거리가 먼 어떤 부분이 존재한다는 식으로 보지는 않았던 것입니다. 학문, 심리학 및 인과성 아래에 놓여 있지 않은 어떤 영적인 것이 존재한다는 생각을 학자로서의 칸트는 인정하지 않을 것입니다. 예를 들어 주체의 논리적 태도가 갖는 최상층을 그것이 세계에 대한 실제 태도인 한에서 그 심리학적 조건들 속에서 탐구하는 사고 심리학 같은 것을 칸트가 하려 했다고 가정해 봅시다. 그렇다면 거기서 그는 주어진 것으로서의 영혼의 힘이나 능력 혹은 부분을 예지계에 귀속시키기를 거부했을 것입니다. 이 두 영역이 정말로 화해되지 않은 채로 따로 떨어져 있는 것이라면, 도덕법칙의 소여성을 통하여 인간들에게는 그들이 애초부터 전혀 충족시킬 수 없는 어떤 것이 짐 지워져 있는 셈이고, 그렇다면 이 과도한 요구 안에는, 칸트에 따르자면 도덕적인 것의 인식 장소topos noētikos이기도 한 이성 자체와는 전혀 합치될 수 없는 일종의 비이성이 들어 있는 것입니다. 그러나 반대로 경험적 주체들이 정말로 자유로부터 행위할 수 있다면, 이들 자신은 자연에 속하기에—범주들을 통해 만들어진—칸트적 자연의 통일성은 깨어질 것입니다. 그러면 자연은 일정 정도 균열될 것이고 이 균열은 자연 인식의 통일성에 모순될 텐데, 이 통일성이야말로 칸트에 따르면 자연과학의 목표입니다. 칸트가 자연과학을 그렇게 특징짓는 것은 자연과학이 정말로 통일성을 추구하기 때문에 옳습니다. 다시 말해 자연과학은 현상들이 갖는 가능한 최대의 다양성을 기능적 동일성이라는 최소를 통해 표현하고자 합니다. 곧장 부연하자면 나는 여러분에게 한편으로 저 이원론이 왜 견딜 수 없는 것인지에 관해서, 즉 주체에 대한 과도한 요구에 관해서 말했는데, 이때 나는 이미 칸트적 숙고와 반성이 이루어지는 기반 가까이에 서 있는 것입니다. 이런 종류의 과도한 요구는 사람들이 옳게 인정해 왔듯이 칸트 자신, 그리고 특히 칸트의 도덕철학이 속해 있는 바로 저 프로테스탄트적 전통에서 나온 것이기 때문입니다. 은총의 선택설Gnadenwahl이 갖는 비합리성 개념과 더불어, 주체가 선택받기 위해서 스스로 어떤 적극적인 일을 할 수는 없고 그저 의무를 충족하려는 무한한 노력을 기울일 때에만 어쩌면 은총을 나누어 받을 수도 있으리라는 생각, 이런 생각이 지금 칸트가 부딪히고 있는 저 역설의 말해지지 않은 은밀한 모델입니다. 그러나 다른 한편으로 칸트는 이 신학적 역설에 만족하지 않고 계몽이란 의미에서 자신의 합리적 의문을 인식하고 있다는 점에서 또한 신학의 비판자이기도 합니다. 이처럼 신학에 대한 그의 입장은 매우 복잡합니다. 그의 철학은 한편으로는 진보하는 계몽이 떨궈내고 있는 신학적 내용을 구제하려 하면서 다른 한편으로는 이 신학적 내용을 바로 순수이성, 철학, 곧 사유에 의해서 구제하고자 하기 때문입니다. 신학적 초월이 이성의 분석에 의존하는 것으로 되었다는 이 사실 속에 이미 신학을 통해 신학을 해소하는 원칙이 놓여 있습니다. 이 강의에서 다뤄지는 칸트 도덕철학의 복잡성을 여러분이 어느 정도 올바르게 이해하고 싶다면, 신학에 대한 칸트의 이와 같은 매우 복잡하고도 긴장된 입장을 알아야 합니다.

방금 내가 짧게나마 설명한 그런 숙고들로 만족하고 싶지 않다면, 우리는 칸트가 이 두 세계 이론에서 뇌리에 떠올렸던 바의 경험적 핵심에 의지해야 합니다. 여러분이 여기서 경험적 핵심이란 말을 너무 강하게 축약하여 경험주의적 경험 개념을 끼워 넣지 않기 바랍니다. 이 말의 의미는 방법론적 원칙에 대한 일반적 언급을 통해서보다는 사태를 통해서 더 잘 설명될 수 있습니다. 내가 뜻하는 바는 사실 (미리 말해 둘 수 있는 한에서) 칸트가 어떤 사태를 보았고, 생각했으며, 주목했는지, 그가 무엇에 부딪혔으며 어떤 생각이 그로 하여금 이 기이하게도 모순에 가득 찬 이원론적 개념을 단지 상론할 뿐 아니라 동시에 그것을 그 상태로 놔두게 했는지 등입니다. 여러분 스스로가 정신적 존재자로서 자신에 관해 직접적으로 하고 있는 이 경험을 [한번 생각해 보기 바랍니다]—그런 것은 정말 있거나, 최소한 있기를 바랍니다. 이를 뚜렷하게 보기 위해 여러분 스스로가 자신에게 내재하는 것으로 경험하게 되는 그 정신을 잠시 생각해 보십시오. 그러니까 그 정신이란 개인으로부터 절대적으로 분리되어 있는 객관 정신이나 절대 정신의 원칙도 아니고, 구성적 요소들의 초월론적 개념 같은 것도 아닙니다—. 이 정신에 대한 경험이란 어쩌면 자연 연관 안에서 발생한 것일 수는 있지만, 그럴지라도 정신은, 언젠가 작고한 스승 겔프 Gelb[163]와의 대화에서 내가 표현한 바 있듯이, 아주 약간은 자연적인 것의 연관 위로 돌출해 있을 것입니다. 정신은 아주 그렇게 부질없는 것이 아닐 것입니다. 정신은 단순히 자연의 일부가 아닐 것입니다. 오히려 우리가 자연이라고 부르는 것이, 우리의 정신적 경험에 대한 대립 관계를 통해서 비로소 자연으로 규정되는 것입니다. 다른 말로 하자면 우리가 품고 있는 표상을 구성하는 모든 요소가 존재하는 것의 영역, 자연 영역으로부터 유래한다 할지라도, 그 요소들이 짜임 관계 속에 존재하는 한 이 표상 자체는 자연 연관 안으로 소멸되지 않는다는 특성을 갖습니다. 우리는 또한 아직 존재하지 않는 것도 생각할 수 있습니다. 우리 표상의 모든 요소는 주어져 있는 것, 존재하는 것에서 유래하지만 그럼에도 불구하고 표상이 이 요소들을 합성한다는 사실을 통해서, 다시 말해 이 요소들을 자유롭게 다루는 계기가 존재한다는 사실을 통해서, 우리가 갖고 있는 표상은 자연 연관에 결부된 상태 속으로 녹아 들어가지 않는다는 것입니다. 여러분이 만약 칸트의 자유개념을 그 기원으로 추적해 가고자 한다면, 즉 우리가 다소 신중치 못하고 부정확하게 이해했던 자유 개념의 바탕에 놓여 있는 모델을 아주 정확하게 파악하고자 한다면, 그것은 아마 다음의 능력과 다르지 않을 것입니다. 그것은 우리가 우리에 의해 상상된 자연과 존재의 요소들을 표상과 상상 속에서 다룰 수 있는 능력이자, 그 요소들이 애초에 들어 있던 연관과는 다른 연관 속에 그 요소들을 새롭게 정립할 수 있는 능력입니다. 쉽게 관찰될 수 있는 이 사실, 정신은 비록 발생적으로 그리고 자신의 내용상 자연을 돌이켜 지시하지만 동시에 자연으로 국한되지는 않는다는 이 사실이야말로 칸트가 자연적인 것 한가운데에서의 자유라는 자신의 이론 전체를 통해 표현하고자 한 것이라고 여겨집니다. 그러나 그것은 칸트 자신이 대변하는 것과 같이 순수한 무모순성의 논리, 이것 아니면 저것이라는 양자택일의 논리 안에서는 전혀 적절하게 표현될 수 없는 바이기도 합니다. 그런 논리 속에서 그것은 그저 모순으로 머물러 있을 뿐이기 때문입니다. 그것은 발생한 것이 발생의 모태와 동일하지 않은 변증법적 논리 속에서 비로소 표현될 수 있습니다. 이것이 사유의 변증법적 단초와 제1철학 혹은 존재론의 단초 사이에 존재하는 결정적 차이입니다. 또한 그 안에는 역설적이게도 기원, 최초의 것이 갖는 우위는 내가 여러분에게 아주 간단한 모델을 통해 보여 주었던 그런 의미에서 더 이상 존중되지 않는다는 점도 함축되어 있습니다. 그런데 이 이탈적 요소, 우리의 자연에 있는 아주 약간의 비자연적 요소는—자연에 속박되어 있음의 범주이기도 한 현혹Verblendung과 반대로—본래 자각Selbstbesinnung과 하나입니다. 우리가 자연의 일부임을 인식하는 그 순간 우리는 더 이상 자연의 일부가 아닙니다. 이보다 더 분명하게 말할 수는 없을 것입니다. 왜냐하면 현혹이란 본래 자각 능력을 완전히 상실한 채 자기 앞만 바라보는 완강함이자, 자신의 자연적 조건성을 인식하지 못한다는 바로 그 사실로 인해 눈앞의 목적만을 좇다가 이 자연적 조건성에 예속되어 버리고 마는 것을 뜻하기 때문입니다. 그렇다면 현혹은 괜히 신화적 범주가 아닙니다. 신화에서 일어나듯 인간을 자연 연관 안으로 흡수하는 것으로 표현하는 그 범주 말입니다. 그리고 이 자연 연관에서 벗어나 있는 것, 우리가 아주 진정한 의미에서 주체라고 명명할 수 있을 그것은 바로 자아에 대한 저 자각, 스스로가 자연의 일부라는 자각입니다. 그리고 이를 통하여 주체는 자연 목적에 대한 맹목적 추구로부터 자유로워져서 [자연과는] 다른 것이 됩니다. 말로 표현되지는 않았으나 이런 것들이 칸트 윤리학 안에 객관적으로 놓여 있는 사태들이자, 칸트 이후에 윤리학을 '삶에 대한 의지의 부정'에 결부시킨 쇼펜하우어의 생각 속에서 어떤 특정한, 문제적 의미에서 표면화되는 사태들입니다. 삶에 대한 의지의 부정에서 이 문제가 어떻게 되는지에 대해서 지금 이야기하고 싶지는 않고 다만 이것만 언급해 두고 싶습니다. 쇼펜하우어가 거기서 생각했던 것, 즉 '마야의 베일을 찢어 버리는 일'은 스스로가 맹목적 계기임을 인식하고 이를 통해 맹목적인 것을 넘어서는 일인데[164] 이는 내가 지금 생각하고 있는 사태에 아주 가깝습니다. 그러나 그렇다고 해서 우리가 그로부터 다시 긍정적인 동일성 철학 혹은 형이상학을 도출해 내는 쇼펜하우어의 결론을 공유해야 한다고는 생각하지 않습니다.[165] 나는 여기서 다만 이 한 가지 계기만을 강조하고 싶습니다. 자연을 초월하는 것은 자기 스스로를 깨달은 자연이라는 것입니다. 칸트는 이를 특정한 방식으로 표현하고 있지만 동시에 그에 대해 모르고 있습니다. 그 이유는, 그에게 자연 지배는 단적으로 자연 지배적 범주인 이성 범주 덕분에 그 자체로 절대적인 것, 자명한 것으로 존재하기 때문입니다. 칸트가 윤리학에서 제시한 모든 범주는 본래 자연 지배의 범주와 다르지 않습니다. 약간의 자유를 가지고 문자 그대로의 텍스트로부터 어느 정도 떨어져서, 그러나 칸트의 생각에서 너무 멀어지지 않은 채로 말해 보자면, 칸트의 정언명령은 바로 규범적인 것으로 변형되어 절대적인 것으로 고양된 자연 지배의 원칙 자체라고 할 수 있습니다. 이 말은, 내가 어떤 외적이거나 내적인 소여에도 의존함 없이 다만 내 이성의 보편성에만 의존한 채로 행위해야 한다면, 이는 자연 지배의 총체성을 향해 나아가는 것이란 뜻입니다. 이는 이성 자체가 실제로는 현저히 추상화된 자연 지배 원칙인 것과 마찬가지입니다. 그렇기 때문에 칸트는 (자연 지배적) 정신 속에서 자유를 통해 정신을 절대화해야 하고, 칸트와 그의 철학이 처해 있는 딜레마를 해소할 수 있는 가능성이라고 내가 설명했던 한 걸음, 자연에 대한 자각으로서의 반성 혹은 자유라는 그 한 걸음을 내딛을 수 없는 것입니다. 이것이 바로 동화에서처럼 칸트 철학이 마법에 걸려 버린 지점입니다. 칸트 철학이 이 지점을 의식하게 된다면 전체는 변형될 것이고 완전히 다른 것으로 변신할 것입니다. 그렇기 때문에 그에게서 자각의 개념이 자리를 갖지 못하는 것입니다. 이는 이런 유의 모든 이론에서 자각 개념이 거부되고 있는 것과 마찬가지로서, 하이데거의 이론도 그 한 예입니다. 하이데거 또한 본래성 개념 안에서 자기반성 및 자기의 제약성, 죽음에 대한 반성은 단지 죽음에 대해 골똘히 생각하기Grübeln이거나 바라보기Hinstarren일 뿐이라며 거부합니다.[166] 본래성이 '본래' 맹목적인 '죽음을 향한 존재' 안에 존재한다고 할 때, 거기서 하이데거는 아주 진정한, 그러나 극히 수상쩍은 의미에서 관념론적 사유 전통으로 떨어지게 됩니다.[167] 이것이 왜 칸트가 자연 지배 원칙인 정신을 변증법적으로 매개하여 인간 안의 자연에 대한 자기반성으로 만들지 못하고 오히려 이 정신을 (저 지배적 원칙이 하나의 자립적 원칙인 양) 거의 자각 없는 채로 맹목적으로 절대화해야만 하는지를 설명해 주는 이유이자, 어째서 그가 정신과 자연의 이원론에 머물러 있는지를 보여 주는 이유입니다. 그에게는 매개란 것이 존재하지 않았기 때문입니다. 여기서 매개란 중간적인 것으로 이해되어서는 안 되고, 서로 대립하는 양 계기의 매개를 통해서 하나가 다른 하나를 자신 안에 필연적으로 함축한다는 것을 스스로 깨닫는다는 의미로 이해되어야 합니다. 그런 한에서 우리는 칸트에게서 나타나는 이 맹목적 자연 지배를 통해서 저 불투명한 자연이 재생산된다고, 혹은 바꿔 말해, 칸트적 도덕은 원래 지배와 다르지 않다고 말할 수 있습니다.

여러분에게 약간 좀 어려운 (그러나 지금 여기서 다루는 문제에 대한 이해를 심화시키려면 반드시 필요하다고 여겨지는) 숙고를 해 보았으니, 이미 약속했듯이 내가 왜 지금까지 그토록 엄밀하게 텍스트에 밀착해서 진행했는지에 관해 한 마디만 덧붙이도록 하겠습니다. 내가 방금 보여 준 것과 같이 철학의 구성과 어떤 구절에 대한 문자적 해석 사이에는 일종의 생산적 긴장이 존재합니다. 이런 문자적 해석은 그 구절을 일반적 연관 속으로 휘발시키며 읽을 때보다 훨씬 더 많은 것을 말하거나 다른 것을 말하곤 하는 경우가 종종 있습니다. 소위 정신사적 연관을 뛰어넘으면서 이루어져야 할 사변, 탐구되어야 할 사유물이 그 스스로 말하게 하는 철학적 사변이란, 문자 그대로의 텍스트로부터 멀리 떨어져서 이루어지는 것도 아니고, 딜타이Dilthey에게서뿐 아니라 그토록 높이 평가되는 트뢸취Troeltsch의 『역사주의와 그 문제들』에서도 실로 견디기 어려울 정도로 일어나고 있는 일처럼, 한 사상가의 일반적 정신을 다시 제시하는 것도 아닙니다.[168] 내가 여러분을 칸트 책의 한 장에 그토록 오랫동안 머무르게 하면서 했던 것처럼 표현이나 구절에 대한 아주 정확하고도 근접한 고찰이 이루어질 때, 소위 위대하고도 특수한 관점을 뛰어넘는 사변으로 나아가는 접근 통로가 열리게 됩니다. 칸트의 윤리학 속에 담겨 있는 내용에 대해 단순히 전체적으로 설명할 때보다 훨씬 더 빨리 말입니다. 그렇더라도 나는 그런 설명을 생략하지는 않을 것입니다. 이 강의에서 칸트의 윤리 이론이 도대체 무엇인지를 정확하게 배우고자 하는 정당한 욕구를 여러분이 갖고 있음을 알고 있기 때문입니다.

이제 칸트의 도덕철학 자체에 대한 설명으로 넘어가겠습니다. 이제까지 여러분에게 원칙적인 문제들을 꽤 상세히 설명했는데, 이제는 칸트 도덕철학의 구체적인 부분들을 살펴보는 일에 더욱 집중하겠습니다. 먼저 여러분에게 (지금이 최선의 타이밍이라고 생각됩니다) 왜 내가 이 강의에서 내 의지에 거의 반하면서까지 칸트의 도덕철학에 그토록 집중했는지도 설명하겠습니다. 우리는 칸트의 도덕철학이야말로 본래 가장 탁월한 도덕철학Moralphilosophie par excellence, 도덕철학 그 자체라고 말할 수 있습니다. 칸트의 도덕철학이 경험을 배제한다는 사실을 통해서, 즉 도덕 영역과 자연 영역 간의 극단적인 분리를 통해서, 하나의 완성도 높고 일관적인 도덕철학이 가능해진 것입니다. 칸트의 후예들이 대체로 (내가 이미 말한 쇼펜하우어는 예외로 하고) 명시적인 의미의 도덕철학을 가질 수 없었다는 것은 우연이 아닙니다. 그들은 여기서 이제껏 다뤄져 온 저 이원론을 받아들이지 않았고, 내가 여러분에게 윤곽을 그려 보여 주었듯이 이 이원론적 구조를 떠나도록 부추긴 어려움들을 통해서 그렇게 된 것입니다. 이로 인해 칸트의 후예들은 철학 안에서 도덕 영역을 구성할 수 없게 되었습니다. 후기 헤겔이 키르케고르에 의해 특히 비난받은 것도 바로 이 점 때문입니다. 키르케고르는 총체적 관념론에서 보여지듯이 두 영역 간의 매개야말로 고유한 의미에서의 도덕철학 같은 것을 더 이상 허락하지 않는다는 점을 인식하지 못했을 텐데도, 헤겔에게서 소위 어떤 결함을 보고 있었던 것입니다. 그런데 결과적으로 관념론 전통이 상대주의로 빠지게 된다는 것, 그리고 이 상대주의는 결국 매우 암담한 결과를 낳는 데에 기여한다는 것도 심각한 문제입니다. 반면에 신칸트주의에서 발견되는 것과 같은 칸트 윤리학의 복구 시도는 복구 시도라는 바로 그 점에서 무기력의 흔적을 가지며, 그 밖에 헤르만 코엔Hermann Cohen 같은 사람에게는 칸트의 윤리학이 본질적으로 법Recht의 구성에 연결됨으로써[169] 자율에 대한 칸트적 구성에 비해 이미 그 안에 타율적인 것의 그림자를 포함하게 됩니다. 내가 보여 준 것처럼 칸트에게서 경험이 그토록 근본적으로 배제되고 있다면, 여러분은 거기서 칸트가 『순수이성비판』에서 발전시킨 것처럼 순수함의 개념이라든가, 단적으로 선험적인 것, 보편 타당한 것의 개념 등에 집착하는 사람의 편집증 같은 것을 발견할 수 있을 것입니다. 그런데 여러분은 그뿐만 아니라 경험주의가 그 근본 태도 상으로 볼 때 회의와 하나라는 점도 명확히 인식해야 할 것입니다. 여러분이 철학사를 배우면서 흄에 관해 시험 공부를 해 보면 흄의 철학이 본질적으로 회의적인 철학임을 알게 될 것입니다. 그렇지만 잠깐이라도 회의 개념이 경험주의와 관련하여 무엇을 의미하는지를 생각해 보면 좋겠습니다. 그것은 경험적 조건이 더 허용되면 될수록, 동시에 올바른 삶과 올바른 행위가 갖는 객관적 규정의 가능성도 점점 더 줄어들고 점점 더 불가능해진다는 것입니다. 예를 들어 우리가 속된 경험주의란 의미에서, 인간 개개인의 삶이 갖는 신성성Heiligkeit 같은 것은 트로비안 섬이나 그 밖에 남태평양 어느 곳과 같이 경험적으로 주어진 어떤 문화들에서는 타당하지 않다는 것을 보여 주면서, '그래, 만약 이 모든 규범이 단지 경험적이라면, 우리는 근본적으로 이 규범들의 타당성을 고집할 그 어떤 심급도 가질 수 없어' 라고 결론 내리는 식입니다. 사람들이 비난해 왔던 칸트의 형식주의는 부분적으로 다음의 사실에서 그 근거를 갖습니다. 칸트는 한갓 경험적 제약성이나 방금 이야기된 규범들에 관한 회의적 논변이 더 이상 효력을 갖지 못할 만큼 도덕적인 것을 아주 높은 수준의 보편성으로 끌어올렸고, 이로써 그는 도덕적인 것의 보편성을 경험주의의 공격 및 그와 결부된 회의에도 끄떡없이 보존하고자 했던 것입니다. 이제 여러분은 아마 이렇게 말할 수도 있을 것입니다. '만약 칸트가 궁극적으로 윤리학의 내용 혹은 윤리학 자체로서 말하고 있는 바가 나는 나에 의해 보편적인 것으로 전제된 합법칙성에 따라 행위해야 한다는 것 외에 다른 게 아니라면, 이것은 굉장히 빈약한 이야기에 불과하다. 이런 이야기를 가지고는 전체 칸트 철학이 추구하는 그런 실천에 있어, 사람들이 흔히 말하듯 오븐 뒤에 있는 강아지를 꾀어낼 수 [관심을 자아낼 수] 없다.'

이제 이런 관점에서 여러분은 사람들이 칸트를 두고 형식주의 못지않게 비난하곤 하는 또 다른 특성이자, 형식주의와 연관되어 있는 특성인 엄격주의를 더 잘 이해할 수 있을 것입니다. 칸트의 윤리학이 엄격성을 갖는다는 말은, 그 보편성과 필연성이 비록 사실적 자연의 그것은 아니지만 도덕적 명령은 단적으로 어떤 예외도 허용하지 않으며, 성향으로 소급되는 모든 것은 타율적인 것으로서 최소한 도덕적 규정들로부터는 배제되어 있다는 의미에서입니다. 이것이 바로 초기에 이미 반발의 원인을 제공한 칸트 윤리학의 그 계기입니다. 아마 여러분 모두가 알고 있을 텐데, 보통은 충실한 칸트주의자였던 실러가 칸트에게서 벗어나려 하는 부분도 이와 관련되어 있습니다. 칸트가 추구했던 자연과 자유의 상이한 원칙들 간의 통일에 관한 사상이 실러에게서는 (이는 심지어 칸트적 바탕 위에서 완수되는 일인데) 자연의 최종 목적이 자유라면 자연은 도덕적 관점에서 이해할 경우 근본악일 수 없다는 식으로 전개되었습니다. 선한 자연 같은 것도 존재하며, 이 선한 자연은 특히 예술의 형태 속에서 인간을 고귀하게 만들고 그런 한에서 도덕적으로도 작용할 수 있다는 것입니다. 다른 말로 하자면, 자연 자체에 도덕적인 것도 귀속된다는 것입니다. 이는 그러나 칸트로부터 완전히 벗어나는 주장으로서, 칸트는 이 문제에 대해 다음과 같이 말했고 이것이야말로 정말 칸트적인 엄격주의입니다. '우아미Grazie의 구조 안에'—실러는 칸트에 반대하여 이를 옹호한 바 있는데—'악덕과 사악이 몰래 숨어들기란 무척 쉽다.'[170] 칸트의 이런 엄격주의는 (이것은 특히 니체에 의해 비난받은 후 일종의 조롱거리로 되어 버리고 말았습니다) 프로테스탄티즘의 금욕적 이상과 연관되어 있고, 그 밖에도 지식사회학이 이 지점에서 칸트에 대해 반박하고 있듯이 소위 공무원 도덕의 반성 형식이기는 합니다만, 나는 이런 사소한 지적으로 우리 모두를 지루하게 하고 싶진 않습니다. 이 문제야 아무래도 상관없습니다. 이를 더 끌고 가서, 소위 엄격주의 자체를 (내가 이 모든 규정을 가지고 시도하고 있는 것처럼) 칸트 사유 자체가 갖는 복합성으로부터 도출해 보는 편이 더 생산적일 것입니다. 내가 여러분에게 칸트의 형식주의, 즉 보편성으로의 극단적 환원이 회의 앞에서의 일종의 구제 시도—모든 상대성으로부터 보호되는 일종의 도덕적 최소를 손에 쥐고자 하는 매우 부르주아적인 시도—라고 설명했음을 잠시 떠올려 보기 바랍니다. 그렇다면 철학적으로 뛰어난 칸트는, 자신이 거기에다 제시하는 그런 규정이 다소 빈약하다는 것을 분명히 의식했을 것입니다. 이에 대해 엄격주의는 보완적인 관계에 있습니다. 칸트의 형식적 규정들이 형식주의를 넘어 어떤 윤곽을 얻게 해주는 유일한 계기는 바로 그 규정들이 어떤 예외도 허용해서는 안 된다는 계기이자, 그 규정들에 칸트 자신의 말로 정언적 성격, 결코 못 들은 척할 수 없는 요구라는 성격이 부여되고 있다는 계기인 것입니다. 여기서 소위 도덕법칙이 갖는 엄격성의 표현인 의무 개념에 대해서 생각해 봅시다. 그러면 여러분은 내가 벗어날 수 없는 무조건성의 계기를 통해서 도덕적인 것의 극단적 형식성이 실제로 더 구체화된다는 것을 바로 알아차릴 수 있을 것입니다. 이 구체화란, 성향이나 충동 등 규범이 적용되는 모든 것에 대한 배제를 통해서 그때그때 도덕적인 것이 규정된다는 것입니다. 그렇다면 도덕적인 것의 형식성은 모든 타율적인 것에 대한 금지로 인해 도덕법칙에 대립하게 되는 모든 것을 통해서 그 내용을 어느 정도는 부정적으로 얻게 되며, 구체적으로 도덕적인 것이 무엇인지는 언제나 이 대립적 요소에서 인식됩니다. 끝으로 부연하고 싶은 것은, 우리가 여기서 다루었던 추상성 혹은 형식주의는 그 자체로 자유 및 이성 원칙이 자연으로부터 급진적으로 분리되었음을 표현하는 말이란 것입니다. 칸트의 형식주의는 이론의 내용 안에 그 근거를 갖고 있습니다. 그것은 단순히 형식주의적 사유가 아니며, 이론의 내용으로부터 발생한 형식주의입니다. 이 이론 자체가 한갓 현존하는 것, 경험적인 것에서 나온다는 이유로 모든 특수한 도덕적 내용을 스스로 배제하고 있기 때문입니다. 여기서 말하는 경험적인 것이란 도덕에 낯선 것, 외부로부터 온 것, [순수하게] 내 생각의 자유 안에만 존재하지 않는 것입니다. 그런데 경험적 현실을 가리키지 않는 특수한 것이란 전혀 생각될 수 없기에, 내가 앞서 설명했던 칸트 윤리학에서의 저 분리, 저 이원론적 원칙에 의해 필연적으로 이 원칙 자체가 오직 완전히 형식적인 원칙으로만 제시될 수 있습니다. 그리고 그 원칙은 근본적으로 이성의 순수한 자기 동일성 이외에 다른 게 아닙니다. 그러나 다른 한편으로 (지금은 다만 지적만 해 둘 수 있는 아주 이상한 현상인데) 칸트 이론의 엄격성, 곧 의무 개념의 엄하고도 불가피한 성격과 연루되어 있는 덕에 이 규정들은 칸트의 의지에 반하여 부정적 방식으로 일종의 구체화를 얻게 되는데, 이 구체화는 종국에는 칸트의 윤리학이 겉보기와 달리 전혀 그렇게 형식적이지 않다는 것으로 귀결됩니다. 이것이 율리우스 에빙하우스 Julius Ebbinghaus에 의해 옳게 지적되었던 문제입니다.[171] 다만 그가 충분히 그에 대해 해명하지 않았다는 것, 칸트 윤리학의 이러한 구체화와 강한 형식주의적 성격 사이에는 하나의 독특한 변증법이 존재한다는 것에 대해 여기서 더 상세하게 다룰 수는 없겠습니다. 감사합니다.

161) 녹취록 상으로는 강의 시작에 빈 칸으로 표시되어 있다. 그러나 이 강의 시간에 대한 아도르노의 수고는 그가 첫 번째 문장에 대한 생각과 더불어 시작하려 했음을 보여 준다. "자연 원인으로서의 실천적 자유 경험이라는 역설. 칸트 자신에 의한 역설 인정: '즉 문제로 남아 있다.' 다시 말해 이원론은 불만스럽고 그 지양은 불가능하다는 것이다"(Vo 8812). 추측건대 이전 강의에 대한 언급은 없다.

162) Vgl. W IV, S. 675 f., B 831/ A 803.

163) 아데마르 겔프Adhémar Gelb(1887-1936)는 1924년에 프랑크푸르트대학의 심리학과 교수가 되었으며 심리학 연구소의 소장이었다. 1931년 그는 할레대학에서 심리학에 특별히 중점을 둔 철학과 교수직을 얻었으나 이는 1934년 나치에 의해 박탈되었다.

164) Vgl. Schoppenhauer, Die Welt als Wille und Vorstellung, Werke, a.a.O., Bd. I /2, S. 468-492, vgl. in der 2. Aufl., Bd. II/2, Kap. 48, S. 706-743.

165) 쇼펜하우어의 『의지와 표상으로서의 세계』(Werke, a.a.O., Bd. I /2, S. 342-508, für die 2. Aufl.: Bd. II/2, S. 539-757) 제4권과 그것이 칸트 및 관념론에 대해 갖는 관계에 대한 아도르노의 평가는 『부정 변증법』을 참고할 것. "칸트가 오직 이성만을 실천의 동인으로 인정함으로써, 그는 저 빛바랜 이론의 속박에 대항하여 보완적으로 실천이성의 우선성을 생각해 냈음에도 그 안에 머물러 있었다. 그의 도덕철학 전체가 이 문제로 고생하게 된다"(GS 6, 228). 그리고 "위대한 합리주의 철학이 이 [의지 개념] 아래에서 생각한 바는 아무런 설명도 없이 벌써 의지를 부정하고 있다. 그리고 제4권에서 쇼펜하우어가 스스로를 칸트주의자로 느낀 것은 부당하지 않다. 의식은 의지 없이는 존재하지 않는다는 사실이 관념론자들에게서는 마치 의지가 의식과 다르지 않은 양 번지르르한 동일성 속에서 희미해진다. … 이성은 발생적으로 볼 때 충동 에너지로부터 분화되어 발전해 왔다. 매 사고 활동의 자의 속에서 표현되고 주체의 수동적이며 수용적인 계기들로부터의 구별을 위한 유일한 근거인 저 의지가 없다면, 그 고유의 의미에 따라 사유도 존재하지 않을 것이다. 그러나 관념론은 그 반대편으로 의무 지어져 있어, 자신의 파괴를 대가로 치르더라도 그 점을 입에 담아서는 안 되는 것이다. 이것이 참된 사태에 대한 [관념론의] 왜곡뿐 아니라 그에 대한 근접을 설명해 준다"(S. 229 f.).

166) 마르틴 하이데거, 『존재와 시간』 §52와 §53을 참고할 것(Martin Heidegger, Sein und Zeit, 15. Aufl., Tübingen 1979). 그는 본래적인 염려를 "죽음에 대한 피로한,

나태한 사유”(S. 258)로부터, 즉 “가능성을 향한 존재로서의 죽음을 향한 존재”를, 이 가능성의 성격을 약화시키는 “죽음에 대해 골똘히 생각하기Grübeln über den Tod”로부터 구별하고 있다(vgl. S. 261). 이해란 “어떤 의미를 멍하게 받아들이는 것Beggaffen eines Sinnes”이 아니라, “기획 투사에서 드러나는 존재 가능 안에서 스스로를 이해하는 것”, “죽음에 미리 달려가 봄”'의 구조 속에서 스스로를 이해하는 것을 뜻한다(vgl. S. 263).

167) 하이데거에서의 본래성과 주관성의 관계에 대한 아도르노의 비판으로는 『본래성이라는 은어Jargon der Eigentlichkeit』를 참고할 것. “고찰하는 주체로부터 고찰된 것으로서의 주체에게 본래적인 것이 양도되었다: 죽음에 대한 입장. 이러한 이전은 주체에게서 자유와 자발성의 계기를 훔친다. 주체는 하이데거의 처해있음Befindlichkeit과 마찬가지로, 철저히 “현존재”라는 실체의 한 속성과 같은 어떤 것으로 굳어진다”(GS 6, S. 497 f.). 관념론에 대한 하이데거의 의문스러운 연계는, “헤겔 현상학에서는 의식 경험의 필수적 계기였던 바가 … 하이데거에게는 저주가 된다”는 사실에서 보여진다. “의식 경험은 자기 자신에 대한 경험으로 압축되기 때문이다. 그러나 동일성, 저 자기성의 공허한 핵심은 이를 통해서 이상Ideal의 자리에 놓이게 된다”(a.a.O., S. 494).

168) Vgl. Ernst Troeltsch, Der Historismus und seine Probleme, Gesammelte Schriften Bd.3, Tübingen 1922.

169) Vgl. Hermann Cohen, Kants Begründung der Ethik. Nebst ihren Anwendungen auf Recht, Religion und Geschichte, Zweite verbesserte und erweiterte Aufl., Berlin 1910 (Erste Aufl. 1877). 코엔은 이미 “형식적 도덕법칙의 내용”을 “자율적 존재자의 공동체” 안에 주어져 있는 것으로 규정하면서(S. 227) 제4부의 서론에서 “역사적 경험 안에서 도덕적인 것의 실재성”(S. 373-380)을 「법론」에서 출발하면서 규정하고 있다(vgl. S. 381-454).

170) 인용된 구절은 발견되지 않았음. 아도르노는 칸트의 『인간학』에서의 한 문장을 떠올렸을 가능성이 있지만, 이 문장에서 우아미의 기능은 반대로 파악되고 있다. “사회적으로 행복한 삶을 결여한, 냉소자의 순수주의와 은둔자의 육체적 고행은 덕의 왜곡된 형태이며 덕을 이끌어 낼 수 없다. 우아미를 떠나서는 인간성이 주장될 수 없다”(W XII, S. 622).

171) Vgl. Julius Ebbinghaus, Deutung und Missdeutung des kategorischen Imperativs, in: Gesammelte Aufsätze. Vorträge und Reden, Darmstadt 1968, S. 80-96.

제11강

1963년 7월 4일

여러분 안녕하십니까.

칸트에게 도덕적 행위 원칙이란 이성 자체와 다르지 않다는 것, 그리고 이 이성은 특수한 목적들로 제약되지 않고 오직 자신의 가장 보편적인 내용에 따라서만 진행한다는 것은 여러 번 설명했습니다. 이런 생각은 오랜 전통을 갖는 만큼 일련의 함축들을 갖기 때문에 몇 마디 더 보태겠습니다. 이런 생각 속에서 간접적으로 표현되고 있지만 가장 중요한 전통은 소크라테스적 전통입니다. 물론 여러분도 알다시피 소크라테스는 글을 남기지 않았고 그의 이론이 구체적으로 무엇인지는 논쟁의 여지가 매우 많긴 하지만, 어쨌든 플라톤 이론과의 연결 속에서 추측해 보자면 소크라테스 전통은 올바른 앎이 올바른 행위를 규정한다는 정식으로 표현됩니다. 이는 플라톤에 의해 덕 혹은 올바른 행위는 가르칠 수 있다는 이론으로 변형됩니다.[172] 우리가 보통 도덕철학을 합리주의적으로 근거 짓고 있다고 말하는 이 소크라테스의 이론은 칸트에게 보존되어 있고, 칸트가 만약 합리주의적 사상가로 이해될 수 있다면 그것은 바로 이 지점에서 —오직 이 지점에서만— 입니다. 이런 합리주의적 주장은 순수한 심성Herzen, 스스로 말하는 감정에 관한 이론과 모순되는 것으로 보인다는 이유로 최근 호응을 잃고 있습니다. 이 이론은 올바른 행위란 바로 직접적 충동을 통해 주어지고 이성으로부터 단절된 행위라는, 특히 우리 독일에서 아주 위험한 생각입니다. 이는 누군가 어떤 문제에 관해서 너무 이성을 고집하면 그의 친척들이 훈계하는 데 사용하곤 했던 개념이자 오늘날 구혼 광고에서나 발견될 수 있을 개념인 '심성의 도야Herzenbildung'라는 끔찍한 개념 속에서 그 최후의, 낡아 빠진 잔재가 발견되는 견해이기도 합니다. 그 밖에 이런 개념 아래에서 무엇을 더 이해해야 할지를 규명하는 것은 나로서는 어렵습니다. 심성의 도야라는 것이 도대체 무엇인지 그 개요를 밝혀내는 일은 매력적인 과제지만, 철학보다는 경험적 사회 연구에 더 적합할 것입니다. 이 지점에서 가장 중요한 것은, 칸트가 경건주의로 거슬러 올라가는 전체 독일의 전통, 즉 올바른 행위는 순수한 심성 및 순수 직접성의 일이라는 생각의 전통에 대립하고 있다는 점을 분명히 파악해 두는 것입니다. 비록 칸트 바로 다음에 나타나는 사람인 피히테가 도덕적인 것은 언제나 자명하다는 말과 함께 저 전통적 입장으로 되돌아갔을지라도 그렇습니다. —여러분은 피히테가 스스로를 단지 칸트의 후계자로 간주했을 뿐 아니라 가장 엄격한 칸트주의자로 자처했다는 것, 그리고 칸트 자신보다도 칸트를 더 잘 이해했다고 믿었다는 것을 알고 있을 것입니다. 이 말은 일반적으로 생각되는 것처럼 그렇게 부조리한 주장은 아닌데, 여러 측면에서 볼 때 피히테는 실제로 아주 일관적인 칸트이기 때문입니다.[173] 그리고 겉보기에 서로 모순적인 두 문장, 즉 한편으로는 이성이 선의 유일한 보증자라는 문장과, 다른 한편으로 도덕적인 것은 언제나 자명하다는 문장이 정말 서로 그렇게 철저하게 모순되는지는 한번 숙고해 볼 가치가 있습니다. 비좁은 길을 통해 여러분을 칸트 도덕철학으로 안내했다고 생각되는 지금, 하나의 사고 실험을 해 보고자 합니다. 칸트를 정말로 가까이에서 바라본다면 이 두 원칙이 언뜻 보이는 것처럼 그렇게 서로를 무조건 배제하지는 않는다는 것을 설명하기 위해서입니다. 한편으로 도덕적인 것에 대한 칸트의 원칙은 절대적이고도 무제한적으로 이성과 합치하는 행위인데, 이 행위는 또한 개개의 행위가 갖는 개별 목적들의 특수성을 도외시하면서 이성에 맞는 합법칙성의 가장 보편적 구조로 제약되어 있습니다. 그러나 또 다른 한편으로 이성은 보편적인 것, 모든 인간 안에 동일한 것으로 주어져 있는 능력이라고 생각되고 있으며, 그렇기 때문에 칸트에 따르면 직접적으로 주어져 있다는 이 이성과 그 합법칙성은 또 다시 직접적인 것으로 이해된다고 할 수 있습니다. 그래서 올바르게 행위하기 위해서는 이성에 대한 반성이 아니라 직접적으로 이성에 맞는 행위와 이성의 일관성이 필요하다는 것이고, 그렇기 때문에 칸트도 도덕적인 것의 자명성을 말할 수 있다는 것입니다. 칸트는 피히테의 인식론을 받아들이지 않겠지만, 바로 이 지점에서만큼은 피히테에게 이의를 제기하지 않을 것이라고 생각됩니다. 역사적으로도 그가 그런 이의를 제기했는지 들어본 적 없습니다.

덕과 앎의 동일성에 관한 이런 생각에는 물론 문제가 있습니다. 이 동일성 속에서는 (설령 이를 심성의 도야와 동일시하려는 의도가 없을지라도 말은 해야 한다고 생각합니다) 올바른 행위를 형성하는 결정적인 것, 즉 올바른 의식으로부터 올바른 행위로 이행하는 계기가 사라져 있다는 것입니다. 도덕적인 것과 이성의 이러한 동일시에 대하여, 내가 올바른 의식을 갖고 있다는 사실로부터 결코 내가 이 의식에 걸맞게 행위한다는 사실이 도출되지는 않는다고 반박할 수 있습니다. 사회 속에서 개인들 각자가 갖는 관심 및 목적과 전체가 갖는 관심 및 목적 사이에서 점점 더 적대 관계가 형성될수록 그런 식의 직접적 동일성을 상정하기도 점점 더 어려워집니다. 부르주아 시대 초기에 부르주아적인 개별성, 자율적이며 자립적인 개별성의 범주가 처음으로 만들어졌던 희곡 작품인 셰익스피어의 『햄릿』에서는 올바른 의식과 행위를 화해 불가능한 대립 관계 속에서 드러내는 인물이 묘사되고 있는데, 이는 우연이 아닙니다. 그 인물은 폴로니우스인데, 그는 자신의 아들에게 가장 지혜로운—단, 칸트 식으로 표현하면 정언명령이 아니라 영리하다는 의미에서 지혜로운—조언과 함께 길을 제시하지만, 동시에 바보처럼 행동합니다. 의식과 행위의 이러한 분열과 갈라짐이 『햄릿』의 중심 주제를 형성하는데, 이 주제가 폴로니우스라는 인물에게서 마치 오목거울에서처럼 재현됩니다. 반면에 햄릿은—그에게 부과된 바, 그가 속한 시대의 도덕법칙에 따라 그에게 정언적으로 명령된 바에 대한 의식과, 행위 실행의 가능성 사이에서—앎과 행함의 갈등 속에서 무너지는 인물입니다.[174] 여기서 내가 하고 싶은 말은, 오늘날 이론과 실천의 문제는 다시금 굉장한 시의성을 갖게 되었다는 것입니다. 사람들은 올바른 이론적 의식을 가졌거나 가졌다고 믿는 모든 곳에서, 이 문제 자체가 역사철학적 함축을 갖고 있다는 사실로 인하여, 그 의식의 완전한 결과를 끌어내는 일[행위로 실현하는 일]이 어려워졌다는 것을 알게 되었기 때문입니다. 르네상스의 위대한 예술가들이 증명하는 것처럼 개인이 독자적으로 존재하면서 자신이 속한 객관적인 사회 현실로부터 그토록 강력하고 대립적으로 분리된 세계에서야 비로소 이론과 행위의 괴리 문제가 제기되며, 그와 함께 이후 유럽 비합리주의의 뿌리 중 하나로서 중요한 의미를 갖게 되는 앎으로 인한 고통이라는 저 모든 문제들도 제기됩니다. 앎에서 실천으로 가는 직접적인 길이 더 이상 없으며, 그 이행은 제3의 요소, 바로 비합리성, 이성으로 순수하게 환원될 수 없는 요소의 개입을 필요로 한다는 것을 경험하기 때문에 사람들은 앎으로 인해 고통받습니다. 이 요소에 관해 나는 본 강의에서 여러 방식으로 설명한 바 있습니다. 그런데 이 문제는 이미 말했듯이 근대에 와서야 비로소 생겨났습니다. 개인적인 의식과 그 의식이 들어서게 되는 사회의 소여가 서로 대립하기 시작할 때 말입니다. 다른 한편으로 염두에 둬야 할 사실은 이 문제가—이 문제가 여러분 중 대다수를 심각하게 동요시키리라 생각하는데, 여러분은 수많은 일에 있어 자신이 무엇을 해야 할지 모르고, 또한 알 수 없을 것이기 때문입니다—나름의 아주 긴 전사를 갖는다는 것, 그리고 그 문제 자체는 우리 사회의 구조 속에서 생겨났다는 것입니다. 화해된 사회에서야 비로소 이 문제는 사라지게 될 것입니다. 내가 여기서 화해라는 말로 그 본질상 필연적으로 적대적인 관심들 사이의 평화나 타협 같은 것을 뜻하는 게 아니라는 사실은 여러분에게도 어느 정도 분명할 것입니다. 그러나 다른 한편으로 올바른 행위의 합리성에 관한 이런 칸트적 생각에는—비록 거기에는 맹점, 즉 절대적으로 제거될 수 없는 요소가 존재하지만— 매우 참된 것이 있다는 사실도 결코 간과되어서는 안 됩니다. 오직 밝게 비추인 것, 맹목적이지 않은 것만이, 지난 시간 여러분에게 내가 설명했듯이 오직 자각만이, 주체를 한갓된 자연 연관 너머로 고양시킨다는 사실이 그것입니다.

아직 말할 것이 더 있습니다.[175] 올바른 행위에 관한 의식과 올바른 행위 자체 사이에 존재하는 이 비동일적인 것의 계기는 칸트 철학 자체 안에서도 표현되고 있으며, 더 정확히는 우리가 다른 맥락에서 이미 건드린 적 있고 여기서 다시 한 번 명확하게 다루게 될 주장에서 표현되고 있습니다. 그것은 자유의 왕국과 자연의 왕국에 대한 칸트의 구별이 매우 올바른 어떤 것을 상기시킨다는 것과 관련됩니다.[176] 더 자세히 말해 비동일적인 것의 계기는 다음의 사태에서 표현되고 있습니다. 칸트의 도덕철학적 저작에서는 도덕법칙이 아주 엄격한 합법칙성으로 이해되고 있는데, 이것은 무엇이 실제로 존재하는가가 아니라 단지 무엇이 존재해야 하는가에 관해서만 지시하는 합법칙성입니다. 그렇기 때문에 칸트 이론 안에서 이 합법칙성과 실천 사이에는 하나의 틈이 존재하게 되는데, 이 틈은 내가 이론의 필연적 계기라고 설명한 바 있던 그것입니다. 이 계기는 정언명령과 도덕적 합법칙성을 일종의 강제로 기술하고 있는 칸트 실천철학의 표현들 속에 놓여 있습니다. 칸트의 이해에 따르자면 도덕법칙은 이성적 행위자인 우리가 그것에 따르지 않을 수 없다는 방식으로 마주하게 되는 것이어서, 제3의 것이라는 성격, 필연성의 형식[177]을 갖게 됩니다.

또 그런 한에서 법칙적 성격이 엄격하게 유지됩니다. 그러나 칸트가 반복해서 말하는 바, 이 법칙은 자연법칙, 존재자에 관한 법칙이 아니라 존재해야 하는 것에 관한 명제이기 때문에 여기서는 우리가 실제로 이 법칙을 따르는지 아닌지의 문제가 전혀 나타나지 않습니다. 우리가 이 법칙을 따르는지의 여부가 미리 결정되어 있는 게 아니라 제3의 것, 자연의 합법칙성으로 환원될 수 없는 어떤 것에 의존해 있다는 것입니다. 이것이 바로 순수 현상학적으로 그리고 기술적으로 말해, 칸트 자유 개념의 바탕에 놓여 있는 사태입니다. 그리고 여러분은 이런 관점에서야 비로소 칸트에게서 자유 이론의 역할이라든가 자유 계기와 합법칙성의 계기 사이의 짜임관계 등을 올바르게 이해할 수 있을 것입니다.

우리가 여기서 이성의 요구적 성격, 명령적 성격과 같은 것에 관해 말할 때, 그 이성에서는 고대의 이성개념(플라톤을 언급하며 여러분에게 상기시킨 바 있습니다)에 비교하면 어떤 결정적인 것이 변화해 있음을 먼저 분명히 알고 있어야 할 것입니다. 이성은 이제 더 이상 플라톤의 변증법에서 좁은 의미로 설명된 것처럼 단지 올바른 개념 형성의 능력도, 사태의 본성에 따른 개념 분류의 능력도 아니라는 것입니다. 칸트에게는 이성 자체가 하나의 생산적인 능력이며 일종의 활동성입니다. 내가 도덕법칙을 단순히 내 이성에 의해 수동적으로 수용하는 게 아니라 동시에 나로부터 생산한다고 하는 한, 합법칙성의 자율에 대한 이 사상은 이성의 활동성이라는 이 계기를 전제하고 있습니다. 또한 그 속에서 도덕법칙은 일종의 무차별 개념입니다. 도덕법칙이 한편으로는 소여지만, [다른 한편] '감각sensations' 혹은 '인상impressions'과 같은 감각적 지각에 관한 이론이 소여 개념을 이해하는 것과 같은 원시적인 의미에서가 아니라, 그것이 나 자신에 의해서 필연적으로 만들어진 것이자 나 자신에 의해 생산된 것이라는 의미에서 '주어진 것'이라는 점에서 그렇습니다. 원래 플라톤에게서 앎과 확연한 대립 관계 속에 있는 것은 바로 객관적으로 이미 주어져 있는 것인 이념에 관한 의식입니다. 이념이 즉자적으로 존재하고 있고, 이어 이성에 의해서 거의 수동적으로 포착된다는 이런 생각은 칸트에게서는 전혀 나타나지 않습니다. 이념은 주어져 있지만, 칸트에 따르면 이 이념은 동시에 언제나 나 자신에 의해 만들어진 것이자 활동적 이성의 산물입니다. 여기에 바로 칸트의 이성개념이 실천에 대해 갖는 친화성Affinität이 놓여 있습니다. 그러니까 단순히 내가 순수한 합리적 과정, 다소간 미리 주어져 있는 규정들 속에서 이루어지는 추론 과정에 근거하여 올바른 행위의 인식에 도달해 간다는 것이 아니라, 이 인식은 (즉 나는) 자신이 소급하는 원칙을 스스로 만들어 내야만 한다는 것입니다. 곧 이야기하게 되겠지만 칸트에게 의지 개념은 매우 중심적인 위치를 차지하고 있는데, 의지가 그 자체로 (형이상학적으로 말해) 이성과 하나임을 여러분은 먼저 분명히 알아야 할 것입니다. 의지는 추가적으로 나타나는 제3의 것, 또 다른 힘이 아니라, 이미 『순수이성비판』에 있는 기원적 창조로서의 기원적 통각의 이론에 함축되어 있듯이 이성 그 자신이 힘이자 활동Tun이며 생산하는 것이기 때문입니다.[178] 그런 한에서 칸트 철학은 실천의 본질과 이론의 본질을 서로 직접적으로 등치시키는 피히테 이론을 사실상 자신의 가장 중심적인 지점에서 이미 선취하고 있다고 말할 수 있을 것입니다. 그래서 칸트에게 이성은 이제 그것이 고대에 의미했던 바와 전혀 다른 의미를 갖게 된 것입니다. 칸트의 실천철학 안에 있는 루소의 유산이기도 한 바, 이성은 이제 세계의 올바른 건립 가능성을 의미하게 되었습니다. 내가 알고 있는 한 이성의 이런 의미는 아마 소크라테스 좌파의 어떤 사변들을 제외하고는 고대에서 전혀 나타나지 않습니다. 고대에서 이성은 원래 객관적으로 이미 주어진 것을 질서 짓는 것이고, 순수하게 이성으로부터 현실 전체를 정립하고 생산할 수 있으리라는 생각은 낯선 것이기 때문입니다. 게다가 고대는 현실의 형태를 주어진 구조의 특성에 의해 미리 결정된 것으로 이해하기보다는 세속화된 자연 종교의 의미에서 이해했습니다.[179] 중기 스토아 사상가들, 특히 파나이티오스Panaitios가 주장했던 세계 국가의 개념 조차도[180] 내가 방금 설명한 구조에 관련해서 보면 칸트의 논고 『영원한 평화에 관하여』로부터 의미의 심연을 통해서 분리된다고 볼 수 있을 것입니다. 그런데 기독교 혹은 전체 기독-유대교적 표상 방식은, 그 합리적인 형태만 보자면 상당 부분 고대로부터 문자 그대로 전승된 것으로 보이는 사상조차 그 가장 내밀한 구조에 이르기까지 변화시켰습니다. 로고스logos나 에이도스 로기스티콘eidos logistikon 같은 개념들, 곧 사유 능력의 개념 및 그로부터 끌어낼 수 있을 모든 결과물은 기독교 세계에 와서는 고대 그리스에서의 그것과는 완전히 다른 것을 의미하게 되었습니다. 전통적인 기독교적 표상이 도덕철학으로부터 명시적으로 배제되는 경우(칸트의 경우가 그러한데)조차 그렇습니다. 기독교 전체에 결정적인 영향을 끼쳤던 고대 그리스와 연결되는 저작들에서 근대 철학 전통이 고대적 유산을 얼마나 크게 변화시켰는지를 추적하는 일은 아주 중요한 과제일 것입니다. 예를 들어 최고선summum bonum을 소위 수동적으로, 대상적으로 우리 앞에 마주 서 있는 것으로 이해했던 고대의 표상은 칸트에게 와서는 선, 도덕적인 것의 절대적 내면화라는 생각에 의해 사라지게 되었으며, 이때의 내면화는 내면성의 매개인 기독교적 신앙론을 암묵적으로 전제하고 있습니다. 이런 것들에 대해서도 언젠가는 언급되어야 할 텐데, 그래야 여러분이 도덕철학에 관한 사변이 텅 빈 공간에서 이루어진다고 오해하지 않고, 천년의 세월 동안 개념에 침투해 들어온 종교적이고 형이상학적인 내용들이 미묘한 개념적 분화들을 채색하고 있다는 사실을 알게 될 것이기 때문입니다.[181]

그런데 굉장히 이단적으로 들리겠지만 도덕적인 것이 이성에 합치한다는 이 이론을 칸트가 아주 그렇게까지 심각하게 생각한 것은 아니라는 사실도 말해야겠습니다. 그리고 이것이 바로 도덕적인 것의 자명성에 관한 이론이 갖는 부정적인 면, 편협하고 독단적인 요소가 나타나는 지점입니다. 왜냐하면 도덕적인 문제에 관련해서 어느 정도 스스로를 의식적으로 통제하는 모든 인간은 도덕적인 것이 결코 자명하지 않으며 오히려 복잡한 현대적 삶 내부에는 (그리고 이런 의미에서 칸트의 시대는 우리의 시대와 전혀 달랐습니다) 그런 자명성이 존재하지 않는 수많은 상황들이 있다는 것을 경험할 것이기 때문입니다. 또한 우리는 치열한 반성이 요구되는 상황에 끊임없이 자꾸 빠져들게 되는데 이러한 반성은 이른바 정언명령에 복종하기 위해서가 아니라는 것, 그것은 단지 무난한 사람, 단정한 사람이기 위해 온 정신을 쏟아야만 하는 상황이라는 것도 사람들은 경험할 것입니다. 이 계기가 칸트에게서는 간과됩니다. 그리고 이로써 마치 우리가 그때그때 타당한 도덕적 규범들에 다소간 의무 지어져 있는 양 보이게 됩니다. 문화적으로 승인된 규범과 정언명령으로부터 흘러나오는 규범 사이의 차이 문제를 칸트는 당연히 이론에서 우리에게 허용하긴 했지만, 이 구별이 막상 그에게는 전혀 의미가 없습니다. 여러분에게 이미 설명했는지 모르겠지만 이 또한 근거를 갖습니다. 언젠가 루카치가 아직 자립적으로 사고하던 때 말했듯이 칸트의 윤리학 전체는 사적 윤리학입니다. 칸트의 윤리학은 각 개인에게 부과되는 규범과, 어떤 주어진 사회로부터 나왔든 사회 변화의 요구로부터 나왔든 하여간에 객관적인 성격을 갖는 규범 사이에서 일어날 수 있는 갈등의 문제를 아예 다루지 않는다는 것입니다.[182] 이 승화된 윤리학이 모델로 하는 세계는 요한 페터 헤벨Johann Peter Hebel이나 예레미아스 고트헬프Jeremias Gotthelf가 묘사하는 농경 세계, 즉 개인들이 전통적이고 안정적이며 문제적이지 않은 세계 속에 있기 때문에 매 순간 자신이 무엇을 해야 할지를 잘 알고 있는 세계와 별반 다르지 않습니다. 칸트는 자신의 도덕 원칙을 설명하기 위해 이를테면 정직한 상인의 예를 듭니다. 정직한 상인은 이득을 취해야 하지만 단순히 부당이득을 위한 기만이나 속임수와 같은 부르주아 이전적 수단, 나쁜 의미에서 전통적 수단은 삼가야 합니다. 부르주아적 이성의 모델인 교환법칙에 엄격하게 따르면서 행위해야 한다는 것, 교환할 때 속임수를 쓰거나 속임수에 당하지 않은 채로 타인에게 타인의 몫을 주면서 자신의 몫을 챙겨야 한다는 것, 이런 것은 확실히 칸트 윤리학이 갖는 합리성 —즉 엄격하게 이성에 맞게 행위하라는 칸트 윤리학에 놓여 있는 요구— 의 구체적 측면들 중 하나입니다. 맞아 떨어지는 계산 원칙으로서 이 원칙은 이성에 합치하며 이루어지는 행위의 근원 이미지에 매우 가깝고, 계산은 이성에 합치하는 행위의 모델입니다. 칸트는 당연하게도 아직 본질적으로 농경 사회인 곳에서 상인이 갖는 이런 덕을, 혹은 의무의 완수, 정확성, 청렴함 등의 공무원의 덕을 진정한 도덕적 행위와 등치시키는 쪽으로 향하게 되었습니다. 이런 덕들은 칸트 철학이 구상되던 시대에 특별한 중요성을 지녔는데, 이 시대는 중상주의를 추구하는 관방학적-관료제 국가에서 완전히 발전한 부르주아 사회로 넘어가던 시대였기 때문입니다. 칸트는 이 발전된 부르주아 사회의 규범들을 아직 여전히 비합리적으로 조직되어 있는 사회에 대해서 유효하게 만든 것입니다. 그러나 칸트가 선해지기 위해서 철학이 필요한 것은 아니라고 말하는 한, 그는 이 대목에서 비일관적입니다. 칸트의 저 말은 이론과 현실의 실천적 형태 사이에 근원적인 단절이 아직 전혀 존재하지 않던 시절의 소크라테스나 플라톤이라면 결코 하지 않았을 주장입니다. 오히려 소크라테스는 (우리가 그를 올바르게 이해하고 있다면) 아테네의 시장에서 자신의 학생들에게 철학함을 배워야만 잘gut 행위할 수 있다고 순수한 마음으로 설파했을 것입니다. 칸트에게서는 땅에 머무는 동안 그의 성실로 먹을거리를 삼으라는 명령으로의 이행이 나타나고 있는 반면에, 소크라테스는 여기서 이성의 사상을 훨씬 더 진지하고 심각하게 취했을 것입니다.[183]

그럼에도 불구하고 물론 (이 또한 여러분에게 분명히 해 두고 싶은데) 도덕법칙은 직접적으로 주어져 있기 때문에 우리는 철학을 필요로 하지 않는다는 칸트의 이론에는 진리 계기도 들어 있습니다. 내가 언급했던 그리스적 동일성은 상대적으로 동질적인 사회를 전제합니다. 이 사회 안에서 살아가는 자유롭고 평등한 자들 사이에는—일반적으로 이 그리스 철학자들은 자유롭지 못하고 평등하지 않은 자에 대해서는 생각하지 않았습니다—좋은 사람이기 위해 철학을 해야만 한다는 요구로 인해 좋음이 교육의 특권 문제로 될 것이라는 의식은 아직 전혀 존재하지 않았을 것입니다. 이는 우리 시대나, 이백여 년 전 칸트 시대에 이미 의문의 여지 없이 타당한 사실이지만 말입니다. 좋음의 직접성은 관습적으로 형성된 위계적 세계에 대립된다는 생각, 좋음이 특권으로서의 교육, 실러가 말하듯 "세상이 가차없이 갈라놓았던 것die Mode streng geteilt hat"[184]에 의존적이어서는 안 된다는 생각에는 부르주아 혁명적인 요소, 아주 루소적인 요소가 숨겨져 있습니다. 다른 한편으로 여기서 이미 칸트적 이성의 기이한 제약성이 드러납니다. —이는 특이한 애매성이 도사리고 있는 전체 관념론에서 특징적인 것으로, 우리는 이를 언젠가 아주 근본적으로 살펴봐야 할 것입니다—이성의 기이한 제약성이란, 이성의 파토스가 커질수록, 그러니까 가장 구체적인 것에 이르기까지 존재하는 모든 것을 이성 자신으로부터 발전시키려는 시도가 더 많이 이루어질수록, 이성은 더욱더 협소해지고 비방받게 된다는 것입니다. 주어진 것 자체가 결국에는 이성의 산물이기 때문에 주어진 것에 정향해야 한다고 요구하기란 아주 쉬운 일이 됩니다. 주어진 것 자체가 바로 이성적이기 때문입니다. 이후 헤겔에게서는 불평쟁이, 세계 개선가, 한갓 반성 등의 말로 비난하는 선동 연설이 발견되는데(특히 후기에 이르러서 헤겔의 모든 작업은 그런 험담을 통해 성장합니다), 이런 선동 연설은 이미 칸트에게서 그 용어에 이르기까지—그에게 있어 'vernünfteln[궤변을 늘어놓다]'는 그저 나쁜 말입니다—그 형태가 마련되어 있었습니다.[185] 그 까닭은 무엇보다도 칸트가 이성은 순수 합법칙성의 성격을 갖기 때문에 그 자체로 모순에서 예외라고 하면서도, 이성이 특수한 사용시에 빠지게 되는 모순이 필연적인 것이 아니라 다만 일종의 일탈이라고 보면서 이성의 남용을 비난했다는 사실에 있습니다.

칸트 윤리학의 근본 문제는 자율이며, 이에 대한 반대는 타율입니다. 이 두 개념에 대해서 더 이상 길게 설명할 필요는 없을 것입니다. 자율은 내가 나 스스로에게 주는 법칙인데, 여기서 법칙이란 우리가 전통 윤리학의 보편 타당한 법칙 표상으로부터 해방되면서 동시에 우리 각자가 따르고 싶은 고유의 규칙Kode을 스스로에게 정립함으로써 그에 따라 올바르게 행위하려 할 때 경험되는 그런 것이 아닙니다. 자율은 그런 것을 뜻하지 않습니다. 칸트의 자율 개념 안에는 시작부터 매우 큰 부담을 지고 있는 보편성 이념이 숨겨져 있습니다. 내가 나에게 주는 법칙은 단순히 나의 개인적 욕구나 성향, 나 자신의 개별성이 갖는 우연성에 관계하지 않고, 보편적이어야만 합니다. 내가 나에게 주는 이 법칙은 동시에 내가 그것을 보편적 입법의 토대로, 즉 타인의 자유와 자율을 훼손하지 않는 입법의 토대로 생각할 수 있어야만 합니다. 그 반대 개념은 타율로서, 이는 칸트가 윤리학의 권리 원천으로 인정하지 않는 것의 총괄 개념입니다. 타율은 타자가 나에게 정립한 법칙, 그것이 내 고유한 이성의 법칙이 아닌데도 내가 단지 수용해 버리는 법칙을 말합니다. 그렇다면 자유란 (다시 한 번 강조하는데) 자기 스스로에게 법칙을 부여하는 것을 뜻합니다. 내가 나 자신에게 법칙을 부여하지 않는다면, 내가 내 이성의 법칙에 따라 행위하지 않는다면, 나는 타율적인 것에, 즉 내 저편에서 나를 지배하는 합법칙성에 나 스스로를 의존적이게 만드는 셈이며, 이로써 부자유해집니다. 칸트에게 이런 타율 개념은 단순히 정치적 의미에서 부자유, 나에게 주어진 규범에 맹목적으로 정향하는 것을 뜻하는 게 아닙니다. 이 개념은 이성을 제약하는 모든 것에 관련됩니다. 자신의 충동이라든가 욕구에도 관련되고, 외부로부터 나에게 다가오는 요소들을 통해서 부르주아적 자유에 가해지는 속박에도 관련됩니다. 바로 이 지점에서 칸트는 고대 전통과 완전히 합치합니다. 벌써 아리스토텔레스의 윤리학에서도 엘

레우테리아eleutheria, 자유 개념은 이중적인 의미에서 후견으로부터의 자유로 이해됩니다. 초기 헬레니즘 사상가인 아리스토텔레스에게 후견이란 물론 자기 제자인 알렉산더의 참주 정치tyrannis를 통한 후견이자, 또한 동시에 자기 자신의 정념에 대한 의존성을[186] 통한 후견을 의미합니다. 이런 후견으로부터 스스로 벗어나는 것은, 견유학파와 같은 더 이전의 그리스 철학에서도, 초기 스토아 시대에도 가르쳐진 바 있습니다. 그러니까 안팎 모두를 향하는 이런 자유 개념의 이중적 표현법은 철학의 전 역사를 지배하는 것이며, 그 점에서는 서로 치열하게 반박하는 사상가들도 서로 일치하고 있습니다. 여러분이 『계몽의 변증법』의 「줄리엣에 관한 보론」을 읽어 본다면, 자유는 정념의 억압에 그 본질을 갖는다는 이런 생각 외에는 정말 어떤 것도 공유하지 않는 저자들[칸트와 사드]에게서 바로 이 동기에 대한 증거들을 수집했음을 발견하게 될 것입니다. 그러나 동시에 그 안에는 이미 치명적인 변증법이 잠재해 있습니다. 자유, 곧 의식을 통한 정념의 통제라는 이름 안에서는 본능의 충족, 그리고 결국에는 모든 종류의 행복이 터부시되고 사유에 의해 추방된다는 것이 그것입니다. 이런 의도가 칸트에게도 낯설지 않습니다. 그는 자신의 윤리학으로부터 예를 들면 (같은 것이 스피노자에게서 이미 발견되는데) 공감, 연민, 직접적인 동감 등을 배제합니다. 그런 종류의 충동은 한갓 자연의 충동이자, 순수한 이성 혹은 이성 원칙과는 합치할 수 없기 때문입니다. 자유 개념이 모든 존재자, 모든 자연으로부터의 절대적 독립성 위에 세워짐으로써, 그것은 부자유로 전도될 위험에 빠집니다. 인간들에게는 체념이 강요되며, 무엇보다 그들은 이 명령에 따라 포기해야만 하는 것을 돌려받을 수 없게 됩니다. 그러나 이에 관해서는 다음 시간에 다루도록 하겠습니다.

172) 1956년 12월 18일에 있었던 아도르노의 강의를 참고할 것. "플라톤에 대하여. 소크라테스에게 이성은 올바른 행위의 유일한 심급으로 이해됩니다. 이를 위한 수단은 추측건대 이미 그에게 있어서도 개념적 분석이었습니다. 플라톤에게서는 이로부터 엄격하고 고유한 하나의 원칙이 만들어집니다. 초기 대화편에서 그의 고유한 방법은, 개념들이 분석되고 개념적 분석이란 수단을 통해 이성이 덕을 규정하는 유일한 심급으로 강조된다는 사실에서 발견됩니다 …"(Vo 1364). 이는 곧 이런 의미이다. "각각의 덕들만을 서술하는 덕 이론이란 존재하지 않으며, 그런 것은 덕의 개념에 모순될 것입니다. 오직 이 덕들이 로고스라는 중심점에 대해 갖는 관계를 통해서만 [덕 이론은] 만들어질 수 있습니다. 덕과 앎의 등치라는 소크라테스적 지성주의의 중심적 동기가 여기서 하나의 비판적 심급이 되었음을 여기서 정확히 인식할 수 있습니다 …"(Vo 1365 f.). 소크라테스 사유에 있는 플라톤적이지 않은 요소들에 대한 아도르노의 설명은 크세노폰의 회고록을 참고하고 있다.

173) 피히테가 보는 칸트 철학에 대한 자신의 관계는 지식학의 두 번째 서문("Zweite Einleitung in die Wissenschaftslehre", in: Werke, a.a.O., Bd. Ⅰ, Erste Abtheilung: Zur theoretischen Philosophie, Erster Band, S. 468-471)을 참고할 것.

174) Vgl. GS 6, S. 227.

175) 이 문장을 아도르노는 우선 이렇게 시작한다. "이러한 칸트의 주장이 갖는 그 올바른 위상을 볼 수 있기 위해 여러분이 생각해야 할 것은, 그의 이성개념이 —" 이 문장은 중단되고 새로 시작한다.

176) Vgl. W IV, S. 682, B 840/ A 812. 여기서 칸트는 '은총의 왕국'과 '자연의 왕국'에 대한 라이프니츠의 구별에 정향해 있다.

177) "—의 형식(die Form der)"이 추측됨.

178) 『순수이성비판』의 초판을 참고할 것. "우리 안에는 잡다들을 종합하는 활동적 능력이 있고, 이를 상상력이라고 한다. 그리고 상상력이 지각에 직접 가하는 작용을 나는 포착Apprehension이라고 한다"(W III, S. 176, A 120). 그에 반해 재판에서는 "통각의 종합적인 기원적 통일"의 능력이 "나는 존재한다"(W III, S. 152, B 157)는 의식으로서 지성의 범주적 질서에 더 강하게 결부된다. "그[지성의] 모든 능력은 사유함, 곧 직관에서 외부로부터 그에게 주어진 잡다한 것들의 종합을 통각의 통일로 가져가는 활동에 본질을 갖는다. 그러니까 지성은 그 스스로는 아무

것도 인식하지 못하고 오직 그에게 객관을 통해 주어져야만 하는 인식 소재, 곧 직관을 결합하고 정리할 뿐이다"(W III, S. 144 f., B 145).

179) 1956년 12월 19일의 강의에서는 소크라테스의 예외적 입장이 재구성된다. "소크라테스에게서 결정적인 것은 개인으로의 전환입니다. 이 전환은 일련의 동기들 속에서 나타나는데 우선 그는 자신에 선행했던 사변과 대립하면서, 자연과학적 사유와 자연철학적 사변에 가차없이 반대합니다. 이런 입장을 그는 자연에 대한 주장들이 갖는 불확실성과 모순성을 통해 근거 짓습니다"(Vo 1346).

180) Vgl. Friedrich Ueberwegs Grundriss der Geschichte der Philosophie, Erster Teil. Die Philosophie des Altertums, hrsg. v. Karl Praechter, Berlin 1926, S. 476 f.

181) Vgl. Adorno, Philosophische Terminologie, hrsg. v. Rudolf zur Lippe, Bd. I, Frankfurt a. M. 1973, S. 58-60.

182) Vgl. Georg Lukács, Geschichte und Klassenbewußtsein. Studien über marxistische Dialektik, Berlin 1923, S. 137 f., Neuausgabe: Darmstadt, Neuwied 1970, S. 229 f.

183) 아도르노는 1956년 12월 18일의 소크라테스 강의에서 이렇게 강조하고 있다. "도덕이 이성에 기반을 둔다는 이론이 갖는 위대함은 소크라테스가 이후 모든 사상과 반대로 진실을 폭로했다는 것, 그리고 윤리적 행위의 이성적 근거 짓기가 향하는 곳이 어디인지 그 모든 귀결을 표현했다는 사실에 있습니다. 그리고 이후 분업화를 통해 분리되어 버린 것은 본래 이 이론에서는 낯선 것입니다. 우리를 수천 년간 물들인 이 선입견은 너무나 깊숙하게 자리 잡고 있어서, 이 이론을 듣는 모든 사람들은 그의 할머니가 비록 영리하진 못했어도 좋은 사람이었다고 생각할 것입니다. 소크라테스를 미리부터 비난하는 이 기제는 이후 모든 도덕에 대한 비판을 이미 경향적으로 포함하고 있습니다. 그러나 의식 없이 실천되는 선이란 있을 수 없습니다 …" (Vo 1361).

184) Schiller, An die Freude, Vers 6. 아도르노는 강의에서 '가차없이streng' 대신 '저돌적으로frech'라고 말했다.

185) Vgl. W III, S. 339, B 397/ A 339를 참고할 것.

186) Vgl. Aristoteles, Ethica Nicomachia, Buch III, 1-4. 1109b-1112a. 아도르노는 1957년 1월 10일의 강의에서 다음과 같이 말한다: "플라톤에 대한 아리스토텔레스의 결정적 차이는, 아리스토텔레스에 의해서 처음으로 질서 짓는 원칙으로서의 이성개념에 두 가지 규정이 삽입되었다는 사실에 있습니다. 그는 이 규정들을 통하여 플라톤적 도덕철학 안에서의 소크라테스주의와 진정한 의미에서 단절하게 됩니다. 그것은 첫째로, 자유의 개념입니다. ―아리스토텔레스는, 오직 우리

가 자유로운 한, 우리에게 올바른 것으로 인식된 바를 실현할 가능성을 사회 안에서 갖고 있는 한에서만 올바르고 의미 있는 삶이 존재할 수 있다고 말합니다. 그는 여기서 벌써 아주 멀리 나아가서는, 예지적 성격과 경험적 성격에 관한 칸트의 구별에서 발견되는 그 발전을 선취하고 있습니다. 그리고 그는 우리의 자유가 노예제 같은 것을 통해서만 제약될 뿐 아니라, 또한 마찬가지로 특정 습관들을 통하여 내부로부터 제약될 수 있다고 말합니다. 그런 습관들이란 우리의 이성에 대해 타율적인 것, 우리로 하여금 이성에 반해 행위하도록 강요하는 성격을 갖습니다. 그런 성격은 자유의 제약이자 외적인 정치적 제한이기도 합니다. 지배적 원칙으로서의 이성에 관한 표상에 가해지는 그런 경험적인 제약들 속에는 이후 도덕철학에서 결정적인 문제가 될 요소들이 마련되어 있습니다. ―같은 사실이 의지 개념에 대해서도 유효합니다. 일단 올바른 것으로 인식된 것과 그것의 실현 사이를 매개해야 하는 그 의지 말입니다. 올바른 인식과 올바른 행위는 곧바로 서로 등치되지 않습니다. 그것이 가능하기 위해서는 의지라는 독특한 영역이 필요합니다"(Vo 1396 f.).

제12강 노트

1963년 7월 9일[187]

칸트 윤리학의 중심 개념인 자율과 타율에 관하여. 자율Autonomie 개념 안에서는 자유와 법칙이 직접적으로 서로 일치합니다. 아우토스autos, 즉 주체로서 나 자신이 자유롭게 나에게 규정을 부여한다는 것입니다. 이 규정은 동시에 노모스nomos, 법칙이어야 합니다. 타율의 경우 법칙은 타자로부터 오는데, 이때 타자란 고대에서와 마찬가지로 단지 다른 사람만을 의미하는 것이 아닙니다.

칸트에게서 가치 개념은 다뤄지지 않습니다. 칸트적 의미에서 가치는 타율적이어서 구속력이 없는 반면, 칸트 윤리학에 대한 가장 유명한 비판가인 막스 셸러Max Scheler가 가치를 가져야 한다고 생각했던 것은 우연이 아닙니다.[188] 가치에 대한 숭배는 한 사회가 방향을 상실하고 기존 구조가 무너질 때, 즉 전통적 규범이 더 이상 존재하지 않지만 개인들은 스스로를 규정하려 하지 않고 그저 붙잡을 수 있을 어떤 것을 움켜쥐려 하는 사회에서 생겨나는 반동이라고 이해할 수 있습니다. 이러한 숭배는 본질적으로 방향성에 대한 갈망에서 나오는데, 규범은 스스로를 이성 앞에서 정당화하는 게 아니라 이 갈망으로 인해 억지로 만들어진 것입니다. 이 사실이 가치 안에서도 표현됩니다. 가치는 언젠가 자의적으로 정립된 것인데, 그 속에서는 진정으로 자신을 규정하면서 자신의 법칙에 따를 능력이 없고 그저 '다가오는 대로 붙잡을 만한' 것을 추구하는 인간들의 취약성이 드러납니다. 그러고서 그들은 그 결과를 확고하고도 견실한 것으로 간주합니다.

자유 개념으로 돌아가 봅시다. 칸트에게서 결국 나타나게 되는 약간의 자유조차도, 그것이 스스로에게 법칙을 부여하는 능력으로 규정된다면 곧바로 다시 취소될 것입니다. 이는 심각하게 봐야 할 문제입니다. 법칙이 자유에 대한 부정이라는 추상적인 단언은 사태에 적합하지 않습니다. 절대적으로 무법칙적인 상태란, 그 안에서 각자는 만인을 통한 만인의 억압에 내맡겨져 있을 것임으로 인해, 동시에 절대적으로 부자유할 것이기 때문입니다. 이것이 홉스의 국가 철학에서 말해지는 '만인에 대한 만인의 전쟁 상태bellum omnium contra omnes'일 것입니다. 순수하게 정립된 절대적 무법칙성과 자유는 부자유와 직접적으로 하나입니다. 같은 사실이 인간 내면에 대해서도 유효합니다. 인간들이 현실 검증과 자아-통제 없이 자신들의 욕구에 따른다면, 그들은 자기 자신에 의존적이게 될 것이고 그로써 부자유해질 것입니다. 중독자가 그 극단적인 예입니다. 그는 자기보존에 직접적으로 모순되는 욕구들을 단념할 수 없습니다. 절대적 자유, 그 자체로도 규정되지 않은 자유는 자유의 부정과 다르지 않다는 사상은 청교도적 교사의 발명품이 아니라 진리의 계기를 갖습니다. 자유와 법칙의 칸트적 교차를 우리는 중대한 것으로 받아들여야 합니다. 그것은 단순한 이데올로기가 아닙니다. 그러나 동시에 법칙의 이념에는 언제나 자유에 반대되는 잠재력이 놓여 있습니다. 어떤 예외도 허용하지 않는 포괄적 규정으로서 법칙은 자체 안에 총체적인 성격을 갖고 있으며, 이성의 계기를 갖고 있지 않은 때에도 인간에게 강압을 가합니다. 자유는 제약됨으로써, 완전히 사라져 버릴 수 있는 위태한 상황에 처하게 됩니다. 법Recht의 영역은, 형식상으로 그 영역이 보호하고 보증한다는 이념 아래 서 있을 때조차 자유를 없애려는 경향을 갖고 있습니다. 자유와 법칙 간의 관계는 잘 균형 잡힌, 이성적인 균형의 관계가 아닙니다. 양 측면에는 오히려 역동적인 계기들이 작용합니다. 법칙이 붙잡으려는 것은 인간의 충동 에너지로서, 이것은 반드시 억제되어야 하지만 남김없이 승화될 수는 없습니다. 다른 한편으로 초자아처럼 분리되어 있는 에너지로부터 양분을 공급받는 심리학적 심급은 스스로를 절대화하고 자유를 잘라내어 버리려는 경향을 갖고 있습니다. 즉 균형 잡혀 있지 않습니다. 법칙은 스스로를 자유보다 더 강하게 관철시키려는 경향을 갖는 까닭에, 한번 내려진 결정은 철회 불가능하다는 식으로 법칙이나 법규범을 물신화하지 않도록 주의해야 합니다. 우리는 소위 질서에 만족할 수 없습니다. 질서란 것이 생기자마자 자유도 생겨나는 경향이 있기 때문입니다. 양자 사이에는 정적인 균형이 존재하지 않습니다.

칸트는 자유와 법칙성의 관계가 갖는 선험적 구조를 유지하기 위해 독창적인 형식을 제시했습니다. 각 개인의 자유는, 그것이 타인의 자유를 제한하는 만큼 법칙을 통해 제한되어야 하고, 단지 그런 만큼만 제한되어야 한다고 말입니다.[189] 이것은 형식적이지만, 우리가 방향 잡는 데에 도움될 규준을 사용하게 해 줍니다. 사회의 기능 연관과 도덕철학의 원칙은 서로 연관되어 있습니다. 절대적으로 독자적인 각 개별자는 기능입니다. 존재할 수 있기 위하여 인간들은 사회화 과정을 통해 서로 묶여 있습니다. 자유는 고립된 개인들에게 주어진 게 아니라, 인간들이 그 속에서 살아가는 사회 전체를 염두에 두면서 주어져 있습니다. 도덕법칙의 구체화는 로빈슨의 모델에서가 아니라, 오직 기능 연관에서만 이루어질 수 있습니다.

『실천이성비판』과 『도덕 형이상학 정초』의 차이를 포착하기란 쉽지 않습니다. 『도덕 형이상학 정초』는 소위 자연적 의식에서 출발합니다.[190] 그에 반해 『실천이성비판』은 더 어려운 것으로 간주됩니다. 그러나 그런 평가에 대해서는 경고해야 하는데, 비교적 간단한 저작들은 타당한 논변들을 숨기고 있는 경우가 흔하기 때문입니다. 헤겔의 『예비학Propädeutik』이 그 명백한 예입니다. 『실천이성비판』은 실천이성의 능력을 분석하고자 하며, 그 과정에서 모순들, 실천이성의 이율배반들이 전개되었다가 해소되며, 방법론이 그에 연결되어 있습니다. 그런 한에서 이 저작은 『순수이성비판』에 유비적으로 쓰여졌습니다. 그에 반해 『도덕 형이상학 정초』는 자연적 의식으로부터 도덕철학의 범주들로 올라가려는, 소위 비판 이전적 출발점으로부터 도덕철학의 입장에 도달해 가려는 독창적인 시도입니다. 두 저작은 그 내용적 핵심에 따르자면 광범위하게 일치합니다.

칸트가 자연적 의식, 우리에게 일단 주어져 있는 도덕적 직관들에서 출발할 수 있다는 것은 언뜻 보기보다 문제될 것이 없습니다. 칸트는 도덕법칙을 자연적 의식에도 주어져 있고, 자연적 의식으로부터 밝혀져야 할 소여로 간주하기 때문입니다. 어찌 되었든, 도덕법칙이 주어진 것이든 아니든, 그 안에는 어떤 참된 것이 숨겨져 있습니다. 우리는 윤리를 발명할 수 없습니다. 우리는 한 시대의 도덕mores에 대립하면서 스스로에게 법을 제시할 수 없는 것입니다. 이는 필연적으로, 우리가 한편으로 다른 경우에서라면 통용되는 수많은 규범들로부터 자신을 면제시키면서 동시에, 자신만은 예외라고 생각하는 규범을 다른 이들에게는 전제하는 경향을 갖는다는 사실로 이어집니다. 규범들 안에는 보편적인 것의 계기가 숨겨져 있기 때문에, 보편성에 대한 도외시는 언제나 공허함, 허무함의 성격을 갖습니다. 다른 한편으로 소위 책임 있는 인간은 단순히 주변에서 통용되는 규범들로 만족하지 않습니다. 그에게 중요한 것은 오히려—이것이 자연적 의식 속에서의 도덕 정초가 갖는 생산적인 함축입니다—규범들을 자기 자신의 의식에 대면시켜서 양자를 서로에 견주어 보는 일입니다. 규범을 발명할 수 있다고 생각한다면 이런 일은 불가능합니다. 존재하는 것이 갖는 무게를 숙고해 보지 않은 채로 단순히 무시해버리는 것은 대개 현재 상태 이전으로의 퇴행일 뿐입니다. 무지는 자유의 매개가 아닙니다. 우리는 규범을 반성할 때 비로소 규범에서 자유로워집니다. 여기서 칸트는 점차적인 추상화를 통하여 정언명령으로 나아가는 식으로 진행합니다. 그 전제는, 우리가 원칙 일반에 따라 진행한다는 것입니다. 칸트는 사람들이 원칙에 따르지 않고 살아간다는 것을 거의 상상하지 못합니다. 미래를 내다보기, 미래에 대한 염려와 같이 부르주아적 실존에 속하는 일들은 원칙을 필요로 합니다. 오늘날 원칙에 따르는 행위의 자명성은 더 이상 존재하지 않습니다. 누가 아직도 그것을 염두 내겠습니까? 오늘날의 현실은 압도적인 힘을 가하면서 유연성, 기동성 그리고 순응을 요구하고, 이로 인해 원칙에 따른 행위는 불가능해지고 있습니다. 칸트의 원칙은 확고하고도 끝까지 버티는 자아를 전제하지만 이런 자아는 오늘날 더 이상 존재하지 않습니다. 오늘날 원칙에 따라 행위하는 자는 이루 말할 수 없이 옹졸하고 융통성 없는 사람으로 보일 것입니다. 고대, 초기 헬레니즘 시대에서와 비슷하게 [오늘날에도] 개별성의 위기가 존재합니다. 아리스토텔레스가 플라톤에 대해서 갖는 관계는 앵글로색슨 철학자들이 칸트에 대해 갖는 관계와 비슷한데, 그런 아리스토텔레스가 염두에 두는 것도 이런 것입니다. 즉, 칸트에게서는 절대적으로 무제한적인 것인 법칙 개념이 아리스토텔레스의 경우에는 소위 '공정성 Billigkeit'[epieikeia]을 통해 제한되어 있습니다.[191] 오늘날 이는 퇴색하였습니다. 아리스토텔레스가 말하는 공정성은, 우리가 행위할 때 단지 법칙에만 따라서는 안 되고 개인과 특수한 상황도 고려해야 한다는 것입니다. 칸트가 볼 때 그런 것은 타율일 것입니다. 어떤 구절에서 칸트는 일관성이 철학적으로 가치 있는 유일한 것이라고 주장합니다. 그에 반해 공정성은 틀림없이 비일관적일 것입니다. 규칙, 법칙, 준칙에 따라 행위하라는 요구는 실천 영역에서 이성의 우위를 관철하는 것입니다. 그때 이성은 보편적 원칙들의 총괄 개념입니다. 칸트가 다른 곳에서라면 타율이라고 비판하는, 원칙들이 갖는 이상한 전제에 관해서는 이 정도로 [말해 두겠습니다]. 상황을 고정된 원칙에 견주지 않고 자유롭게 상황에 대면하는 것이 그렇게까지 하찮게 여길 일이 아닌데도 칸트는 누군가 원칙에 따라 행위하지 않을 수도 있다는 가능성을 고려하지 않습니다. "내가 어떤 법칙에 따르느라 의지에서 발생할 수도 있을 모든 충동을 의지로부터 빼앗았기 때문에, 행위의 보편적인 합법칙성만이 남아 있다. 이 합법칙성만이 의지에게 원칙으로 사용되어야 한다. 즉 나는 언제나 나의 준칙이 보편법칙으로 되기를 내가 또한 의지할 수도 있을 그런 방식으로만 행위해야 한다."[192] 의지 개념은 여기서 매우 형식적으로 이해됩니다. 나의 행위를 낳는 나의 욕구 능력은 이성으로부터 나온 목적을 향한다는 것입니다. 의지는 목적에 정향해 있는, 목적에 의해 움직이는 욕구 능력으로 제한되어 있습니다. 이 정의는 중요한데, 이러한 의지 개념은 일반적인 언어 사용에서 매우 멀리 떨어져 있고 실제 의지 현상에 부합하지 않기 때문입니다. '나는 내 의지의 준칙이 보편적인 입법의 토대가 될 수 있는 방식으로 행위해야 한다.'[193] ―준칙 개념의 설명: 각 시민은 원칙에 따라 행위합니다. '마그누스 magnus'의 최상급에서 파생된 단어인 준칙Maxime, 최상의 것, 가장 위대한 것은 최상의 규칙을 의미합니다. '땅에 머무는 동안 그의 성실로 먹을거리를 삼을지어다'가 그 예입니다. 그런 최상의 규칙이 종국에는 내 생계에 유용한 영리함의 법칙일 뿐인 한, 그 규칙은 다만 경험적인 것일 뿐입니다. 다른 한편으로 그런 원칙은 내 행위가 정향하는 규범적 구조로서의 형식입니다. 정언명령에 숨어 있는 문제는 내가 나에게 준 규범이 어떻게 절대적이면서 최상의 구속력을 갖게 되는가 하는 것입니다. 오직 이 규칙이 단적으로 보편적이며 필연적인 규칙과 합치할 때에만 명령은 정언적입니다. 그러나 현실에서 통용되는 법칙은 그렇지 않고 권력관계를 반영하며, 나 자신의 법칙만큼이나 경험적입니다. 그래서 제3의 것으로서 내가 내 삶의 규칙을 걸러 내게 해 주는 이성의 심급이 필요하게 됩니다. 칸트는 그렇게 해서 정언명령에 도달합니다. '정언적'이란 단적으로 타당하다는 뜻으로, '가언적' 즉 단지 제한적으로만 타당한 것과 대립됩니다. 그러나 이는 자연법칙 같은 것을 말하는 게 아니며, 그렇지 않다면 자유란 없을 것입니다. 정언명령은 단지 하나의 요구일 뿐입니다. 그러나 그렇더라도 이성적 존재자인 나는 이 명령을 피할 수 없습니다. 추상화 과정을 통해 칸트는 개별자로부터 보편성이란 의미를 갖는 주체로 이행하게 되며, 이 보편성은『순수이성비판』에서는 초월론적 주체로,『프롤레고메나』에서는 의식 일반으로 등장합니다.[194] 순수 실천이성이 갖는 최상의 원칙은 단적으로 주어져 있기에 통각의 초월론적 통일과 같은 방식으로 연역될 수 없습니다. ―그 연역이 정말로 연역인지 아니면 통일을 이루는 계기들의 전개인지는 더 이상 논의하지 않겠습니다.[195]

187) 이 강의의 녹취록은 존재하지 않는다. 이 필기는 힐마르 틸라크Hilmar Tillack에게서 유래했고, 아직 아도르노가 생존할 당시 강의에 삽입되었다. 이 필기는 그 핵심에 있어서 이전 강의의 요점에 대한 반복 설명을 포함하고 있으며 아도르노가 수기로 작성한 원고의 구성에 상응한다. 1957년 1월 22일 강의의 발췌가 이 강의의 바탕에 깔려 있으며, 아도르노가 해 둔 쪽수 표시 "129"(아래를 참고; 현재는 Vo 1421)가 그 강의를 가리킨다. 칸트에 관련된 쪽수 표시는 『도덕 형이상학 정초Grundlegung zur Metaphysik der Sitten』(in: Sämtliche Werke in sechs Bänden, Bd. 5, Moralische Schriften, hrsg. v. Felix Gross, Leipzig 1922)에 관계한다. 아도르노는 이렇게 쓰고 있다:

절대적으로 무법칙적인 것은 사실상 부자유와 다름 없다는 사실에 대해서. Bellum omnium contra omnes. 내면의 극단적인 예는 중독. /

남용. 법의 역할

반대로 법칙 이념 안에는 언제나 자유에 반대되는 잠재력이 놓임. 자유를 사라지게 하는 자유의 제약. 위태로운 상황에 처하게 됨. 자유는 오직 타인의 자유를 위협하고 있는 만큼만 제약되어야 한다는 칸트의 독창적인 표현. 그 안에는 사회의 기능 연관

129 『정초』에 관하여

소위 자연적 의식으로부터의 출발, 다시 말해

일단 지금 주어져 있는 상태의 도덕적 직관들.

그 안에 매우 참된 것. 우리는 윤리를 발명할 수 없다. 또한 오늘날 윤리는 오직 정립되어 있는, 널리 퍼져 있는 [규범]에 대한 비판으로서만 존재한다.

윤리는 스스로에게는 요구하지 않는 것을 타인에게는 기대한다는 사실로 인해 언제나 고생한다

정언명령 형식으로의 추상 과정을 통한

원칙에 따른 처리 과정이 전제되어 있다.

S. 26에서 칸트의 첫 번째 정의

합리적. 준칙 설명하기: 개인에서 주체로의 이행

이후 『실천이성비판』에서: 도덕법칙은 이론이성의 원칙들처럼 "연역될 수 없다는 것.

9. VII

(Vo 8813)

188) Vgl. Scheler, Der Formalismus in der Ethik und die materiale Wertethik, a.a.O., S. 176-178.

189) Vgl. W VII, S. 71 f.

190) 여기서 아도르노는 1957년 1월 22일의 강의에 기대어 있다. "『도덕 형이상학 정초』에서 칸트는 일단 아마 심지어 헤겔에게조차 모델이 되었을 방식으로 "자연적" 의식, 나에게 일단 주어져 있는 도덕적 직관들의 사태로부터 출발하여, 추상 작업, 즉 이 직관들의 비판적 분석을 거쳐 도덕법칙의 순수한 표현인 정언명령에 이르게 됩니다"(Vo 1421).

191) Vgl. Aristoteles, Ethica Nicomachia, Buch V, 14. 1137a -1138a.

192) W VII, S. 28.

193) 미주 127을 볼 것.

194) 『학문으로 등장할 수 있을, 미래의 각 형이상학을 위한 프롤레고메나Prolegomena zu einer jeden künftigen Metaphysik, die als Wissenschaft wird auftreten können』 §36을 참고할 것. "우리는 자연을 현상들, 곧 우리 안의 표상들의 총괄 개념으로만 인식할 수 있으며, 그로 인해 현상들을 연결시키는 법칙은 우리 안의 그것들을 연결시키는 원칙들로서만, 즉 경험 가능성을 만드는, 의식 안의 필연적 통일이 갖는 조건들로서만 취할 수 있을 뿐이기 때문이다"(W V, S. 187 f.).

195) 아도르노는 1957년 1월 22일의 강의에서 이 문제를 상세히 다룬다. "도덕법칙은 자기의식의 통일성으로부터 범주들이, 종합적 통일로부터 순수이성의 원칙들이 연역되는 것과 유사한 방식으로 연역될 수 없다는 것을 칸트는 이후 『실천이성비판』의 결정적인 자리에서 보게 됩니다. 우리는 정언명령을 순수이성의 여러 원칙들처럼 도출할 수는 없습니다. 칸트에 따르면 순수이성의 원칙들은 범주들, 궁극적으로는 자기의식의 통일성으로부터 수학적 자연과학을 근거 짓습니다. 그러나 우리는 도덕법칙이라는 사실로 다시 소급해 갈 수 있습니다"(Vo 1421 f.).

제13강

1963년 7월 11일

여러분 안녕하십니까.

정언명령의 연역 불가능성 문제에 대해 추가하고 싶은 계기가 하나 더 있습니다. 이 문제에서는 확실히 현대 철학, 특히 현상학의 잠재적 동기들 중에서도 적잖이 중요한 어떤 것이 드러나고 있는데, 이것은 철학에서 현상학 운동이 활발해지기 이전에 이미 게오르크 짐멜Georg Simmel에 의해 '증명될 수 있는 것은 또한 반박될 수 있다, 오직 증명 불가능한 것만이 반박 불가능하다'[196]는 문장에서 표현된 바 있습니다. 여기서 우리는 논변에 대한 피로감의 현상에 부딪힙니다. 이 피로감도 변증법적 구조를 갖습니다. 그 안에는 철학에서 소위 학파 간 싸움과 그 조정 불가능성에 대한 누적된 경험이나, 반박과 토의를 통해 접근 가능한 논변에서 벗어난 종류의 철학함을 통해 그 싸움에서 벗어나려는 욕구 등이 놓여 있습니다. 이런 철학에 대한 추구를 이론으로 변신시켜서 '그것은 그렇다—그래, 그렇지만' 식의 상대성을 뿌리치는 것은 이념으로서는 확실히 정당한 측면을 갖긴 하지만, 동시에 두 가지 위험도 안고 있습니다. 그것은 한편으로 정말로 철학을 소위 주어진 것들에 대한 한갓 수용으로 타락시키는 것, 즉 고유한 사상을 배제하고 철학을 실증주의적 사실 연구로 만드는 것 —그러고 나면 실증주의는 자신의 편에서 이것을 다시 철학으로 변신시키려 합니다— 이고, 다른 한편으로 자의적인 계율들을 만들어 인간에게 명령하는 것입니다. 비록 그 안에 진리의 계기도 없진 않지만, 이 두 가지의 위험은 칸트의 정언명령에 함께 수반되어 있습니다. 즉 진리가 갑론을박하는 논쟁에서 벗어나지 못한다면, 그리고 진리가 [주장과 반박의] 악순환을 넘어서는 요소를 갖고 있지 않다면, 그 경우 진리는 명령이나 한갓 소여에 만족하는 경우와 마찬가지로 자기 자신의 주인이 되지 못할 것입니다.

우리는 『도덕 형이상학 정초』에 정식화되어 있는 정언명령에 대한 첫 번째 해석에 집중했습니다. 이제 이것을 좀더 자세히 논해 보겠습니다. 나는 쓰여진 그대로 아주 정확하게 고찰하는 습관에 따르겠습니다. "나는 언제나 나의 준칙이 보편법칙이 되기를 내가 또한 의지할 수도 있을 그런 방식으로만 행위해야 한다."[197] 여기서 "또한"이라는 한정적 표현은 흥미롭습니다. 칸트는 각각의 행위가 직접적으로 보편법칙으로부터 발생할 것을 적극적으로 요구하지는 않으면서, 오직 준칙이 보편법칙과 모순되지 않는 것만을 중시하고 있다고 해석해 볼 수도 있기 때문입니다. 그런데 그 안에는 바로 행위가 갖는 일종의 조건성에 대한 시인이 놓여 있습니다. 이 조건성이란, 가장 보편적인 합법칙성에 대한 순수한 투명성이 각 행위에서는 전혀 기대될 수 없음을 의미합니다. 칸트에게 중요한 것은 정언명령을 추상적으로 놔두지 않는 것, 현실 주체들이 이 명령 안으로 동화되지는 않을지라도 이들에 대해 정언명령을 유효하게 만드는 것이었기 때문에, 조건성에 관련된 저런 숙고가 어쨌든 역할을 할 수 있을 것입니다. 그런데 이런 사실은 칸트의 의지Wille 개념 안에 더 많이 숨겨져 있습니다. 칸트에게 의지 개념은 매우 특별한 의미를 갖는데, 이 의미는 사람들이 의지를 도덕적 능력이라든가 아니면 달리 어떻게 부르든지 간에 의지에 관해 이야기할 때면 보통 망각됩니다. 『실천이성비판』의 한 구절에는 (더 정확히는 분석론의 제2장 「순수 실천이성의 대상 개념에 관하여」에는) 이렇게 쓰여 있습니다. '이성만이 수단과 자신의 의도 사이의 연관을 통찰할 능력을 갖는다. 그래서 우리는'—이제 정의가 나옵니다—'의지를 목적의 능력으로 정의할 수 있다. 목적은 언제나 원칙에 따른 욕구 능력의 규정 근거이기 때문이다.'[198] 그러니까 이에 따르면 의지란, 목적 안에 자신의 규정 근거를 갖는 욕구 능력입니다. 이 표현은 칸트 체계를 형성하는 저 수많은, 아주 면밀한 자기 교정 중 한 사례를 보여 주고 있다는 점에서 아주 눈에 띕니다. 이런 사실을 다음과 같이 표현할 수도 있을 것입니다. 그 본질적 동기들로 보자면 객관적으로는 변증법을 향해 치달아 가지만 [실제로는] 전통 논리학의 규칙에 따라 전개되는 칸트의 철학은, 원래 개념의 변증법을 통해서만, 곧 개념 자체의 모순을 수용함으로써만 이루어질 수 있을 과업을 자기 교정이라는 부단한 과정을 통해 이룸으로써 [변증법을 향하는 자신의 동기들을] 고려에 넣는다는 것입니다. 여러분이 스스로 칸트를 읽을 때를 위하여 한 가지 조언을 하겠습니다. 칸트에게는 소위 공식적인 전체 의도들이 있고, 그가 직면한 변증법적 상황을 정당하게 다루기 위해—여러분이 오해하지 않도록 말해 두자면, 변증법 개념을 취하지는 않은 채로—수행한 수많은 교정들이 있습니다. 오직 이런 의도들과 교정들을 서로 분리시킬 때에만 여러분은 칸트 전반, 특히 『순수이성비판』과 『판단력 비판』을 잘 이해할 수 있을 것입니다. 내가 여기서 말하려는 것은 다름 아니라, 인간의 능력, 에이데eidē에 대한 플라톤의 구별에 따르면 욕구 능력이란 감각적인 것에 정향해 있는 것이며, 따라서 원칙적으로 타율에 내맡겨져 있는 것이라는 사실입니다. 그러나 의지가 목적을 통해 규정된 욕구 능력으로 정의된다면(그리고 목적은 이성의 목적으로 이해되어야 합니다), 원칙적으로 감각적이라고 생각되는 이 능력은, 그것이 목적을 향해 질서 지어져 있고 이성 목적에 종속되는 순간 매우 형식적으로 이해되며, 이를 통해 이 능력은 그 스스로 이성을 향해 매개되어 있다는 사실이 드러납니다. 그리고 모든 매개 범주들이 그렇듯 이 매개는 칸트에게 엄청나게 중요합니다. 그 이유는 욕구나 의도처럼 기원적으로 감각적인 능력(다른 곳에서라면 도덕적 태도는 이로부터 구별되는데)은 이성을 통해 규정될 가능성을 그 안에 갖고 있으며, 오직 이 사실을 통해서만이 우리는 경험적 존재자인 우리의 행위가 도덕법칙, 정언명령과 어떻게 일치될 수 있는지를 생각할 수 있게 되기 때문입니다. 그렇기 때문에 칸트는 의지를 욕구 능력이자 동시에 이성에 의해서 방향 잡히는 것으로 보는 이 독특한 중간 규정Zwischenbestimmung을 제시한 것입니다. 그 밖에 덧붙이면, 칸트의 이 이론은 언뜻 보여지는 바와는 달리 심리학적 통찰로부터 전혀 동떨어져 있지 않습니다. 칸트에게 의지라는 이 매개 범주는 아리스토텔레스에게서 파악되는 의지와 달리 안과 밖의 매개가 아니라 안에서의 매개입니다. 즉 의지는 도덕적인 것이 경험적인 것을 전혀 염두에 두지 않은 채로도 실현될 수 있게 만드는 힘을 의미합니다. 심리학 용어를 사용해서 말해 보면 이것은 이성이 의지의 형태 속에서 충동을 (심리학에서라면 자아Ich가 이 순간 그것Es을) 독점함으로써 일어나는 일입니다. 이에 따르면 의지란 사용 가능한 충동 에너지의 계기로서, 이 계기는 일정 정도 분기되어 의식된 의지에 종속되어 있습니다. 의지 개념에는 실제로 이런 종류의 것이 항상 숨겨져 있습니다.[199] 칸트의 위대함을 증명하는 한 가지 사실은, 내가 여러분에게 읽어 준 그의 의지 정의처럼 그가 어떤 개념 정의를 제시할 때조차 —그래서 칸트의 그런 정의들을 정확하게 보아 두는 게 좋습니다— 이 정의들은 오늘날 수난식인 정의들이 흔히 갖는 자의성과 우연성의 계기를 갖고 있지 않고, 언제나 동시에 현상학적이라는 데에 있습니다. 그의 정의는 언제나 플라톤이 요구했던 바와 같이 각 정의된 현상의 본성에 적합합니다. 도덕적인 것이 보여 주는 바는, 이 의지가 이런 저런 의도들에 대한 염두 일체로부터 멀리 떨어져 있다는 것입니다. 칸트에게는 결과에 대한 물음이 어떤 중요한 역할도 갖지 않은 채, 다만 내가 도덕법칙에 따라 행위한다는 사실만이 중요합니다. "의무로부터의 행위는"—『도덕 형이상학 정초』에서 말하고 있습니다—"행위를 통해 도달되어야 할 의도가 아니라, 그 행위를 결정하는 준칙 속에 자신의 도덕적 가치를 갖는다. … 즉 그것은 행위 대상의 현실성에 의존하지 않고, 의지의 원칙에만 의존적이다. 이 의지의 원칙에 따라 행위는 욕구 능력의 모든 대상을 도외시한 채 일어나게 된다."[200] ―내가 여러분에게 방금 말했던 것은 의지가 이성의 우선성, 도덕법칙 자체의 우선성에 종속되어 있는 한에서의 욕구 능력이라는 사실과 또다시 일치합니다.

우리가 여기서 의지에 관해 이야기하고 있으므로, 의지 개념 자체가 칸트에게 하나의 기체Rudiment라는 말을 덧붙이고자 합니다. 칸트는 지속적으로 심리학을 거부하지만, (그리고 이것이 『순수이성비판』 전체에서 입증될 수 있는 근본 구조이기도 합니다) 도대체 그가 무언가를 말할 수 있기 위해서는, 즉 그의 법칙과 원칙, 그리고 요구 일반을 위한 기체를 소유하기 위해서는, 심리학적인 것이 아예 없어도 안 된다는 것입니다. 그리고 그때 그의 철학의 극단적 의미에서 볼 때 결코 숨어들어서는 안 될 어떤 것이 그의 철학 안으로 몰래 숨어들고 있습니다. 영혼의 고정된 능력들에 대한 표상이 바로 그것으로, 이런 능력들은 결국에는 영혼이 어떤 실체들로부터 구성된다고 말하는 유의 존재론적 해석을 낳게 됩니다. 플라톤에게 욕구할 수 있는 능력이나 논리적인 능력에 관한 이론 ―이런 유의 직관은 소위 플라톤적 심리학으로 소급합니다― 이 철저히 그의 존재론, 이데아론과 결부되어 있는 것과 마찬가지입니다. 플라톤에게 인간 영혼이 갖는 능력은 이데아란 의미에서 객관적인, 즉자적으로 존재하는 실체입니다. 『파이돈Phaidon』의 한 구절에서 분명하게 일컬어지듯 '영혼은 그 비신체적 성격 자체를 통해서 이미 이념과 유사한 것'[201]입니다. 칸트는 이런 것을 말해서는 안 되는데, 그 이유는 소위 합리적 영혼론에 대한 그 자신의 비판에 비춰 보면 영혼이 갖는 어떤 능력이나 힘에 대한 대상화나 사물화 ―마치 그 능력이 즉자 존재자인 양, 경험에서 유래했고 영혼적인 것의 범주들이 그때마다 관련 맺게 되는 내용에 연관된 기능적 성격을 갖지 않는 듯이 다루는 것—는 곧바로 배제되어야 하기 때문입니다. 그러나 칸트는 의지 같은 개념을 사용함으로써, (그가 그런 것 없이는 안 된다는 것, 그런 것을 전혀 단념할 수 없다는 것도 흥미로운 일입니다) 근본적으로 영혼이 하나의 즉자로서 지성, 욕구 능력, 의지 및 여타의 것들과 같은 능력으로 나누어진다는 듯이 말합니다. 덧붙여 말할 것은, 바로 이런 의지 개념 안에는 물론 수많은 것들이 서로 뒤섞여 있으며, 우리는 의지가 마치 자립적인 것인 양 실체화할 수 없다는 것입니다. 의지는 하나의 심리학적 범주이기 때문에 나는 여기서 다시 한 번 심리학을 언급해야겠습니다. 영혼의 삶이 갖는 현실적 모습, 즉 인간의 사실적 행위 방식에 비춰 볼 때 우리는 의지 개념의 실체화가 (이를테면 어떤 사람의 의지가 강하거나 약하다고 말할 때처럼) 아주 자의적이고 취약한 면을 갖는다는 사실을 많이 경험할 수 있습니다. 이런 것을 보여 주는 게 마르셀 프루스트Marcel Proust의 소설이 갖는 여러 핵심 중 하나입니다. 우리는 그의 소설에서 이런 문제에 관련하여 말로 표현하기 어려운 섬세한 것들을 배울 수 있고, 이로부터 철학자들 또한 무언가를 얻을 수 있을 것입니다. 이 소설 전체가 엄청나게 강한 의지를 입증하는 반면에 프루스트의 아버지는 그에게 의지가 약하다고, 의지가 없다고 끊임없이 비난했다는 것은 깊은 아이러니입니다. [이 아이러니가 뜻하는 바는] 강한 의지도 때로는 아버지가 받아들인 관습에 따라서 보면 의지 박약의 표현일 수 있으며, 의지란 전통적인 해석에 따르면 자기보존의 목적을 향하지만, [프루스트의] 의지는 자기보존과는 완전히 다른 목적에 정향하는 데에 그 본질을 갖고 있다는 것입니다. 하여간 칸트는 자신의 의지 이론에서 의지 개념이 일의적인 것도 원초적인 것도 아니며, 그 개념 안에는 충동 에너지, 충동 및 그것의 합리적 조정이 서로 수반된다는 것을 아주 올바르게 고찰했습니다. 그리고 의지가 이런 매개를 수행하는 한에서 (이 점을 고수하는 것도 중요합니다) 칸트에게 의지란 선한 것입니다. 『도덕 형이상학 정초』의 유명한 첫 문장에는 순수한 의지 말고는 좋은 것이 아무것도 없다고 쓰여 있는데—"세상 안에서나 밖에서나, 무제한적으로 좋다고 간주될 수 있는 것은 오직 선의지 말고는 없다"[202]—칸트가 그 이면에서 함께 말하는 바를 우리가 옳게 읽고 있다면, 순수하게 이성에 의해 주도되는 욕구 능력인 한에서 의지는 그 자체로 선한 것이며, 악이란 의지를 갖지 않는 것이라는 생각이 그 안에 숨겨져 있습니다. 본래 악이란 무의지적인 것, 산만한 것, 즉 중앙으로 집중하고 정리하는 심급에 대한 반대 방향으로 추동되는 것 등을 의미한다는 것입니다. 이 점에서 우리는 칸트의 도덕철학에서 자연 지배의 부르주아 원칙은 충동 에너지를 그것의 조종자인 자아에 집중시킴으로써 반영되고 있다고 말할 수 있습니다. 또한, 칸트에게 악한 의지란 생각할 수 없다고도 말할 수 있는데, 그 이유는 의지란 완전히 일관적으로 이성에 합치되는 욕구 자체로서 선한 것이기 때문입니다. 이성과 선은 서로 일치한다는 것입니다. 『계몽의 변증법』에서 「줄리엣에 관한 보론」을 보면, 여러분은 이런 생각이 상세하고도 더 발전된 채로 들어 있음을 발견할 것입니다.[203] 이렇게도 표현할 수 있을 것입니다. 만약 의지가 정말로 욕구 능력과 이성 사이를 매개하는 범주라면, 이성은 의지에 대한 친화성Affinität을 가질 것입니다. 이성 자신이 의지와 유사하다는 것입니다. 칸트 철학, 그의 인식론을 정확하게 고찰해 보면 이 점이 실제로 확인될 것입니다. 그러고 나면 칸트 인식론의 중심적 개념인 이성 고유의 규정이 그 자체로 의지와 매우 유사한 것임이 발견될 것입니다. 이런 것이 기원적 통각, 즉 순수하게 산출하는 힘에 관한 사유입니다. 칸트에게 본래 사유나 이성은—이는 칸트 철학이 이룩한 결정적인 혁신 중 하나입니다—논리의 이미 대상화된 모습이라든가 객관적인 논리적 합법칙성에 견주어지는 게 아니라 이미 시작부터 활동Tun, 산출로 생각되어 있고, 이로부터 비로소 논리적 합법칙성이 발생합니다. 이 점에서 우리는 이렇게 말할 수 있을 것입니다. 내가 처음에『순수이성비판』의 저 장에 대한 해석을 기회로 삼아 이론이성에 대한 실천이성의 우위 이론을 여러분에게 전개해 보인 바 있는데, 이 우위는 더 나아가 이성 자신이 의지와 다르지 않은 한에 있어 타당하다고, 이성은 정말로 다만 순수한 의지라고 말입니다. 이성은 일종의 활동, 앞서 주어져 있는 대상에 대한 의존 일체로부터 완전히 정화된, 기원적 활동입니다. 이제 여러분은 칸트 철학 특히 그의 도덕철학 안에 어떻게 이후 철학의 발전이, 특히 피히테의 철학이 예견되어 있는지를 볼 수 있을 것입니다. 자신이 칸트 자신보다도 칸트를 더 잘 안다는 피히테의 유명하고도 악명 높은 주장도 언뜻 보이는 바와 달리 전혀 그렇게 불손한 주장이 아님도 알 수 있을 것입니다. 내가 방금 설명하려 했던 사태를 사회적으로 표현하자면 이렇게 말할 수도 있겠습니다. 칸트는 본래 (이것은 소위 추상적인 혹은 형식적인 칸트 윤리학의 구체화이기도 한데) 부르주아 사회의 노동 윤리, 즉 부르주아 사회 전체를 지배하는 재화 생산과정에 내재하는 규범을 자신의 최상의 철학적 규범으로 만들었다는 것입니다. 사회적 노동이 최상의 규범, 의무를 지우는 규범으로서 갖는 필연성은 칸트에게서 하나의 추상적 원칙이 되었고, 근원적 악이란 게으름, 즉 부르주아 사회의 절박한 요구와는 철저히 함께 갈 수 없는 것과 다르지 않습니다.

이제 칸트의 의무 개념에 대해, 특히 이 의무 개념이 어떻게 그 기초적 형식을 가지고『도덕 형이상학 정초』안으로 도입되었는지에 대해서 몇 마디 더 하도록 하겠습니다. 이 책에는 이렇게 쓰여 있습니다. "의무는 법칙에 대한 존경에서 나온 행위의 필연성이다."[204] 현미경으로 관찰하듯 세세히 읽어 보자면, 이 문장에 필연성과 법칙이라는, 합법칙성의 두 유의어가 나타나고 있다는 사실에 주목해 주기 바랍니다. 여기서는 필연성이란 말이 이중으로 진술되고 있습니다. 한 번은 법칙이 객관적으로 타당해야 한다는 의미에서 말해지고 있고(이미 여러 번 칸트 철학의 맥락에서 설명했듯이 이 객관 타당성은 보편성 및 필연성과 하나입니다), 그 다음에는 나로 하여금 다르게가 아니라 바로 이렇게 행위하도록 강요한다는 의미로, 즉 나를 면제해 주지 않고, 그런 한에서 나 자신이 어떤 의미에서는 주관적으로도 이 합법칙성, 이 필연성 아래에 종속되어야 한다는 의미에서 말해지고 있습니다. 칸트에게 요구적 성격, '너는 다르게가 아니라 그렇게 행위해야 해!'라고 명령하는 성격을 본질로 하는 이런 필연성을 매개하는 범주는 바로 존경Achtung입니다. 칸트에게 존경은 매우 중요한 범주로, 그는 엄청난 노력을 기울여 이 존경 개념을 아주 명민하게, 그리고 현상학적으로도 적절하게 발전시켰습니다. 앞서 읽어 준 구절 바로 뒤에 오는 주석에 쓰여 있듯이 존경이란 하나의 감정이긴 합니다. 존경은 흔한 심리학적 능력 이론의 의미에서 말해지는 감정, 이성의 우위에서 벗어난 상태의 감정이란 것입니다. 그러나 동시에 존경은 본질적으로 바로 이성에 관계하는 감정입니다. 당면한 구절에 그렇게 쓰여 있습니다. ─ 이것도 읽어 주겠습니다. "그러나 존경이 동시에 감정이라면, 그것은 영향을 받아 수용하는 감정이 아니라, 이성개념을 통해서 자기 스스로 작용하는 감정이며, 따라서 경향성이나 두려움에 관련되는 모든 감정으로부터 …, 특별히 구별된다."[205] 여기서 또다시 칸트는 탐구되는 현상에 접근해서 이 감정이 갖는 두드러지는 특징을 지적하려 하고 있습니다. 이 감정은 역설적으로 표현하면 하나의 합리적인 감정입니다. 그것은 내가 이성, 합리성에 직면해 있을 때에만 일깨워지는 감정으로, 말하자면 이성 원칙 자체가 정념에 반사된 것, 비춰진 것이라는 것입니다. 그리고 그런 한에서 칸트의 존경 개념은 다시 나의 자유와 합법칙성 사이를 매개하는 것인데, 여기서 합법칙성이란 법칙 그 자체, 법칙 고유의 합리성이면서 또한 법칙에서 출발해 나에게로 오는 명령적 성격, 곧 존경 덕분에 나에게 관철되는 성격을 뜻합니다.

이제 여러분은 분명 수수께끼 그림을 볼 때처럼 묻게 될 것입니다. "당신은 이 시간 내내 우리에게 『실천이성비판』과 칸트 도덕철학 전체의 중심 개념이 자유라고 했습니다. 이제 자유는 어떻게 된 것입니까?" 여러분의 이런 질문과 항변은 매우 정당합니다. 우선 명령이 그 자체로 필연성의 성격을 갖는다는 것, 그리고 이 명령은 나에게 계율의 형태 속에서 필연적인 것으로 나타난다는 것, 끝으로 나는 내가 그 앞에서 가져야 할 존경이란 형태 속에서 다시 이 가능성을 반성해야 한다는 것을 여러분은 알고 있습니다. 이런 짜임 관계 안에서 자유에 남아 있는 유일한 가능성은 아주 특이하게도, 내가 이 존경, 이 합법칙성, 이 계율에서 벗어난다는 데에 있습니다. 다른 말로 하면, 칸트 철학에서 자유의 공간은 실제로, 여러분이 이 규정을 아주 진지하게 취할 경우, 단지 부정성으로 제약되어 있다는 것입니다. 내가 정말로 자유롭게 행위할 때, 보편적인 도덕법칙이 자유 원칙과 조화로워야 한다는 것을 내가 무시할 때, 그때에야 나는 자유롭다는 것입니다. 구체적으로 내가 어떻게 행위해야 하는가에 대해서 더 생각해 보면, 내가 나쁜 놈이 될 가능성을 갖는다는 의미의 자유 말고는 없다는 것입니다. 여기에 또 추가하자면, 객관적인 이성성, 명령적 성격, 내가 이 모든 것에 바쳐야 하는 존경과 같은 것들로 인해 내 운신의 폭은 좁아졌고, 그에 비해 현실적으로 나의 자유는 잘못된 일을 저지르며 나쁜 놈으로 행세할 빈곤한 자유일 뿐이며 이 자유조차 최소치로 감소되었다는 것, 그런 자유 말고 다른 자유는 남아 있지 않다는 것입니다. 여러분, 내 생각에는 이것이 바로 칸트 윤리학에 대한 비판으로 고려되어야 할 가장 결정적인 사항이며, 우리는 그런 비판을 숨기지 않고자 합니다. 칸트 철학은 시작할 때에는 자유를 정립하고 이 자유 개념으로부터 엄청난 파토스를 끌어내지만, 그 실행 중에 이 자유는 완전히 사라지고, 이 철학은 (더 정확히 말해 순수하게 형식적인 방식으로, 거기서 어떤 위계적 표상들이 나타나거나 직접적인 역할을 하지 않은 채) 자유라는 계기를 완전히 단념한다는 것입니다. 칸트 철학 속에서 한 쌍으로 간주되는 두 계기, 필연성 혹은 법칙성의 계기와 자유의 계기 중에서 전자가 후자를 먹어 치워 버려서, 마치 경제 과정에서 각 개별 경제적 주체는 비합리적으로 행위할 자유도 갖는다는 식이 됩니다. 사업가는 자기 돈을 다 탕진해 버릴 수 있으며 노동자는 근무를 태만히 할 수 있고 일에 몰두할 필요가 없습니다. 이런 자유를 그는 이미 가지고 있습니다. 그러나 사업가는 그렇게 하면 파산할 것이며 노동자는 내다 버려질 것입니다. —그러니까 그는 자유를 갖고 다만 한번 시도해 봐야 할 것입니다! 자유가 저 먼 곳으로, '백성들이 서로 치고 박고 싸우는 먼 터키로'[206] 추방되는 반면 우리가 살아가는 사회적 현실이 갖는 강압적 성격은 이 자유에 맞서 스스로를 관철하는데, 이것이 실천철학의 구성 안에 놓여 있는 억압적 계기입니다. 그러고 나서 합법칙성이 갖는 고유한 형식적 성격 덕분에 이 억압적 계기는 자유의 계기를 무한히 압도해 버리게 됩니다. 칸트의 윤리학으로부터 도출된 통속적 결론에 반영되어 있는 것은, 도덕 명령은 북을 치며 '너는 해야 해, 너는 해야 해, 너는 해야 해, 너는 해야 해!'라고 말하는 것 말고는 할 수 있는 게 없다는 사실입니다. 소설 『부덴브로크 가의 사람들』에 나오는 교장 불리케Wulicke는 항상 정언명령에 관해 이야기하면서 실제로는 끊임없이 자기 학생들을 괴롭히는데, 이 인물에서 명령의 저런 모습이 탁월하게 재현되고 있음을 발견할 수 있습니다. 그러니까 칸트 철학이 일종의 축사자Festredner-관념론 속에서 경험된다는 이런 패러디는, 칸트의 대단히 냉철한 표현을, 그것이 변질되어 독일 제국주의 시대에 끔찍한 상투어가 되어 버린 모습에 비교해 볼 때 아주 그렇게 잘못된 것은 아닙니다.

위와 같은 귀결을 인정해야 할 것입니다. 존경은 법칙의 타당성을 돌이켜 지시합니다. 즉 존경 자체가 법칙에 기초해 있습니다. 칸트는 물론 존경과 함께 들어오게 되는 타율의 문제를 보았으며, 이 때문에 그는 합리적 감정으로서의 존경의 현상학을 시도했습니다. 이는 의지가 합리적 욕구 능력이라는 것과 유비적입니다. 정리하자면, 칸트의 실천철학이 전개될 때 자유의 계기가 가능한 한 축소되어 버리는 경향이 나타납니다.

시작부터 존재하는 이 계기에 벌어지는 일은, 유신론에서 말하는 사랑하는 신에게 일어나는 일과 약간 유사합니다. 이 신도 원래부터 존재하고, 전체를 창조하고, 그 때문에 엄청난 존경을 받게 되지만 오늘날 사람들이 말하듯 위로 쫓겨나게 된 것입니다. 이 말은, 매우 영광스럽게도 자유가 법칙 자체의 기원이라는 바로 그 이유로 인해 법칙 자체의 시행에 있어서는 자유가 전혀 고려되지 않게 된다는 말입니다. 잠재적으로 자유는 제거됩니다. 그리고 여기서 나타나는 사실은, 칸트가 자연적인 것과 도덕적인 것의 통일, 자연적 세계와 정신적 세계의 통일 같은 것을 무한한 것 안에서 확정하려는 경향성을 갖는다면, 거기서 그는 근본적으로 자연의 법칙성이 윤리학의 모델이기도 하다고 생각하고 있다는 것입니다. 칸트의 예지적 성격에 관한 이론에서도 계속 나타나고 있듯이 그는 세계 그 자체, 물자체가 본래 법칙이라고 생각하고 있다는 말입니다. 『순수이성비판』에서는 현상에만 관계하며 물자체는 예외로 해야 한다는 이 법칙 개념이 이런 식으로 총체화됨으로써, 칸트 윤리학에서는 도덕법칙의 모델인 자연의 강압적 성격이 도덕법칙의 궁극적인 특성을 형성하게 됩니다. 칸트 윤리학은 스스로가 절대적 자연 지배라고 선언하고 있으며, 자연을 억압하고 동일성이라는 의미에서 자연의 통일성을 통제하려는 이 윤리학 고유의 핵심 원칙은 그 자체로 자연에 속합니다. 인간 외부적 자연을 지배하는 합법칙성의 맹목적 강압성은 이런 방식으로 칸트의 윤리학에서 계속 관철되고 있습니다. 그래서 이렇게 말하는 것은 정당할 것입니다. 우리가 살아가는 사회, 자유의 가상적 세계는 실제로는 다만 연장된 자연사일 뿐입니다. 왜냐하면 사회 속에서 우리는 자연사 안에서와 유사한 방식으로 맹목적으로 성장한 필연성에 의존해 있기 때문입니다. 이 필연성은 우리가 외적 자연을 점령할 때 사용하는 필연성, 우리가 자연에 투사하는 그런 필연성입니다.

여러분, 이제 나는 칸트의 윤리학 안에서 여러분에게 해명해주고자 했던 결정적인 요소들을 충분히 해명한 것 같습니다. 이제 넘어가서, 특히 선윤리Güterethik 및 책임윤리에 대한 신념윤리의 관계 문제를 이야기하도록 하겠습니다. 이 문제는, 윤리란 각각의 의도로부터 자유로운 것이라는 칸트의 표현에 직접적으로 연결되어 있는 문제입니다. 아마 다음 시간에 좀더 설명하게 될 텐데, 엄격성을 갖춘 칸트 윤리학은 전체 인류의 행복으로부터조차 자유롭고자 한다는 것, 그래서 행복한 사회의 건설도 칸트 도덕철학의 본격적인 내용에서는 배제되어 있고 『실천이성비판』의 끝에서야 인류Menschheit 개념이 다시 나타날 뿐이라는 것에 주목하기 바랍니다. 그러니까 우리는 칸트 윤리학의 원칙을 이렇게도 표현할 수 있을 것입니다. 그의 윤리학에서는 오직 객관적 이성, 곧 인간의 목적을 이루려는 주관적 이성으로부터 완전히 독립되어 있는 객관적 이성만이 다뤄질 뿐이며, 이성의 이러한 객관성은 결국에는 이성의 존재 이유를 설명해주는 최종 목적에 이르기까지 걸쳐 있고 관철된다고 말입니다. 그러나 이로써 나는 매우 복잡하고 그 자체로 이율배반적인 관계를 건드리고 있습니다. 칸트 도덕철학을 떠나기 전에 이런 문제들에 대해서 약간 더 추가적으로 설명하겠습니다. 그러고 나서 신념윤리, 책임윤리, 선윤리의 복잡한 관계로 넘어가겠습니다.

196) Vgl. Georg Simmel, Hauptprobleme der Philosophie, Berlin, New York 1989 (1. Aufl. 1910), S. 29.

197) 미주 192를 보라.

198) Vgl. W VII, S. 175 f. 제시된 인용문은 칸트의 표현에서 벗어나 있다. 아도르노는 문자 그대로 인용된 문장의 시작을, 그 실질적인 끝까지 나아가지 않은 채 문법적으로 이 문장을 설명하는 괄호구에 연결시키고 있기 때문이다.

199) 1963년 5월 7일의 제1강과 미주 14를 보라.

200) W VII, S. 26.

201) Vgl. Platon, Phaidon, St. 76d-77a.

202) W VII, S. 18.

203) Vgl. GS 3, S. 100-140, 특히 S. 135.

204) W VII, S. 26.

205) Vgl. a.a.O., S. 27 f. (미주 2).

206) 1963년 5월 30일의 제6강 및 미주 112를 보라.

제14강

1963년 7월 16일

여기서 나는 이제껏 다루었던 칸트 도덕철학의 물음들에 몇 가지를 더 추가한 뒤 도덕철학에서 일종의 본보기적인, 소위 주요 문제들로 넘어가겠습니다.[207] 이 문제들은 아직 언급되지 않았지만, 우리가 큰 비중을 두고 다뤄 온 칸트의 문제 설정과 유의미한 연관성을 갖는 것들입니다. 이성 원칙으로서의 도덕법칙은 자연 지배의 순수 원칙이라고, 더 정확히는 내적 자연과 외적 자연의 지배 원칙이라고 규정했던 것을 떠올려 봅시다. 또한 칸트는 그 속에서 한편으로는 아리스토텔레스로, 또 다른 한편으로는 스토아로 거슬러 올라가는 옛 전통을 수용하고 있었습니다. 우리가 철학사를 연구할 때 마주하게 되는 가장 놀라운 사실 중 하나는, 서로 아주 다르고 종종 극단적으로 대립하는 방향을 갖는 철학들이 바로 이 지점에서, 즉 충동은 지배하고 억압해야 할 어떤 것이라는 점에 대해서는 일치한다는 점입니다. 데카르트든, 베이컨이든, 칸트든, 니체든, 공식적 철학사에서 숙적으로 간주되는 철학자들이 기이하게도 이 지점에서 서로 일치합니다. 학파에 따른 철학사의 분류에 의해 기록되어 있는 철학 논쟁의 대다수는 일반적으로 우리가 막상 그 텍스트들을 직접 읽어 보면 수적으로 줄어 있으며, 이는 이상한 일이긴 합니다. 어쨌든 내가 말하고 싶은 것은, 철학자들의 소위 근본 입장이라든가 출발 입장이 그로부터 나오는 결론에 대해서 비교적 상관이 없다는 것입니다. 어떤 규범을 제시하는 한 그들은 언제나 동일한 것을 훈계합니다. 이 사실은 입장들 사이의 차이라는 것에 대해서 어느 정도 회의하게 만들 뿐만 아니라, 무엇보다 스스로를 문명의 발전 속에서 비교적 강력하게 나타나는 경향들의 대변인으로 만드는 철학자들 자신의 태도에 대해서도 회의하게 만듭니다. 최근 정신분석학에 의해 표현되었듯이 충동 포기의 이념은 문명의 경향성, 혹은 넓은 의미에서 부르주아적인, 노동에 맞춰진 도시적 문명화의 근본 경향성과 일치합니다. 여기서 잠시 심리학에 대해 언급하자면—소위 도덕철학적 문제들과 심리학 사이의 분리는 불안정한데, 인간들은 선하고 올바르게 살도록 기대되는 존재지만 동시에 항상 심리학적인 존재이기도 한 탓에 그들의 행위는 본질적으로 그들의 심리학적 특성에 의존해 있기 때문입니다—프로이트가 소위 억압과 충동 포기에 대한 비판가로 출발했지만 나중에는 충동 포기의 대변인이 되었다는 사실은 무척 이상합니다. 여기서 물론 상세하게는 들어갈 수 없지만, 더 정확히 말하자면 그 이유는 프로이트가 충동 포기 없이는, 즉 충동의 순수한 직접적 만족을 통해서는 (여기서 그는 특히 성을 염두에 두고 있는데) 문명과 같은 것, 어느 정도 질서지어진 인간들의 공동 삶은 도대체가 생각조차 할 수 없다는 경험에 도달했기 때문입니다. 여기서 프로이트가 했던 구별은 억압으로서의 충동 포기 —이는 충동 포기를 의식하지 않고 충동을 무의식으로 밀어 넣고는 그 대신에 불안정하고 문제적인 종류의 대체 만족을 생산하는 태도를 말합니다— 와, 의식된 충동 포기, 다시 말해 인간의 충동적 태도가 그의 이성의 우위 아래 놓이게 되는 경우 사이의 구별입니다. 이는 칸트 윤리학에서와 완전히 유사하여, 여러분은 충동의 합리적 통제라는 결정적 지점에서 극단적으로 반심리학적인 칸트의 윤리학과 프로이트의 극단적인 심리학, 심리학주의적 이론이 서로 일치함을 볼 수 있습니다.[208]

그런데 충동 포기의 합리성, 이성은 도대체 어디서 발견될 수 있을까

요? 칸트는『판단력 비판』의 결정적인 대목 중 하나인「목적론적 판단력」에서 유기체의 구조는 마치 자기보존의 목적을 위해 만들어진 것처럼 나타난다고 말하면서 이성에 의미를 부여한 적 있습니다.[209] 우리가 만약 충동 포기적 이성에 그와 같은 의미를 부여해 본다면 우리가 향하게 되는 결론은 이런 것입니다. 인간의 이성적 태도는 이미 스피노자에게서 각 존재자의 본래적 근본 원칙으로 파악되었던 자기보존sese conservare[210]의 원칙에 따른다는 점에서 이성적이라는 것입니다. 말하자면 이성은 스피노자에게 그렇듯 칸트에게도 마찬가지로 자기보존적 이성으로 규정됩니다. 칸트의 엄격주의에도 불구하고 이 동기는 매우 강해서, 칸트는『도덕 형이상학 정초』에서 우리가 갖는 의무들의 체계를 제시할 때 우리 자신에 대한 의무, 바로 저 자기보존의 법칙을 거명하고 있습니다.[211] 또 그 밖에『도덕 형이상학 정초』에서는 우리가 우리 자신의 행복을 좇을 권리와 심지어 의무를 갖는다는 것에 관해 명시적으로 말하는 구절도 발견됩니다.[212] 그런 것을 도덕철학에서는 어떤 의미에서 포기해야 한다는 것입니다. 그러나 전체로서의 성격Charakter을 개인의 개별적 행위로부터 구별했던 칸트나 쇼펜하우어가 생각하는 것과 마찬가지로, 이 포기는 유보적입니다. 각 개인들에게 부당하게 요구되는 충동 포기는 개인에게 이익이 되기 때문에 이성적인 충동 포기라는 것입니다. 양적으로 표현하자면, 개인은 그가 지금 그리고 여기서 즉시 포기하는 행복이나 쾌락을 그의 삶이 합리적으로 조직화된 덕분에 이자와 함께 돌려받게 된다는 것입니다. 그러니까 이는 어떤 의미에서든 이 모든 도덕 이론들의 (물론 칸트에게서는 명시적이지 않은 의미에서) 바탕에 놓여 있는 일종의, 행복의 절약 경제입니다. 칸트가 결국에는 최종 목적으로서 인류 전체의 행복을 염두에 두고 있다면, 거기에서는 그와 비슷한 것이 작용하고 있는 것이며, 이제 이 지점에서 여러분은 도덕철학의 사회적 오류 원천에 부딪히게 됩니다. 여러분은 여기서 사회과학과 소위 순수철학에 대한 통상적 구별이 별로 타당하지 않다는 것을 알 수 있을 것입니다. 사회적 범주들이 도덕철학적 범주들의 가장 내면에까지 뻗쳐 있다는 것이 바로 그 이유입니다. 간단히 말해 계산이 맞지 않다는 것, 사회적으로 말하자면 문명화와 교육이 충동 포기의 대가로 우리에게 약속했던 보상은 나타나지 않는다는 것이 문제입니다. 그것Es에 대한 자아의 지배 원칙 속에서 충동의 포기라는 전체 철학적 독트린을 전유했던 프로이트 자신이 이 사태에 부딪혔으며, 그는 이를 이론적이고 철학적인 혹은 메타 심리학적 저작들 속에서는 표현하지 않았지만 정신분석에 대한 소위 기술적 저작들에서는 표현했습니다. 이런 맥락에서 여러분이 이 저작들에 주목하기 바라는데, 바로 이 소위 기술적 저작들에서는 거대한 이론적 구상 속에서 침묵 당하는 수많은 결정적 요소들이 발견되기 때문입니다.[213] 충동 포기를 끊임없이 문제적이고 무력하게 만드는 요소(동시에 이는 정신분석학 자체의 문제이기도 한데)는 좀 거칠게 합리주의적으로 말해, 개인들이 매번 포기해야 하는 쾌락은 결코 그 바탕에 깔린 이성성의 원칙에서와 같은 방식으로 그들에게 차후 다른 지점에서 보상되지 않는다는 데에 있습니다. 오히려 이 모든 경고[당장의 쾌락 충족을 포기시키는 이성의 경고]는 본래 개인이 (극소수의 사람들만을 예외로 하며 그들에게서조차 극히 의문스러운데) 실제로 이득을 취하는 일 없이, 전체의 자기보존을 위해서만 이루어지는 일입니다. 쇼펜하우어는 『의지와 표상으로서의 세계』의 제4권에서 '삶의 대차대조표'가 나쁘다고 말하는데, 여러분은 이런 부르주아적 메타포의 의미를 거의 문자 그대로 현재의 충동 포기와 이후의 보상 사이에 등가성은 존재하지 않는다는 뜻으로 이해할 수 있습니다.[214] 달리 말하면 사회 자체가 비이성적으로 만들어져 있다는 것, 그래서 그 안에서는 언제나 사회에 의해 약속되는 등가성이 나타나지 않고, 그렇기 때문에 실제로 아주 심오하고 근원적인 의미에서 인간 개개인의 관심과 전체의 관심은 서로 다른 방향을 향한다는 것입니다.

이런 사실은 충동 포기가 칸트에게서 정언명령으로 절대화되는 현상을 이해하게 해 줍니다. 아마 이 맥락에서 여러분은 각각의 가능한 충족으로부터 정언명령이 희한한 방식으로 분리되어 있는 사태, 정언명령 안에서 소위 엄격주의와 형식주의가 통합되어 있는 것을 가장 잘 이해할 수 있을 것입니다. 우리 자신과 우리가 살아가는 이 세계의 외적 자연에 대한 합리적 통제라는 전체 문명의 요구가 우리에게 합리적인 보상을 제공하지 못한다면, 그러나 그럼에도 불구하고 그것이 문명의 유지라는 관심 속에서 요구되고 있다면, 그 요구는 다른 것에 대하여 이성적인 것, 즉 영리함이라는 의미에서 이성적인 것으로 증명되지 못하기 때문에 스스로 절대적인 것, 즉자 존재로 고양되어야만 합니다. 실제로 이런 유의 고양이 바로 칸트의 정언명령에서 일어나고 있습니다. 이것은 다음의 사실에서 가장 간단히 알아차릴 수 있습니다. 이 정언명령의 순수성은 바로, 도덕적으로 선한 행위는 아주 먼 훗날에나 이루어질 수 있을 보상을 포함하여 모든 가능한 보상 일체로부터 떨어져 있다는 데에 있다는 것입니다. 충동 포기와 자연 지배의 모든 계산이 이루어지는 저 대차대조표는 결코 나타나서는 안 되는데, 그것이 만약 나타날 경우 저런 종류의 이성 자체에서 비이성의 계기가 어쩔 수 없이 드러나게 될 것이기 때문입니다. 우리는 ―이것이 칸트 도덕철학을 비판하기 위한 결정적인 계기로 보이는데― 여기에 물신주의의 한 경우가 놓여 있다고 말할 수 있을 것입니다. 정언명령의 이론은 포기를 물신화한다는 것입니다. 이 이론은 명령을 그에 대한 보상, 목적으로부터 떨어뜨려 즉자 존재, 즉자적 선으로 만듭니다. 흐릿하고 소박한 도덕의식은 사람들로 하여금 어떤 것을 포기하는 것이 그 자체로 이미 좋은 것이라고 믿게 만든다는 점에서 어느 정도 기만적입니다. '포기하지-않기'가 결코 악하거나 파괴적이지 않은데도 사람들이 포기를 좋은 것으로 간주하는 경향이 있다면 도대체 포기하는 것이 좋은 이유가 무엇인지 전혀 알 수 없습니다. 그러나 이러한 계기가 철학의 이단적인 입장들에서는 일찍부터 의식되어 있었습니다. 급진적 쾌락주의 중 욕망의 직접적이고 즉각적인 충족, 지금 그리고 여기서의 행복을 주장한 아리스티포스Aristippos의 이론에서 그것이 이야기된 바 있습니다. 온건한 쾌락주의는 이미 더 이상 존재하지 않습니다. 에피쿠로스가 보여주듯 만약 우리가 원칙적으로 행복이나 쾌락을 인정하긴 하되 직접적인 쾌락을 인식이나 그 비슷한 계기가 주는 쾌락을 위하여 뒤로 미루고 승화시킨다면, 바로 그 순간 도덕철학은 이미 저 이단시된 입장들이 (이는 문명 속에서 무기력한 입장들이기에) 약하게나마 대립했던 주류, 공식 철학의 저 거대하고도 탁한 주류 속으로 빨려 들어가는 것입니다. 칸트의 경우 내가 말한 이런 종류의 물신주의는 그가 원칙적으로 (이에 관련된 표현들은 바로 『도덕 형이상학 정초』에 나오는데) 순수하게 이성에 부합하는 행위로서의 도덕적 행위를 개인의 행복뿐만 아니라 유類 전체의 안녕으로부터도 독립적이게 만들었다는 사실에서 드러납니다. 그러니까 인류Menschheit의 행복 자체가 목표로 삼아져서는 안 된다는 의미에서 이성은 각각의 내용에 맞서 자립화하게 된다는 것입니다. 비록 다른 한편으로 칸트에게 인류는 이성의 최종 목적으로 나타나긴 하지만 말입니다. 이런 모순에서 여러분은 이 문제가 얼마나 복잡한지 볼 수 있을 것입니다. 그런데 이런 모순에 대해 조롱하며 흠잡는 일이, 그런 모순의 의미를 깨닫는 것보다 손쉬운 일일 것입니다. 칸트는 다른 한편으로 완전히 옳았습니다. 그의 순수이성 원칙이란 의미에서 본다면, 비록 아무리 멀리 놓여 있는 것이라 할지라도 인류의 전체 상태에 고정되는 것은 결국에는 경험적인 것으로서의 선에 고정되는 것일 것입니다. 그것은 도덕법칙도 현재의 행위에 관련되는 덕 이론도 모두 한갓 존재자에 의존적이게 만들 것입니다. 그러나 다른 한편으로 만약 이성의 실현에 관한 모든 생각이 완전히 배제된다면, 그때에는 내가 여러분 앞에서 전개시키고자 했던 그런 엄밀한 의미에서의 이성개념이 물신화됩니다. 다시 말해 그 내재적인 계산이 틀림으로 인해 이성은 비합리적인 것임이 입증됩니다. 그리고 객관적으로 이율배반적이고 그 자체로 모순적인 이 상태는 바로—칸트에게서 그런 모순들이 깎여 나가지 않고 오히려 표현되고 있다는 점은 대단한 일입니다—칸트가 한편으로는 도덕법칙이 순수하게 그 자체를 위해 지켜져야 한다고 말하지만 또 다른 한편으로는 인류를 도덕법칙의 목적으로 생각하고 있다는 사실, 그리고 그가 매개와 같은 어떤 것을 추구하고 있다는 사실에서 잘 표현되고 있습니다. 여기서 인류가 이성의 최종 목적으로 나타날 때, 여러분은 칸트의 인류 개념을 시공간 속에 존재하는 경험적 사실로서의 인류, 즉 인간들의 총괄 개념으로서의 인류와 뒤섞어서는 안 될 것입니다. 칸트가 여기서 인류란 말로 의도한 바는 그가 자신의 저작에서 이성적 능력을 갖춘 존재 일반이라는 개념을 통해 다양하게 재서술하고 있는 바와 다르지 않습니다.

도덕적 행위의 최종 목적이, 그 행위에 봉사하는 것이자 동시에 그 스스로 절대적이라는 이성과 등치된다는 사실에서는 올바른 삶의 내용적인 목표(텔로스)와 칸트가 제시했던 형식적 이성 규정들이 서로 합치한다는 이념이 노정되고 있습니다. 나는 그 합치 가능성을 지금 여기서 다뤄지고 있는 어려움에 대한, 건전한 인간 지성이 볼 때 가장 설득력 있는 해결책으로 일단 발전시켜 보겠습니다. 이렇게 말할 수 있을 것입니다. 총체성으로 고양된 자기보존의 특수한 능력, 칸트가 약간은 폄하하며 영리함이라고 다룬 바 있는 각 개인의 자기보존적 이성은, 그것이 전체 유와 관계하면서 실현될 때 도덕법칙의 객관적 이성과 하나가 될 것이라고, 양자가 동일한 것이리라고 말입니다. 또 이 동기는 정언명령의 정식 속에서도 발견됩니다. [그 정식이란] 내 행위의 준칙, 내 주관적 영리함의 관점하에서의 종합이 일반적 입법의 토대가 되어야 함을 내가 의지할 수 있어야 한다는 것이며, 다시 말해 내 행위 준칙은 단순히 나의, 그리고 각각의 개인들의 특수한 목적과 관심에만 관련되는 것이 아니라 모든 인간의 관심을 같은 정도로 포함할 만큼 확장되어야 한다는 것입니다. [이는]

모든 이의 특수한 관심과 도덕법칙의 객관성을 함께 포함하는 그곳에 주관적 이성과 객관적 이성 사이의 저 매개가 놓여 있다는 뜻이기도 합니다. 얼마전 내가 거론했던 칸트의 원칙, 각자의 자유는 오직 그로 인해 타인의 자유가 제한되는 그만큼만 제한되어야 한다는 원칙[215]이 바로 이 대목에 속합니다. 이것이 경험적 인류 및 그들의 목적들을 포함하는 경험적 영역과, 순수 형식적이고 순수 선험적 도덕법칙의 원칙 사이의 통일의 이념일 것입니다. 잘 알려져 있듯이 칸트에게 이 도덕법칙은 매우 순수한 것이어서, 그는 심지어 순수이성의 개념을 실천이성에 적용할 필요가 없다고 여길 정도입니다. 순수한 실천이성 외의 다른 실천이성이란 전혀 존재하지 않기 때문입니다. 칸트는 이제 근원적으로 악하다는 인간의 개별적 특성에 관한 자신의 신학적 이론에 근거하여 개인에 대해서는 이 통일을 버리게 되지만, 유에 대해서는 그렇지 않습니다. 또한 이 맥락에서 우리는 칸트의 역사철학을 생각해 봐야 합니다. 『세계 시민적 의도에서 본 보편사의 이념』에서 발견되는 그의 역사철학도 주관적 이성과 객관적으로 타당한 이성 사이의 저 매개를 명시적 목적으로 삼고 있습니다. 그는 거기서 개별 인간들의 관심들 사이에 형성되는 적대 관계는 결국에는 자유와 이성 등이 실현되어 있는 전체 상태를 산출하는 것을 목표로 삼는다고 말하고 있습니다. 그러나 그 가능성이란 하나의 가설적 가능성이며, 나는 이것이 아주 중요하고, 또 칸트가 올바르게 보았다고 생각합니다. 이 가능성은 직접적으로 내 행위의 규범으로 전제될 수 없습니다. 달리 말해 나는 정의로운 전체 상태의 산출에 대한 표상으로부터 지금 그리고 여기, 즉 매 순간에서의 내 자신의 행위를 직접적으로 연역해 낼 수 없습니다. 무엇보다 저 정의로운 전체 상태란 칸트식으로 말하자면 주어져 있는 게 아니라 다만 부과되어 있을 뿐이기 때문입니다. 내가 유한한 것을 무한한 것으로 만들고 물신화하려는 것이 아닌 이상, 나는 그것을 하나의 주어진 상태로 사용할 수 없습니다. 만약 그렇게 사용한다면 그 결과로 사람들은 '우리 민족에 유용한 것이라면 좋은 것이다', 혹은 '당이 우리에게 지시하고 명령하는 것이 좋은 것이다, 왜냐하면 당이나 민족은 소위 세계 정신의 기관이기 때문이다'라고 말하게 될 것입니다. 당이나 민족은 결코 투명하고 직접적인 방식으로 그런 것이 될 수 없는데도 말입니다. 지금 그리고 여기서 좋은, 올바른 행위는 유에 있어서의 좋음과 직접적으로 동일하지 않습니다. 칸트가 이 두 규정을 화해시키기를—이는 단지 그럴듯하기만 한 게 아니라 또한 유혹적인데—거부했다면, 거기서 그는 매우 심오하고도 올바른 본능에 의해 인도되고 있는 것입니다. 그의 철학 전체에서 작동하고 있는 이 본능은, 우리가 살아가는 세계 안에서 실제로 분리되어 있는 것을 잘못된 동일성을 산출함으로써 폭력적으로 통일시키려는 것이 아닌, 명확히 구별하려는 본능인 것입니다. 이 맥락에서 한 현대 작가가 이 문제에 대해 이례적으로 섬세한 감각을 가졌다는 것을 언급하고 싶습니다. 아마 그의 정치적 경향 때문에 여러분이 전혀 짐작하지 못할 그 사람은 바로 브레히트입니다. 그는 개인적으로 혹은 주관적으로 도덕적인 것과 객관적으로 도덕적인 것 사이의 불일치를 그 누구보다도 날카롭게 보았습니다. 『조처Die Maßnahme』와 같은 작품에서 드러나듯 그가 객관적 관심을 실체화하면서 인간의 자유를 무시한 방식에 대해 우리가 여기서 따로 다룰 필요는 없습니다. 나는 다만 그가 이 문제를 오늘날 도덕철학적으로 중심적이고 시의적인 문제로 바라보았다는 사실을 지적하고 싶습니다. 이것은 서로 대조적인 두 작품에서 특히 잘 다뤄지고 있는데, 이런 관점에서 그 작품들을 읽어 보기를 여러분에게 권합니다. 그중 하나는 『도살장의 성 요한나Die heilige Johanna der Schlachthöfe』로서, 그 속에서는 칸트적 의미에서 정말 절대적으로 순수한 의지를 가진 한 인간, 순수 신념윤리를 실천하며 문자 그대로 정말로 정언명령에 따라 행위하는 한 인간이, 바로 그 사실을 통해 객관적으로는 가장 악하고 위험한 관심들의 앞잡이가 되는 것이 보여집니다. 요한나가 하는 일은 그녀의 바람과 반대로 실현되며, 결국 그녀의 순교는 그녀가 주관적으로 저항한다고 믿었던 지배와 착취의 관심을 실현시키게 됩니다. 동일한 문제 제기를 반대로 다루고 있는 또 다른 작품은 『사천의 선인Der gute Mensch von Sezuan』입니다. 여기서는 요한나만큼이나 선을 직접적으로 실현하고자 하는 한 사람이, 심각하게 문제적인 것으로 경험되는 사회 속에서는 이를 오직 (언젠가 브레히트가 한 시에서 말한 것처럼) '악의 가면'을 써야만[216] 해낼 수 있다는 문제가 다뤄집니다. 그는 다른 방법으로는 선을 실현할 수 없을 것이기 때문에 스스로 악한 일을 행합니다. 이로써 우리는 오늘 아마 더 이상 설명할 수는 없겠지만 그래도 아직 더 고민해야 할 문제에 와 있습니다. 소위 신념윤리와 책임윤리의 차이 문제가 그것인데, 이는 바로 칸트 도덕철학 및 그에 연결되는 논의 일반에서 결정적인 문제로 언급돼야 할 것이기도 합니다.

그런데 도덕 안에서 주관적 계기와 객관적 계기가 교차한다는 이 문제에는 브레이트 역시도 극복하지 못한 아주 까다로운 종류의 위험한 요소가 존재합니다. 나는 이것을 제수이트주의의 문제라고 표현해 보고 싶은데, 이는 역사적으로 실재했던 그 집단을 생각하면서 하는 말은 아니고 단순히 사람들이 제수이트의 개념에 연결시키는 바가 하나의 원칙으로 요약되기 때문입니다. 그 원칙이란 목적이 수단을 신성하게 한다는 것입니다. 이 이론은 지금 그리고 여기서 좋은 것과 객관적으로 요구된 것, 전체의 좋음이 서로 불일치함을 모종의 방식으로 인정하면서도, 총체적인 것, 최종 목적이 특수한 것, 개별적인 것에 대해 우위를 갖는다는 사실을 통해 그 불일치가 해결될 수 있다고 믿고 있습니다. 이런 생각이 많은 점에서 타당해 보일지라도, 우리는 우리 시대에 그것이 사실은 무엇을 의미하는지, 최종 목적이라든가 전체의 우위라는 명분하에 불의가 자행된다는 것이 어떤 것인지에 대해 가장 끔찍한 검토를 할 수 있었습니다. 결국에는 좋음의 개념 자체가 그 납득할 만한 내용을 포기하게 되며, 좋음의 개념은 다만 더 큰 힘을 지닌 쪽이 행하는 추상적 지배만을 의미하게 될 뿐입니다. 그 힘은, 단지 주관적일 뿐인 관심들과 정당성이 자기 안에는 객관적으로 더 고차적인 이념들이 지양되어 있다고 주장하면서 그 이념들을 앞에 내세우고는, 그 배후에서 지배합니다. 도덕철학적으로도 우리는 이 모든 주장(그리고 조금 전 언급했던, 이런 가공할 생각에 이데올로기를 제공한 브레히트의 『조처Maßnahme』)에 맞서 이렇게 반박해야 할 것입니다. 요구된 보편자와 희생양 혹은 지금 그리고 여기서 일어나는 일 사이의 관계는 투명해야 한다고 말입니다. 그게 그런 것이라는 단순히 추상적 단언에 머물러서는 안 되고, 지금 그리고 여기서 인간들이 갖는 개별적 관심이 바로 저 전체의 관심만큼이나 유효하다는 의미에서 투명해야 한다는 것입니다. ―물론 이런 종합은 거의 불가능할지도 모릅니다. 그러나 목적은 결코 독단적으로 정립되어서는 안 되며, 인간들에 맞서 고정되고 독립된 것으로 정립되어서는 안 됩니다. 안 그러면 그런 목적은 자기보존, 각 개별 인간의 보존도 그 안에 포함하고 있는 인간 이성의 개념에 필연적으로 모순될 것입니다. 이런 의미에서 칸트의 도덕철학은 어떤 특정한 도덕 코드와도 무관할 수밖에 없는 형식주의라고 항상 지적됨에도 불구하고, 그것은 목적이 수단을 정당화한다는 한갓 말장난 같은 원칙을 심각한 유혈극으로 바꿔 놓는 전체주의적 도덕의 형상, 즉 도덕의 완전히 전체주의적 전복과는 합치될 수가 없습니다. 그 근거는 객관에, 즉 사회와 개인이 구체적 경우들에서 서로 불일치한다는 사실에 있습니다. 앞서 저 모델들에서 일어난 일과 마찬가지로 도덕철학은 직접적으로 끊임없이 사회의 편으로 넘어감으로써 필연적으로 개인들에게 불의를 가하게 됩니다. 이 개인들은 오직 올바른 사회 속에서만 자유로운 개인일 수 있지만 오늘날에 이르기까지 사회 구조를 언제나 자신들에 대립해 있는 것, 하나의 타율적 요소로 경험하고 있습니다. 그리고 전체와 개인들이 갖는 극히 정당한 관심들 사이의 적대 관계, 보편자와 특수자 사이의 적대 관계를 무시하는 도덕철학과 도덕적 실천은 반드시 야만으로, 타율로 떨어지게 되어 있습니다. 칸트의 도덕철학이 이런 이율배반을 대단히 잘 표현해 냈듯이, 도덕철학은 그렇게 해야 합니다. 그리고 이 이율배반을 조화롭게 만들려고 해서는 안 됩니다.

끝으로 이성이 인류의 최종 목적이라는 사상에 대해 말할 것이 더 있습니다. 여러분이 만약 이를 문자 그대로만 취하여 그 개념의 역사 속에서 성립된 대로의 이성개념에서 출발하면서도 그것 자체는 반성하지 않는다면, 이 이성은 순수한 자연 지배적 이성이자, 그런 한에서 또한 억압적 원칙이며 그 자체가 본질적으로 부분적인 것Partikulares[보편의 반대라는 의미에서 특수한 것]입니다. 우리가 이 억압적이고 부분적이며 인류의 자기보존을 목적으로 삼는 원칙을 객관적인 도덕 이성 일반으로 유보 없이 정립할 수 있을지는 매우 의문스럽습니다. 쇼펜하우어는 살아 생전 동물에 대한 연민까지도 도덕철학 안에 포함시킨 것을 자신의 특별한 기여로 보며 만족해 했고, 사람들은 이를 종종 연금 생활자의 기벽으로 다루곤 했습니다. 나는 그런 기이한 특성에서 매우 많은 것들이 인식될 수 있다고 생각합니다. 쇼펜하우어는 총체적 이성을 인류가 갖는 최상의 객관 원칙으로 확정하는 것은 바로 자연에 대한 맹목적 지배를 지속하는 일일 수 있다고 생각했을 것입니다. 여기서 자연 지배는 동물을 착취하고, 그들에게 고통을 주는 전통 속에서 가장 잘 표현됩니다. 쇼펜하우어는 이로써 소위 주관적인 자기보존적 이성으로부터, 동물 그리고 동물에 대한 태도를 위한 어떤 여지도 갖지 않는 최상의 도덕 원칙으로 이행하는 지점을 표시합니다. 그런 한에서 쇼펜하우어의 이 특이함은 아주 위대한 통찰의 표현입니다. 이성을 인류의 최상 원칙으로 제도화할 때, 우리는 그 원칙이 무제한적으로 영구화되어 결국에는 도덕의 이름으로 사회 자체를 자연 착취를 위한 거대한 주식회사로 만드는 것을 생각하기에 앞서, 그런 제도화 속에서 '그래야 한다, 그렇게 정돈되고 통제되어야 하며 조직되어야 한다'는 자연 지배 원칙이 중단되고 취소되는 것을 훨씬 더 먼저 떠올려야 할 것입니다. 나에게는 이것이 자기보존의 주관적 영리함을 최상의 보편적 도덕 원칙과 동일시하려는 시도에 반박하는 가장 심오한 통찰로 여겨집니다. 그리고 아마도 이 통찰이 칸트로 하여금 양자를 분리시키게 만든 동인 중 하나였을 것입니다. 그에 반해 이성이 순수하게 객관적으로, 즉 칸트의 도덕 원칙에서 그렇듯 주체들과 그들의 자기보존적 관심으로부터 독립된다면, 그것도 마찬가지로 문제적일 것입니다. 그렇게 된다면 헤겔식으로 말해, 인륜적sittlich 세계의 건설에서 인간들이 배제되는 셈일 것이고, 인륜적 세계는 또 다시 한갓 타율로 전도될 것입니다.

207) 녹취록의 시작 부분이 없어서 두 단어(ich will)는 추측된 것이다. 아도르노는 아직 지난 시간과 직접 연결하고 있다. 이번 강의를 위해 새롭게 구상된 그의 핵심어들은 충동 포기의 이념으로 시작된다: 16. VII. 63. "추가:/ 충동 포기의 바탕에 깔린 이념: 장기적 보상/ 절약의 동기: 자본의 형성/ 그것의 허위는 심리학적으로나 전체 사회적으로나 보상은 이루어지지 않는다는 사실에 있음(Vo 8814 f.)."

208) 『미니마 모랄리아Minima Moralia』(GS 4, S. 65-67)에서 아도르노의 메모 Diesseits des Lustprinzips를 참고할 것.

209) Vgl. W X, S. 480-488(§§64 f.).

210) 스피노자의 표현을 문자 그대로 옮기면 "suum esse conservare"(Benedictus de Spinoza, Ethica, Teil 4, Lehrsatz 20, in: Opera. Werke, lateinisch und deutsch, Zweiter Band, hrsg. von Konrad Blumenstock, Darmstadt 1980, S. 414).

211) Vgl. W VIII, S. 553 f.

212) Vgl. W VII, S. 25.

213) 여기서 아도르노는 무엇보다 강박신경증과 『일상생활의 정신병리학』에서 프로이트가 재구성한 『문명 속의 불만』에 대한 이론적-비관주의적 해석에 반대하고 있다. 그에 반해 치료 기술에 대한 프로이트의 저작들은 변증법적 문제의식을 발전시키고 있다: 충동 포기의, 분석 작업의 무한한 과제로의 지양(vgl. "Erinnern, Wiederholen und Durcharbeiten" und "Die endliche und die unendliche Analyse", in: Studienausgabe, a.a.O., Ergänzungsband, S. 205-215 und S. 351-392).

214) 맞지 않는 대차대조표의 비유에 대해서는 Schopenhauer, Zürcher Ausgabe, a.a.O., Bd. II/2, Kap. 46: "Von der Nichtigkeit und dem Leiden des Lebens", S. 671 und S. 678, 또한 Horkheimer, "Schopenhauer und die Gesellschaft": "철학은 계산서를 제시해야 하며, 대차대조표가 부정적이기에 종국에는 성자가 옳다고 입증된다. 이 세계를 살아가는 자는 기만당했다. 개혁과 혁명에 대한 쇼펜하우어의 불신을 통해 기존의 것은 찬미되지 않는다"(Gesammelte Schriften Bd.7: Vorträge und Aufzeichnungen 1949-1973, hrsg. von Gunzelin Schmid Noerr, Frankfurt a. M. 1985, S. 48).

215) 1963년 7월 9일의 제12강 참고(이 책 196쪽).

216) 브레히트의 희곡에서는 "선함과 삶" 사이의 아포리아를 극복하기 위해 '선인' 셴테Shen Te는 마스크를 쓰며, 그녀는 동시에 악인인 슈이타Shui Ta이다(vgl. Ge-

sammelte Werke in 20 Bänden, hrsg. in Zusammenarbeit mit Elisabeth Hauptmann, Frankfurt a. M. 1967, Bd.4, Stücke Bd.4, S. 1603). 시 「악한 자의 가면」은 이렇다: "내 방의 벽에는 일제 목제품이 걸려 있네/ 황금 칠이 되어 있는 악령의 가면/ 불끈 솟아 있는 이마의 핏줄을 보면/ 악하게 사는 일이 얼마나 힘든 일인지/ 공감할 수 있게 되네"(a.a.O., Bd.10, Gedichte Bd.3, S. 850; vgl. zu diesem Motiv "Der gute Mensch von Sezuan", a.a.O., S. 1570).

제15강

1963년 7월 18일

여러분 안녕하십니까.

지난 시간 우리가 도달했던 물음은 이성개념 자체가 인류 개념이며 그 안에는 인류와 인류의 존속 및 행복 등의 요소가 포함되어 있으므로, 칸트 도덕철학과 도덕철학 일반은 이 요소들에 정향해야 하는가였습니다. 이 물음은 이제 도덕철학 일반의 근본 문제로 이어지는데, 칸트 텍스트와 어느 정도 거리를 두고서 이를 설명하겠습니다. 이 문제는 칸트 텍스트와의 연계 속에서는 전혀 구체화될 수 없는 물음 중 하나이기 때문입니다. 이 문제를 더 상세히 다루지 않는다면 전체 문제를 보는 가장 중심적인 관점에 무지한 상태로 여러분을 방치해 두는 느낌이 들 것 같습니다. 그 문제란 소위 신념윤리의 문제입니다. 칸트가 서술하듯 이는 여러분에게 신화론적이고 낡은 것으로 생각될 수도 있을 소위 선윤리와 관련된 것이 아니라, 사람들이 칸트 및 최고선에 관한 독단론 모두로부터 뚜렷하게 구별하면서 강조하기 위해 책임윤리라고 칭했던 그 윤리학의 구체화와 관련되는 문제입니다. 그렇게 내용적으로 규정된 의미의 인류를 생각한다는 것은 본질적으로 경험적 실존과 자기보존에 대한 책임, 우리가—그럭저럭tant bien que mal—속해 있는 유類의 충족에 대한 책임에 관한 물음일 것이기 때문입니다. 바로 이것을 칸트는 윤리학의 원칙으로서는 근본적으로 포기했으며, 그의 도덕철학에는 이를 위한 여지가 없습니다. 여러분도 알다시피 칸트는 자유 개념을 고대 윤리학으로부터 넘겨받았지만 그것을 매우 급진화했습니다. 자유라는 이념을 끌어들이지 않고서는 도덕철학 같은 것이 전혀 아무런 의미도 갖지 못한다는 것은 여러분 모두에게 자명할 것입니다. 완전한, 빈틈없는 결정론 안에서는 좋고 나쁨의 기준이 완전히 무의미할 것이고, 그에 대해 어떤 물음도 물어질 수 없을 것이기 때문입니다. 그러나 자유 개념은 그 핵심에서 칸트에 의해 수정됩니다. 내가 기억하기로 아리스토텔레스는 자유를 다만 외적 강압으로부터의 자유만이 아니라 정념, 충동으로부터의 자유라고도 정의하며, 윤리적 행위는 스토아학파에서 그랬던 것과 마찬가지로 정념에 대한 지배와 동일시됩니다. 이것은 내가 이미 몇 번 언급했듯이 급진적 쾌락주의라는 극소수만을 예외로 하고 소위 도덕철학 전체를 특징짓는 하나의 동기입니다. 이제 칸트에게 와서 자유 개념은 결국 더 이상 조건 지어지지 않은 원인만 의미하게 되었고, 이로써 그는 자유 개념을 극단으로 몰고 갑니다. 자유에 대한 이런 규정이 완전히 형식적인 것, 혹은 인식론적인 것이 됨으로써 각각의 구체적인 의존성은 제거되었고, 뿐만 아니라 이로써 윤리학 자체에 영향을 미칠 수도 있을 사태적인 것 일체에 대한 관계마저 제거되어 버렸습니다. 이 때문에 칸트의 도덕철학은 본질적으로 신념윤리라고 말해집니다. 만약 어떤 다른 원인으로도 거슬러 올라갈 수 없는 행위가 자유로운 행위라면, 가령 어떤 일을 실현하려면 나는 내 행위를 주어진 특정 상황에 정향시켜야만 하는데, 그 행위가 그 상황의 불충분성이라든가 그 상황에 대한 구체적인 규정을 원인으로 갖는 한 그것은 타율적 행위, 즉 자유 안으로 인과성 계기를 다시 들여오는 행위이기에 배제되어야 한다는 사실이 곧장 분명해지기 때문입니다. 이렇게 해서 칸트 철학은 극단적인 신념윤리가 되며, 칸트는 자신의 도덕철학이 이룬 성취의 고유성을 여기서 보았습니다. 그는 도덕적인 것의 자리를 순수하게 주체의 내면성 안으로 옮겨 놓은 것입니다. 내가 여기서 내면성이란 표현을 사용했는데, 여러분은 이것을 가령 외부적 명령의 내면화라든가, 초자아나 여타 유사한 원칙들의 내면화에 관한 이야기에서 익숙하게 등장하는 심리학적 의미로 이해해서는 안 됩니다. 여기서 이야기되는 것은 이성에 의해 규정된, 보편적 자아이기 때문입니다. 이 내면성의 자리는 (이 문제적인 이미지를 표현하려면 이렇게 말해야 할 것입니다) 본래 영점Nullpunkt입니다. 이 말은, 이 내면성이 본래 이성 자신의 추상적인 준거점과 다르지 않으며, 부정적으로 규정하자면 모든 종류의 외부적인 것으로부터 과감하게 구별되는 것일 뿐이라는 뜻입니다. 그러니까 우리가 도덕철학을 포기하지 않으려면, 그리고 그것을 도덕철학 외적인 계기로부터 독립시키려면, 도덕철학은 이성의 순수한 '자기-곁에-머무름'으로부터 근거 지어져야 한다는 것입니다. 여기서 외적인 계기란 이런 도덕철학의 의미에서 보면 특히 각 개별자의 행복까지도 의미할 것입니다. 내가 지적했듯이 엄밀한 의미에서 이러한 [도덕적인] 행위는 심지어 인간의 행복으로부터 독립해 있어야 할 것입니다.[217] 이후의, 더 급진적인 내면성의 사상가인 키르케고르에서도 그렇습니다. 그는 연민에서 나오는 행위는 (이 점에서 그는 연민을 나쁘게 평가한 칸트와 다릅니다[218]) 다만 연민 자체를 위하여 이루어져야 할 뿐, 연민을 자아내는 상태의 변화를 목적으로 해서는 안 된다고 말합니다. 급진적 내면성의 입장은 사람들이 현실을 건드려서는 안 된다는 생각, 외적인 현실을 자신의 행위 안에 고려해 넣어서는 안 된다는 생각과 연결되어 있음이 여기서 잘 드러납니다.[219] 이 동기는 어떻게 보면 객관적인 시선 방향을 가졌던 플라톤에게서도 나타납니다. 오직 순수 논리적 태도와 능력에서만 개시되는 이념들의 절대성이 그것입니다. 그러나 칸트 자신은 그것도 여전히 타율적이라며 배척할 것입니다. 실제로 그는 고대 윤리학 전체를 타율적이라고 비판했는데, 플라톤은 최고선인 정의가 순수이성으로부터 나온 것이 아니라 즉자 존재자로서 우리에게 직관된다고 말하기 때문입니다. 즉자 존재자로서 정의는 우리에게 마주 서 있는 것으로, 일종의 불투명성이나 비합리성의 계기, 혹은 칸트라면 타율이라고 말할 계기를 갖게 됩니다. 따라서 칸트의 신념윤리가 플라톤의 이념윤리로부터 구별되는 결정적 차이는, 칸트가 오직 주관성 자체의 보편적 원칙만을 도덕적 행위의 규정 근거로 받아들이고 있다는 사실에 있습니다. 칸트는 가장 보편적인 것(이 또한 객관적인 것임에 틀림없는데)을 제외한 여타의 객관적인 것, 행위를 가능케 하는 어떤 대상적인 것도 전혀 염두에 두지 않습니다. 그런 한에서 그의 윤리학은 피히테의 철학과 사실상 일치합니다.

칸트에게 이 사실은 넓은 의미에서 감각적 욕망이라는 타율에 대한 반대이자, 또한 신학에 대한 반대라는 점에서 이중의 공격을 함축합니다. 칸트가 경험주의에 대해서나 (따라서 어떻게 나타나든지 간에 감각적인 계기들에 대해서나) 신학의 형태를 취한 타율에 대해서나 모두 반대한다는 점에서 정말로 형이상학자라는 사실을 여러분은 분명히 인식해야 합니다. 도덕법칙은 신에 의해 주어진 것이어서는 안 되고, 가장 순수한 의미에서의 주관성 자체와 다름없습니다. 신이 이 도덕에서 어떤 역할이라도 갖는다면 그것은 다만 순수이성에서 나오는 도덕법칙의 보증으로서만, 즉 (『순수이성비판』에서 이 맥락에서 등장하는 표현과의 유비에 따르자면) 도덕법칙을 고정시키는festmachen 것으로서만 그러할 뿐입니다.[220] 신과 영혼 불멸에 대한 희망이 없다면 이 세계는 지옥이리라는 칸트의 말이 바로 그 말입니다. 그러나 세계가 지옥이어서는 안 된다고 칸트는 생각합니다. 세계를 이렇게 부정성으로 규정하는 것은 경험에 대한 그의 거부와 깊은 관련이 있습니다. 경험적 계기 일반에 대한 이러한 거부는 원칙적으로 세계 안에서는 (이것 자체가 매우 신학적인 생각입니다) 악이 지배하고 있다는 생각, 세계는 악의 영역이라는 칸트의 생각과 합치합니다.[221] 또한 헤겔 철학이 부여하는 것과 같이 겉보기에 더 인간적이고 더 호감 가는 도덕철학적 규정들보다 칸트의 엄격주의가 더 비판적이고 기존 상태에 더 화해 없이 마주서 있다고 말할 수 있다면, 그것은 바로 이러한 급진주의가 자리 잡고 있는 이 대목에서 그렇습니다. 이렇게 해서 우리는 이제 선윤리와 책임윤리에 대립하는 소위 신념윤리의 결정적 물음에 도달하는데, 그에 관해 몇 마디 하겠습니다. 신념윤리란 순수한 의지와 관련되는 윤리, 도덕적 주체의 내면성만을 그 유일한 심급으로 인정하는 윤리입니다. 그에 반해 선윤리와 책임윤리는 이 주체의 편에서 볼 때 즉자 존재자, 경우에 따라서는 정신적이기도 한 것에서 출발하며, 이것은 주체에 마주 세워져 있습니다. 선윤리와 책임윤리는 마치 옛날의 인식론이 그랬던 것과 비슷하게, 구성하는 주체에 대한 반성이 수행되지 않은 채로 직지향intentio recta 속의 즉자 존재자에서 출발하는 윤리학인 것입니다.* 직지향의 이런 대상적 방향을 통해서 윤리적인 최고선도 대상화되거나 사물화된다고도 말할 수 있겠습니다. 이 사물적인 것은 순수한 활동actus purus에 비해 항상 타율적인 것, 우리에 대해서 좋은 것das Gute für uns입니다. 그리고 그것이 우리에 대한 것인 한에서 다시 쾌락주의 비판의 대상이 됩니다.

여러분 중 다수는 그런 것이 철학자들의 전형적인 염려라고, 그들이 골머리를 앓으면서 고민할 만한 더 중요한 게 아무것도 없다면 그들은 철학을 그만두는 게 나을 것이라고 생각할 것입니다. 이 모든 게 다만 공리공론에 지나지 않아 보이기 때문입니다. 그러니까 우리는 플라톤의 정의론에서 이미 그랬던 것처럼 최고선의 개념 자체를 다만 팽팽히 늘이기만 하면 된다고 생각할 수도 있을 것입니다. 그러면 거기서 경험적이고 부수적이며 허약한 동기들로부터 독립된 어떤 것이 생겨나게 될 것이며, 이를 통해 플라톤적 최고선과 순수 형식적으로 규정된 신념 사이의 차이는 사

* 직지향은 대상을 곧게 향한다는 의미로, 우회적으로 향하는 사지향intentio obliqua과 반대되는 말임.

라지게 될 것입니다. 마르부르크의 신칸트주의자들, 특히 파울 나토르프 Paul Natorp의 작업에 이르기까지, 사람들은 끊임없이 칸트 윤리학과 플라톤 윤리학 사이의 일치점에 대해 지적해 왔습니다.[222] 그리고 칸트의 윤리학을 이례적으로 멀리까지 쫓아갔던 쇼펜하우어도 이 두 도덕 개념의 동일성을 옹호했습니다.[223] 그런데 칸트가 개념들의 정확한 구별을 고수할 때 나타나는 특징은, 그가 거기에 만족하지 않고서, 아무리 규정되어 있더라도 최고선 역시 나에게는 낯설고 외면적인 것으로 마주하게 된다고 말한다는 점입니다. 그렇게 마주 서 있는 것으로서 최고선은 내 도덕적 의지와 주관성 일반 (순수 자아의 원칙) 사이의 동일성을 무력하게 만들 것입니다. 여기서 칸트에게 중요한 것은 이 도덕철학에서 무엇이 나오느냐가 아닙니다. 넓은 의미에서 감각적인 것에 대한 거부라는 점에서 자신의 도덕철학이 플라톤의 것과 일치하게 되는지 여부는 칸트에게 아무 상관 없습니다. 그가 흥미를 갖는 것은 다만 (이것이야말로 가장 관념론적인 것인데) 원칙에 대한 물음, 그런 이론이 결국 어디서 입증되고 있는지에 대한 물음입니다. 그런 이론이 이성 자체 안에서 증명되는가 아니면 자신에게 낯선 것으로서의 이성에 마주 서게 되는가 하는 물음 말입니다. 그렇다면 칸트는 내용적으로 봤을 때는 그렇게 엄격주의적으로 사유한 것이 전혀 아닙니다. 그는 플라톤처럼 '육신은 영혼의 살아 있는 무덤'[224]이란 문장에 따라 감성을 저주하려는 것이 전혀 아닙니다. 그는 의무 규정에 자기 자신의 행복에 대한 의무도 함께 수용함으로써 내용적으로는 심지어 어느 정도 관용마저 보였습니다. 다만 원칙, 내가 여러분에게 말했던 그 원칙만큼은 약화시키고 싶지 않았던 것입니다. 이런 전환에는 내면성이 불멸적 영혼만큼이나 최상의 것을 의지한다는 직관을 [칸트가] 상속했다는 사실이 숨겨져 있습니다. 주관성 원칙이 그 자체로 최고선이라 불리는 그것이어야 한다는 사상은 피상적인 의미, 역사적인 의미에서만이 아니라 아주 깊은 의미에서 기독교적입니다. 그 뒤에는 영혼의 절대적 실체성에 관한 표상이 숨어 있습니다. 이 표상은 예수에 의해 구원된다고 하는 영혼의 불멸성에 관한 표상과 결부되어 있는 바로 그것입니다. 이것이 세속화되어 칸트 도덕법칙의 즉자 존재로 추상화된 것입니다. 그러나 그 안에는 무한한 노력이라는 부르주아적 에토스가 숨겨져 있습니다. 이 에토스는 자신이 구원될지는 아무도 모르며, 따라서 저 구원을 희망할 수 있으려면 무한한 노력이 이루어져야 한다고 하는 특수한 기독교 전통, 루터파와 특히 칼뱅주의에서 더 구체화된 은총의 선택설Gnadenwahl로 거슬러 올라갑니다. 희망은 다만 멀리서 나타날 뿐이고, 이 희망은 아주 흐릿하기 때문에 거의 마치 기억의 흔적과 같은 것일 뿐이라는 생각을 칸트는 프로테스탄티즘과 공유합니다. 그리고 이 점에서 모든 프로테스탄티즘 교파와 충돌했던 경건주의의 대표자들은 칸트의 철학이 희망을 모른다며 그를 끊임없이 비난한 것입니다. 칸트를 읽은 뒤 클라이스트가 보인 유명한 반응이 바로 이 맥락에 놓여 있습니다.[225] 이 계기는 물론 상당한 진리를 갖는데, 그 진리란 희망의 개념 속에 실제로 숨겨져 있는 불확실성을 말합니다. 그러나 칸트는 그에 대해 대답하는데, 이것이 그가 베토벤 같은 사람과 공유하는 태도입니다. [그 대답은] 지상의 삶을 우리는 지옥이라고 인식해야 하지만 이 지옥이 전부일 수는 없으며 그와 다른 어떤 것이 반드시 존재하리라는 약속 같은 것이 인간의 본성 자체 안에 담겨 있다는 것입니다. 칸트 자신이 파괴적으로 비판했던 존재론적 신증명은 그의 철학에서 결국 이렇게 살아 남습니다. 칸트 윤리학 안에서 무한한 노력과 순수한 신념 사이의 매개는, 그것이 최상의 개념들로 이루어진 짜임 관계, 그의 의무 개념에 속하게 됨으로써 이루어집니다. 이 의무 개념은 완전히 추상적인 방식으로 무한한 노력 일반의 개념과 일치합니다. 절대적 원칙으로서의 의무는 자신에 선행하는 어떤 질서에도 귀속되지 않은 채 절대적인 것으로 간주되기에 단적으로 어떤 한계도 갖지 않으며, 또한 의무는 그 고유한 무한성과 무제약성 덕분에 저 계기, 바로, '멈추지-않게-함Nicht-zur-Ruhe-kommen-Lassen'의 계기를 갖기 때문입니다. 또 여기서 내가 말하고 싶은 바는, 칸트 철학은 사회 현실 속에서 이루어지는 일을 단순히 반복하지 않으며, 기존 사회에 대한 비판을 행하면서 거기에 다른 가능한 것의 상, 가능한 것의 상 없는 상을 보여 주는 경향을 갖는다는 것입니다. 그리고 이것이 이제 아주 탁월한 방식으로 형식주의 원칙과 하나가 됩니다. 칸트는 현실의 교정자를 목적과 수단의 관계 속에서 발견합니다. 그는 발전하는 자본주의 사회 속에서 (칸트가 살았던 때는 영국에서 산업혁명이 시작되던 때와 일치합니다) 대체 가능성이 전체로 확산되어 가는 경향을 인식했습니다. 이 사회의 연관 안에 놓인 모든 것이 다만 다른 어떤 것을 위한 수단으로 존재하며, 그것에 대한 기능적 가치만을 갖는다는 경향 말입니다. 칸트의 도덕철학이 갖는 파토스는 모든 것이 단지 수단으로 되어 가는 경향에 대항하는 목적을 찾아내는 것에 있습니다. 이런 생각은 내가 이미 언급한 그런 의도에 대한 칸트의 비판 속에 들어 있습니다. 그런데 이제까지 말하지는 않았지만 이 사실은 칸트의 도덕철학에서 큰 중요성을 갖는 하나의 대립 관계에 아주 현실적인 의미를 부여하게 해 줍니다. 가격Preis과 품위Würde의 대립이 그것입니다. 대체 가능한 모든 것, 다른 것을 위해서 존재하는 것, 교환 가능한 것들은 가격을 갖는 반면(가격 개념이 실제로 교환관계에서 형성되듯이), 엄밀한 의미에서 정말 자기 자신을 위해 존재하는 것, 그리고 칸트의 도덕법칙에 따르자면 올바른 행위가 그렇듯이 자기 자신을 위해 일어나는 일은, 그가 품위라고 표시한 바로 그것이며, 오직 그것만이 품위라는 사실입니다. 칸트에게 품위 개념은 19세기의 그것과는 완전히 다른 의미를 지녔습니다. 19세기에 이 개념은, 스스로를 세상에서 중요한 존재로 뽐내면서 스스로에게 품위를 귀속시키는 식의 닳아빠진 자부自負로 타락했던 것입니다. 이런 경험적인 품위 개념을 여러분은 오늘날에도 여전히 종종 마주할 텐데, 그 개념은 조소의 대상이자, 본래 칸트가 그 개념으로 의도했던 바에 대한 완전한 전도입니다.

내가 이런 사회적 문제들을 언급하는 것은 칸트 철학을 상대화하기 위함이 아닙니다. 철학에 대한 비판은 오직 그것이 갖는 고유한 진리에 대한 비판으로서만 가능합니다. 그리고 그것이 어떤 사회적 상태와 긍정적으로나 부정적으로 관련된다는 사실을 단순히 지적하는 것은 그 철학에 대한 비판적 힘을 갖지 못합니다. 그러나 다른 한편으로, 우리가 칸트의 도덕철학에서 마주했던 것과 같은 가장 추상적인 규정들 자체도 그것을 낳은 실제의 사회적 짜임 관계 속에서 자신의 자릿값을 얻습니다. 이런 방식으로 우리는 직접적으로 감지되지는 않더라도 칸트 도덕철학의 추상적 개념들이 자신의 실체 속에 숨기고 있는 구체성을 발견할 수 있습니다. 여기서 두 계기를 지적해 볼 수 있습니다. 칸트 철학은 이루 말할 수 없을 정도로 강화된 자기의식이라는 매우 강한 긍정적 의미에서 부르주아적 철학이라고 할 수 있다는 것이 그 하나입니다. 주체가 자신의 자유에 의거해서 스스로에게 법칙을 부여해야 한다는 사상, 그의 순수한 신념이 곧 세계의 법칙이라는 사상은 모든 전통주의와 신분제적, 봉건적 그리고 절대주의적 질서에 대립하는 원칙입니다. 칸트의 도덕철학이 갖는 추상성은 그 자체로 주어져 있는, 말하자면 자연과학적인 상태의 제한적인 실정성에 비하면 사회적인 것이라고 말할 수 있습니다. 칸트에게서 관찰된 이 추상성으로의 이행에는 인간 행위가 정향해 있는 맹목적인 자연생장적 계기들로부터 점차 이루어지는 사회의 추상화, 합리화 그리고 해방 과정 등이 표현되어 있고, 이 점에서 이 이행은 그 자체로 구체적입니다. 추상적인 것이 모든 시대에 공통된 근본 토대가 아니라는 통찰, 추상성 자체가 하나의 사회적인 범주라는 이 통찰은 마르크스가 매우 강조하면서 주장했던 바이며, 칸트 철학은 아마 마르크스의 이 정리에 대한 가장 위대한 예이자, 존재하는 최선의 검증 중 하나일 것입니다. 칸트에게서는 모든 후견으로부터 벗어나고 싶어 하는 신흥 부르주아 계급의 파토스나 자기의식 같은 것이 아주 분명하게 느껴집니다. 이 파토스는 그가 신학을 도덕철학의 근거로 취하는 것에 대해 비판하는 곳, 이 도덕철학을 철저히 '인류의, 자기 자신에 책임이 있는 미성숙함으로부터의 해방'이라는 의미에서 제시하는 곳에서 특히 유효합니다.[226] 여러분이 심지어 칸트 법칙 개념의 억압적 규정에서조차 이 동기가 울려 퍼지고 있음을 느끼지 못한다면 여러분은 무한히 복잡하고 분화되어 있는 칸트 도덕철학의 구조를 실제로 제대로 이해한 것이 아닙니다. 더 나아가 그의 도덕철학은 원칙적으로 루소의 영향을 매우 강하게 받았다는 의미에서 특별히 부르주아적입니다. 이것은 널리 알려진 사실입니다. 그러나 인간 이성은 더 많은 행복이 존재하는 세계를 만들어 갈 능력이 안 된다는 루소의 사유를 칸트의 도덕철학이 아주 특이하고 독창적인 방식으로 변형했다는 사실은 덜 알려져 있습니다. 나는 루소로부터 온 동기들이 칸트에게서는 무엇으로 되었는지를 보는 일이, 여러분이 철학사에서 발견할 수 있는 것처럼 이 동기들을 끊임없이 지적하는 일보다 더 흥미롭다고 생각합니다. 칸트는 이성이라는 인간의 소질이 실제로 그들에게 점차 더 높은 차원의 행복을 만들어 내기엔 부적합하다는 것을 가르치고 있습니다. 그는 다만 그로부터 [루소와] 반대되는 결론을 이끌어 내고 있을 뿐입니다. 그 결론이란, 우리가 양자[이성과 행복]를 일치시키도록 노력할 것이 아니라, (개인의 행위, 곧 사적 윤리에 관한 한 중요한 것은) 우리가 계속해서 개선되는 행복이 아닌 다른 차원에서 이성의 규정 일반을 추구해야 한다는 것입니다. 아마 여러분은 (사람들이 주관적 관심의 영역과 객관적으로 올바른 것의 영역을 동일시한다 해도 절대화된 이성개념이 어떤 어려움을 갖게 되는지에 대해서 지난 시간에 보았기 때문에) 올바른 사회는 자연에 대한 보편적 억압의 사회가 되리라는 것을 기억할 것입니다. 이 사실은 여러분으로 하여금 칸트 철학의 진리 요소를 정확히 어느 대목에서 찾아야 할지도 보여 줄 것입니다. 그 밖에 이성의 억압적 원칙, 자연 적대적이고 자연 억압적인 원칙에 대한 회의라는 칸트 도덕철학 안의 이 계기에는 매우 긍정적인 의미에서 루소적 동기가 감춰져 있습니다. 칸트가 그로부터 이끌어 내는 결론은, 인류 혹은 개별적인 개인은 (인류는 칸트에게서 이와 약간 다른 의미이며 더 복잡합니다) 이성에 의해 정립된 모든 규정들의 최상의 통일인 법칙 개념을 모범으로 삼고서 살아가는 것 외에 다른 목적을 갖지 않는다는 것입니다.

오늘 신념윤리의 이러한 측면, 즉 사적인 성격과 내면성, 그리고 부르주아 사회 사이의 연관성에 대해 이야기하게 된 김에, 우리가 일반적으로 '부르주아적bürgerlich'이라는 개념 등을 너무 구별 없이 사용하고 있다는 것을 덧붙이고 싶습니다. 우선 이에 관련해 말해져야 할 것은, 부르주아 사회에서 이루어지는 내면화란 반동적인 의미, 그러니까 변증법적이고 간접적인 의미에서의 부르주아적인 것으로 이해해야 한다는 것입니다. 나는 여러분에게 이미 보편적 대체 가능성에 관해 말한 바 있는데, 이 대체 가능성은 물론 우리가 연루되어 있는 외부 세계의 압도적인 역학에 대한 일종의 저항으로 발생합니다. 그것은 주체의 자기 환수Selbstrücknahme 경향성인 것입니다. 그렇다면 내면성이란 각각의 개인이 외부 세계의 압도적인 힘에 대립하면서 행하는 자기로의 퇴각입니다. 그리고 오직 이런 대립적 의미에서만 내면성 범주는 교환 세계의 한 기능입니다. 또한 신학적 우주관이 붕괴하고서야 비로소 내면과 외면 사이의 급격한 단절, 어떤 매개 범주들로도 더 이상 다리 놓을 수 없는 저 무매개적 단절이 이루어졌다는 사실이야말로 내면성 범주가 형성되기 위한 암묵적 전제입니다. 소위 폐쇄적 문화(헤겔 용어로 실체적substantiell이라고 불릴 문화들, 무엇을 해야 하는지가 사람들에게 상당히 자명한 문화들) 안에서는 내면성 개념이 어떤 여지를 갖지 못합니다. 그리고 고대에는 이 개념이 전혀 나타나지 않는다고 말해도 과언은 아닐 것입니다. 이것은 여러분 중 어떤 고전문헌학도가 내면성이란 뜻으로 해석될 수 있을 만한 어떤 고대 작가의 구절을 나에게 보여 줄 수도 있음을 각오하고서 하는 말입니다. 그런 가능성을 내가 아예 부정하는 것은 아닙니다. 다만 방법론적으로만 말하려는 것인데, 물론 고대에 그런 동기들이 이미 나타나긴 하지만, 그것들을 둘러싼 공기와 기후는 기독교 세계의 그것과 완전히 달라서, 의미 내용에 따르자면 서로 동일한 범주들이 전혀 다른 종류의 기후 안에서는—즉 주체-객체 문제 같은 것을 전혀 모르는 사람에게는—완전히 다른 의미를 얻게 된다는 것입니다. 호머나 타키투스, 보카치오나 초서 등을 읽거나 혹은『돈키호테』나 아니면 17세기 초기 영국 소설들을 읽어 보면, 거기서 우리는 하나의 공통적 핵심에 부딪치게 될 것입니다. 그 핵심이란 오늘날 우리가 부르주아적이라고 부르는 것, 조직화된 도시적 시장경제에 대한 내재적 관계를 말합니다. 다른 한편으로 우리가 잊어서는 안 될 것이, 서쪽의 다른 국가들과 비교할 때 칸트 시대의 독일에서는 부르주아적 상황이 발전하지 못했다는 점입니다. 비록 당시 독일 사회에서 모든 부르주아적 범주와 사유가 사상의 영역 속에서 만들어지고 해석되면서 활기차게 존재하긴 했지만, 부르주아 계급의 자기의식이 경제적 현실과 일치했다거나 그들이 영국과 프랑스에서처럼 벌써 힘 있는 위치를 점했다고 말할 수는 없습니다. 이 부르주아적이라는 개념은 (이것은 독일 상황 일반에 대해 매우 특징적인 것입니다) 현실의 발전에 선행했으며, 그렇기 때문에 동시에 그것은 서쪽의 국가들에서보다 더 급진적이었습니다. 서쪽 국가들에서는 더 발전된 현실이 [오히려] 사상의 발전을 어느 정도 저해할 수 있었던 것입니다. 그러나 동시에, 부르주아 개념 속에 현실 의식이 훨씬 적게 들어가 있다는 점으로 인해 독일에서 이 개념은 서쪽 국가들에서보다 더 제약되어 있기도 합니다. 이런 의미에서 우리는 모르겐슈테른Morgenstern의 시「달der Mond」에서처럼, 정신적 의미에서 도덕은 완전히 "독일적인 대상"이라고 말할 수 있습니다.[227] 다시 말해 좁은 의미의 도덕, 특히 의무란 본래 독일 사유의 영역 안에만 존재한다는 뜻입니다. 가령 칸트와 동시대인이었던 흄의 도덕철학을 읽어 보면 분위기가 완전히 달라서, 그것이 같은 사태에 대한 논의라는 느낌을 거의 받기 어렵습니다. 각 개인의 도덕적 행위가 외부 현실을 결정적으로 규정할 수 있으리라는 생각을 칸트에게서는 전혀 느낄 수 없다는 것입니다. 그리고 외부 현실에 대해 개인이 갖는 실질적 무력감이라는 이 계기는 확실히 칸트 철학에서 내면성의 순수한 구성을 위한 내적 조건들 중에서도 굉장히 본질적입니다. 도덕적 주체의 관점은 애초부터 아예 세계를 형성하는 관점일 수가 없는데, 그 이유는, 이 주체의 관점은 역사 형성에 관한 아주 추상적인 숙고 안에서가 아니라면 (그러나 이 경우에조차 그가 구체적이고 역사적인 힘들에 대해 갖는 관계는 그 숙고 안에 전혀 포함되지 않습니다) 세계에 대해서 아무런 영향력도 갖지 못하기 때문입니다. 이런 사실을 통해서 도덕적인 것은 필연적으로 신념의 문제가 됩니다. 다시 말해 도덕적인 것은, 자신의 행위가 직접적으로 지금 그리고 여기서 세계의 전개에 아무 변화도 초래하지 못한다는 사실에 대해 암묵적으로 그리고 미리부터 확실하게 알고 있는 자의 행위 형식이 됩니다. 이런 무능력은 독일 관념론의 전체 도덕철학 안에서 그 흔적을 갖습니다. 신념은 그저 스스로에 대해서만 존재하는 규정이자 자기충족적인 규정이고 사회의 건립에 대해서는 아무런 결과도 불러일으키지 못하지만, 또 사회에 의해 전혀 그렇게 심하게 위협당하지 않는 것이기도 합니다. [칸트 도덕철학의] 파토스는 모든 것이 수단으로 되어 가며 어느 것도 더 이상 목적으로 머물러 있지 못하는 사회를 비판하는 것이긴 하지만, 또 다는 한편으로 이 사유는 반대로 도덕 의식, 곧 스스로에게 법칙을 부여하는 이성이 현실에서 자기 바깥의 그 어떤 목적도 실현할 수 없다는 사실에 절망했기 때문에 자기 목적적으로 되며 이로써 내가 지난 시간에도 이미 말했듯이 물신이 된다는 사실을 통해서 변증법적으로 보충되어야 할 것입니다. 해방된 부르주아의 엄청난 파토스는 이 도덕철학 안에서 무력감과 교차하며, 이런 양면성이 칸트 도덕철학에 아주 깊숙이 스며들어 있습니다. 여러분, 이로써 우리는 벌써 신념윤리와 책임윤리의 문제로 나아가기 위한 준비를 약간은 한 것 같습니다. 여기서 표현되고 있는 무력감으로 인해 신념윤리가 구체적으로 아무것도 제공하지 않는다는 비난, 신념윤리가 사례론Kasuistik, 구체적인 개별 사건과 보편 원칙 사이의 매개를 제시하지 못한다는 비난은 정당한 것이 됩니다. 반면에 여러 번 보여졌듯이 도덕적인 사례론은 목적을 통한 수단의 정당화란 원칙하에 있으면서 상대성에 내맡겨지게 되고, 이를 통해 부정적이고 나쁜 것을 향해 나아갈 수 있습니다. 칸트라면 이런 사례론에 반대하면서, 준칙의 보편성에 대한 반성으로 충분하다고 할 것입니다. 만약 내가 정말로 매 순간 내 행위 원칙이 동시에 세계 입법의 보편 원칙이 되도록 할 수 있을지에 관한 판단을 내릴 수 있다면, 문제될 것은 없을 것입니다. 그러나 내 생각에[는 그렇지 않습니다]—강의 마지막 순간에 잠시 여러분에게 이를 말할 수 있어 다행입니다. 우리가 그런 의미에서 정언명령에 따라 행위할 수 있는지 잠시 생각해 보기 바랍니다. 우리가 매 순간 매 행위에서, 첫째로 그 행위가 하나의 준칙을 따르는지 여부를(그렇게 행위하는 인간이라면 인간이기보다는 괴물일 것이 틀림없지만, 한번 가정이나 해 보자는 것입니다), 그리고 둘째로 그 준칙이 보편적 입법의 토대로 쓰일 수 있는지를 모든 경우에서 분명히 안다는 것을 상상이나 할 수 있을지 말입니다. 칸트의 논변 도식을 적용해 보자면, 그런 일은 근본적으로 사회적 총체성의 무한한 분화, 즉 무한한 어떤 것이 나에게 실정적positiv으로 주어져 있다는 것, 그래서 내가 내 준칙과 보편 입법 일반 사이의 이러한 연결을 만들어 낼 수 있다는 사실을 전제합니다. 달리 말하면, 정언명령이 종이 위에 적혀 있긴 하지만, 나의 준칙이 그런 보편적 입법에 적합한지를 내 판단을 통해서 확인할 수 있다는 것이 암묵적으로 전제되고 있는 한 엄격한 칸트적 의미에서의 정언명령은 실제로 유효하지 않다는 것입니다. 그런 판단은 무한한 반성을 전제하는데, 개별 인간은 그것을 전혀 해낼 수 없고, 그런 반성이 가능하려면 결코 도덕적으로 자명하다고 확정할 수 없는 무한히 많은 것들에 대한 앎과 지식이 있어야만 하기 때문입니다.

217) "인간들은 독립적이다Menschen unabhängig sein"는 의미에 따라 추정되었음. 녹취록은 빈 칸을 "이해할 수 없음! nicht zu verstehen!"이라는 메모로 표시하고 있기 때문이다.

218) Vgl. Beobachtungen über das Gefühl des Schönen und Erhabenen, W II, S. 835.

219) Vgl. Søren Kierkegaard, Der Begriff der Angst: "연민은 고통받는 자에게 거의 도움이 되질 않는다. 사람들은 그 안에서 오히려 단순히 자신의 이기주의만을 느끼고 그에 골몰할 뿐이기 때문이다. … 연민하는 자가 자신의 동정심 속에서 가장 엄밀한 의미에서 그게 자신의 일이라고 이해하는 방식으로 고통받는 자에게 관계 맺을 때에야 비로소 … 연민은 의미를 갖게 된다 …"(Werke Bd.5, Jena 1923, übersetzt von Christoph Schrempf, S. 119).

220) 「초월론적 연역」 §16을 참고할 것: "이렇게 해서 통각의 종합적 통일은 정점에 도달한다. 이 정점에 지성의 모든 사용, 뿐만 아니라 전 논리학과, 논리학에 따른 초월론적 철학은 결부되어야 한다. 이 능력이 바로 지성 자체다"(W III, S. 137, B 134, Anm.).

221) 아도르노는 여기서 다시 한 번 1957년 1월 22일의 강의에 연결 짓는다. 1963년의 강의를 위한 준비의 맥락에서 그는 "만약 신이 어떤 역할을 갖게 된다면, 순수 이성으로부터 나오는 도덕법칙의 보증으로서만, 즉 도덕법칙을 고정시키는 것으로서만이다"라는 문장에 대해 텍스트 가장자리에 수기로 다음과 같이 적어 놓는다. "다시 말해 신과 불멸성이 없다면 세계는 지옥일 것이다. — 그래서는 안 된다고 칸트는 생각한다. 이런 부정성으로서의 세계 규정은 경험에 대한 거부와 깊은 관련성을 갖는다. 세계 속에서는 악이 지배적이다. '행복에 대한 우리의 의무를 확실히 함'"(Vo 1424).

222) Vgl. Paul Natorp, Platos Ideenlehre. Eine Einführung in den Idealismus, Leipzig 1903, S. 191 f.

223) 『의지와 표상으로서의 세계Die Welt als Wille und Vorstellung』 제1판의 부록에서 칸트 철학에 대한 비판을 참고할 것(a.a.O., Bd.I/2, S. 638).

224) Vgl. Platon, Phaidon, St. 82e, 육신이 영혼의 감옥으로 기술되어 있는 대목.

225) 1801년 3월 22일 빌헬미네 폰 젱에Wilhelmine von Zenge에게 보내는 하인리히 폰 클라이스트Heinrich von Kleist의 서신을 참고할 것: "얼마 전 나는 최근의 칸트 철학을 알게 되었네. 그 사상이 나보다 자네를 그토록 깊이, 고통스럽게 뒤흔들

게 될 것임을 두려워할 필요가 없으니 지금 그것을 알려 주겠네. 만약 모든 인간이 [지금과 같은] 눈 대신에 초록색 안경을 가졌다면, 그들은 이 안경을 통해 응시하는 대상들이 초록색이라고 판단해야만 할 것일세. ―그리고 그들의 눈이 사물을 있는 그대로 보여 주는지, 아니면 거기에 속하는 게 아니라 보는 눈에 속하는 어떤 것을 추가하고 있는지 여부를 그들은 결코 결정할 수 없을 것일세. 그런 게 지성이라는 것이네. 우리는 우리가 진리라고 부르는 것이 정말로 진리인지 아니면 단지 그렇게 보일 뿐인지를 결정할 수가 없네. 만약 후자라면, 우리가 여기서 모으는 진리는 죽음 이후에는 더 이상 존재하지 않네. ―그리고 우리가 죽는 순간까지 하는, 재산을 모으려는 노력은 헛된 것이네. ―"(In: Kleist, Gesamtausgabe Bd. 6: Briefe 1793-1804, hrsg. von Helmut Sembdner, München 1964, S. 163).

226) Vgl. Was ist Aufklärung?, W XI, S. 53.

227) Vgl. Christian Morgenstern, Der Mond, in: Sämtliche Galgenlieder, München 1992, S. 74.

제16강

1963년 7월 23일

여러분 안녕하십니까.

지난 시간에 나는 정언명령을 고려할 때 생겨나는 문제가 있다고 말했습니다. 아주 간단히 표현하자면 그것은, 도덕법칙이 갖는 최상의 보편성으로부터 특수한 경우에 이르는 길이 칸트의 도덕철학에서 나타나는 것처럼 그렇게 문제없는 것은 아니라는 사실입니다. 칸트 스스로가 이 문제에 대해 명시적으로 전혀 언급하지 않고 있음은 아주 희한한 일입니다. 반면 이 물음은 그에게 인식 영역에서는 큰 역할을 갖고 있습니다. 인식 영역에서 이 문제는 (단어의 명료한 의미에서의) 판단력이란 이름하에서 특수자를 보편자 아래에서 포착된 것으로 생각하는 능력으로 등장하며, 칸트는 여기에 두 가지 가능성을 부여합니다. 그 하나는 보편자로부터 특수자로 나아가는 가능성, 소위 규정적 판단력인데 이것도 문제가 없진 않습니다. 그리고 [또 하나는] 반성적 판단력입니다. 이것은 우리가 어떻게 아직 보편자에 의해 통합되지 않은 경험으로부터 보편자로 고양될 수 있는가 하는 물음과 관련되는 판단력입니다. 이 두 번째 문제에 칸트의 세 번째 주요 저작[판단력 비판]이 바쳐졌습니다.[228] 유비적으로 『실천이성비판』은 첫 번째 문제, 소위 규정적인 도덕적 판단력을 다룬다고 할 수 있겠지만, 그런 암시는 전혀 발견되지 않습니다. 칸트 스스로가 여기서 연결의 문제,

보편자와 특수자의 관계 문제를 상세히 논하는 일을 경계했고, 그 이유는 그에게 이 문제가 꺼림칙한 것으로 나타났기 때문이면서 자신이 거기서 큰 어려움에 빠지게 될 것을 그 스스로도 알고 있었기 때문이라는 혐의를 나는 제기합니다만, 이렇게 말한다고 해서 그에게 실례를 범하는 것은 아니길 바랍니다. 물론 만약 그를 증인으로 소환할 수 있다면 그는 이 사실을 시인하지는 않을 것이고, 아마 각 개인에게서 직접적으로 발견될 수 있는 도덕의식, 그가 도덕법칙의 연역 가능성과 대립적인 것으로 도입한 바 있는 그 도덕의식을 논급할 것입니다. 그러나 바로 이 대목에 아주 심각하고 어려운 문제가 놓여 있습니다. 도덕적인 것은 사실 자명하지 않고, 순수한 윤리적 요구는 자기 고유의 순수성을 통해 악으로 넘어갈 수 있다는 것, 더 정확히 말하면 그 요구의 순수성은 자신의 대상 혹은 (차라리 이렇게 말해야 할 것입니다) 그 요구에 따르는 주체를 파괴한다는 의미에서 그렇게 된다는 것입니다.

이제 이 강의도 몇 회 남지 않았는데, 이는 우리 스스로가 어쨌든 정언명령에 따른 덕분이자, 오늘 폭염으로 인한 방학을 하지 않았고, 이로써 아이들이 누리는 행복을 포기했기 때문입니다. 그래서 나는 여기서 문학적인 예시를 상세히 들어 보려 합니다. 여기서 예술 작품들이 도덕철학적 물음들에 대해 갖는 관계의 문제를 나도 잘 의식하고 있다는 사실은 미리 말해 두고 싶습니다. 그것은 형상화된 인간들에게 도덕적 범주들이 대체 적용될 수 있는지, 또 얼마나 적용될 수 있는지의 문제입니다. 이 문제를 해명하는 대신에 나는 예술적 생산물이 그 자체로 도덕적 문제의 형태라는 전제, 더 정확히는 우리가 이 순간 다루는 도덕적 문제의 형태라는 전제를 갖고 있다고 말하는 것으로 만족하겠습니다. 여기서 다루려는 것은 『야생 오리』라는 제목을 달고 있는 입센의 작품입니다. 이것은 내 유년기 때만 해도 그의 가장 유명한 작품 중 하나였는데, 오늘날에는 (그의 작품 대부분과 마찬가지로) 더 이상 자명하게 그렇게 전제할 수 없다는 것은 안타까운 일입니다. 여러분에게 부탁하건대, 방학 중에 여러분 모두가 이 작품과, 또 그와 연관된 맥락에서 『유령』 이나 『민중의 적』과 같이 더 이전의 작품들도 읽어 보기 바랍니다. 결국에는 우리 강의의 주제이기도 한 도덕적 변증법에 관해서 알고 싶다면, 여러분은 입센의 이 작품들 말고 다른 어떤 곳에서도 더 구체적이면서 동시에 사유적으로 일관된 것을 발견할 수 없을 것입니다. 『야생 오리』는 한 인간이 도덕법칙을 (혹은 칸트식으로 표현하자면 순수한 도덕적 요구를) 대변함으로써 어떻게 그 스스로 부도덕해지는가, 좀 조잡하게 표현해도 된다면 그가 자신이 속한 곳에서 가장 가치 있는 한 인간, 이 작품 속에서 전개되어 가는 유죄 연관Schuldzusammenhang에 연루되어 있지 않았던 한 인간을 어떻게 파괴하게 되는가의 물음을 다루고 있습니다. 연루되어 있지 않은 이 한 인간이 숙명적으로 점차 더 깊이 연루되어 가고, 파멸하게 되는 것입니다. —14세의 어린 소녀가 말입니다. 줄거리는 간단합니다. 어떤 큰 회사의 사장에게 동업자가 있었는데, 이것이 전사Vorgeschichte입니다. 언제나 그렇듯 입센에게는 본래 중심적인 사건들은 전사 안에 놓여지고, 드라마 자체, 현재는 어떤 의미에서 보면 다만 에필로그에 불과합니다. 이것은 미학적으로 매우 심오한 의미를 가지며, 이런 종류의 극작법이 갖는 형이상학과 밀접하게 연관되어 있습니다만 지금 그것까지 설명할 수는 없습니다. 하여간 전사에서 두 사업가가 서로 연결되어 있었습니다. 하나는 베를레Werle이고 또 하나는 엑달Ekdal입니다. 엑달은 늠름한 장교였습니다. 두 사람은 어떤 모종의, 매우 잘못된 수법으로 돈을 벌었고 이것이 입센의 작품에서 매우 중요한 역할을 갖습니다. 그리고 그 일이 밝혀집니다. 그러나 베를레는 거기서 잘 빠져나와서 거대한 부를 축적한 반면, 그의 동업자는 붙잡혀서 감옥에 가게 됩니다. 작품에서 늙은 엑달은 석방된 죄수이자 완전히 실패한 자, 반쯤은 정신이 나간 알코올 중독자로 나오는데, 그에게는 얄마르 엑달Hjalmar Ekdal이라는 아들이 있습니다. 얄마르 엑달은 전문 사진사인데, 이제 전체 이야기는 그를 중심으로 돌아갑니다. 이 사람이 바로 수동적 주인공, 혹은 전체 윤리적 요구가 향하는 준거점입니다. 늙은 베를레는 얄마르 엑달이 사진사 일을 배우게 하여 그에게 소박한 생계를 꾸리게 해 주었을 뿐 아니라 (그러나 얄마르 엑달은 스스로 일을 진지하게 배우지 않았고 그의 아내가 일하도록 만들었습니다) 그를 헤어진 자신의 연인 지나와 결혼시켰습니다. 지나는 이미 늙은 베를레의 아이를 가진 상태였지만 결혼을 통해 이 약간 들떠 있는, 점잖으면서 기만당한 얄마르 엑달에게로 떠넘겨진 것입니다. 이제 얄마르 엑달, (저 사실 외에는 결코 혐오스럽게 묘사되지 않는) 지나, 그리고 그들의 딸 헤드윅은 함께 목가적인 소시민의 삶을 꾸려갑니다. 비록 과거와 가난한 생계는 어두운 그림자가 되어 이 삶을 덮고 있지만, 세 사람 모두는 이 삶의 방식 속에서 아주 행복하며 심지어 헤드윅은 그녀의 가짜 아버지 얄마르에 대한 사춘기적 사랑을 느끼고 있습니다. 늙은 베를레에게는 그레거스라는 아들이 있습니다. 그레거스 베를레는 이 극에서 정언명령을 대변합니다. 그는 자기 아버지와 치열하게 대립하면서 이 상황을 두고 보려 하지 않는데 그 이유는 그가 특별히 이 상황에 대해 격분했기 때문이 아닙니다. 얄마르 엑달의 가장 친한 친구인 그는, 삶의 거짓Lebenslüge으로 이루어진 세계 속에서 살아 가는 것, 즉 그 세계의 모든 참여자가 자기 자신과 이 세계에 관해 믿는 바와 실제로는 완전히 모순되는 세계 속에서 살아 가는 것을 얄마르 엑달이 못 견뎌 할 거라고 생각하기 때문입니다. 매우 복잡한 전체 사건의 진행을 설명하진 않겠습니다. 아무튼 사건은 이렇게 흘러갑니다. 그레거스 베를레는 추상 도덕에 따라서 자신의 아버지와 사이가 틀어지고, 큰 회사의 소유주가 되라는 제안을 거절하고서 차라리 가난하게 살아가는 인물, 그러니까 그 자체로 완전히 일관적인 인물로, 그는 엑달 가족에게 모든 사건을 다 밝히고, 어린 헤드윅 또한 이를 알게 됩니다. 그러나 그 결과로 얄마르는 자신의 친딸이 아닌 이 어린 소녀에 대한 믿음을 상실한 것처럼, 그녀가 아버지를 사랑한다는 사실을 더 이상 믿어 주지 않는 것처럼 행동하게 될 뿐입니다. 얄마르는 그녀에게 도덕주의적으로 비난하고, 그래서 이 어린 소녀는 자살하게 됩니다. 이것이 줄거리입니다. 거기서 엑달의 가족은 삶의 거짓 속에서—삶의 거짓이란 표현은 이 작품에서 유래했고, 당시와 마찬가지로 오늘날에도 시의적인 문제임에도 불구하고 이 표현은 거의 잊혀졌습니다—아주 행복했습니다. 엑달 가족은 작품 속의 냉소적 인물인 렐링Relling이란 이름의 타락한 의사가 말하듯, 헤드뷕의 무덤에 풀이 자라자마자 이제까지 그래 왔던 것처럼 누추한 상태 속에서 행복하고 만족스럽게, 다시 나태하게 살아갈 것입니다.

전체 사건에서 문제적인 지점은 도외시하겠습니다. 그 지점은, 1880년대의 관점에 따르면 지나가 혼전에 임신했던 아이를 데리고 결혼했다는 것(얄마르 역시 짐작하긴 했을 텐데)은 모두에게 심각하게 여겨질 사건이지만, 우리에게는 그다지 놀랍거나 충격적이지도 않다는 것입니다. 전체 구성이 향하는 것은 도덕적인 정화 행위, 즉 그레거스 베를레처럼 청렴한 인간이 상황을 정화하려는 (혹은 오늘날 사람들이 즐겨 말하듯 상황을 명확하게 만들려는) 시도는 재앙을 낳는다는 사실입니다. 입센의 다른 작품 『유령』에서 "그렇지, 양심이란 것—그것은 때로는 역겨운 것이지"[229]라는 대사도 마찬가지입니다. 우리는 순수하게 양심의 요구를 좇음으로써 비양심적인 일을 행하게 될 수도 있습니다. 가령 이루 말할 수 없을 정도로 아주 기품 있고 상냥한 사람을 죽이는 일 같은 것 말입니다. 입센은 렐링 같은 냉소주의자를 편들지 않고, 책임윤리와 신념윤리의 관계 문제가 해결되지 않음을 보여 주고 있다는 점에서도 아주 중요한 예술가입니다. 한편 그레거스 베를레가 직면해 있는 상황과 인물들은 실제로 지독히도 부정직하고 순응주의적이며 견디기 힘듭니다. 그러나 다른 한편으로 도덕을 따르려는 시도는 단순히 실패하게 되는 정도가 아니라, 그 자체 불의로 전도됩니다.

입센 작품의 배후에는 또 다른 계기가 숨겨져 있는데, 이는 그의 다른 작품들에서 훨씬 더 강하게 나타납니다. 그는 부르주아적으로 해방된 산업과 금융자본의 생산력에 대해 (단순히 역사적으로 더 진보했다는 뜻에서) 공공연한 호감을 갖고 있었는데, 이 생산력의 영역에 맞서 있는 엄격한 프로테스탄티즘적 편협함이 도덕과 등치된다는 사실이 그 계기입니다. 그 밖에 그는 유년 시절, 북유럽에서 큰 역할을 가졌던 헤겔 철학의 영향을 받았으며, 그것의 반향을 우리는 이런 계기에서 볼 수 있을 것입니다. 그가 『야생 오리』에서 한 것은 (여기서 나는 입센에 대하여 아주 영리하게 표현하고 있는 파울 슐렌터Paul Schlenther의 아주 통찰력 있는 문장을 인용하겠습니다) '『야생 오리』는 모순이 아니라 모순의 해소 불가능성을 형상화하고 있다'는 것입니다.[230] 도덕적 요구를 제기하는 자인 그레거스 베를레는 철저히 원한 가진 인물로 형상화되어 있습니다. 오늘날의 사람들이라면 그가 분명 해소되지 않은 오이디푸스 콤플렉스를 가지고 있어, 부정하고도 노련한 그리고 어떤 의미에서 매우 성숙한 아버지에 대한 격렬한 원한을 가지고 있다고 말할 것입니다. 게다가 그는 아주 추하고 투박하며 어설픈 자로, 스스로를 "테이블의 열세 번째 사람"[231]으로, 즉 『야생 오리』가 쓰여지던 그때 즈음에 니체가 원한 도덕을 통해 세계를 오염시키는 자들이라고 말한 그 실패한 자들의 유형이라고 느낍니다. 그러나 [이 작품은] (이 점이 바로 입센의 아주 위대한 점인데) 인물의 이런 부정성에만 머물러 있지 않습니다. 그레거스는 매우 정의롭게 묘사됩니다. 이렇게 원한이 강하고 반골적이라는 본성적 혹은 성격적 특성에도 불구하고, 그레거스 베를레 자신은 정말로 정직한 사람입니다. 그는 자신이 타인들에게 하는 요구들을 또한 스스로에게도 제기하며, 어떤 결과도 받아들일 준비가 되어 있습니다. 내가 이 강의에서 해석해 보인 모순, 즉 도덕적 행위자의 조건성과 (도덕적 범주들 자체가 갖는 객관성이나 구속력 같은) 도덕적인 것의 범주들 사이에 존재하는 모순은 다시 한 번 이 구체적인 개인의 모습 속에서 형상화됩니다. 그레거스 베를레가 대변하는 이상은 (이 또한 매우 칸트적인데) 단순히 진리의 이상, 추상적 이성의 이상입니다. 추상적 진리를 고수하는 도덕적 엄격주의로서 이 이상은, 인간이 자기 자신과 동일해야 한다는 것 외에 다른 것을 말하지 않으며, 그런 한에서 입센의 이 이상은 현대 실존주의의 도덕 표상을 상당히 선취하고 있습니다. 그에게 참되다는 것은 삶의 거짓을 범하지 말라는 것을 의미합니다. 있는 그대로의 자기 모습을 인정하라는 것, 자기 자신과 동일하게 존재하라는 것입니다. 그리고 도덕적 요구를 '단지 그 자신으로 있음das bloße Man-selbst-Sein'으로 환원하는 이런 동일성 속에서는 당연히 그가 어떻게 존재해야 할지에 관한 모든 규정된 내용이 사라지기 시작합니다. 이런 윤리학에 따르면 올바른 사람이란 결국 진짜 깡패, 자각적이며 스스로에게 투명한 깡패일 것입니다. 이렇게 순수이성 원칙을 한갓된 동일성으로 환원함으로써 이성의 이상은 일종의 상대주의에 빠질 수 있습니다. 그러나 여기 이 맥락에서 우리가 몰두해야 할 주제는 이것이 아니라 신념윤리와 책임윤리 사이의 관계입니다. 사람들은 여기서 그레거스가 무책임하게 행위했다고 말하기 쉽습니다. 또 사람들은 완고하고 성급하게 [도덕적] 요구를 고집하는 것은 심리학적으로 조건 지어진 것이라고, 그레거스 자신은 칸트처럼 표현하자면 자신이 이성의 이상에 의해 인도되고 있다고 생각하지만 사실은 그 외에도 다른 어떤 의도에 의해 동기 지어진 것이라고 말할 수도 있습니다. 따라서 입센이 여기서 (이 점에서 그는 완전히 헤겔을 이어받고 있는데) 칸트 및 순수한 신념윤리에 반하여 대변하는 것은 책임윤리인 것처럼 보입니다. 사람들이 매번 행위할 때마다(좋은 것, 올바른 것에 대한 요구를 충족시켜야 한다고 믿으면서 행위하는 매 순간마다) 동시에 어떤 결과를 가져올 것인지, 그것이 실현될지 등을 함께 고려해야 한다고 말하는 윤리, 순수한 신념으로부터 행위하는 게 아니라 목적과 의도 그리고 결국에는 세계의 형태마저 어떤 실정적인 것으로 함께 취하는 경향이 있는 윤리 말입니다. 극 안에서 냉소주의자 렐링이 아주 영리하게 표현하고 있는 바가 이것입니다. 그러나 이 극이 갖는 정당성, 그리고 더불어 정말로 변증법적인 계기는 다음의 사실에 있습니다. 이미 이 작품 안에서, 책임윤리 및 이 윤리가 변호하고 있는 이 세계가 그 나름대로 문제적인 것, 나쁜 것, 무엇보다 기존의 것에 대한 공모자로 표현되고 있다는 것, 그리고 그 맞은 편에서는 추상적 도덕성의 재현자로서 옳지 않은 자인 그레거스 베를레가 또한 옳은 자이기도 하다는 것입니다. 간단히 말하면 이런 것입니다. 나는 이 극작품에서 모순의 해소 불가능성이 드러나고 있다고 말했는데, 그 말의 의미는 이 극작품에서는 이미 그러한 통찰이 나타나고 있을 뿐 아니라 (내가 오래 전에 했던 표현을 다시 한 번 인용하자면) '잘못된 삶 속에 올바른 삶은 없다'[232]는 사실이 아주 구체적으로 형상화되고 있다는 것입니다. 여러분에게 말한 이 계기, 실패한 그레거스 베를레에 대한 비판이라는 계기는 —자신이 '테이블의 열세 번째 사람'과 다르지 않다는 것이 그의 마지막 말입니다— 칸트의 도덕에 대한 헤겔의 비판과 동일한 종류의 것이라고 나는 이미 말했습니다. 헤겔의 비판에 따르면 책임윤리는 결과에 대한 고려를 포함하며 순수의지에 만족하지 않습니다. 또한 헤겔도 그렇고 입센도 마찬가지인데 책임윤리는 이 의지 자체를 속임수로, 곧 스스로를 신뢰해서는 안 되는 것으로 폭로하는 윤리입니다. 북쪽 끝 어디에선가 아주 고독하게 혼자 살아가는 그레거스 베를레라는 기인에서 묘사되고 있듯이, 순수하게 자기 자신에게로 회귀하는 내면성 안에는 어느 정도 불투명한 현실성이 숨겨져 있고 이 현실성은 [극작품에서 묘사된] 형상으로 다시 나타납니다. 그레거스 베를레는 부자인 어떤 남자의 아들로서 갖는 신경증적 죄책감으로 인해 인과성의 세계에 연루되어 있는데, 그는 바로 이 신경증적 죄책감을 절대선으로 오인하는 것입니다. 우리는 어떤 동기들 속에서 선이 우리의 추동력이라고 믿게 되는데, 아주 자주 이 동기들은 은폐된 이기주의에 불과하다는 사실을 입센은 이미 철저하게 보았습니다. 그 밖에 이 문제는 경험적 성격과 예지적 성격에 대한 칸트의 구별에서도 이미 나타나는 문제입니다. 칸트는 우리 자신에게 순수한 동기, 정언명령이란 동기로 여겨지는 것들이 사실은 아주 자주, 경험 영역으로부터 유래했으며 최종적으로는 우리의 욕구 능력, 우리의 도덕적 나르시시즘의 만족과 연관된 동기들에 불과하다는 사실을 보는 매우 날카로운 시선을 가지고 있었습니다. 이런 비판에는 소위 순수한 의지를 갖고 있다면서 틈만 나면 이 순수한 의지를 끌어들이는 사람들에 대한 어떤 경고가 나타나 있다고 말할 수 있을 것입니다. 소위 순수의지란 거의 언제나 타인에 대한 밀고의 준비이자 또한 타인을 벌 주고 박해하려는 욕구, 간단히 말해 여러분이 전체주의 국가에서 일어나는 상이한 유형의 숙청 작업을 통해 떠올릴 수 있는 바에 관련된 모든 문제들과 크게 다르지 않다는 것입니다. 순수의지는 현실과 관계맺고 있지 않기 때문에 스스로가 주장하는 결과를 전도시킵니다. 또 여기에 이런 비판을 가할 수도 있을 것입니다 —칸트 도덕철학에서 이것이 이루어지지 않는 것은 이상한 일입니다—. 내가 이미 도덕법칙을 추상적 이성 원칙과 동일시한다면, 거기에는 각 개인이 할 수 있는 만큼 많이 생각할 의무가 놓여 있다는 것입니다. 도덕적 행위가 정언명령이란 의미에서 순수하게 이성에 맞는 행위여야 한다는 요구는 근본적으로 모든 행위에서 이성이 지배하도록 하라는 요구이자, 이성이 도달할 수 있는 모든 것을 이성 안으로 받아들이라는 요구입니다. 그러나 내가 여러분에게 충분히 설명한 것과 같은 칸트 도덕철학의 내적 모순성으로 인해 이런 결과는 나오지 못합니다. 오히려 이성의 이러한 논리적 일관성, 곧 이성이 그 결과 자체도 이성적으로 끝까지 사유한다는 사실 속에서 칸트는 이미 어떤 문제를 보았으며 이를 통해 (나는 지금 심리학적인 것이 아니라 철학적인 것을 말하고 있습니다) 그레거스 베를레의 경우에서 사람들이 직면하게 되는 모든 문제들을 제거해 버렸습니다.[233] 그러나 반대로 도덕철학은 결과를 염두에 둠으로써 어떤 의미에서는 스스로를 객체에 의존하게 만들어야 합니다. 그리고 늙은 베를레나 저 의사의 냉소주의, 얄마르 엑달의 타락과 부정직은 이 극작품에서 근본적으로 현재 세계와의 동의 이외에 다른 것이 아닙니다. 이 냉소적 인간들이 대변하는 모든 것은 현재 만들어져 있는 세계, (여기서는 가족 관계라는 아주 좁은 의미에서 보여지는데) 기존 상태가 추상적 이성에 비해 옳다는 주장 외에 다른 것이 아닙니다. 제1막의 끝에서 늙은 베를레는 현실에 무능력하다는 이유로 자신의 아들을 가련하고 불쌍한 멍청이라고 부르고, 힘 좀 있다고 해서 자신이 모든 무능력보다 훨씬 우월하다고 믿는 사람으로서 이 아들에게 모든 경멸을 쏟아 냅니다.

여기서 내가 예술에서 유래한 모델에 기대어 좀 덜 일반적인 내용으로 전개시키려 한 그 문제를, 철학은 나름의 방식으로 해결하고자 했습니다. 지금 이 문제를 고찰할 때 취하고 있는 좁고 특수한 관점에서 볼 때, 이성의 객관성에 관한 헤겔의 이론, 진정한 의미에서 현실적인 것은 바로 그렇기 때문에 또한 이성적이기도 하다는 그 이론은 이 문제를 해소하려는 시도입니다. 이런 사실을 알아채기란 간단합니다. 한 가족이라는 극히 구체적인 사안에까지 이르는 기존 상황의 실정성 속에서는 일종의 이성이 지배한다는 사실을 만약에 헤겔이 강력히 지지했던 그 철학이 정말로 증명해 낼 수 있다면 ―하나의 이성만이 존재하고 이 이성은 내가 기만적으로 세계의 흐름에 대립하는 도덕적 요구라고 망상하고 있는 그 이성이기에― 나는 이 세계에 복종하고 순응해야만 이성을 그리고 정언명령을 어기지 않게 될 것입니다. 그렇게 복종함으로써 오히려 나는 도덕적 주체와 질적으로 규정되어 있지 않은 객관 세계 사이의 추상적 이원론을 넘어 나아가게 될 것입니다. 그리고 칸트에 따르면 나는 나 자신 안의 이성을 존경해야 하는데, 그만큼 객체 안의 이성을 존경함으로써 나는 칸트가 『실천이성비판』에서 그런 것보다 더 많은 권리를 고차적 의미의 이성에 부여하게 될 것입니다. ―나는 물론 현실적인 것의 이성성에 관한 헤겔의 이 전체 이론이 갖는 문제를 여기서 펼쳐 보일 수는 없습니다. 다만 이 이론은 당연히 진리 계기 또한 갖는다는 사실만큼은 말할 수 있습니다. 아마 소위 사물의 논리Logik der Dinge라는 개념을 참고하면 이것을 가장 간단하게 이해할 수 있을 것입니다. [사물의 논리란] 역사적 필연성이 실현되는 과정에서는 가장 작은 것에 이르기까지 일종의 논리가 지배한다는 것인데, 이 논리는 결코 단순히 인과성의 논리가 아닙니다. 정치적이고 역사적인 것이든 아니면 사적인 것이든, 모든 각각의 사건 연쇄에서는 항상 일종의 이성이, 자기보존적이고 추상적인 원칙이 스스로를 관철한다는 사실을 사람들은 뒤늦게서야 (이것이 본질적입니다) 알아챌 수 있다는 것입니다. [현존 세계에 대한] 변론은 이 추상적 원칙에 관련됩니다. 프란츠 폰 지킹엔Franz von Sickingen이 포위된 상황에서 치명상을 입고서 죽어 가던 침대 위에서 했다는 말, "원인 없이 생기는 일은 없다"는 말은 결코 단순히 인과법칙의 보편화를 의미하는 게 아니라, '그것을 그렇게 만든' 이성을 암시합니다. 그러니까 우리는 『야생 오리』의 줄거리에 포함되어 있는 캐릭터들을 분석할 때, 이 등장인물들이 가진 캐릭터로부터 유의미하고 필연적인 것으로서 바로 저러한 짜임 관계가 발전되어 나온다는 사실, 이 관계는 젊은 그레거스 베를레에 의해 (그는 사실 그렇게 젊은 것도 아니고, 대략 삼십 대 후반 정도로 봐야 할 것입니다) 그토록 치열하게 공격받게 된다는 사실을 전적으로 확신할 수 있을 것입니다. 그러나 이로써 도덕적인 것의 원칙 자체가 순응의 원칙이 됩니다. 우리가 독일적 전통 속에서 (여러분이 이 점에 대해서 좀 생각해 보면 좋겠습니다) 도덕적 원칙을 거의 자명하게 정언명령의 원칙, 추상적 내면성의 원칙이라는 도덕법칙에 등치시키는 일에 익숙한 반면에, 서구 세계, 더 정확히 말해 특히 앵글로색슨 세계에서는 우리에게 정언명령이 그렇듯 사회적 순응의 규범이 거의 자명하게 도덕적인 것의 규범으로 간주됩니다. 이 두 도덕 문화의 차이 속에는 내가 여러분에게 그 이론적 뿌리로부터 전개시키고자 했던 철학적 대립, 모순이 뚜렷이 새겨져 있습니다. 그 결과로 책임윤리는 존재하는 것(프로테스탄트적 내면성의 공허에 반대하면서 헤겔이 옹호했던 세계 진행)이 주체에 비해 언제나 옳다는 결론을 향합니다. 도덕적인 것에 관한 이런 이론은 이제 헤겔에게 중요한 이론이 되며, 그의『법철학』이 담고 있는 명백히 억압적이고도 정치적으로 초보수주의적인 귀결을 낳는 쪽으로 전개됩니다. 이로부터 매우 역설적인 결과가 따라 나옵니다. 겉보기에 형식주의적인 칸트 윤리학은, 그것의 일반성 원칙 속에서 자신에 마주 서 있는 세계의 모든 구체적 형상들 위로 고양됨으로써 사회와 실제 상황들 그리고 제한적이고 유한한 도덕 범주들에 대해서 비판적으로 대립하고 있으며, 자신의 숙고 속에서 사회뿐 아니라 더 나아가 특정한 사회 형상들에 대한 비판을 수용하는 내용적인 헤겔보다도 훨씬 더 급진적으로 그렇다는 사실입니다. 내 곁에서 아주 훌륭한 박사학위 논문을 작성한 롤란트 펠처Roland Pelzer는, 헤겔이 겉보기에 칸트에 비해 이룩한 진보 및 그의 칸트 도덕철학 비판이 사실은 '존재하는 것의 힘powers that be', 억압에 기여하는 것임을 논문에서 상세히 서술하고 있습니다. 그리고 그는 칸트의 도덕철학, 도덕철학 일반에 대한 헤겔의 비판에 대해서 일종의 메타 비판 같은 것을 수행합니다. 이 비판은 변증법적 사유 자체의 맥락에서 도덕적 규범을, 그와 동일하지 않고 합일 불가능한 사회적 실재에 맞서 구제하려는 시도를 담고 있습니다. 이 작업이 켐스키Kempski의『철학 아키브Archiv für Philosophie』지에 실린다는 것을 여러분에게 알려 두고 싶습니다.[234] 내용상으로 이 작업은 우리가 이 맥락에 대한 고찰을 중단해야만 하는 바로 그 지점에서 시작됩니다. 그런데 그것은 아주 급진적인 결과를 갖습니다. 정말로 객체가 이성을 갖는다고 상정해 본다면, 이성은 자기 자신과 대립하게 되며, 이 대립은 칸트의『실천이성비판』에서 전개된 실천이성의 이율배반이 갖는 비교적 해롭지 않은 의미에 비해 훨씬 더 심각한 의미에서의 대립입니다. 달리 말해, 헤겔은 스스로 객관화하며 세계 속에서 스스로를 형성해 가는 이성과 그에 대립해 있는 비판적 이성이 서로 하나임을 우리가 믿게 만들고 싶겠지만, 그것들은 서로 하나가 아닐뿐더러, 결과적으로도 서로 합일될 수 없다는 것입니다. 스스로 객관화하는 이성과 주관적으로 사유하는 이성 사이의 이러한 차이 속에서는 하나의 원칙 혹은 도덕적 원칙으로서의 총체적 이성이라는 것 자체가 의문스러워집니다. 순수하게 이성에 따라 행위함이란 추상적인 자기보존, 자기로부터 떨어져 나온 자기보존일 것이며, 이로써 그것은 악으로, 즉 더 강한 것이 관철되는 세계 진행으로 이행해 갈 것입니다. 이런 이유에서도 잘못된 삶 속에 올바른 삶은 없습니다. 여러분도 보았듯이 형식적 윤리는 그것을 해낼 수 없습니다. 그러나 책임윤리 혹은 다른 어떤 윤리도 해낼 수 없기는 마찬가지입니다. 그리고 도덕철학이 오늘날 마주한 물음은 이 딜레마에 대해 도덕철학은 어떤 태도를 취해야 할 것인가이며, 이에 대해 나는 다음 시간에 몇 가지 더 이야기하겠습니다.

228) 규정적 판단력과 반성적 판단력의 관계에 대한 설명을 위해서는 『판단력 비판』의 서론 제4장 "선험적으로 입법하는 능력으로서의 판단력에 관하여"(W IX, S. 251-253)를 참고.

229) 아도르노는 파울 슐렌터의 번역에 따른 『유령』의 제2막에서 인용하고 있다. In: Henrik Ibsen, Sämtliche Werke in deutscher Sprache, Siebenter Band, Berlin o.J., durchgesehen und eingeleitet von Georg Brandes, Julius Elias, Paul Schlenther. Vom Dichter autorisierte Fassung, S. 51.

230) 슐렌터는 『유령』, 『민중의 적』 그리고 『야생 오리』 등의 작품들에 대한 자신의 서론에서 이렇게 쓰고 있다. "알빙Alving 부인이 제때 진실을 표현하지 않았기에 그녀는 비극적 영웅이 되었고, 반대로 민중의 적은 진실을 표현했기에 희비극적 영웅이 되었다. 저기서는 허위가, 여기서는 진실이 재앙을 불러온다. 두 극작품의 비교는 모순을 만들어 낸다. 교리처럼 취하건대 이 모순이 이후 1884년에 나오는 극작품 『야생 오리』의 주제이다. 이 극작품이 제시하는 해답은 저 모순이 해소 불가능하다는 사실인 듯하다"(Ibsen, Sämtliche Werke, a.a.O., S. XXXI).

231) 이 동기에 대해서는 극작품의 결론, a.a.O., S. 343 및 그 도입 S. 222을 참고할 것. 이 책의 255쪽도 참고할 것.

232) 1963년 5월 7일의 제1강 및 미주 3을 참고할 것.

233) 잘못 들었다고 추측된 것을 교정함. 원본에서는 gezeitigt.

234) Vgl. Roland Pelzer, Studien über Hegels ethische Theoreme, in: Archiv für Philosophie, Bd. 13, Heft 1-2 (Dezember 1964), S. 3-49.

제17강

1963년 7월 25일

여러분 안녕하십니까.

마지막 수업에서는 오늘날의 도덕철학에 관련된 표현들에 대해 몇 가지 더 이야기하겠습니다. 신념윤리와 책임윤리에 관해 논의하면서 내가 아마 조금은 설득력 있게 제시했을 문장, 잘못된 삶 속에서 올바른 삶은 가능하지 않다는 문장에 관련해서 그런 일이 가능하다면 말입니다. 내가 오래전 그렇게 말한 이래로, 전혀 달리 표현되어 있긴 하지만 이런 생각이 유사한 방식으로 니체에게서 이미 나타나고 있다는 것을 확신할 수 있었습니다.[235] 우선 오늘날 도덕철학의 가능성 물음에 대해서는 다음과 같이 말할 수밖에 없을 것입니다. 도덕철학의 핵심은 도덕철학을 비판하고, 도덕철학의 가능성을 비판하며, 그 이율배반에 대한 깨달음을 의식적으로 취하려는 시도, 이 모든 숙고들을 그 자체로 의식 속으로 고양시키려는 시도에 있습니다. 나는 이를 위해 여러분에게 적어도 하나의 모델을 제시하고자 했습니다. 도덕철학이 그 이상을 약속할 수는 없을 것입니다. 특히 도덕철학 영역에서 이루어질 수 있는 숙고들이 올바른 삶의 규준을 만들어 줄 것이라고 약속할 수 없습니다. 삶 자체가 너무나 일그러지고 왜곡되어서, 그 속에서는 원칙적으로 어떤 인간도 올바르게 살 수 없고, 자신의 고유한 인간적 규정을 실현할 수 없을 것이기 때문입니다. 더 나아가 이렇게까지 말하고 싶습니다. 성실함과 단정함같이 가장 단순한 요구조차도 사람들 개개인이 오직 저항을 통해서만 실현할 수 있도록 이 세계가 만들어져 있다고 말입니다. 이런 강압적인 상황을 (대충 얼버무리는 게 아니라) 의식하기 시작하는 것이야말로 오늘날 사람들이 도대체 어떻게 살아갈 수 있을지에 대한 물음을 올바르게 제기하기 위한 조건을 만들어 낼 것입니다. 아마 우리가 말할 수 있을 유일한 사실은, 오늘날 올바른 삶은 잘못된 삶의 형식들에 대한 저항 속에 존재한다는 것, 이 형식들은 가장 진보된 의식에 의해 간파되고 비판적으로 해소되어야 한다는 것입니다. 이런 부정적인 지침 말고 다른 것은 정말로 있을 수가 없습니다. 덧붙여 이 부정적인 정식이 우리가 이번 학기 동안 이야기한 칸트의 정언명령보다 훨씬 더 형식적이라고 볼 수는 없습니다. 그러니까 내가 여기서 뜻하는 바는 통찰된 것에 대한 규정적 부정이자, 우리에게 부과된 모든 것에 대한 저항, 이 세계가 우리를 가지고 만들었고 더 나아가 만들려는 바에 대한 저항의 힘입니다. 그에 대해 반성하는 것, 자신의 객관적 무기력을 의식하면서 그에 반대하며 나아가려고 시도하는 것 외에 우리에게 남은 것은 없습니다. 세계가 만들어 낸 우리의 현재 상태에 대한 이런 저항은 결코 단순히 외부 세계, 즉 그에 비해 우리 자신은 옳다고 생각하기 쉬운 외부 세계에 대립하는 것만을 의미하지는 않습니다. —그런 시도는 우리 안에서도 작동하고 있는 세계 진행의 원칙을 다만 더 강화하게 될 것이며 이를 통해 악에 기여할 것입니다—. 저항은 [잘못된 사회에] 협력하려는mitspielen 경향성을 갖는 우리 자신에 대항하는 데에서도 입증되어야 할 것입니다. 언뜻 보기에 아무 문제 없어 보이는 영화 관람조차도 최소한 그것이 이미 우리가 인식한 바에 대한 일종의 배반이라는 의식과 더불어 이루어져야 할 것입니다. 그런 관람은 비록 극히 사소한 일이긴 하지만 확실히 누적적 효과를 가질 것이고, 우리를 아마 생존과 순응을 위해 우리가 점점 더 갖춰가야 할 모습에 뒤엉키게 만들 수 있을 것입니다. 그러나 현재 상황에서 결정적인 것은 내가 말한 이 협력의 계기가 생존을 원하는 인간이라면, 그가 정말 성자가 아닌 이상 누구도 피할 수 없다는 사실입니다(성자의 존재도 오늘날에는 거의 불가능한 일입니다). 우리는 끊임없이 이런 협력Mitspielen을 촉구받고 있습니다. 내가 여러분에게 협력하지 말라는 규범을 제시한다고 해서 나를 약간이라도 독선적이라고 생각하지 않기 바랍니다. 그것은 오히려 이런 뜻입니다. 우리가 이런 협력을 반성함으로써 그 협력의 결과를 깨닫게 될 경우, 그때 우리가 행하는 모든 것은—잘못된 것에 협력한다는 의식 속에서 이루어지는 모든 일들은—약간은 다를 것입니다. 그러나 이것도 벌써 우리가 말해도 되는 바를 넘어선 것입니다. 내가 여러분에게 이 반성 자체로부터 생각될 수 있는 것보다 더 많이 말하는 까닭은, 여러분의 입에 빵을 물려 주는 대신에 머리에 그저 돌만 던지지 않기 위해서입니다. 우리가 여기서 이론적으로 몰두했던 문제에 이 저항을 적용해 본다면, 그것은 또한 그 조건성이 간과된 추상적 엄격주의에 대한 저항이기도 합니다. 내가 말하는 반성은 오늘날 올바른 삶을 대변해 줄 어떤 것의 조건을 형성하는데, 이러한 반성에는 또한 우리가 그레거스 베를레처럼 행동하지 않는다는 사실이 속합니다. 그 반성 안에는 추상 도덕에 대한 비판과 내가 렐링과 늙은 베를레를 통해 약간 묘사한 바 있는 냉소주의에 대한 비판이 계기로서 지양되어 있습니다. 또 다른 한편으로 분명한 것은, 우리가 양심과 책임을 함께 고수하지 않는다면 올바른 삶은 생각할 수 없다는 것입니다. 이 지점에서 우리는 정말로 심각한 의미에서 하나의 이율배반적 상황 속에 놓여 있습니다. 우리는 규범적인 것, 즉 자기비판에 대한 물음, 올바른 것 혹은 잘못된 것에 대한 물음을 고수해야 하면서, 동시에 그런 유의 자기비판이 신뢰하는 심급도 오류를 범할 수 있다는 비판을 함께 고수해야 합니다. 여기서 나는 마지못해 인도주의Humanität라는 표현을 사용하게 되는데, 그것을 기꺼워하지 않는 이유는, 이 표현은 발화되는 순간 벌써 자신이 지시하는 아주 중요한 사태들을 사물적으로 고정시켜 왜곡해 버리는 표현들 중 하나이기 때문입니다. 어떤 인도주의 단체의 설립자들이 나에게 그 단체에 가입할 것을 권유한 적이 있는데 그때 나는 이렇게 대답했습니다. '당신들의 모임이 만약 비인도inhuman 연합이라고 칭해졌더라면 아마 벌써 가입했을 테지만, 스스로가 인도주의적humanistisch이라고 칭하는 모임에는 가입하지 않겠습니다.' 만약 내가 여기서 그 표현을 사용한다면 그것은 스스로에게 반성된 인도주의in sich reflektierte Humanität를 의미합니다. 반성된 인도주의란, 우리는 우리가 경험했다고 믿는 바를 고수한다는 의미에서 불혹Unbeirrbarkeit의 계기를 잃지 않아야 하고, 또 다른 한편으로는 비판의 계기, 단지 자기비판만이 아니라 우리 안에서 다시 기운을 얻는 저 경직된 것과 가차없는 것 모두에 대한 비판의 계기도 놓치지 말아야 함을 뜻합니다. 말하자면 반성된 인도주의에는 무엇보다 자기 자신의 오류 가능성에 대한 의식이 속하는 것입니다. 오늘날 자각, 자기반성의 계기는 언젠가 도덕적 범주들이라 불렸던 바의 참된 유산이 되었습니다. 오늘날 주관적 측면에서 올바른 삶과 잘못된 삶 사이의 경계, 구별 같은 것이 존재하긴 한다면, 그런 구별은 우리가 맹목적으로 바깥을 향해 치닫는지(그래서 자기 자신과 자신이 속한 그룹을 긍정적인 것으로 정립하면서 다른 것은 부정하는지), 아니면 그 대신에 자신이 조건 지어져 있다는 사실에 대한 반성 속에서 자신 아닌 다른 것에도 권리를 주는 법을 배우면서 진짜 불의란 사람들이 스스로에게 맹목적으로 권리를 부여하면서 타자를 부당하게 다루는 데에 있음을 느끼고 있는지 여부에서 발견될 수 있습니다. 이러한 '자기-자신을-정립하지-않기Nicht-sich-selber-Setzen'(이것이 겨냥하는 바는 결단Entschlossenheit에 대한 하이데거의 이론에서 발견되는[236] 죽음 형이상학과 자기성에 대한 고집에까지 이릅니다)는 오늘날 개별 인간에게 요구될 수 있는 바의 핵심입니다. 만약 사람들이 나에게 고대 그리스식으로 근본덕Kardinaltugend을 말해 보라고 압박한다면 나는 아마도 겸손함Bescheidenheit 외에 다른 어떤 것도 말할 수 없을 것입니다. 이를 약간 달리 표현해 보면, 사람들은 양심을 가져야 하지만 양심 속에만 갇혀 있어서도 안 된다는 것입니다. 가령 어떤 모임에서 (여러분이 속해 있는 아무 모임이라도 한번 가정해 보기 바랍니다. 내가 바로 그렇듯 아마 여러분 각자도 오늘날 어떤 모임에라도 소속되어 있을 것입니다) 어떤 사람이 이렇게 말한다고 칩시다. '나의 양심은 이것 그리고 저것을 하지 못하도록 나를 금지하고 있습니다.' 그걸 들으면 나는 이 사람은 정말 믿을 수가 없겠다고 생각하게 될 것입니다. 무엇보다 이렇게 생각할 것입니다. '우리는 달리 어찌할 수 없어 이렇게 한다'고 말하도록 강요받았다고 느낄 때, 그때 우리는 스스로에 대해 큰 불신을 품을 필요가 있습니다. 그 이유는 이런 제스처 안에 바로 저 '자기-자신을-정립하기Sich-selbst-Setzen', '스스로를-실정성으로서-내세우기Sich-selbst-als-Positivität-Behaupten'의 태도가 숨어 있기 때문입니다. 이 태도는 사실 자기보존의 원칙을 감추고 있으면서도 마치 도덕적인 것인 척 가장하고 있습니다. 그런데 도덕적인 것은 정말로 (내가 이를 여러분에게 비판적 분석 속에서 보여 주었기를 바라는데) [자기보존과] 일치하긴 합니다.

그런데 다른 한편으로 저항은 물론 타율의 구체적 형태에 대한 저항입니다. 그러니까 오늘날 저항은 외부로부터 부과된 수많은 도덕성 형식들에 대한 저항이기도 하다는 것입니다. 오늘날 통용되는 긍정적 도덕성은 부당한 이론적 토대를 포기했고, 예전에 도덕을 낳았던 종교에 대한 관계는 끊겨 버렸으며 마찬가지로 도덕적 요구들을 유효하게 만들어 주었던 철학에 대한 투명하고 합리적인 관계도 더 이상 존재하지 않습니다. 이로 인하여 사회 내부에서 도덕성의 보편 타당한 형식은 악한 것, 억압적인 것의 성격을 띠게 되었습니다. 이런 성격은 개념이 그 실체적 내용을 상실했는데도 여전히 고수되고 물신화되는 곳이라면 어디에서든지 꼭 나타나는 법입니다. 내가 『개입Eingriffe』[237] 안에 묶여 있는 한 편의 글에서 구체적으로 보여 주려 한 것처럼, 이에 대한 극명한 예들이 오늘날

성도덕의 영역에 존재합니다. 이 영역에서 통상적인 성도덕을 담고 있는 종교적 표상, 부부의 신성한 성격에 대한 생각 같은 것은 대부분의 사람들에게 깊숙한 층위에서부터 뒤흔들렸습니다. 또 다른 한편으로 에로스는 타인이 가진 인간의 존엄함을 병들게 한다고 (아마 칸트도 그렇게 생각했을 텐데) 더 이상 합리적이고 투명하게 주장될 수 없습니다. 그런 생각은 편협한 선입견임이 드러난 것입니다. 그럼에도 불구하고 오늘날 성도덕은 그 근거를 전혀 더 이상 제시할 수 없는데도 방탕한 축제를 벌이고 있습니다. 이 축제가 불러일으키는 전율은 크리스틴 킬러Christine Keeler*와 그녀의 친구들에 관한 생각에 사용되는 단어들에서 읽혀질 수도 있고,[238] 또 감시관청에 의해 ZDF[Zweiter Deutscher Fernseher, 독일의 공영방송국]에 부과된 검열 지침에서도 읽혀질 수 있는데, 이 검열 지침을 여러분은 『슈피겔Spiegel』지 최근호에서 볼 수 있습니다.[239] 그런 지침은 문자 그대로의 의미에서 객관 정신을 다시 한 번 성문화하기 때문에, 즉 불투명하고 바로 그 때문에 정말 엄격하고 억압적인 규범들, 오늘날 인류가 내맡겨져 있는 규범들의 총체를 성문화하고 있기 때문에 매우 재앙적입니다. 만약 도덕적인 것이 어디선가 자신의 구체적인 출발점을 갖는다면 그것은 여러분이 오늘날 발견하게 되는 이런 정신의 모든 선언들에 대해서 아주 단호하고도 타협없이 저항하는 데에 있습니다. 여기 이 맥락에서 나는 도덕을 확장시키려는 운동에서 사용되는 슬로건을 떠올리고 있는데, 그런 운동에 대해 최근 내 친구인 하버마스가 『메르쿠어Merkur』지에서 신중하고도

* 1960년대 영국 정치권을 뒤흔든 섹스 스캔들의 주인공. 킬러는 영국의 누드모델이자 콜걸로 당시 영국의 국방장관 프러퓨모John Profummo와 부적절한 관계를 맺었고, 동시에 영국 주재 소련 대사관의 무관인 이바노프와도 관계가 있다는 사실이 밝혀짐으로써 스파이 혐의를 받게 되었다. 이 사건으로 1963년 영국 보수당 내각은 붕괴했고 정권 교체가 이루어졌다.

날카로운 비판을 가한 적 있다는 것을 말해 두고 싶습니다.[240] 니체가 전혀 악의 없이 실정 종교들에 귀속시킨 바는 오늘날 객관 정신 혹은 문화적 의식의 보편성이 되었습니다. 이 종교들은 그 사이 인간에 대한 힘을 광범위하게 상실했지만, 그 대신 이 억압적이고 제약하는 힘은 말도 없고 근거도 없이 모든 사회적 삶 속에 현전하는 정신의 형식으로 옮겨 가 버렸습니다. 그러니까 오늘날 사람들이 뻐기면서 (여기서 내가 생각하는 바는 개별 인간만이 아니라 무엇보다도 쓰여져 있는 것, 대중매체를 통해 널리 퍼져 있는 것, 말해지는 것 등입니다) 선의 이념에 직접적으로 호소하는 모든 곳에서는, 즉 그 이념이 악에 대한 저항이 아닌 곳에서는, 그 이념은 언제나 악의 덮개 그림일 뿐이라는 것입니다. "내가 악을 증오하지 않는다면 어찌 선을 사랑할 수 있겠는가"[241]라는 스트린드베리Strindberg의 문장은 이중의 의미에서, 아주 재앙적인 의미에서 그 진리를 얻게 되었습니다. 한편으로 악에 대한 증오는 오늘날 정말로 선의 이름으로 파괴적인 어떤 것이 되었으며, 다른 한편으로 스스로를 실정성으로 내세우는 선은 악을 자신의 인덱스로만 보는 대신 [그 스스로] 악이 되었습니다. 이것이 오늘날 이데올로기가 갖는 형태이며, 이는 도덕적 이데올로기가 작동하는 곳이면 어디서나 (여기서 나는 특히 동구권에서 지배적인 이데올로기를 떠올립니다) 소위 긍정적이고 선하며 영웅적인 본보기(본보기라는 이 말도 또한 이 영역에 대해 아주 적절합니다)가 내세워지는 것에서도 알 수 있습니다. 국가 사회주의자들에게서 '정화', '부흥', '변혁', '결속' 등의 단어가 괜히 그렇게 결정적 역할을 가졌던 게 아닙니다. 오늘날 이 이데올로기의 정치적 주도자는 사라졌고, 이 이데올로기는 더 이상 소수자들을 직접 겨냥하지도 않지만, 어느 순간에라도 자신을 자신에게서 어긋나는 것과 대립적으로 정립하고선 그것을 때려 부술 준비가 되어 있습니다. 오늘날 그 유산은 무엇보다 (이를 언급해도 된다고 생각되는데) 반지성주의의 다양한 형태들 속에서 드러납니다. 그 중에서 유해한 한 가지 형태는, 무엇을 생각해야 하는지 생각할 시간조차 주지 않은 채로 다음과 같은 요구를 함으로써 사유를 중단시키는 것입니다. "너는 도대체 뭘 하려는 거야? 그럼 무슨 일이 생겨? 내가 거기서 뭘 얻지? 그런 생각으로 너는 어떤 개를(헤겔의 한 문장을 암시하려는 것입니다) '오븐 뒤로부터 꾀어내려' [누구의 주의를 끌려고] 하는 거지?" 오늘날의 칸트적 이성윤리가 갖는 정말로 현재적인 요소는, 이런 모든 계기들에 대한 비판 외에 전혀 다른 것이 아닙니다.

그런 비판으로의 이행이 실제로 수행된 것은 니체를 통해서입니다. 니체가 갖는 독보적인 의미는 (내가 보기에 이 의미는 모든 어둡고 반동적인 힘들이 그의 특정 공리들에 의거했다는 사실을 훨씬 넘어서는 데에까지 이르고 있습니다) 그가 선 안에 들어 있는 악의 존재를 고발했고, 이로써 또한 사회적 실정성 속에 체현된 악을 마르크스 이론보다 훨씬 구체적으로 비판했으며 이데올로기들 안에 체현된 악에 대한 비판도 훨씬 더 상세히 전개했다는 데에 있습니다. 마르크스 이론은 비록 이데올로기를 일괄적으로 비난했지만 거짓말의 메커니즘, 이데올로기 자체 안으로 결코 니체처럼 깊이 들어가지는 않았습니다. 이 모든 작업 뒤에 도사리고 있는 어려움은 물론 사적 윤리학의 어려움으로서, 각 개별자의 행위가 객관적인 악에 더 이상 닿지 않은 지 오래되었다는 사실입니다. 그러나 여러분이 오해 없이 듣기 바라는데, 니체를 공격하는 게 내 의도는 아닙니다. 솔직히 나는 모든 소위 위대한 철학자들 중에서도 니체에게서 힘입은 바가 가장 큽니다. 아마 헤겔보다도 더 그럴 것입니다. 그렇지만 나는 도덕철학에 대한 변증법적 강의에서는 니체의 도덕 비판에 관해 몇 마디 변증법적 말을 할 의무가 있다고 생각합니다. 내가 니체에게 하려는 반박은 그가 저 부르주아적 도덕에 대한 추상적 부정에, 혹은 나쁜 작동을 은폐하는 이데올로기이자 가면이 되어 버린 도덕에 머물러 있었다는 것입니다. 또한 니체는 그가 마주한 개별적인 도덕적 문제들을 해결하고서 올바른 삶의 이념을 표현하는 데에로 나아간 것이 아니라 총괄적으로summarisch 진행해 나감으로써 거기에 다시 하나의 긍정적 도덕을 마주 세웠는데, 이 도덕은 사실 그 자신이 비난했던 도덕의 한갓 부정적인 거울상에 불과합니다. 오늘날 문화 산업의 시대에 부조리한 지경에까지 이르게 된 억압적 이데올로기의 허위를 통찰한다고 해서 결정적으로 그로부터 올바른 것을 읽어낼 수 있는 것은 아닙니다. 니체에게 긍정적 도덕은 (그 자신은 그것을 도덕이라고 칭하지 않았을 테지만 그래도 굳이 도덕이라고 말하자면) 불가능한데, 거기에는 객관 정신의 실체성이 결여되어 있기 때문입니다. 다른 말로 하면, 사회의 상태, 사회의 정신이 실제로 도달한 상태로부터 니체가 그 사회에 대립시켰던 규범들이 구체적으로 튀어나오는 것이 아니기 때문입니다. 그 규범들은 니체의 언어에서 드러나듯이 사회에 외적으로 대립되어 있습니다. 니체의 언어가 (그의 가장 긍정적인 주저 『차라투스트라는 이렇게 말했다』 에서) 괜히 유겐트슈틸과 같은 방식으로 성경 언어를 모방하는 게 아닙니다. 니체의 언어는 성경처럼 치장하면서 (모세의 십계명 석판을 암시하며) 그가 일으켜 세울 작정인 새로운 가치들, 새로운 석판에 관해 말합니다. 그러나 주관적인 불완전 의욕Velleität으로부터 새로운 규범과 명령을 세우려는 이런 시도 안에는 그 규범과 명령의 무능력, 곧 자의성과 우연성이 이미 함축되어 있습니다. 그렇기 때문에 니체의 머리에 떠오른 이상들은 고귀함, 실제의 자유, 선사하는 덕의 고상함, 거리 등 그 자체로 매우 위대한 규범들이지만 부자유한 사회 속에서는 전혀 실현될 수 없거나, 아니면 다만 일요일 오후의 사적 삶에서나 실현될 수 있습니다. 낮은 계급의 사람들도 고귀해져야 한다! 그는 이렇게 말해 놓고는 돌연한 태도로 더 이상 그에 관해 신경 쓰지 않을 것입니다. 그러나 타인의 노동을 사용하는 지배자들 또한 고귀함을 실천하기에는 재앙에 깊숙이 얽혀 있습니다. 가령 어떤 큰 사업가가 정말로 니체가 요청한 만큼 그렇게 고귀하다면 (단순히 미적인 제스처만 그런 게 아니라) 그는 구제 불능할 지경으로 파산하게 될 것입니다. 그의 사업 때문에 그는 고귀함과는 정반대로 처신하게 될 것입니다. 니체는 섬세한 귀를 가졌기에, 듣고 배우게 될 것입니다. 고귀한 자는 타인들 앞에서 그리고 자기 자신에 대하여 고귀한 태도를 취하는 자이기 때문에, 고귀함의 개념 자체 안에 이미 비천함이라는 오점이 숨겨져 있다는 사실을 말입니다. 그러니까 이런 규범들은 사실 부르주아 사회 안에서는 직접적으로 전혀 실현될 수 없는 봉건적인 규범들입니다. 이 규범들은 단지 [잃어버린] 최초 상태에로 복귀하려는 시도이자, 이윤의 지배하에서는 완전히 무기력한 낭만적 이상일 뿐입니다. 그러나 이 규범들은 동시에 이윤의 지배에 유용하기도 한데, 그 이유는 니체에 의해 주인Herrenmensch으로 찬미된 인간, 삭막하고 비열한 지휘관인 체자레 보르지아가 원형인 그 인간은 오늘날에는 성공 지향적 일벌레Go-getter, 고상한 척하는 사기꾼Industrieritter과 다르지 않을 것이기 때문입니다. 다른 말로, 1870년대 이후 팽창해 가던 빌헬름 제국에 대항했던 이 새로운 가치들은 그 고유한 의지에 반하여, 그러나 객관적으로는 팽창적인 제국주의 이데올로기로 머물렀습니다. 그래서 가령 연민에 반대하는 슬로건은 쇼펜하우어적 연민에 대한 한갓 추상적 부정일 뿐인데, 그에 대한 검증을 제3의 제국이, 더 나아가 전체주의 국가들 일반이 행했으며 그 방식에 대해서는 다른 누구보다도 니체가 더 심하게 몸서리쳤을 것입니다. 그런데 우리는 여기서 니체의 연민 도덕 비판이 올바른 측면도 갖는다는 것도 말해야 합니다. 연민의 개념 속에서는 암묵적으로 연민받는 자가 처해 있는 무능력이라는 부정적 상태가 유지되고 인정되기 때문입니다. 그가 처한 상태 자체가 변화해야 한다는 사실은 건드려지지 않고, 이 상태는 (이 상태가 쇼펜하우어 자신에게서 그런 것처럼 도덕의 주요 근거로 취해짐으로써) 실체화되고 영원한 것으로 받아들여집니다. 그래서 한 사람이 다른 사람에게 보이는 연민에는 언제나 연민받는 사람에 대한 약간의 불의가 들어 있다고 말하는 것은 정당합니다. 연민 받는 자는 연민 받을 때마다 그 연민에서 나온 행위가 갖는 무능력과 가상성을 경험하기 때문입니다. 여러분 자신의 간단한 경험을 떠올리면서, 구걸하는 거지에게 20페니히를 적선할 때 어떤 느낌이 드는지 생각해 보기 바랍니다. 그러면 여러분은 내가 니체의 비판에서 무엇을 고수하려는 것인지를 스스로 아주 정확하게 발견하게 될 것입니다. 이러한 사실도 잘못된 전체 안에 올바른 행위란 존재하지 않는다는 것을 또 다시 보여 줍니다. 소시민성에 대한 니체적 혐오를 받지 않을 행위는 확실히 존재하지 않을 것입니다. 니체의 도덕철학이 갖는 어느 정도의 잔인함을 내가 변호하고 싶지는 않지만 (내 말을 제대로 들었다면 누구도 나를 그렇게 오해하지 않을 것입니다) 그 안에는 진리가 숨겨져 있습니다. 본질적으로 폭력과 착취에 기반한 사회에서는, 합리화되지 않은 폭력, 노골적인 '속죄적 폭력'[242]이 스스로를 선으로 합리화하는 폭력보다 언제나 죄가 덜하다는 사실이 그것입니다. 스스로를 신의 영광으로, 신의 검으로 착각하는 순간 비로소 폭력은 악해집니다. 여기서 여러분을 호르크하이머의 논문 「이기주의와 자유운동Egoismus und Freiheitsbewegung」에 주목시키고 싶습니다. 이 글은 1936년 혹은 1937년에 『사회연구Zeitschrift für Sozialforschung』지에 실렸는데, 이 글이 이 변증법을 아주 잘 다루고 있다는 것을 여러분은 발견하게 될 것입니다.[243] 니체는 그가 비판했던 소위 노예도덕이 사실은 주인도덕이었다는 것을, 즉 노예도덕은 지배에 의해 억압받은 자들에게 강요된 도덕이었다는 것을 보지 못했습니다. 만약 그의 비판이 마땅히 그래야 하는 방식으로 일관적이었더라면 (실제로는 일관적이지 못했는데 그 이유는 그가 바로 기존 사회적 상황의 속박 속에 있었기 때문이자, 그가 인간들의 현재 모습은 잘 파악했으나 그들을 그렇게 만든 사회는 파악하지 못했기 때문입니다) 그 비판은 인간들을 결정한 조건들, 우리들 각자를 현재 이 모습으로 만든 그 조건들에까지 이르렀을 것임에 틀림없습니다. 오늘날 사람들이 대중사회라는 끔찍한 상투어로 칭하는 바를 니체는 이미 "목자 없는 무리들kein Hirt und Eine Heerde!"[244]이라고 표현했는데, 이것은 사실 그가 의도한 것처럼 최후의 인간에 대한 고발이 아닙니다. 그것은 완전히 기능적이고 익명화된 지배의 모습으로서, 이 지배는 눈에 보이는 선도하는 양이 이 무리들을 이끌 때보다 비할 수 없이 훨씬 더 잔인하게 이 무리들을 관리합니다. 심지어 오늘날 이 목자 없는 무리들 혹은 아버지 없는 사회 속에는 양의 울음소리도 없습니다. 니체는 나름대로 가치들을 제시함으로써 자신이 중기 도덕철학에서 대변한 바 있었던 소위 상대주의를, 오늘날 사람들이 지긋지긋하게 말하듯, 극복하게 되리라고 믿었습니다. 그와 관련해서 언급되어야 할 것은, 추상적인 가치 개념(자기 고유의 변증법적 전개로부터 분리된 채 정립되어 있는 가치들)은 저 극복이란 개념만큼이나 굉장히 문제적이라는 사실입니다. 극복이란 개념은 오늘날에도 끔찍한 역할을 갖고 있는데, 사람들이 보통 어떤 급진적 이론을 받아들이는 유일한 방식은 그들이 그 이론을 응시하자마자 곧장 '그래, 그렇지만 그런 이론은 극복되어야 해'라고 말하도록 고무된 듯이 느끼는 것입니다. 이제 여기 도덕적 변증법의 한 예가 있습니다. 누군가 여러분에게 정신적인 불편함을 즉각 극복해야 한다고 부당하게 요구할 때, 그것을 보류하고서 일단 극복의 요구에 대해 그 정당성을 따져 보기 바랍니다. 나는 여러분이 그때 잘못된 전체 속에서 올바른 것을 이미 약간 행한 것이라 생각합니다.

이제 상대주의에 관해 몇 마디나마 더 말하겠습니다. 여러분은 아마 내가 이 강의에서 도덕적 상대주의라는 유명한 문제에 대해서 별로 언급하지 않았다는 것을 느꼈을 것입니다. 그 이유는 그것이 너무 남용된 개념이라고 생각하기 때문입니다. 상대주의는 가짜 문제입니다. 오늘날 여기서 통용되는 직관들, 이데올로기들이 갖는 실정성은 전혀 상대적이지 않습니다. 그것들은 우리에게 매 순간 구속력 있고 절대적인 것으로 다가옵니다. 그리고 이 잘못된 절대적인 것에 대한 비판(혹은 청년 헤겔이 말했듯 '통용되는 도덕적 직관들의 실정적 측면'[245]에 대한 비판)은 어떤 절대적이고, 영원한 것으로 고정된 가치들, 천장 아래 매달린 청어들 같은 [동경만 할 뿐

가질 순 없는] 가치들에 대한 물음과 비교하면 훨씬 더 시급합니다. 이런 영원한 절대 가치들은 사람들을 상대성 너머로 나아가게 해 준다지만, 사실은 정말로 살아 있는 인간, 멀쩡하게 제대로 살아 보려는 인간으로서의 그들과는 전혀 아무 상관이 없는 것입니다. 그러나 다른 한편으로 사람들이 상대주의를 극복했다고 믿는 곳이면 어디서나 나타나는 규약과 가치들이야말로 자의적인 것으로서, 그것은 자유롭게 정립된 것, 인공적인 것thesei인 것이지 자연적인 것physei은 아닙니다. 그리고 바로 이 사실을 통해 그것은 필연적으로 자신이 비난하는 상대성에 떨어지게 됩니다. 그런 한에서 우리는 (내가 『메타크리틱Metakritik』이라고 하는 다른 이론적 작업에서 본격적으로 전개하고자 했듯이) 이렇게 말할 수 있습니다. 상대주의는 절대주의의 상대개념이며, 변증법적 사유는 (그게 무엇인지 내가 옳게 알고 있다면) 니체식으로 말하면 이 양자택일의 저편에 존재하는 사유일 것입니다.[246] 그에 반해 (이 강의의 마지막 순간인 지금 이 이름을 말하고 싶은데) 카를 크라우스Karl Kraus의 전체 작업 안에서 구체화된 채로 발견되는 규정적 부정이란 원칙은 소위 상대성 너머로 나아갑니다. 우리는 무엇이 절대적 선인지 혹은 절대적 규범인지 모를 수 있습니다. 인간 혹은 인간적인 것이 무엇인지, 인간성이 무엇인지 모를 수도 있습니다. 그러나 무엇이 비인간적인 것인지, 그것을 우리는 아주 정확히 알고 있습니다. 그리고 오늘날 도덕철학의 장소는 인간 존재의 자유롭고 추상적인 위치에서 찾아지기보다는 오히려 비인간적인 것에 대한 구체적인 고발 속에 존재한다고 나는 말하고 싶습니다. 도덕철학의 모든 문제들은 내가 말했듯이 사적 윤리학의 일반 조항하에 있으며 개인주의적인 사회에 관련되어 있는데, 개인주의 사회는 이제 역사적으로 낡았습니다. 개인주의 사회는 그 자체로 제한적이고 특수한 성격을 가지며, 이를 도덕철학의 소위 근본 문제인 의지의 자유에서 읽어 낼 수 있습니다. 따라서 필연적으로 사적 윤리의 이론인 도덕철학이 고양될 수 있는 정점은 인과성과 자유의 이율배반입니다. 칸트 철학 안에서 해소되지 않은 채로, 그리고 바로 그 때문에 그렇게 본보기적으로 서술되어 있는 그것 말입니다. 그러나 칸트에게서는 인간들의 자연 연루성으로 나타났던 바가 동시에 그들의 사회적 연루성이기도 합니다. 왜냐하면 제2의 자연, 우리가 그 안에 서 있는 보편적 의존성 안에는 자유가 존재하지 않기 때문입니다. 그래서 관리되는 세계 안에는 윤리학도 존재하지 않습니다. 그러므로 윤리학의 전제는 관리되는 세계에 대한 비판입니다. 개별 인간들 안에서 양심의 심급은 위축되고 쇠약해집니다. 이를 심리학(예를 들면 최근 내 친구인 미첼리히Mitscherlich가 쓴 '아버지 없는 사회Vaterlose Gesellschaft'에 관한 책)은 관찰했으며,[247] 내가 보기에도 초자아의 표면화는 일단 정점에 도달한 철학적 성취인 도덕원칙의 내면성과 대립해 있습니다. 칸트가 말하듯이 자유란 말 그대로의 이념, 정말로 하나의 이념일 것입니다. 자유는 필연적으로 전체의 자유를 함께 정립하며, 고립된 것으로서는, 즉 전체 사회적 자유 없이는 생각조차 할 수 없습니다. 최근 부상한 것으로서 여러분 중 다수가 마주하게 되는 윤리학인 실존주의 윤리학의 오류는, 관리되는 세계에 대한 저항으로부터 자발성Spontaneität, 즉 미처 파악되지 않은 한에서의 주체를 절대화한 데에 있습니다. 그러나 이 반성되지 않은 자발성, 객관적인 것으로부터 떨어져 나온 자발성 속에서는 객관성이 회귀합니다. 사르트르가 중국에 가서 공산주의 이데올로기를 위해 복무한 사실이 이를 보여 줍니다. 이 말은, 자발성이 제거되고 거대한 경향 아래로 파묻혀 버리거나, 아니면 그것 자체가 관리 대상이 된다는 것을 의미합니다. 그래서 오늘날 아마 도덕이라고 여전히 부를 수 있을 것은 세계의 건립에 대한 물음으로 이행합니다. ―올바른 삶에 대한 물음은 올바른 정치에 대한 물음이라고 말할 수도 있을 것입니다. 만약 그런 올바른 정치란 것이 오늘날 실현 가능한 것의 영역 안에 놓여 있기는 하다면gelegen wäre 말입니다. ―경청해 줘서 고맙고, 좋은 방학 되기 바랍니다.

주

235) 1963년 5월 7일의 제1강 및 미주 4를 참고할 것.

236) Vgl. Martin Heidegger, Sein und Zeit, Zweiter Abschnitt, Zweites Kapitel, a.a.O., S. 267-301. 그에 대한 아도르노의 비판으로는 『본래성이라는 은어Jargon der Eigentlichkeit』(GS 6, S. 519 f.).

237) Vgl. Sexualtabus und Recht heute, jetzt: GS 10.2, S. 533-554.

238) 1963년 6월 19일 『슈피겔Spiegel』지의 '프러퓨모 스캔들Profumo-Skandal'에 관한 타이틀 기사(17. Jg., Nr. 25, S. 52-60) 및 28권에서 시작되는 독자 편지들을 참고할 것.

239) Vgl. Telemann, Richtfest, in: Der Spiegel, 24. Juli 1963, 17. Jg., Nr. 30, S. 66.

240) Vgl. Jürgen Habermas, Vom sozialen Wandel akademischer Bildung, in: Merkur, 17. Jg., Heft 5 (Mai 1963), S. 413-427.

241) 스트린드베리Strindberg는 정확히 이렇게 말한다: "내가 악을 싫어하지 않는다면 선을 사랑할 수 없다!"(Schwarze Fahnen. Sittenschilderungen vom Jahrhundertwechsel, verdeutscht von Emil Schering, München 1921, S. 254).

242) 이 용어를 아도르노는 벤야민에 따라 사용한다. Walter Benjamin, Zur Kritik der Gewalt, in: Gesammelte Schriften, Bd. II.1, a.a.O. 1977, S. 199 f.

243) Vgl. Zeitschrift für Sozialforschung 5 (1936), S. 161-234; jetzt: Horkheimer, Gesammelte Schriften Bd. 4: Schriften 1936-1941, hrsg. von Alfred Schmidt, Frankfurt a. M. 1988, S. 9-88.

244) Nietzsche, Also sprach Zarathustra, in: Sämtliche Werke, a.a.O., Bd. 4, S. 20.

245) Vgl. Hegel, Werke, a.a.O., Bd. 1: Frühe Schriften, S. 239-241.

246) 특히 아도르노의 『인식론 메타 비판Metakritik der Erkenntnistheorie』의 제1강 중 「Dialektik wider Willen」절을 참고할 것(GS 5, S. 56 f.).

247) Vgl. Alexander Mitscherlich, Auf dem Weg zur vaterlosen Gesellschaft. Ideen zur Sozialphilosophie, München 1963, Kapitel IV: "Von der Hinfälligkeit der Moralen", S. 115-137.

편집자 후기
Editorische Nachbemerkung

『도덕철학의 문제』는 그 녹취록이 완전히 보존되어 있는 아도르노의 열다섯 강의들 중 세 번째 강의이다. 이미 출간된 『사회학 입문』을 제외하면, 이 강의들의 녹음 테이프 자체는 더 이상 존재하지 않는다. 자유롭게 행해진 강의를 편집하는 일은 그래서 크나큰 어려움에 직면했다. 그러나 이 어려움들이 도덕철학 강의에 부적합한 것은 아니다. 도덕 일반의 문제는 본질적으로 말해진 것의 문제이자, 그 진리 주장이 떠안고 있는 위험의 문제인 것이다. 다른 한편으로 도덕적 주장은 사유의 임시적이고, 완결되지 않고 개방적인 성격을 전제로 한다. 아도르노는 1956-1957년 겨울 학기에 처음으로 이 주제를 다루었는데, 그때 그는 이런 문제를 소크라테스에 기대어 표현했다. "서구의 철학 전통 전체 속에서 소크라테스에게는 도덕철학, 윤리학의 진정한 기초자라는 역할이 인정되었습니다. 그러나 그는 서구 철학사에서 글을 쓰지 않은 유일한 사람입니다. 의문의 여지없이 이 사실은 그의 도덕철학적 입장 혹은 도덕철학 일반의 발견과 연관됩니다. 그의 철학함은 현저히 실천 지향적이었습니다. 즉 인간 행위에 관련되어 있었습니다. … 그 근본 사상은 발화된 말, 살아 있는 말은 [자신에게 던져진 질문에] 응답하고 해명한다는 것, 그리고 자신의 특수한 수신자에게 다가간다는 것입니다. 반면에 쓰여진 말은 모든 사람들을 똑같이 응시하며, 그들을 구별할 수 없습니다. 그것은 모든 질문에 침묵하며, 변화하지 않습니다"(1956년 12월 19일의 강의; Theodor W. Adorno Archiv, Vo 1344). 스스로를 '최후의' 철학의 대변자로 이해했던 아도르노는 일관되게 도덕철학의 종말, 그 한계에 대해서도 다룬다. 그가 죽기 전까지 계획하고 있었던 도덕철학 책(vgl. GS 7, S. 537)은 주관적으로나 객관적으로나 더 이상 쓰여질 수 없었다. 구속력 있는 이론이란 의미에서의 도덕은 불가능해졌다는 사실은—아도르노가 『미니마 모랄리아』의 후속으로서 그라에

쿨루스Graeculus라는 제목하에 떠올리고 있었던—아포리즘 형식을 통해서도 바뀔 수 없다. 그래서 1963년의 강의에서는 윤리학적 문제 제기 자체가 문제적으로 되었으며 윤리학이라는 개념이 완전히 거부된다. 아도르노가—속기록에는 상대적으로 포괄적으로 쓰여져 있으며 이후에 편집되었다고 하는—1956-1957년의 강의에서는 일차적으로 소크라테스, 플라톤 그리고 아리스토텔레스부터 칸트와 니체에 이르기까지 도덕철학적 사유의 역사적 순서들을 재구성했었다면, 특히 칸트에 정향했던 1963년의 강의에서 그는 도덕의 아포리를 더욱 주제화했다.

내용적으로 이 강의는 『부정 변증법』의 자유에 관한 장을 준비하고 있으며 직접적으로는 비판이론에서 중요한 위치를 갖는 1933년 호르크하이머의 논문 「유물론과 도덕Materialismus und Moral」(vgl. Max Horkheimer, Gesammelte Schriften, Bd. 3: Schriften 1931-1936, hrsg. von Alfred Schmidt, Frankfurt a.M. 1988, S. 111 f.) 및 마찬가지로 호르크하이머가 쓴 『계몽의 변증법』의 두 번째 보론 [「줄리엣 혹은 계몽의 도덕」] 그리고 『미니마 모랄리아』에 연결되어 있다. 『미니마 모랄리아』를 아도르노가 호르크하이머에게 헌정한 것은 우연이 아닌 것이다. 살아 있는 연설로 이루어진 강의 속에서는 모든 생각이 다 완결될 수 없고, 모든 것이 '올바르게 해석'될 수도, 해석의 규준으로 받아들여질 수도 없다. 바로 그렇기 때문에 아도르노의 사유와 작업이 어떻게 발전해 나가는지가 인식될 수 있다. 텍스트 스스로 말하게 하고, 또 그것을 그 사회적 변증법에 대면시키려는 아도르노의 요구 말이다. 그래서 이 강의는 60년대 초 이후 다시 분명하게 두드러지기 시작한 의식, 곧 철학이 실천적으로 되어야 한다는 의식을 진지하게 취하고 있다. 그러면서도 그가 비판했던 실존주의의 신식 반란에 그 스스로 떨어지지 않기 위해서, 강의는 '빵 대신 돌'을 준다. 아도르노가 이후 학생 운동에 대해 취했던 입장이 이미 여기서 나타나고 있으며, 이 입장은 그의 「이론과 실천에 대한 주석들Marginalien zu Theorie und Praxis」 및

「체념Resignation」에 흡수되어 있다. 잘못된 삶에 대해 필연적으로 실천적인 저항과 올바른 삶에 대한 한갓 이론적 앎 사이의 변증법 또한 부정적인 변증법으로 남아 있다.

그 자체로 이미 충분히 어려운 이 내용적 문제들에 상응하는 것이 이 강의 녹취록의 실태이며, 이는 편집작업을 녹록지 않게 만들었다. 수많은 이름들과 인용들은 녹취록에 명백히 잘못 쓰여 있었고, 또 우려스러운 점은—부분적으로 이는 매우 자명한데—청취의 오류 및 사태에 대한 지식 결여로 인해 필사가 별로 만족스럽지 않게 되어 있었다는 사실이다. 이는 이 녹취록이 출간을 위한 것이 아니었음을 의미한다. 만약 그랬더라면 아도르노는 적극적인 수정작업에 동의했을 것이다. 여기 나온 이 간행본에서는 가능한 한 전달된 그대로의 말을 살리고자 노력했음에도 불구하고, 종종 문장 구조, 그리고 특히 원고의 문장 부호에 개입해야만 했다. 또한 강의의 구어적 성격을 유지하면서도 독자들에게 문장 구조를 가독성 있게 만들고자 했다. 오직 소수의 예외적 경우에만 새롭거나 혹은 다른 단어가 텍스트에 삽입되었다. 내용적으로 의문의 여지가 없지 않거나 혹은 듣고 쓰는 과정에서 발생한 오류의 교정이지만 직접적으로 명백하지는 않은 그런 재구성들은 편집자주 안에서 텍스트 원문과 함께 제시되었다. 아도르노가 잘못 말했다는 사실이 명백하게 인식될 수 있는 파격 구문과, 연결되지 않은 채로 남아 있는 문장 앞부분 등은 의미 없는 반복들과 마찬가지로 삭제되었다. 인용문들은 인용된 원문들에 따라 교정되었으며, 인용문 속에서 강조된 부분은 이탤릭체[국역본에서는 고딕체]로, 아도르노에 의해 원문으로부터 변경된 것은 대괄호를 통해, 그리고 생략은 '…'을 통해 표시되었다. 주석에서는 아도르노로부터의 인용은 이탤릭체[국역본에서는 별도의 표시없이]로 제시되었다. 외따옴표는 허구적 인용이나 간접 인용 그리고 부분적으로 문자 그대로 찾아지지 않는 인용을 뜻한다. 편집자는 인용 근거를 완전하게 제시하려고 노력했다. 단지 암시들을 재구성하거나 아도르노 전집 안에서 유사한 대목을 제시할 때에는 내용에 따라 보다 앞선 강의에 대한 관계, 칸트에 대한 관련 및 이후 『부정 변증법』에서 이루어지는 그에 대한 추후 작업 등에 집중하고 있다.

1995년 봄

옮긴이 후기

그간 아도르노의 철학은 주로 비판적 사회 이론과 미학으로 수용되어 온 반면 그의 도덕철학은 비교적 늦게 주목받기 시작했다. 본토인 독일의 경우 1980년대에 아도르노의 도덕철학에 대한 논의가 처음 시작되었으나[1] 이렇다 할 반향을 불러일으키지는 못했다. 이 분야에 연구자들의 관심이 집중하게 된 결정적 계기는 1996년 독일 주어캄프사에서 이 책이 출간됐을 때 비로소 마련되었다고 볼 수 있고, 이때부터 독일어권뿐만 아니라 영어권에서도 연구가 점차 활발히 이루어지기 시작했다. 아도르노의 사유 안에서 도덕철학이 갖는 체계적 위치와 의미를 생각한다면 이는 자연스러운 일이자 마땅히 이루어져야 하는 일이다. 비록 아도르노가 현실로부터 후퇴하여 예술 영역에 은둔한 철학자라는 비판은 꾸준히 존재해 왔지만 그 스스로는 시종일관 자신의 작업을 자본주의로 인해 왜곡된 현실에 대한 비판으로 이해했다. 또 그는 실천과 무관해 보이는 대상에 대해 이야기할 때에도 언제나 실천적-규범적 입장을 견지했다. 그런 그의 사유의 구심점이 올바른 삶의 가능성 문제에 있고, 이 문제가 도덕철학에서 가장 직접적이고도 분명한 방식으로 건드려질 수 있다는 사실은 자명하다. 대략 2000년대 전후로 아도르노의 실천철학에 대한 관심이 부흥하기 시작한 일은 이런 맥락에서만 적절히 이해될 수 있다. 이처럼 『도덕철학의 문제』의 출간은 마땅히 이루어져야 할 연구 초점의 전환이 실제로 이루어지게 해 준 도화선이다.

편집자 후기에도 나와 있듯이 1963년에 이루어진 이 강의는 시기적으로나 내용적으로 『계몽의 변증법』(1947)과 『미니마 모랄리아』(1951) 등을 전제하며, 동시에 칸트의 도덕철학에 바쳐진 『부정 변증법』(1966)의 제

1) Robert Schurz, *Ethik nach Adorno*, Basel: Frankfurt a. M. 1985.

3부 1장 「자유. 실천이성의 메타 비판」에 대한 예비 작업이라는 의미를 갖는다. 특히 『부정 변증법』과 이 강의는 칸트의 도덕철학에 대한 비판적 탐구라는 점에서 내용적으로 중첩되는 부분도 있는 것이 사실이다. 그러나 사유 동기의 중첩이 이 강의의 고유한 의미를 조금도 희석시키지 않는다. 이 강의는 부정성을 중심에 놓는 아도르노 특유의 변증법적 사유가 도덕철학의 영역에서는 어떻게 전개될 수 있는지를 생생하게 잘 보여 줄 뿐만 아니라, 부정성을 넘어선 긍정적 핵심을 갈망하는 독자들에게 그 비슷한 무엇을 더 가까이에서 엿보게 해 준다. 특히 강의의 초반부와 후반부에서는 칸트의 도덕철학을 벗어난 논의들이 전개되면서 아도르노 자신의 도덕철학적 사유가 갖는 대략적인 윤곽이 드러난다.

실제 있었던 강의의 기록인 만큼, 아도르노의 도덕철학적 문제의식을 구체적이고 친절한 언어로 전달해 주고 있다는 점이 이 책의 가장 큰 장점이다. 전체 강의의 큰 줄기 주변으로 펼쳐지는 아도르노 사유의 디테일이 주는 묘미나, 언제나 사태의 양면성을 함께 펼쳐 보이는 그의 변증법적 시선이 갖는 섬세함 등은 무한히 매력적이다. 그러나 이런 사실과는 별도로, 이 강의록에 대한 약간의 설명을 추가하는 이 자리에서 옮긴이는 강의 중에 다루어진 몇몇 핵심적인 주제만을 선별하여 가능한 한 일관적 관점에서 서술하고자 하였다. 사소해 보이는 사안들에 대해서까지 발휘되는 아도르노의 치밀한 문제의식과 깊이 있는 통찰력, 철학하는 방법에 대한 그의 생동감 넘치는 조언 등은 여기 함께 담아낼 수 없었다. 그런 것을 경험하는 일은 직접 이 책을 읽는 독자 자신의 몫일 것이다.

***

강의 첫 시간에 아도르노는 "빵"을 얻어 가길 기대하는 학생들에게 "돌"밖에는 얻지 못할 것이라고 경고한다. 이때 그가 말한 "빵"은 도덕적 행위 원칙을 비롯하여 올바른 삶을 살아가는 데 직접적으로 쓸모 있을 구체적인 지침들을 뜻한다. 도덕철학 강의에서 그런 것을 기대하면 안 된다는 아도르노의 경고는 철학에 조금이라도 익숙한 독자에게는 놀라운 일이 아닐 것이다. 그러나 약간 다른 의미에서 "빵"을 얻으려다 실망하게 될 독자들도 적지 않을 것이다. 아도르노의 도덕철학이 갖는 고유한 실체적 내용이 무엇인지, 그의 주장들은 어떤 원칙으로 소급되며 어떻게 이론적으로 체계화될 수 있는지, 이 강의에서 얻은 정보를 어떻게 남들에게 전달할 수 있을 것이며 자기 자신의 학문적 탐구에 어떻게 활용할 수 있을지 등, 윤리학적 지식을 확장할 수 있으리라는 기대에 결부된 빵 말이다. 아도르노가 독자에게 던지는 "돌"은 그런 기대 역시 배반당하리라는 암시이다. 그러나 도덕에 대한 기대를 조소와 냉소로 돌려받게 되는 시대에도 여전히 도덕을 포기하지 않으려는 사람들에게 이 돌은 어쩌면 조금은 특별한 돌이 될지도 모른다. 아도르노는 기존 도덕의 한계를 근본적으로 비판하지만, 니체처럼 도덕의 입장을 통째로 부정하고 탈도덕화하는 것도 대안일 수 없다고 생각한다. 중요한 것은 우리가 올바른 삶의 요구를 포기할 수 없고 이 요구는 우리의 삶을 끊임없이 모순에 얽혀들게 한다는 필연성을 엄밀하게 고찰하는 일이다. 오늘날 올바른 삶의 가능성은 이 모순에 기초하기 때문이다. 따라서 삶과 도덕의 모순 관계가 아도르노 도덕철학의 실질적 주제가 된다.

아도르노의 작업을 여기서는 크게 네 단계로 나누어 설명할 것이다. 먼저 도덕 개념에 대한 아도르노의 이해를 단초로 삼아 그가 도덕철학의 과제를 무엇이라고 생각하는지 밝힐 것이다(1). 이어서 이 책을 읽는 독자들에게 분명 떠오르게 될 의문, 즉 아도르노는 왜 하필 칸트를 자신의 도덕철학 강의의 중심에 놓았는지를 해명할 것이다(2). 끝으로 아도르노 고유의 도덕철학이 갖는 두 핵심으로서 충동(3)과 반성(4)은 각각 어떤 의미를 갖는지를 살펴보면서 마무리할 것이다.

1. 도덕철학 — '윤리' 아닌 '도덕'에 대한 사유

미리 말해 두자면 아도르노의 '도덕철학' 강의를 '윤리학' 강의라고 부르는 것이 틀린 것은 아니다. 두 단어는 일반적으로 대체 가능한 말로 쓰이며, 널리 통용되는 언어의 용법을 철학의 일방적 요구에 따라 제한하거나 변경하려는 것은 아도르노도 강의 중에 지적한 바 있듯이 바람직하지 않다. 일반적인 관행상 윤리Ethik와 도덕Moral은 한국어로 각각 다르게 번역되지만 그것이 항상 어떤 분명한 개념적 차이를 염두에 두고 이루어지는 일은 아니다. 일상어에서 윤리와 도덕은 모두 당위에 기초한 행위적 실천에 관련되는 표현이라는 점에서 흔히 동의어로 사용된다. 이는 무엇보다 어원적으로도 정당화되는데, 키케로가 최초로 그리스어 ethos(→ Ethik)를 라틴어 mos(→ Moral)로 번역했다는 것은 유명한 문헌적 사실이다.[2] 그런데 키케로의 번역은 두 단어 간의 동의성만을 입증하는 것이 아니라 또한 무시될 수 없는 기초적 차이를 드러낸다. 그 차이란 그가 윤리를 정확히는 도덕의 철학philosophia moralis으로 번역했다는 사실이다. 이후 서양어는 키케로가 확립한 이 전통에 따르게 되며, 이 때문에 윤리는 도덕과 동의어일 뿐 아니라 도덕에 대한 이론, 즉 윤리학이라는 의미도 함께 갖게 된다. 우리말에서야 윤리와 윤리학이 구별되는 까닭에 이런 중의성이 문제될 것이 없지만, 서양 철학자에 의해 전개된 논의를 소화하고자 할 때에는 이를 염두에 둘 필요가 있다.

현대 독일어권 윤리학에서 통용되는 용어법에 따르면 윤리 개념은 보통 위에서 언급한 두 번째 의미에서 도덕과 구별된다. 즉 도덕Moral은

2) Cicero, *De fato* 1; *Historisches Wörterbuch der Philosophie* Bd. 6 (hrsg. von Joachim Ritter/ Karlfried Gründer/ Gottfried Gabriel, Basel: Schwabe 1984)의 "Moral, moralisch, Moralphilosophie" 항목(149쪽 이하)을 참고.

이성적 존재인 인간이 따르는 보편타당한 행위규범의 체계를 뜻하고 윤리Ethik는 도덕에 대한 학문적 반성의 이론, 즉 도덕철학Moralphilosophie을 뜻한다는 것이다.[3] 이런 구별법은 "Moral"과 "Ethik"의 차이를 단순히 도덕과 윤리의 차이가 아니라 도덕과 도덕이론(혹은 윤리학)의 차이로 확정하는 구별법이다. 더 나아가 이 차이를 엄격하게 받아들이다 보면 도덕적 행위moralische Handlung라는 표현은 문제없지만, "ethische Handlung"이라는 표현은 윤리학적 행위가 되므로 어법상으로나 개념상 부적절해진다.[4] 그런데 아도르노가 이런 구별을 아예 간과하지는 않지만[5] 크게 의미 부여하고 있는 것은 아니다. 무엇보다 그 스스로가 강의 중에 "ethisches Verhalten(윤리적 태도, 행위)"라는 표현을 사용하기도 하는데, 여기서 알 수 있듯이 그는 "Ethik"이라는 단어로 윤리와 윤리학을 함께 뜻하는 일상의 구어적 용법에 따르고 있다. 따라서 아도르노가 "Moral"과 "Ethik"을 구별할 때 중요해지는 차이는 두 단어가 상이한 반성 수준에 관련된다는 널리 인정된 차이가 아니라, 이 두 단어가 동일한 수준에 놓인 단어로 이해될 때 생겨나는 철학적 의미의 차이이다. 그리고 이 차이를 파악하기 위해서는 제1강 및 제2강에서 언급되는 내용을 집중적으로 살펴볼 필요가 있다.

3) Dieter Birnbacher, *Analytische Einführung in die Ethik*, 2. Auflage, Berlin/ New York: De Gruyter 2007, S. 1-3. 다만 도덕과 윤리를 고유한 방식으로 구별하고 있는 하버마스의 담론윤리는 예외로 볼 수 있다.

4) 휘브너Hübner에 따르면 이것은 독일어 고유의 특징이다. 영어만 하더라도 "ethics"는 도덕(성) 및 도덕이론이라는 의미를 함께 갖기에 "unethical behavior"는 아무 문제없이 "immoral behavior"와 같은 뜻으로 사용될 수 있지만, 독일어에서 "Ethik"의 형용사인 "ethisch"는 "윤리학에 속하는"이란 뜻으로만 이해할 수 있기 때문에 독일어에서 저러한 표현은 엄밀히 말하면 어법에 맞지 않은 표현이라는 것이다(Dietmar Hübner, *Einführung in die philosophische Ethik*, Göttingen: Vandenhoeck & Ruprecht UTB 2014, S. 20).

5) 제1강 및 제2강에서 셸러를 언급하는 부분을 참고할 것.

아도르노는 "개개인의 관심과 행복에의 요구를 어떻게 인류에 대해 구속력있는 객관적 규범들과 합치시킬 것인가"(35[6]) 하는 것이 도덕철학 고유의 물음이라고 말한다. 언뜻 보기에 특별할 것 없어 보이는 이 일반적인 규정은 아도르노 고유의 맥락 속에서 독특한 함의를 얻는다. 그 함의를 올바르게 파악하려면 먼저 "관습윤리Sitte"[7]와 "윤리Ethik", "도덕Moral" 등 세 단어의 차이가 함께 검토되어야 한다. 본래 이 세 단어는 '나(사람)는 무엇을 해야 하는가' 하는 물음, 즉 인간 행위의 당위적 측면과 규범적 방향성에 관련되는 표현들이라는 점에서 거의 동의어라고 볼 수 있다. 그러나 아도르노는 이 단어들 사이에서 철학적으로 유의미한 차이를

6) 이 후기에서 이와 같이 괄호 안에 숫자만 표기되어 있는 것은 이 책의 쪽수임.

7) 독일어 Sitte는 도덕Moral이나 윤리Ethik와 달리 풍속 규범, 습속 등의 의미를 여전히 갖고 있다(의미 ①). 예를 들면 독일 민법에서 미풍양속의 훼손에 관해 규정할 때 "Sitte"를 말하지, 보통 "Moral"이나 "Ethik"를 말하지는 않는다. 그러나 또한 "Sitte"는 맥락에 따라서는 특별히 관습이나 집단성, 보수적 성규범에 대한 별도의 함축 없이 단순히 도덕이나 윤리로 번역될 수도 있다(의미 ②). 그래서 칸트의 "Sittengesetz"를 "도덕법칙"이라고 번역하는 것은 아무 문제 없으며, 실제로 영어에서는 "law of moral"로 번역된다. 칸트만이 아니라 현대 독일어에서도 "sittlich gut", "sittlich richtig" 등의 표현은 여전히 자주 사용되는데, 이런 표현은 특별히 보수적인 함축 없이 "윤리적으로 선한", "윤리적으로 올바른" 등으로 이해할 수 있다. "Sitte"가 이처럼 상이한 의미 ①과 ②를 동시에 갖는 단어이며 아도르노 자신도 이 단어를 사용할 때 두 의미를 끊임없이 오가고 있기 때문에, 이 단어를 "Moral"이나 "Ethik"처럼 하나의 고정된 한국어 단어로 번역하는 일은 애초부터 불가능한 일이다. 특히 이 책의 제1강 및 제2강에서는 "Sitte"의 두 의미가 모두 활용되는 가운데 맥락에 따라 의미 ①이 부각되기도 한다. 이 경우 이 단어를 관습윤리라고 번역했다. [참고로 이 책의 영역판에서 이 단어는 "custom"으로 번역되고 있으며(*Problems of Moralphilosophy*, ed. by Thomas Schröder, trans. by Rodney Livingstone, Stanford University Press 2001), 아도르노의 이 논의를 잠시 다룬 바 있는 버틀러의 경우 이 단어를 "the collective ethos"로 번역하였다 (Judith Butler, *Giving an Account of Oneself*, Fordham University Press 2005, p. 4)] 그러나 이후 이어지는 강의들에서 의미 ①은 더 이상 주목되지 않기 때문에, 관습윤리라는 역어는 더 이상 사용하지 않고 의미 ②를 살려 맥락에 따라 자연스럽게 도덕과 윤리 등으로 번역하였다. 단, 이 단어의 활용형인 "das Sittliche" "die Sittlichkeit"가 헤겔에게서는 칸트와 구분되는 고유한 의미를 갖기 때문에, 명백히 헤겔과 관련된 맥락에서는 이를 각각 인륜적인 것, 인륜성이라고 번역하였다.

끌어내고 있으며, 이 차이로부터 도덕에 대한 그의 고유한 이해가 해명된다.[8)]

우선 관습윤리는 엄밀한 의미에서의 개인이나 개별성 관념이 존재하지 않던 시절에 생겨난 집단적 습속과 관련된 개념이다. 따라서 관습윤리는 반성 이전적 단계에 있는 전근대적 윤리라고 할 수 있다. 관습윤리가 지배하던 시대의 공동체 안에서는 관습에 따라 사는 것이 올바른 삶이라고 간주된다. 그러나 사회적-물질적 관계의 발달에 의해서든 개인적 의식의 발달에 의해서든, 역사의 발전이 일정 수준에 도달하면 개인적 삶과 공동체의 요구 사이에는 균열이 발생하게 되고 관습윤리의 타당성 주장은 더 이상 개인에게 의심 없이 직접 수용될 수 없게 된다. 도덕과 윤리는 아도르노에 따르면 이런 균열과 불일치의 경험에서 생겨난 두 가지의 반응 방식을 각각 표현하는 말이다. 먼저 도덕 개념은 칸트로 소급되는 전통을 갖는데, 그것은 각자가 추구하는 삶을 공동체가 요구하는 올바른 행위 양식에 일치시키도록 개인들을 구속한다. 물론 그런 일치가 이루어지기란 지극히 어렵거나 불가능하기 때문에, 경험적이고 현실적인 인간들에게 도덕은 흔히 추상적 당위이자 외적 강제로 경험된다. 이처럼 도덕 개념이 엄격주의적이고 금욕주의적인 성격을 강하게 갖는 데 비해, 셸러로 대표되는 윤리 개념은 부드럽고 인간적인 느낌을 주기 때문에 선호된다. 윤리 개념은 한 사람의 성격이나 품성, 즉 '나는(그는) 어떤 사람인가'의 문제에 초점을 맞추는 개념이기 때문에 외적 강제성을 상당히 배제하는 것으로 보이기 때문이다. 이런 관점에서 이해된 올바른 삶, 좋은 삶이란, 자신이 본래 타고난 바를 실현하는 것이다. 윤리 개념하에서는 어떤 사람이 자기 특성대로 행위하는지의 여부가 당위의 척도가 된다.

여기서 아도르노는 관습윤리의 붕괴라는 역사적 상황이 윤리 개념

8) 여기서 설명될 세 단어의 구별 문제는 특히 이 책의 24-42를 참고할 것.

으로는 전혀 적절히 포착될 수 없다고 비판한다. 특히 그는 관습윤리가 시대착오적인 것이 되어 자신의 존립 근거를 잃게 되는 그때, 순순히 소멸하는 게 아니라는 사실에 주목한다. "자유로워지고 자립화한 반성에 맞서 한 민족의 관습윤리가 그 생명을 부지하고 있다면 … 그것은 이제 더 이상 옛것, 좋은 것 그리고 참된 것의 한갓 잔해에 불과한 게 아니라", "그것은 이제 그 자체로 독성 있는 것, 악한 것을 함유하게 된다는 것입니다"(39).[9] 관습윤리는 사라지기를 거부하면서 폭력으로, 비윤리적인 것으로 변질된다.[10] 한때 올바른 삶의 가능성을 보증했던 관습윤리가 이제 도리어 올바른 삶을 방해하는 폭력이 된 이유는 단순히 이전에 없던 속성이 갑자기 관습윤리 안에서 생겨났기 때문이 아니다. 그것은 개인 범주의 형성과 더불어 이루어진 개인과 전체 사이의 분화와 관련된다. 관습윤리의 지배력이 약화되고 그 자명성의 가상이 깨지는 역사적 단계에서는 한편으로 개인들의 개별성에 대한 자각이 이루어지고, 다른 한편으로 집단적 규범으로서의 관습윤리가 그들 앞에 추상적으로 대립해 있다는 인식이 이루어진다. 이런 조건 속에서 관습윤리는 개인에게 납득할 수 없는 낯선 강제로 나타난다. 바로 이런 역사적 상황을 외면하고 있다는 점에서 윤리 개념은 이데올로기적이다. 윤리 개념은 그런 갈등이 존재하지 않는다는 듯이, 존재를 당위의 척도로 만들고, 이로써 현존하는 것과 올바름 사이에 "직접적인 인조적 동일성"(36)을 만들기 때문이다. 이렇게 개인의 자기동일성 자체를 올바름의 규범으로 만듦으로써 윤리 개념은 올바른 삶

9) 관습윤리의 폭력성을 보여 주는 구체적인 예로 아도르노가 생각하는 것은 자의적으로 이루어지던 민중재판과 처벌의 관습으로, 우리나라로 치면 조리돌림과 비슷한 것이다. 그는 이런 집단적 폭력성과 비이성성이 파시즘의 광기와 연장선상에 있다고 이해한다. 이런 이해는 아도르노가 셸러와 대립하는 결정적인 지점을 보여 준다. 아도르노는 관습윤리적 표상의 "해체"를 말할 때의 셸러가 한편으로 이 해체의 잔해가 갖는 독성을 인식하지 못하고 있으며, 동시에 은연중에 과거의 통일성을 이상화하는 복고적 태도를 보인다고 비판한다(39-40을 참고할 것).

10) Butler, 앞의 책, p. 5.

의 장소가 각자 안에, 각자 고유의 자연 규정 속에 있는 양 오도한다. 결국 윤리 개념은 올바른 삶의 객관적 가능성이 역사적으로 위기에 처했다는 사실을 은폐하고, 이와 함께 각 개별자가 자기 동일성을 넘어 보편적 규범과 맺게 되는 갈등과 대립의 관계 자체를 아예 감춰 버린다(26).

반면에 도덕이야말로 당면한 역사적 상황에 적합한 개념이다. 관습윤리가 변질되는 것은 아도르노에 따르면 도덕적 반성을 비로소 가능케 하는 조건을 형성한다. "도덕적인 문제 일반은, 행위가 따라야 할 윤리적 sittlich 규범들이 공동체의 삶 안에 더 이상 자명하게 주어져 있지 않을 때면 언제나"(38) 발생하는 것이기 때문이다. 제기되어야 할 도덕철학적 물음은, 오늘날 올바른 삶의 가능성을 집단적 행위 규범이 보장해 주는 게 아니라면 그것을 도대체 어디에서 찾을 수 있는가 하는 물음이자, 그 가능성을 대변한다고 자처하는 보편자가 실제로는 그 가능성과 어떤 관계에 있는가 하는 비판적 물음이다. 이런 물음들을 던지는 것이 도덕철학의 과제이기 때문에, 도덕철학은 역사적 상황이 노정한 보편자와 특수자 사이의 모순을 자신의 출발점으로 삼아야 한다. 올바른 삶의 가능성이 한때 그것을 대변했던 보편자의 폭력에 의해 도리어 위기에 처했다는 사실, 그러나 그렇다고 해서 보편자의 외부에서 올바른 삶이 찾아질 수도 없다는 사실에 대한 인식이 도덕철학의 마땅한 출발점이다.[11] 따라서 도덕철학은 개별적 삶의 추구와 객관적이고 보편적인 규범 사이의 모순, 자유와 법칙의 모순, 특수와 보편의 모순에서 출발하면서, 이 부단한 모순의 관

11) 이런 점에서 윤리 개념은 현실적 모순에 대해 부정직한 개념이며, 아도르노는 이런 이유로 윤리가 "도덕에 대한 양심의 가책", 곧 "자신의 도덕주의를 부끄러워하기 때문에 도덕이기는 하되 도덕주의적이지는 않은 척 하는 도덕의 일종"(25-26)이라고 말한다. 이 표현은 니체를 떠올리게 한다. 니체는 『도덕의 계보』 제2부에서 "양심"과 "양심의 가책"을 구별하면서, 전자를 자유롭고 주권적인 개인에게, 후자를 "심각한 병"이라고 말하면서 병든 원한의 인간에게 귀속시킨 바 있다.

계가 잘못된 삶 못지 않게 또한 우리가 추구할 수 있는 올바른 삶의 유일한 장소이기도 하다는 사실을 보여 주어야 한다.

2. 왜 칸트 철학이 강의의 중심에 놓이는가?

아도르노가 이 강의를 구성한 방식은 독자들에게 의문을 자아낸다. 이 강의는 학기 초와 말에 있었던 몇 차례의 강의를 제외하면 대부분이 칸트 철학에 대한 해석으로 채워져 있다. 게다가 아도르노는 칸트의 본격적인 도덕철학적 저작들(『도덕 형이상학 정초』, 『실천이성비판』)을 뒷전에 놓는다. 아도르노의 칸트 강의는 제3강에서부터 본격적으로 시작되는데, 여기서부터 제8강 정도까지는 칸트의 이론철학적 대표작 『순수이성비판』, 그중에서도 세 번째의 이율배반론인 자유의지와 결정론의 문제를 상론하는 데에 할애된다. 그러고 나서 칸트의 도덕철학적 저작들에 관한 논의가 이어지는 것이다. 어째서 아도르노는 여러 도덕철학 중에서도 특히 칸트 철학을 해제하는 데에 그토록 큰 비중을 할애하고 있을까? 게다가 그는 왜 칸트의 도덕철학이 아닌 이론철학을 출발점으로 삼고 있을까?

아도르노가 칸트 철학을 강의하는 데에 그토록 많은 시간을 할애하고 있는 이유는 언뜻 생각하기에 칸트가 도덕철학사에서 점하고 있는 높은 위상에 있다. 소위 의무론이라고 불리는 도덕이론을 정립한 칸트는 흔히 덕윤리의 아리스토텔레스 및 공리주의의 벤담, 밀 등과 더불어 주요 도덕철학자로 일컬어진다. 수많은 윤리학 입문서와 전문 연구서에서는 이들 각각이 가졌던 도덕 이해들 간의 차이, 그 이론 체계 각각이 지닌 특징과 한계 등이 다루어진다. 그러나 아도르노는 그런 비교를 통해서 자신의 선택을 정당화하고 있지 않다. 도리어 그는 칸트의 도덕철학이 "탁월한 도덕철학"이자 "도덕철학 그 자체"라면서, 에둘러 감 없이 곧장 칸트에서 출발한다. 이런 평가의 근거는 아도르노가 도덕철학을 무엇이라고 생각하는지와 직결된다. 앞에서 서술했듯이 아도르노는 도덕이 우리에게 부과되는 당위와 우리가 처한 현실 사이의 불일치, 곧 도덕과 경험의 불일치를 가감없이 보여 주는 개념이라고 이해한다. 이런 이해를 전제하고 볼 때, 칸트는 이성과 자연의 첨예한 대립에 기초해서 도덕을 해명하고 있기 때문에 도덕철학의 문제를 논의하기 위한 최선의 출발점을 제공한다.

널리 알려진 대로 칸트의 도덕철학적 기획은 도덕성의 근거를 밝히는 일이었고, 그는 이 근거를 인간 이성에서 찾았다. 이성이 있기에 인간은 자유롭고 도덕적일 수 있다는 것이다. 이처럼 이성을 통한 도덕, 자율로서의 자유를 입증하는 것이 칸트의 도덕철학적 기여이다. 칸트의 이러한 성취는 이론적 측면에서 볼 때 그가 자신의 도덕철학을 이원론적으로 구성하고 있다는 사실에 힘입고 있다. 자연과 이성의 이원론, 현상계와 예지계의 이원론은 그의 도덕철학적 작업의 근본 전제이다. 이 이원론은 인간이 언제나 동시에 두 세계의 성원임을 보여 준다. 즉 인간은 현상계에 속하는 존재로서는 욕구와 성향 및 행복의 요구에 따라 행위하고, 그런 점에서 자연 인과성의 지배하에 놓여 있다. 또 예지계의 성원으로서 인간은 이성을 통해 자유로울 수 있고 그 덕에 스스로 도덕법칙을 세우고 그 법칙에 따를 수 있다. 칸트 도덕철학의 전제인 이 이원론은 그의 본격적인 도덕철학적 저작들에 앞서 『순수이성비판』에서 현상계와 물자체의 이원론을 통해 예고되었고, 가장 선명하게는 자유의지와 결정론의 이율배반론에서 나타난다. 두 입장의 첨예한 모순을 서술하고 있는 그 대목은 두 세계의 논리가 얼마나 근본적으로 합치 불가능한지를 한치의 타협 없이 가장 분명한 형태로 드러낸다. 그리고 이것이 바로 아도르노가 칸트의 이론철학적 저작인 『순수이성비판』의 이율배반론에서 도덕철학적 논의의 단초를 찾은 결정적인 이유이다. 달리 말하면 이율배반론은 아도르노가 보기에 단순히 이론철학적 의미만을 갖는 것이 아니라 도덕적 자유의 가능성을 위한 칸트의 밑그림을 보여 준다는 의미도 함께 갖고 있다는 점에서 도덕철학의 적절한 출발점이다.

칸트는 이원론에 의거하여 경험과 이성을 서로 급진적으로 분리시킨 뒤, 경험을 배제하는 방식으로 도덕 영역을 확보하였다. 그러나 이런 시도는 아도르노가 보기에 두 가지 위험을 낳는데, 이원론은 도덕을 추상적인 것으로 만듦으로써 첫째, 도덕 자체를 파괴할 수 있으며 둘째로는 현실에 대한 무기력을 강화할 수 있다는 것이다. 우선 이원론에 기초한 칸트의 도덕철학이 추상적이라는 것은 이미 헤겔을 통해서 제기된 바 있는 유명한 비판인데 이 비판을 아도르노는 고유한 방식으로 승계한다. 자연적 인과법칙으로 짜인 현상계에서 벗어나는 것이 불가능한 인간들에게 추상적 도덕의 요구는 낯선 것일 뿐만 아니라 억압적인 것, "과도한 요구"(164)이다. 물론 칸트는 도덕의 요구가 인간 일반에 내재하는 이성 능력에 기초한다고 보기 때문에 도덕이 타율적이라는 것은 도덕의 본질에 대한 한낱 오해에 기인한 주장이라고 반박할 것이다. 그러나 현상계의 인간들이 순수 이성적 존재가 아닌 한, 도덕이 주는 이런 강압과 폭력에 대한 경험 자체가 사라지는 것은 아니다. 칸트적 도덕을 실현하기 위하여 인간은 욕구와 기질, 정념과 성향 등 자신을 내부에서 규정하는 자연을 힘겹게 부정해야 한다. 이런 부정의 노동이 전통적 의미에서의 자연과 이성의 대립에 기초하여 이루어지는 일이자 이성에 의한 자연 지배의 요구라고 한다면, 그에 더해 오늘날 새롭게 등장하는 문제는 제2의 자연으로서의 사회이다. 오늘날 사회는 어떤 의미에서는 제1의 자연보다도 더한 강도로 인간 존재를 온통 압박하고 포섭해 오고 있다. 그런데 이 사회는 잘못된 전체이며 개인들에게 불가항력적인 위력을 가하면서 자신과 공모할 것을 요구하기 때문에, 오늘날 도덕적 삶을 살려는 개인은 이 사회에 대한 날카로운 대립과 부정이라는 거의 불가능에 가까운 요구에 응해야만 한다. 제1의 자연 및 제2의 자연에 대한 그런 단적인 부정의 관계 속에서 인간은 오롯이 자신의 이성에만 따르면서 매 순간 보편적 도덕법칙을 통해 자신의 행위를 규정하며 살아가야 하는 셈이다. 이처럼 칸트적 도덕법칙은 경험적 인간에게 추상적이고 과도한 요구로 다가올 뿐만 아니라, 심지어 경험적 인간이 충족시킬 수 없는 바를 요구한다는 점에서 비이성적이고 비도덕적이라고 아도르노는 지적한다.

둘째로 칸트의 추상적 도덕은 현실에 대해 무기력한 자, 현실 변화를 체념한 자의 도덕이다. 칸트가 인간 일반에 내재하는 이성에서 도덕성의 근거를 찾았기 때문에 사람들은 흔히 그의 도덕철학을 내면성의 도덕, 신념윤리 등으로 부른다. 여기서 알 수 있듯이 칸트의 도덕철학은 인간의 내면과 외적 현실 사이의 급격한 단절을 드러낸다. 아도르노가 강의에서 언급하지는 않았지만, 이 맥락에서 우리는 친구를 살리기 위한 거짓말조차도 해서는 안 된다는 칸트의 악명 높은 주장[12)]을 떠올려 볼 수 있다. 거짓말에 대한 그의 주장에서 명확히 확인되는 것은 도덕적 가치를 행위 결과가 아닌 행위 원칙 자체에서 찾아야 한다는 소위 절대적 의무론의 입장이다. 여기에 깔려 있는 칸트의 숙고는, 설령 선한 의도에서 이루어진 행위라 할지라도 그것이 현실에서는 악한 결과를 낳을 수도 있고 이는 내 권한 밖의 일인 반면에, 내가 어떤 행위를 할 것인지는 내가 주권적으로 홀로 결정할 수 있다는 것이다.[13)] 따라서 우리는 우리 힘으로는 어찌할 수 없는 우연적 행위 결과가 아니라, 당장에 우리가 어떤 행위를 할 것인지의 물음을 도덕적 고려의 중심에 세워야 한다. 그래서 칸트는 도덕적이고자 하는 주체라면 도덕법칙에 맞게 행위하는 데에 자신의 모든 노력을 경주해야 한다고 말하는 것이다. 아도르노는 내면성에 대한 칸트의 강조를 그가 살았던 당시 독일의 부르주아 계급이 처해 있던 독특한 역사적

12) I. Kant, "Über ein vermeintes Recht aus Menschenliebe zu lügen", *Werke in zwölf Bänden* Bd.8, Frankfurt a.M. 1977.

13) 제임스 레이첼스, 『도덕철학의 기초』, 노혜련·김기덕·박소영 역, 나눔의 집 2015, 232-233.

상황과 연결 지으면서, 칸트의 신념윤리는 외부 현실에 대한 무력감을 반영한다고 지적한다. 다른 서유럽 국가들에 비해 뒤처진 당대 독일 부르주아들이 사상적으로는 급진적이었으면서 동시에 현실 의식은 취약했던 것처럼, 칸트의 도덕철학 또한 현실에 대한 날카로운 대립의 관계를 유지하고 있지만 동시에 현실로부터 후퇴한 자의 입장이었다는 것이다. 칸트의 도덕은 자신이 현실을 변화시키지 못한다는 것을 아는 자, 무기력 속에서 스스로 체념한 자의 도덕이었다.

물론 이상과 같은 비판들을 통해 아도르노가 칸트의 도덕철학을 거부하려는 것은 결코 아니다. 우선 아도르노는 도덕에 관한 논의가 오직 경험의 배제를 통해서만 이루어질 수 있다는 사실을 칸트가 정확히 포착했다고 인정한다. 심리적인 것, 우연한 것, 특수한 것, 외적인 것 등 경험적 조건이 허용되면 될수록, 올바른 행위에 대한 객관적이고 보편적인 규정은 점점 불가능해지기 때문이다. 경험적 조건에 대한 고려는 손쉽게 상대주의와 회의주의로 향하도록 우리를 유혹하며, 그에 따라 도덕이론의 가능성은 점점 사라진다. 따라서 현실과 타협하지 않는 급진적 이원론이야말로 도덕 고유의 영역을 가장 순수하고 명확한 형태로 확보하기 위한 이론적 전략이자 도덕철학 자체를 가능케 하는 필연적 조건이라고 말할 수 있다. 반대로 아도르노가 강의 중에 피히테를 언급하면서 지적하듯이 매개의 도입을 통해 이원론을 섣불리 통합시키려 한다면 이는 곧 도덕철학의 지양으로 이어진다. 그러나 이원론이 올바른 이론적 전략이라는 아도르노의 평가는 어딘지 불만족스럽다. 결국 이는 칸트가 도덕철학의 구제를 위해 현실성과 실천 가능성을 대가로 치르고 있음을 뜻하는 게 아닌가? 어쨌든 도덕은 현실의 인간에게 구속력을 발휘해야 하고, 실천되어야 하는 것이라는 점에서 그와 같은 대가는 너무 치명적이지 않은가? 그러나 일단 아도르노는 칸트 이원론의 한계가 단순히 이론의 한계만을 의미하는 게 아니라 또한 이미 적대적으로 구성되어 있는 현실의 한계이기도 하다고 말할 것이다. 도덕이 외적 강압으로 경험된다면, 이는 비단 우리가 도덕적 강제의 본질을 오인해서, 우리가 비도덕적이고 비이성적이어서 생기는 일만은 아니다. 우리가 살아가는 세계가 우리로 하여금 도덕을 그렇게 경험하도록 만들어져 있는 것이다. 이 세계는 각각의 특수한 개인들이 도덕적 보편자와 조화롭게 합치될 것을 허용하지 않는다. 보편과 특수의 이러한 모순은 근대 세계가 낳은 모순이며, 이를 가시화한 이론이 이원론에 기초한 칸트의 도덕철학이다. 이렇게 도덕의 이론적 가능성뿐 아니라, 도덕의 실현을 방해하고 왜곡하는 현실의 한계를 가감 없이 드러낸다는 점에서 칸트의 도덕철학은 모든 도덕철학적 사유가 관계 맺어야 할 좌표점이다.

3. 충동의 도덕

개인과 전체, 특수와 보편 사이의 대립과 모순이 도덕철학의 참된 주제라는 아도르노의 말은 또한 그런 대립을 무시하고 무마하는 것이 야만이자 타율이라고 말하는 것이기도 하다. 현존하는 적대 관계를 해소하고 조화로운 전체를 만들어 내기 위해 섣불리 이론적으로 통합을 시도하는 것은 아도르노가 헤겔을 통해서도 잘 보여 준 바 있듯이 결국에는 특수에 대한 보편의 일방적 지배를 편들게 된다.[14] 그에 반해 이원론에 대한 칸트의 고집은 잘못된 동일성을 산출하지 않으려는 매우 올바른 철학적 태도의 소산이며 그 덕에 칸트의 도덕철학은 전체주의와는 합치될 수 없다. 이처럼 칸트의 이원론은 동일성을 향한 전체주의적 의도에 타협하지 않는다는 점, 비동일적인 것을 비동일적인 것으로 고수한다는 점에서 참되다. 이와 같은 해석을 통해 아도르노는 칸트의 도덕철학에서 이성이 모든

14) 아도르노의 『부정 변증법』(홍승용 역, 한길사 1999)의 제3부 2장 「세계정신과 자연사. 헤겔에 대한 보론」을 참고할 것.

것을 지배하거나 산출할 수는 없다는 한계의 감정을 해독해 낸다. 그리고 이것이 아도르노가 칸트적 이원론을 그토록 높이 평가하며 중시하게 만든 결정적인 근거이다.

그러나 칸트의 도덕철학은 도덕적 실천의 가능성에 대한 적절한 설명을 제시하지 못한다. 아도르노에 따르면 이것은 칸트가 경험과 이성, 특수와 보편 사이의 대립 관계를 추상적으로만 보았고, 보다 구체적으로 사유해내지 못했기 때문이다. 또한 칸트는 이 모든 대립을 통해 비동일적인 것이 보존되어야 한다는 사실에 대한 의식적 반성은 수행하지 못했다. 칸트의 도덕철학은 이원론적 구성을 통하여 이성의 한계를 다양한 방식으로 보여 주고 있지만, 이성의 유한성에 대한 급진적 반성으로까지 나아가지 못하고 추상적 이원론에서 멈췄다. 그래서 아도르노는 칸트의 이원론적 도덕철학보다 진일보된 형태를 동일성 철학이 아닌, 이원론에 대한 반성의 철학, 비동일성을 의식하는 철학에서 본다. 아도르노가 강의 중에 전개하는 독특한 행위 이론은 비동일성에 대한 반성에서 출발하는 도덕철학이 어떤 것일지를 엿볼 수 있게 해 준다.

첫 번째 강의에서 아도르노는 나치 치하의 독일에서 있었던 히틀러 암살 기도 사건의 주역 중 한 사람과 대화했던 경험에 관해 이야기한다. 암살 시도가 실패할 경우 자신에게 닥치게 될 끔찍한 결과에 대한 염려는 도외시한 채, 나치의 만행을 더 이상 두고 볼 수가 없어 어느 순간 암살 계획에 동참하지 않고는 견딜 수 없었다는 당사자의 경험에서 아도르노는 도덕적 경험의 원형을 발견한다. 아도르노가 여기서 주목하는 것은 도덕적 판단 명제의 의미 내용이 아니라 그와 같은 판단이 어떻게 내려지는가의 경험, 더 정확히는 그러한 판단에서 멈추지 못하고 즉각 행위로 실천하지 않을 수 없다는 충동의 경험이다. 이 경험은 어떤 계산이나 숙고로부터 논리적으로 도출된 결론이 아니며 차라리 신체적-감각적 경험과 흡사한 성격을 갖는다. 그리고 이런 경험이야말로 아도르노가 생각하는 도덕적 경험의 핵심을 보여 준다.

> "그렇지만 그저 더 이상 함께하고 싶지 않을 만큼 견딜 수 없는 상황이란 것이 있습니다. [그 상황과] 함께하지 않는다면 어떤 일이 생길지, 어떻게 될지는 전혀 상관 없이 말입니다." 그는 담담하게 그리고 어떤 이론적 요구도 없이 그렇게 말했습니다. 그는 그저, 무엇이 그를 저 부조리해 보이는 7월 20일의 암살 기도를 향해 움직였는지 설명하고 싶었던 것입니다. 자기 자신과 경우에 따라 타인들에게 어떤 결과가 초래될지를 이론적으로 예측할 수 있을 텐데도 그것과 완전히 상관없이 바꾸지 않고는 도저히 견딜 수 없는 그런 것이 있을 수 있다는 것, 이런 것이 저항의 계기입니다. 그리고 나는 이 저항의 계기가 바로 도덕적 행위가 갖는 비합리적 계기가 놓여 있는 지점이라고 생각합니다.(22-23)

여기서 오해되어서는 안 될 점은, 아도르노가 말하는 충동이 순수한 내적 자연은 아니며, 그가 이성 없이 충동만으로 도덕적 실천이 가능하다고 주장하는 것도 결코 아니라는 사실이다. 우선 아도르노가 말하는 충동의 도덕은 연민의 감정에서 도덕의 근거를 찾는 입장과는 분명히 구별된다. 연민과 같이 인간이 선천적으로 타고난 감정으로부터 도덕을 설명하는 것은 도덕을 일종의 인간 내적 자연으로부터 직접 근거 지으려는 시도로서, 그런 것은 칸트 식의 이성 중심적 도덕철학에 대한 단순한 전도(혹은 아도르노식으로 말하면 거울상)에 불과할 것이다. 도덕의 근거를 자연에서 발견하는 것이나 이성에서 발견하는 것 모두 독단적 태도이고, 양자는 자연과 이성의 추상적인 대립 관계를 전제한다는 점에서 서로 다르지 않다. 아도르노가 비판하는 것은 바로 그런 전제 자체이다. 아도르노는 도덕적 행위가 이루어지려면 상황에 대한 이성적 통찰과 도덕적 인식이 필수적이라는 사실을 인정하는 한편, 아직 그것만으로는 행위가 이루어질 수 없으며 추가적으로 충동의 계기가 나타나야 한다고 강조한다. 이 계기는 이성에 통합될 수 없는 이질적 계기이기 때문에 개념적으로 충분히 규정될 수 없으면서도 동시에 이성과 아주 무관하지도 않다. 도덕적 실천에 필수적인 이 충동의 계기가 이성과의 모순적 관계 속에서만 적절히 해명될 수 있다는 사실을 간과했기에 칸트의 이성도덕은 이 계기를 이론 속에서 삭제했고 그 결과 탈실천화되었다. 감정도덕도 같은 이유에서 그러나 반대로 충동을 이성으로부터 떨어뜨려 단독으로 실체화함으로써 왜곡해 버린다.

그렇다면 아도르노가 말하는 충동은 어떤 것일까? 충동이 이성과 아예 무관한 추상적이고 순수한 자연이 아니라면, 충동은 이성과 구체적 연관성을 가진 상태에서의 이성의 타자라고 이해될 수 있어야 한다. 이에 대한 한 가지 가능한 설명 방식은, 충동을 역사적-사회적으로 형성된 일종의 제2의 자연으로 보는 것이다. 이렇게 본다면 나치의 비인간성을 견디다 못해 히틀러를 암살하려는 독일 장교의 도덕적 충동은 단순히 그의 타고난 천성의 발현이 아니라, 인간적인 것과 비인간적인 것에 대해 인류 집단이 역사적 경험 속에서 형성하고 내면화해 온 일종의 도덕적 선이해에 그 기초를 갖는다. 충동은 순수 자연이 아니라 역사를 겪은 자연이고, 인간의 모든 이론적이고 실천적인 판단이 이 역사적 자연의 기초 위에서 이루어진다.[15] 이런 충동 속에서 수행되는 도덕적 실천이야말로 진정한 의미에서 이성적이다. 그리고 이 사실은 이성이 물질적, 신체적 기초에 의존한다는 것을, 결국 이성의 유한성을 뜻한다. 이성은 자기 정립적이지 않고, 자신의 타자(자연)에 자기 근거와 한계를 갖는다는 것이다. 이렇듯 이성 안으로 해소되지 않는 충동, 자연적 계기를 도덕적 실천에 불가결한

15) 아도르노의 충동 개념에 대한 이런 방향의 해석과 보다 상세한 해명은 정진범, 「충동과 저항. 아도르노의 유물론적 도덕철학에 대한 연구」, 『사회와 철학』 2018: 제36집(107-136)을 참고할 것.

요소로 정당하게 복권시키기 위하여 아도르노는 "도덕철학의 영역은 이성에 의해 관통되어야 하지만, 그럼에도 불구하고 이성 안으로 완전히 해소되지는 않는다"(158)고 말한다.

4. 자기반성과 올바른 삶의 가능성

이런 도덕철학의 실질적 함축은 무엇일까? 충동은 주체 내부에서 나오는 힘이지만 동시에 주체가 그것을 의식적으로 통제할 수 없다는 점에서 비자의적unwillkürlich이라는 특성을 갖는다. 그런데 만약 도덕이 그런 충동에 의존하는 게 사실이라면 도덕이 어떻게 가능할지, 우리가 도덕에 무엇을 기대할 수 있을지를 상상하기란 쉽지 않다. 일단 그런 도덕 이해는 도덕원칙을 정립하는 일을 허용하지 않기 때문에 도덕적 확실성을 기대할 수 없게 만들고, 이로써 도덕이론의 가능성, 나아가 도덕의 가능성 자체를 허물어 버리는 것처럼 보인다. 그러나 아도르노에 따르면 이러한 절망은 기존의 도덕철학들을 통해 부풀려지거나 왜곡된 기대에 기인하는 것이며, 이 잘못된 기대를 교정하는 것이야말로 도덕의 구제를 위한 선결과제에 속한다. 도덕원칙과 체계를 부정하기 때문에 도덕 파괴적으로 보이는 아도르노의 입장은 도덕의 실현이라는 분명히 의식된 규범적 목표 아래에서 전개되고 있는 것이다. 이에 대한 가장 강력하고 직접적인 증거는 마지막 강의에서 아도르노가 자신의 입장을 니체의 반도덕주의Amoralismus로부터 분명하게 구별 짓는 대목에서 발견된다(269 이하).

아도르노에 따르면 도덕의 실현을 위해 가장 먼저 버려져야 할 것은 도덕적인 것의 자명성에 대한 믿음이다. 이 믿음은 우리가 별다른 숙고의 절차 없이 무엇이 도덕적인지를 곧바로 분명하게 알 수 있다는 믿음을 말한다. 그러나 그런 믿음에는 도덕적인 것이 무엇인지를 분명하게 지시하는 비교적 단순한 사회 구조 및 그 사회와의 일치 속에서 살아가는 주체가 전제된다. 반면 현대사회는 이와 본질적으로 다르다. 현대사회는 무한히 분화되어 있고 그 안에서는 수많은 요소들이 예측할 수 없는 방식으로 펼쳐진다. 따라서 현대사회에서 그와 같은 자명성은 더 이상 기대될 수 없고, 그런 사회 속에서 살아감에도 불구하고 자신이 여전히 도덕적인 것을 확실하게 알고 있다는 확신 역시 오만이다. 더 나아가 도덕적 자기 확신은 아도르노가 강의 후반에 입센의 극작품 해석을 통해 보여 주듯이 가장 부도덕한 일을 벌이게 할 수도 있다는 점에서 재앙의 근원이 된다. 도덕적인 것의 자명성이야말로 도덕적인 것에 대한 위협이라는 것이다.

도덕이 도덕으로서 실현될 수 없을 뿐 아니라 심지어 반도덕으로 실현된다는 아도르노의 지적은 어떤 점에서는 도덕에 대한 가장 강력한 부정의 논거로 들린다. 그러나 아도르노의 도덕 비판은 도덕에 대한 체념을 정당화하려는 목적을 갖지 않는다. 그렇다면 우리는 도덕을 어떻게 이해하고, 어떤 기대를 걸어야 하는가? 오늘날 도덕적인 것의 의미는 변했다. 도덕적 주체는 어떻게 하면 이 세상에 선을 더 보탤 수 있을까의 물음이 아니라, 어떻게 하면 악을 저지할 수 있을까의 물음에서 출발해야 한다. 그러기 위해서는 가장 먼저, 우리 스스로가 잘못된 사회 속에서 살아가면서 부지불식간에 악에 협력하고 있다는 현행적 사실에 대한 비판적 반성이 요구된다. 선을 보태려는 시도, 적극적으로 무언가를 행하고 만듦으로써 세계를 근본적으로 변화시키려는 시도에 대해 아도르노는 잘 알려진대로 소극적이고 나아가 비판적이다. 그의 이런 태도에는 자기 확신에 기초하여 이루어지는 그런 시도들이 도리어 재앙을 만들기 쉽다는 당대의 역사적 경험이 새겨져 있다. 아도르노는 우리가 "타율의 구체적 형태에 대한 저항"(266), 곧 우리 사회 속에 존재하는 구체적인 악들을 저지하고 그에 저항하는 데에서 출발해야 한다고 말한다. 앞서 언급한 독일 장교가 보여 준 것처럼, 우리는 그간의 역사적 경험을 통해서 무엇이 악인지 만큼은 분명히 알고 있다. "우리는 무엇이 절대적 선인지 혹은 절대적 규범인지 모를 수 있습니다. 인간 혹은 인간적인 것이 무엇인지, 인간성이 무엇인지도 모를 수 있습니다. 그러나 무엇이 비인간적인 것인지, 그것을 우리는 아주 정확히 알고 있습니다. 그리고 오늘날 도덕철학의 장소는 인간 존재의 자유롭고 추상적인 위치 속에서 찾아지기보다는 오히려 비인간적인 것에 대한 구체적인 고발 속에 존재한다고 나는 말하고 싶습니다"(274). 동시에 아도르노는 그런 인식과 판단의 심급인 자기 자신이 오류를 범할 수도 있다는 반성적 의식을 놓아서는 안 된다고 주장한다. 그래서 잘못된 세계에 대한 끊임없는 저항, 이 세계가 제기해 오는 요구에 대해 매 순간 의심하고 부정하는 비판의 태도, 그리고 그 세계를 내면화한 나머지 독단적으로 스스로를 관철하려 하는 자기 자신의 오류 가능성에 대한 반성이 바로 오늘날 유일하게 가능한 형태의 도덕이라고 아도르노는 말한다.

오늘날 올바른 삶, 도덕적 삶은 추상적 원칙을 삶의 각 순간 맞닥뜨리게 되는 구체적 상황들에 적용함으로써 마치 하나의 조각 작품을 만들듯이 그렇게 만들어 갈 수 있는 성질의 것이 아니다. 그것은 도덕적 확신과 결별하고, 보다 근본적으로는 잘못된 자기 확신을 반성하는 일에서 출발한다. 그리고 이를 위해서는 가장 깨어 있는 이성이 요구된다. "오늘날 자각, 자기반성의 계기는 언젠가 도덕적 범주들이라 불렸던 바의 참된 유산이 되었습니다"(265). 아도르노에 따르면 진정한 의미에서 이성적이고 도덕적인 실천을 이끄는 것은 충동이지만, 그러한 충동조차도 이성의 비판에서 면제될 수 없다. 충동 없이 올바른 실천은 불가능하지만, 충동이 무오류적인 도덕 인식의 원천인 것은 아니기 때문이다. 물론 비판하는 이성 자신도 역사 초월적 지위를 점할 수 없다. 이성은 그 나름으로 충동의 지반 위에서 그와 같은 비판을 실천하는 것이다. 이처럼 충동과 이성(반성)은 구체적 상호 관계 속에서 부단한 긴장을 일으키며, 때로는 대립하고 때로는 서로를 견인하면서 우리의 도덕적 실천의 중핵을 구성한다. 이 긴장만이 오늘날 도덕의 장소이며, 그런 긴장을 떠난 확실하고 안정된 출발점이란 존재하지 않는다.

***

여러 번 읽었던 책이고 읽을 때마다 즐거웠던 책이었기에 번역을 맡을 수 있어 기뻤고, 자신감도 넘쳤다. 그러나 구어체의 긴 독일어 문장을 온전한 한국말로 옮기는 일은 생각보다 훨씬 까다로운 일이었고, 문장을 다듬다 보니 그제서야 내가 아도르노의 말을 이해하지 못했음을 깨닫는 경우도 종종 있었다. 점점 불안해졌고, 애먼 동료들을 괴롭혀야 했다. 특히 두 명에게 큰 빚을 졌다. 칸트와 관련해서는 강병호 선생님의 도움이 매우 컸다. 그는 이 책의 거의 절반에 가까운 분량을 검토하면서 보다 정확한 번역을 위한 조언을 아끼지 않았다. 주재형 선생님은 이 강의록의 앞부분을 검토해 주었고, 그 외에도 옮긴이의 시도 때도 없는 질문에 대해서 해박한 지식을 바탕으로 성심성의껏 함께 고민해 주곤 했다. 서울대 철학과의 두 분 은사님께도 감사드린다. 박찬국 선생님은 옮긴이가 귀국했을 때 이 책의 번역을 맡을 수 있도록 세창출판사와 다리를 놓아 주셨고, 정호근 선생님은 2017년 가을학기에 대학원생들과 함께 이 책을 읽고 토론할 수 있도록 수업할 기회를 만들어 주셨다. 당시 수업에서 함께 토론해 준 대학원생들 모두에게도 감사드린다. 이 책의 번역 출간을 추진하며 실질적으로 지원해 주신 세창출판사의 이방원 사장님과 편집부의 여러 선생님들의 노고를 언급하는 일도 물론 빼놓을 수 없다. 끝으로 굳건한 사랑으로 언제나 나를 든든히 지지해 주는 가족들에게 가장 큰 고마움을 전한다.

2019년 여름

테오도르 W. 아도르노 연보

1903

9월 11일 독일 프랑크푸르트 암 마인Frankfurt am Main에서 포도주 도매상을 운영하는 오스카 알렉산더 비젠그룬트Oscar Alexander Wiesengrund와 이탈리아 혈통의 성악가 마리아 바바라 카벨리-아도르노Maria Barbara Cavelli-Adorno della Piana의 외아들로 태어남. 10월 4일 프랑크푸르트 성당에서 가톨릭 세례를 받음. 출생신고 때 사용한 성姓 Wiesengrund-Adorno를 1943년 미국 망명 중에 Adorno로 바꿈. 유망한 가수이자 피아니스트였던 이모 아가테Agathe가 늘 아도르노 식구와 함께 살았음. 어머니, 이모와 함께 음악에 둘러싸여 유복한 어린 시절을 보냄.

1910

프랑크푸르트 독일인 중등학교에 다님. 견진성사 수업에 참여.

1913

카이저 빌헬름 김나지움으로 전학.

1921

김나지움 졸업. 최우수 졸업생. 프랑크푸르트 암 마인 대학 등록. 중학생 시절부터 받아오던 음악 레슨 계속. 베른하르트 제클레스에게서 작곡 수업을 받고 에두아르트 융 문하에서 피아노 레슨을 받음. 당시 지방 신문사의 기자였고 후일 망명지 미국에서 영화이론가로 명망을 떨치게 되는 14세 연상의 사회학자 지그프리트 크라카우어Siegfried Kraucauer(1889-1966)와 알게 됨. 크라카우어와 함께 칸트 『순수이성비판』 읽기 시작.

1921-1924

프랑크푸르트 대학에서 철학, 심리학, 사회학, 음악학 강의 수강.

1922

대학의 한 세미나에서 막스 호르크하이머Max Horkheimer(1895-1973)를 만남.

1923

발터 벤야민Walter Benjamin(1892-1940)을 만남. 서신 교환 시작. 그레텔 카플루스Gretel Karplus(1902-1993)를 알게 됨. 음악비평문들 발표.

1924

바이에른의 한적한 시골마을 아모르바흐Amorbach에서 후설 현상학을 주제로 박사학위 논문 집필. 6월에 프랑크푸르트 대학 철학과에 제출. 박사학위 취득. 지도교수는 한스 코르넬리우스Hans Cornelius(1863-1947). 초여름 작곡가 알반 베르크Alban Berg(1885-1935)를 그의 오페라 〈보이첵Woyzeck〉 초연에서 알게 됨.

1925

3월에 알반 베르크에게서 작곡을 배우고 에두아르트 슈토이어만Eduard Steuermann에게서 피아노를 배우기 위해 오스트리아 빈Wien으로 감. 아놀드 쇤베르크Arnold Schönberg(1874-1951), 조마 모르겐슈테른Soma Morgenstern(1890-1976), 게오르크 루카치Georg Lukács(1885-1971)를 알게 됨. 8월 크라카우어와 함께 이탈리아로 휴가를 다녀온 뒤 프랑크푸르트로 돌아옴. 작곡에 몰두하여 〈현악 4중주 op.2〉 등을 작곡. 이 곡은 1926년 빈에서 초연됨. 음악비평문들을 씀.

1926

한스 코르넬리우스에게서 철학 연구 계속함. 알반 베르크와 서신 교환 지속. 베를린과 빈에 체류. 알반 베르크, 안톤 베버른Anton Webern(1883-1945)에 관한 논문과 12음 음악에 관한 논문들 작성.

1927

교수 자격 논문 착수. 음악비평문들 다수 발표. 9월에 그레텔 카플루스와 이탈리아 여행. 11월에 첫 번째 논문 「초월론적 영혼론에서 무의식 개념」을 지도교수 코르넬리우스에게 제출하였으나 지도교수의 의견에 따라 대학에 제출하지는 않음.

1928

연초에 베를린으로 여행. 그 사이 약혼한 그레텔 카플루스 방문. 베를린에서 음악비평가로 활동하기 위한 안정된 직장을 구했으나 실패함. 에른스트 블로흐Ernst Bloch(1885-1977), 베르톨트 브레히트Bertolt Brecht(1898-1956) 알게 됨. 음악지 『여명Anbruch』의 편집위원. 연초에 작곡가 에른스트 크레네크Ernst Krenek(1900-1991) 알게 됨. 새로 작성할 교수 자격 논문의 주제를 키르케고르로 결정. 키르케고르의 철학에서 미학이론적 내용을 찾아보려 함. 아도르노가 작곡한 〈Sechs kurze Orchesterstück op.4〉가 베를린에서 발터 헤르베르트Walter Herbert의 지휘로 초연됨. 알반 베르크에 헌정한 〈Liederzyklus op.1〉 완성.

1929

『여명』 편집진과 불화. 베를린에서 〈Liederzyklus op.1〉 초연. 또 다시 음악비평가 자리에 도전. 갓 프랑크푸르트대학 철학과 정교수가 된 파울 틸리히Paul Tillich(1886-1965)가 아도르노에게 교수 자격 논문 제출을 허락. 1월에 마르틴 하이데거Martin Heidegger(1889-1976)와 처음이자 마지막으로 대학 재단이사 쿠르트 리츨러의 집에서 만남.

1930

두 번째 교수 자격 논문에 몰두. 10월에 탈고. 여배우 마리안네 호페 알게 됨.

1931

1월 교수 자격 논문 통과. 지도교수는 파울 틸리히. 부심은 막스 호르크하이머. 2월 교수 자격 취득하고 철학과 강사로 임용됨. 5월 취임 강연 「철학의 시의성」.

1932

7월 프랑크푸르트 칸트학회 초청으로 강연. 「자연사 이념Die Idee der Naturgeschichte」. 사회연구소 기관지 『사회연구Zeitschrift für Sozialforschung』에 논문 「음악의 사회적 위상에 대하여」 게재.

1933

교수 자격 논문이 『키르케고르. 미적인 것의 구성』이라는 제목으로 J. C. B. Mohr (Paul Siebeck) 출판사에서 출간됨. 국가사회주의자들이 권력을 장악하는 동안 베를린에 머물면서 빈으로 가 다시 교수 자격을 취득할 생각을 함. 9월에 유대인 교수에 대한 면직 조치에 따라 강의권을 박탈당함. 프랑크푸르트 집이 수색을 당함. 11월과 12월 사이 대학 연구원 지원 단체(AAC)에 영국대학의 초청장을 받을 수 있도록 도움 요청.

1934

4월 영국으로 망명. AAC가 옥스퍼드 대학과의 접촉을 주선함. 6월 옥스퍼드 대학의 머튼 칼리지Merton College에 연구생으로 등록. 후설 현상학 연구 시작. 박사학위 논문 초안이 대학 당국에 받아들여짐. 10월 뉴욕에 있는 호르크하이머가 아도르노에게 연락. 사회연구소와 계속 연락하지 않았다고 아도르노를 질책.

1935

옥스퍼드에서 철학 저술 작업을 하는 동시에 음악에 관한 기고문도 작성. 6월 26일 이모 아가테 사망. 에른스트 크레네크가 전하는 알반 베르크의 사망 소식을 듣고 충격 받음. 베르크의 비참한 최후는 경제적 이유로 병원에 가지 않고 집에서 가위로 허벅지 종기를 제거하다가 걸린 패혈증이 원인.

1936

『사회연구』에 헥토르 로트바일러Hektor Rottweiler라는 필명으로 논문 「재즈에 관하여」 게재. 빌리 라이히Willi Reich(1898-1980)가 편집을 주도한 알반 베르크 평선에 참여. 호르크하이머가 아도르노에게 영국에서 박사학위를 받는 즉시 사회연구소의 상임연구원으로 임용하겠다고 알려옴. 알프레트 존-레텔Alfred Sohn-Rethel(1899-1990)과 서신 교환 시작. 11월에 파리에서 벤야민과 크라카우어 만남.

1937

호르크하이머의 초청으로 6월 9일 2주간 뉴욕 방문. 8월에 파리에서 벤야민, 존-레텔 그리고 크라카우어 만남. 두 차례 철학 심포지엄. 아도르노의 논문 여덟 편이 실린 빌리 라이히 편집의 알반 베르크 평전이 빈에서 출간됨. 8월에 베를린의 그레텔 카플루스가 런던에 도착. 9월 8일 패딩턴Paddington 구청에서 결혼. 막스 호르크하이머와 영국 경제학자 레드버스 오피Redvers Opie가 증인. 10월에 호르크하이머가 아도르노에게 서신으로 미국에서 라디오에 관한 연구 프로젝트에 참여할 수 있음을 알려옴. 베토벤 프로젝트 시작. 리하르트 바그너Richard Wagner(1813-1883)에 관한 저술 시작.

1938

빈 출신의 사회학자 파울 라자르스펠트Paul Lazarsfeld(1901-1976)가 주도하는 라디오 연구 프로젝트에 연구원 자리를 얻기 위해 미국으로 건너감. 나치 집권 후 뉴욕으로 근거지를 옮긴 프랑크푸르트 사회연구소의 공식 연구원이 됨. 미국에서 처음 작성한 논문 「음악의 물신적 성격과 청취의 퇴행에 관하여Über den Fetischcharakter der Musik und die Regression des Hörens」를 『사회연구』에 게재. 이 해 후반부는 발터 벤야민과 유물론적 미학의 원칙들에 관한 논쟁이 정점에 오른 시기임.

1939

아도르노의 양친이 쿠바를 거쳐 미국으로 망명. 아도르노와 라자르스펠트 사이에 공동연구에 대한 견해 차이 발생. 5월에 컬럼비아 대학 철학부에서 「후설과 관념론의 문제」 강연. 후에 『철학저널』에 게재됨. 『사회연구』에 「바그너에 관한 단편들」 발표. 라디오 프로젝트의 음악 부분에 대한 재정 지원 종료됨. 호르크하이머와 아도르노가 공동 작업으로 구상했던 『변증법 논리』의 기초가 될 대화와 토론들이 두 사람 사이에서 이루어짐.

1940

라디오 프로젝트에서 부정적인 경험을 한 아도르노에게 호르크하이머가 연구소 기관지 『사회연구』 편집을 담당하는 정규직 제안. 아도르노는 반유대주의 프로젝트 구상. 『국가사회주의의 문화적 측면』 초안 작성. 벤야민이 9월 26일 스페인 국경 포르 부Port Bou에서 스스로 목숨을 끊음. 아도르노와 그레텔 큰 충격 받음. 『건설Aufbau』에 「발터 벤야민을 기억하며」 기고.

1941

『신음악의 철학』 작업. 호르크하이머와 『변증법 논리』 공동 작업을 계속하기 위해 로스앤젤레스로 이주 계획. 「대중음악에 대하여」와 「라디오 심포니」 발표. 11월 로스앤젤레스로 이주.

1942

연초부터 호르크하이머와 함께 후에 『계몽의 변증법』이라는 제목으로 출간될 책의 저술에 집중. 아도르노는 영화음악을 위한 프로젝트를 위해 한스 아이슬러Hans Eisler(1898-1962)와 작업. 할리우드 사교계의 수많은 망명 인사들과 교제. 그레타 가르보Greta Garbo, 막스 라인하르트Max Reinhardt, 알렉산더 그라나흐Alexander Granach, 프리츠 랑Fritz Lang, 릴리 라테Lilly Latté 등.

1943

토마스 만Thomas Mann(1875-1955)과 알게 됨. 만이 집필하는 『파우스트 박사Doktor Faustus』의 구상에 결정적 영향을 미침. 그동안 정기적으로 서신을 주고받았던 뉴욕의 양친을 7월 방문. 버클리 여론 연구 그룹과 공동 작업. 반유대주의의 본성과 외연에 관한 프로젝트 진행. 그 결과물이 『권위주의적 성격』.

1944

한스 아이슬러와 함께 『영화를 위한 작곡』 집필에 많은 시간 투여. 호르크하이머와 공동 저술한 철학적 단상 『계몽의 변증법』이 프리드리히 폴록Friedrich Pollock(1894-1970)의 50회 생일을 기념하여 출간. 전미 유대인 협회Das American Jewisch Committe (AJC)가 반유대주의 프로젝트 지원 승인. 샤를로테 알렉산더Charlotte Alexander와 내연 관계.

1945

2월 막스 호르크하이머의 50회 생일을 기해 후일 출간될 책 『미니마 모랄리아』의 제1부 보여 줌.

1946

부친이 7월 8일 뇌출혈로 사망. 9월에 뉴욕으로 어머니 방문. 위장 장애, 심장 이상 등. 편도선 절제 수술.

1947

『계몽의 변증법』이 암스테르담의 퀘리도 출판사에서 나옴. 『권위주의적 성격』 마무리 작업. 한스 아이슬러와 3년 전에 마무리 지은 저술 『영화를 위한 작곡』이 아이슬러의 단독 저술로 출간됨. 아도르노의 이름을 제외시킨 것은 정치적인 고려에 의한 결정.

1948

라 하브라La Habra 칼리지에서 음악학자로 활동. 로스앤젤레스의 심리분석 연구소에서 강의. 토마스 만이 『파우스트 박사의 성립』이라는 저술에서 파우스트 소설에 기여한 아도르노에게 감사를 표함. 『미니마 모랄리아』 제2, 제3부 완성.

1949

『신음악의 철학』. 연말, 15년 만에 독일로 돌아옴. 막스 호르크하이머의 교수직 대행으로 프랑크푸르트 대학에서 강의. 비정년 트랙. 파리를 거쳐 10월에 프랑크푸르트에 도착. 서신과 그 밖의 그리고 여러 공식적인 언급들에서 독일 민주주의에 진실성이 결여되었다는 한탄을 늘어놓았지만 학생들의 정신적 참여에는 매우 감동을 받았다고 밝힘. 한스 게오르크 가다머Hans-Georg Gadamer(1900-2002)가 하이델베르크 대학의 초빙을 받아 떠나면서 후임으로 아도르노를 추천. 알반 베르크의 미망인 헬레네 베르크Helene Berg와 베르크의 오페라 〈룰루Lulu〉의 오케스트라 편성 작업 관련으로 서신 교환.

1950

『권위주의적 성격』이 포함된 『편견연구Studies in Prejudice』가 뉴욕에서 발간됨. 다름슈타트 지역 연구Darmstädter Gemeindestudien에서 주관한 독일 과거사 문제 연구에 참여. 호르크하이머와 함께 사회연구소 재건에 노력. 다름슈타트 '신음악을 위한 국제 페스티벌Internationle Ferienkurse für neue Musik'의 위원이 됨. 중간에 몇 번 불참하기는 했지만 1966년까지 위원 자격 유지. 마리 루이제 카슈니츠Marie-Luise Kaschnitz (1901-1974)와 친분 시작.

1951

주어캄프Suhrkamp 출판사에서 『미니마 모랄리아』 간행. 발터 벤야민의 아들 슈테판 벤야민Stefan Benjamin으로부터 부친의 저작 출간에 대한 전권 위임 받음. 10월에 잠깐 프레드릭 해커Fredrick Hacker가 주도하는 심리분석 재단Psychiatric Foundation 설립에 참여하기 위해 캘리포니아의 비벌리힐스 방문. 12월 바인하임Weinheim에서 열린 제1차 독일 여론조사를 위한 대회에서 기조 발표. 잡지 『메르쿠어Merkur』에 「바흐 애호가들에 맞서 바흐를 변호함」 발표.

1952

『바그너 시론試論』. 2월 23일 뉴욕에서 아도르노의 모친 사망. 10월부터 해커 재단의 연구소장Research Director. '독일 청년음악운동' 진영과 정치적 미학적 논쟁 시작. 1959년에 이르기까지 양 진영에서 학회, 라디오 대담 그리고 저술 출판을 추진하는 형식으로 논쟁 계속됨.

1953

프레드릭 해커와의 격렬한 갈등으로 재단에 사퇴를 통보하고 8월에 독일로 돌아옴. 『미니마 모랄리아』에 대한 호평. 프랑크푸르트 대학 철학 및 사회학 전공 교수로 부임. 정원 외 교수. 정년 트랙. 「카프카 소묘」, 「이데올로기로서의 TV」, 「시대를 초월한 유행 재즈에 관하여」 등 수많은 에세이 발표.

1954

사회연구소의 소장 대리로서 연구 과제에 대한 책임 증가. 7월에 에두아르트 슈토이어만Eduard Steuermann 그리고 루돌프 콜리슈Rudolf Kolisch와 함께 다름슈타트 신음악을 위한 국제 페스티벌에서 가르침. 하이델베르크에서 열린 제12차 독일 사회학자 대회에서 이데올로기 개념에 대해 발표. 아놀드 쇤베르크 메달 받음.

1955

『프리즘』 출간. 미국 여권이 만료됨에 따라 1938년 미국으로 이주하면서 상실했던 독일 국적 회복. 부인 그레텔과 함께 프리드리히 포드추스Friedrich Podszus의 도움을 받아 벤야민의 저술 두 권 출간. 8월에 토마스 만 사망 소식을 들음. 알프레드 안더슈Alfred Andersch(1914-1980)와 친분. 서신 교환 시작됨.

1956

『불협화음들』, 『인식론 메타 비판』 출간. 4월 헬레네 베르크와 빈에서 만남. 오랜만에 크라카우어와 프랑크푸르트에서 만남. 게르숌 숄렘Gershom Scholem(1897-1982)과의 활발한 교류.

1957

『헤겔 철학의 면모들』. 철학 및 사회학 전공 정교수로 임용됨. 『시와 사회에 대한 강연Rede über Lyrik und Gesellschaft』. 바그너의 오페라 〈파르지팔Parzifal〉의 악보에 관한 에세이가 바이로이트 축제 공연 프로그램에 게재.

1958

『문학론』 제1권. 사회연구소 소장이 됨. 여가수 카를라 헤니우스Carla Henius와 알게 됨. 불면증. 연초 빈에 강연을 하러 가서 처음으로 사무엘 베케트Samuel Beckett(1906-1898)의 〈막판극Das Endspiel〉 접함. 파리에서 그를 만남. 파리에서 세 차례 강연.

1959

베를린 비평가 상, 독일 문학비평가 상. 5월 베를린에서 열린 제 14차 사회학 대회에서 「얼치기 교양의 이론에 관하여Zur Theorie der Halbbildung」 발표. 10월에 카셀 도큐멘타 기간에 신음악에 대하여 발표. 바덴바덴에서 현대예술에 대하여 발표. 기독교 유대교 공동 작업을 위한 연석회의에서 「과거청산은 무엇을 의미하는가」 발표. 페터 스쫀디Peter Szondi(1929-1971)가 주선한 파울 첼란Paul Celan(1920-1970)과의 만남은 성사되지 않음. 프랑크푸르트 대학 시학 강의를 계기로 잉에보르크 바흐만Ingeborg Bachmann(1926-1973)과 친분.

1960

빈에서 구스타프 말러 100주기 추도 강연. 첼란과 서신 교환. 사회연구소와 향후 설립될 지그문트 프로이트 연구소와의 관계를 정립하기 위해 알렉산더 미첼리히 Alexander Mitscherlich의 주선으로 바덴바덴에서 2주간 체류.

1961

파리의 콜레쥬 드 프랑스에서 3회에 걸친 대형 강의. 이탈리아(로마, 팔레르모, 페루자 등)에서 강연 요청. 아도르노와 칼 포퍼Karl Popper(1902-1994) 사이에 있던 '사회과학 논리'에 관한 토론이 촉발시킨 이른바 '실증주의 논쟁' 시작. 주어캄프사가 주관한 Vortragsabend에 베케트에 관한 장문의 발표문. 「베케트의 막판극 이해」.

1962

1월에 아도르노와 엘리아스 카네티Elias Canetti(1905-1994)의 라디오 공동 대담. 3월 토마스 만 전시회 개막 연설. 알렉산더 클루게Alexander Kluge(1932-)와의 친분.

1963

독일 사회학회 회장으로 선출됨. 60회 생일에 프랑크푸르트 시가 수여하는 괴테 휘장Goethe Plakette 받음. 6월 빈에서 개최된 유럽학회에서 20세기의 박물관을 주제로 강연. 베를린에서 횔덜린에 관한 강연.

1964

독일 사회학회 회장으로 하이델베르크에서 제15차 사회학 대회 개최. 주제는 막스 베버와 오늘의 사회학. 바이로이트 트리스탄과 이졸데 공연 안내문에 「바그너의 시의성」 게재.

1965

2월에 아놀드 겔렌Arnold Gehlen(1904-1976)과 '사회학은 인간에 관한 학문인가?'라는 주제로 라디오 방송에서 논쟁. 호르크하이머 70세 생일을 축하하는 아도르노의 글이 주간 신문 「디 차이트Die Zeit」에 실림. 3월에 파리에서 강연. 사무엘 베케트 다시 만남.

1966

게르숌 숄렘과 함께 벤야민의 서신들을 편집하여 두 권으로 간행. 브뤼셀에서 음악사회학에 관한 대형 강의. 다름슈타트 페스티벌에 마지막으로 참여. 「음악에서 색채의 기능Funktion der Farbe in der Musik」이라는 주제로 3회 강연(매회 두 시간).

1967

베를린 예술아카데미에서 발표(「음악과 회화의 관계」, 「예술과 예술들die Kunst und die Künste」). 게르숌 숄렘의 70회 생일을 맞아 12월 스위스 취리히 신문Neue Züricher Zeitung에 숄렘에 대한 아도르노의 헌정사가 실림. 7월 베를린 자유대학에서 아도르노 강의에 학생운동 세력이 반발하고 방해하는 행동 처음 발생.

1968

갈수록 과격해지는 학생운동 급진 세력과 갈등 심화. 1월에 파리에서 미학에 관한 강연. 다시 베케트 만남. 2월에 쾰른에서 열린 베케트 작품에 관한 TV 토론회 참석. '비상사태하에서의 민주주의 행동본부Demokratie im Notstand'가 주최한 행사에 참여. 이 행사는 TV로 중계됨.

1969

피셔Fischer 출판사에서 『계몽의 변증법』 재출간. 『미학이론』 저술에 몰두. 1월 운동권 학생들이 사회연구소를 점거하자 경찰에 해산 요청. 4월 학생들의 도발로 강의 중단 사태 발생(이른바 '상의 탈의 사건'). 자유 베를린 방송에서 「체념Resignation」에 대해 강연. 학생운동의 행동주의를 두고 허버트 마르쿠제Herbert Marcuse(1898-1979)와 논쟁. 이론과 실천의 관계에 대한 메모들. 스위스의 휴양지 체르마트Zermatt에서 휴가를 보내다가 8월 2일 심장마비로 비스프Visp의 병원에서 사망.

1970

그레텔 아도르노와 롤프 티데만이 편집한 『미학이론』 출간.

* 위 연보는 슈테판 뮐러 돔(Stefan Müller-Doom)의 아도르노 전기 Adorno. Eine Biographie, Frankfurt/M.(2003)에 기초함.

연도별로 본 아도르노의 저작*

1924

- Die Transzendenz des Dinglichen und Noematischen in Husserls Phänomenologie. Phil. Dissertation. Frankfurt/M.
  후설 현상학에서 물적인 것과 노에마적인 것의 초월
  (박사학위 논문)

1927

- Der Begriff des Unbewußten in der transzendentalen Seelenlehre.
  초월론적 영혼론에서의 무의식 개념
  (첫 번째 교수 자격 취득 논문. 이 논문은 제출되었으나 심사 과정이 시작되기 전에 철회됨)

1933

- Kierkegaard, Konstruktion des Ästhetischen. Tübingen: J. C. B. Mohr.
  키르케고르. 미적인 것의 구성
  (두 번째 교수 자격 취득 논문)

1947

- Dialektik der Aufklärung. Philosophische Fragmente. Amsterdam: Querido, zusammen mit Max Horkheimer geschrieben.
  계몽의 변증법. 철학적 단상들

* 1983년 프랑크푸르트 대학교에서 개최된 '아도르노에 관한 토론회(Adorno-Konfernz)'에서 발표된 원고를 정리한 책인 Adorno-Konfernz 1983, Frankfurt/M. Suhrkamp, 1983에 첨부된 르네 괴르첸(Rene Goertzen)의 목록을 기준으로 하였다. 연도는 아도르노의 개별 저작의 최초 출판 연도를 의미한다.

1949

- Philosophie der neuen Musik. Tübingen: J. C. B. Mohr.
  신음악의 철학

1950

- The Authoritarian Personality. New York: Harper & Brothers.
  권위주의적 성격

1950

- Minima Moralia. Reflexionen aus dem beschädigten Leben. Berlin, Frankfurt/M.: Suhrkamp.
  미니마 모랄리아

1952

- Versuch über Wagner. Berlin, Frankfurt/M.: Suhrkamp.
  바그너 시론(試論)

1955

- Prismen. Kulturkritik und Gesellschaft. Berlin, Frankfurt/M.: Suhrkamp.
  프리즘. 문화비판과 사회

1956

- Zur Metakritik der Erkenntnistheorie. Studien über Husserl und die phänomenologischen Antinomien. Stuttgart: W. Kohlhammer.
  인식론 메타 비판. 후설과 현상학적 이율배반들에 관한 연구
- Dissonanzen. Musik in der verwalteten Welt. Göttingen: Vandenhoeck & Ruprecht.
  불협화음들. 관리되는 세계에서의 음악

1957

- Aspekte der Hegelschen Philosophie. Berlin, Frankfurt/M.: Suhrkamp.
  헤겔 철학의 면모들

1958

- Noten zur Literatur I. Berlin, Frankfurt/M.: Suhrkamp.
  문학론 I

1959

- Klangfiguren. Musikalische Schriften I. Berlin, Frankfurt/M.: Suhrkamp.
  울림의 형태들

1960

- Mahler. Eine musikalische Physiognomik. Frankfurt/M.: Suhrkamp.
  말러. 음악적 인상학

1961

- Noten zur Literatur II. Frankfrut/M.: Suhrkamp.
  문학론 II

1962

- Einleitung in die Musiksoziologie. Zwölf theoretische Vorlesungen. Frankfurt/M.: Suhrkamp.
  음악사회학 입문
- Sociologica II. Rede und Vorträge. zusammen mit Max Horkheimer, Frankfurt/M.: Europäische Verlagsanstalt.
  사회학 II

1963

- Drei Studien zu Hegel. Frankfurt/M.: Suhrkamp.
  헤겔에 대한 세 연구
- Eingriffe. Neuen kritische Modelle. Frankfurt/M.: Suhrkamp.
  개입들

- Der getreue Korrepetitor, Lehrschriften zur musikalischen Praxis. Frankfurt/ M.: Fischer.
  충실한 연습지휘자
- Quasi una fantasia. Musikalische Schriften II. Frankfurt/M.: Suhrkamp.
  환상곡풍으로

1964

- Moments musicaux. Neu gedruckte Aufsätze 1928-1962. Frankfurt/M.: Suhrkamp.
  음악의 순간들
- Jargon der Eigentlichkeit. Zur deutschen Ideologie. Frankfurt/M.: Suhrkamp.
  본래성이라는 은어

1965

- Noten zur Literatur III. Frankfurt/M.: Suhrkamp.
  문학론 III

1966

- Negative Dialektik. Frankfurt/M.: Suhrkamp.
  부정 변증법

1967

- Ohne Leitbild. Parva Aesthetica. Frankfurt/M.: Suhrkamp.
  길잡이 없이

1968

- Berg. Der Meister des kleinen Übergangs. Wien: Verlag Elisabeth Lafite/ Österreichischer Bundesverlag.
  알반 베르크
- Impromptus. Zweite Folge neu gedruckter musikalischer Aufsätze. Frankfurt/M.: Suhrkamp.
  즉흥곡

1969

- Komposition für den Film, zusammen mit Hans Eisler. München: Rogner & Bernhard.
  영화를 위한 작곡
- Stichworte. Kritische Modelle 2. Frankfurt/M.: Suhrkamp.
  핵심 용어들. 비판적 모델 2.
- Nervenpunkte der Neuen Musik(Ausgewählt aus Klangfiguren cf. Klang-figuren von 1959).
  신음악의 예민한 문제들
- Th. W. Adorno u.a., Der Positivismusstreit in der deutschen Soziologie. Neuwid und Berlin: Luchterhand.
  독일 사회학에서 실증주의 논쟁

1970

- Ästhetische Theorie. Hrsg. von Gretel Adorno und Rolf Tiedemann, Frankfurt/M.: Suhrkamp.
  미학이론
- Über Walter Benjamin. Hrsg. und mit Anmerkung versehen von Rolf Tiedemann. Frankfurt/M.: Suhrkamp.
  발터 벤야민
- Aufsätze zur Gesellschaftstheorie und Methodologie. Frankfurt/M.: Suhrkamp.
  사회이론과 방법론에 관한 논문들
- Erziehung zur Mündigkeit. Vorträge und Gespräch mit Helmut Becker 1959-1969. Hrsg. von Gerd Kadelbach. Frankfurt/M.: Suhrkamp.
  성숙성으로 이끄는 교육

1971

- Eine Auswahl. Hrsg. von Rolf. Tiedemann. Büchergilde Gutenberg.
  작은 선집
- Kritik, Kleine Schriften zur Gesellschaft. Hrsg. von Rolf. Tidemann. Frankfurt/ M.: Suhrkamp.
  사회 비판

1973

- Versuch, das Endspiel zu verstehen. Aufsätze zur Literatur des 20. Jahrhunderts I. Frankfurt/M.: Suhrkamp.
  베케트의 막판극 이해
- Zur Dialektik des Engagements. Aufsätze zur Literatur des 20. Jahrhunderts II. Frankfurt/M.: Suhrkamp.
  사회 참여의 변증법
- Philosophische Terminologie. Zur Einleitung. Band 1. Hrsg. von Rudolf zur Lippe. Frankfurt/M.: Suhrkamp.
  철학용어들 I
- Philosophische Terminologie. Zur Einleitung. Band 2. Hrsg. von Rudolf zur Lippe, Frankfurt/M.: Suhrkamp.
  철학용어들 II

1974

- Briefwechsel, zusammen mit Ernst Kreneck. Hrsg. von Wolfgang Rogge. Frankfurt/M.: Suhrkamp.
  에른스트 크레네크와의 서신 교환

1975

- Gesellschaftstheorie und Kulturkritik. Frankfurt/M.: Suhrkamp.
  사회이론과 문화비판

1979

- Der Schatz des Indianer-Joe. Singspiel nach Mark Twain. Hrsg. und mit einem Nachwort von R. Tiedemann. Frankfurt/M.: Suhrkamp.
  인디언-조의 보물. 마크 트웨인에 따른 징슈필
- Soziologische Schriften I. Hrsg. von Rolf. Tiedemann. Frankfurt/M.: Suhrkamp.
  사회학 논문집 I

1980

- Kompositionen, Band 1: Lieder für Singstimme und Klavier. Hrsg. von Heinz-Klaus Metzger und Rainer Riehn. München: edition text+kritik.
  창작곡 제1권. 성악과 피아노를 위한 가곡
- Kompositionen, Band 2: Kammermusik.Chöre, Orchestrales. Hrsg. von Heinz-Klaus Metzger und Rainer Riehn. München: edition text+kritik.
  창작곡 제2권. 실내악곡, 합창곡, 오케스트라곡

1981

- Noten zur Literatur IV. Hrsg. von Rolf. Tiedemann. Frankfurt/M.: Suhrkamp.
  문학론 IV

인명색인

이 색인은 강의 원문과 주석, 편집자 후기에 등장한 인물들을 포함하며 강의 도처에서 다루어진 칸트는 제외한다. 간접 설명은 별도의 표시 없이 취해졌다.

개념색인

이 색인은 인명색인과 마찬가지로 줄임말, 강의 원문과 주석, 편집자 후기를 포함한다.

ㄷ

ㅁ

ㅂ

저자소개

테오도르 W. 아도르노(1903-1969)

소위 프랑크푸르트 학파 1세대에 속하는 대표적인 비판이론가로서, 전후 독일 사상계를 주도했던 주요 인물 중 하나로 손꼽힌다. 철학자로 가장 잘 알려져 있지만 그에 못지않게 사회학자이자 문화비판가로서도 유명하며, 또한 작곡가 및 예술철학자로서의 활동도 그의 이력에서 빼놓을 수 없다.

철학자로서 아도르노는 칸트, 헤겔, 마르크스, 프로이트, 니체 등의 영향을 특히 크게 받았으나, 이들과의 비판적 관계 속에서 성장하였기에 어느 특정한 철학적 전통으로 편입될 수 없는 고유성과 독자성을 갖고 있다. 또 그는 호르크하이머, 마르쿠제, 블로흐, 벤야민 등 당대의 反나치, 反전체주의 사상가들과 밀접한 교류를 맺으며 영향을 주고 받았다.

주요 저작으로는 『계몽의 변증법』(호르크하이머와의 공저), 『미니마 모랄리아』, 『미학이론』 등이 있으며, 고전철학의 대가들과 사상적 대결을 펼치면서 발전시킨 그의 유물론적이고 변증법적이며 비판적인 사유는 특히 『부정 변증법』에 응축되어 있다. 아도르노의 이 도덕철학 강의는 비동일성과 부정성을 중심으로 전개되는 변증법적 사유를 도덕 영역에 적용하여 재차 발전시키려는 시도라고 볼 수 있다.

옮긴이소개

정 진 범

옮긴이 정진범은 이화여자대학교에서 철학, 여성학, 미술사학을 전공하고 서울대학교 철학과 대학원에서 아도르노의 역사철학 연구로 석사학위를 받았으며, 독일 프랑크푸르트 대학교에서 아도르노의 도덕철학 연구로 박사학위를 받았다.
현재 서울대학교와 서울시립대학교, 한국방송통신대학교 등에서 철학을 강의하고 있다. 아도르노의 자연, 생명, 충동, 미메시스 개념 등에 대해 연구해 왔으며, 이를 바탕으로 비판과 자유의 가능성을 탐색하고 있다.
그간 발표한 논문으로는 「아도르노 철학에서 정신의 두 가지 원칙들: 동일성과 친화성」, 「자기보존의 역설과 그 사상적 기원」, 「자기보존, 연대, 이성성」, 「충동과 저항: 아도르노의 유물론적 도덕철학에 대한 연구」 등이 있다.

도덕철학의 문제

Probleme der Moralphilosophie